공공복지전달체계의
한 측면에 관한 연구

김이배 지음

신정

머리말

이 책은 지난 수년간 진행된 공공복지전달체계와 관련된 여러 주제들을 검토한 것이다. 복지전달체계의 중요성과 달리 실제 전달체계 연구는 충분히 실행되지 않았고, 연구자 또한 그렇게 많지 않은 상황이다. 그런 맥락에서 기존 전달체계 연구를 보완하는 측면을 고려하여 본 서적을 출간하게 되었다.

목차의 내용을 간략히 소개하면 다음과 같다. 1장은 서울시의 찾아가는 동주민센터 사업을 분석하였다. 이른바 혁신적인 사업으로서의 '찾동사업'을 비판적으로 검토하고자 하였다. 2장은 중앙정부 단위의 전달체계 개편이 아닌 광역정부 단위의 전달체계 사례를 검토하였다. 서울시의 찾동, 경기도의 무한돌봄센터, 대전의 희망티움센터, 부산의 다복동 사업을 비교 분석하였다. 3장은 현재 진행 중인 주민자치형 공공서비스 구축사업(찾아가는 보건복지서비스 사업)을 비판적으로 살펴보았다. 4장은 공공복지전달체계의 중요한 문제인 인사행정과 관련하여 사회복지직 5급의 직렬통합 논의를 정리하였다. 5장은 전국적인 사회복지전담공무원 조직인 '한국사회복지행정연구회' 조직의 운영실태와 개선방안을 정리하였다. 6장은 사회서비스원 설치 운영과 관련하여 민간위탁 시설의 공영전환에 따른 운영성과를 광주광역시 광산구의 사례를 중심으로 살펴보았다. 마지막으로 7장은 전달체계 범주를 넘어 복지분권이란 거시적 주제를 살펴보고, 이와 관련된 제안 중 하나인 복지대타협 제안을 검토해 보았다.

책을 내면서 이 세상에 수없이 많은 책들 가운데 또 하나의 책을 내는 것이 아닌가 걱정이 되었다. 세상에 크게 도움이 되지 않는 책을 만드는 것에 저 푸르른 나무들이 사용되는 것은 하나의 죄를 짓는 일이다. 또한 여기에 실린 모든 원고는 사회복지 관련 학회에서 발표를 하고 토론자들의 의견을 청취한 글이지만, 글 쓰는 데 능력이 없는 사람이 글을 쓴 터라 하자가 많다. 그럼에도 굳이 책을 내려는 것은 하찮은 글이라도 혹 도움이 될 내용이 있을까 하는 기대 때문이다.

나의 소망 한 가지는 복지서비스를 받는 많은 사람들이 보다 존엄한 인간으로 서비스를 받고, 이를 제공하는 사람들이 기쁜 마음으로 서비스를 제공할 수 있도록 업무여건과 체계가 개선되었으면 하는 것이다.

끝으로 이 책을 쓰는 데 열거하기 어려울 정도로 많은 분들의 도움을 받았다. 연구자들, 현장 전문가들과 실무자들, 직장 동료들, 출판을 맡아주신 신정출판사 관계자분들 그리고 나의 가족들이다. 이 모든 분들게 깊은 감사의 인사를 드린다.

2021년 1월

저자

차례

CHAPTER 01

찾아가는 동주민센터는 기존 공공복지전달체계의 문제를 해소하고 있는가?

▌본 논문은 서울특별시가 주최한 '2017년 찾아가는 동주민센터 시정연구논문 공모'에 선정되어 지원을 받아 작성한 논문이며, 2018 한국사회복지행정학회 춘계학술대회(2018. 4. 27)에서 발표한 내용을 수정 보완한 것입니다.

CHAPTER 01

찾아가는 동주민센터는 기존 공공복지전달체계의 문제를 해소하고 있는가?

요약

본 연구의 목적은 서울시의 공공복지전달체계 개편안인 '찾아가는 동주민센터' 사업내용이 기존 공공복지전달체계의 문제를 해소하고 있는지 검토하는 것이다. 이를 위해 다섯 가지 하위 질문을 설정하였고, 문헌연구, 심층면접, 현장 방문 등의 연구방법을 사용하여 연구를 진행하였다. 연구결과, 찾동이 일정 정도 전달체계를 개선하는 측면이 있으나 여전히 많은 문제와 반복되는 문제를 가지고 있고, 이를 해소하기 위해서는 보다 체계적이고 근본적인 노력이 필요함을 제안하였다. 연구결과는 찾동사업 성과에 대한 이해를 도모하고, 향후 사업 운영에 대한 실천적 함의를 제공할 것으로 기대된다.

1. 연구배경 및 목적

서울시의 찾아가는 동주민센터 사업(이하 찾동사업)은 공공복지전달체계 개편과 관련하여 지방정부의 책임성을 강화하고 마을공동체를 구축하는 등 다양한 프로그램을 실험하고 있으며 일정 부분 성과를 창출하고 있는 것으로 평가받고 있다(김귀영 외, 2016). 특히 과감한 인력투입을 통해 개편의지를 나타내고 있어 중앙정부에서 시행하고 있는 읍면동 복지허브화 사업과는 차별성을 보인다(이태수 외, 2017). 이러한 서울시의 시도는 참신한 것으로 이해되지만 선행연구들을 검토해 보면 기존 공공복지전달체계의 문제를 해소하고 있는지는 판단하기 쉽지 않다.

찾동사업이 시행된 동기는 여러 가지가 있지만 기존 공공복지전달체계가 가진 한계 때문에 시행된 것이다(이태수 외, 2016).[1] 이 사업의 배경에는 실천현장에서 발생되는 여러 가지 문제들을 해소하기 위한 것이었고, 그렇기에 개편은 실질적인 문제를 해소하는 수준에서 진행될 필요가 있다. 특히 서울시 찾동 모형은 현 문재인정부에서 중요한 사례로 간주하고 있는 만큼 실험 중에 있다고 하더라도 그 성과에 대해서는 차분하게 평가하는 것이 필요하다. 다시 말해 찾동은 기존 전달체계의 문제점을 극복하는 수준에서 진행되고 있는지 중간검토가 필요하다.

기존 전달체계의 문제는 다양하고 복잡하고 구조적인 성격을 보인다(김이배, 2014b). 그 문제를 해소하기 위한 방안은 정교한 설계와 내실 있는 실행이 필수적이다. 조직, 인력, 프로그램 등 세부개선안은 문제에 대응한 수단을 갖추어야 하고 궁극적으로 도달하고자 하는 수준과 목적에 부합해야 한다(김이배, 2014a).

현재 찾동사업은 실험 중이며 지속적으로 진화되는 모습을 보인다. 실험적인 성격을 가지고 있기에 성급한 결과를 기대하는 것을 보류하고, 제도가 착근하는 시기를 필요로 하는 성격 때문이다. 이는 문제점을 지속적으로 수정하면서 개선한다는 측면에서 바람직한 것으로 이해될 수 있다. 그러나 한편으로 고정성을 가지고 있지 않다는 측면에서 불완전한 특성을 가지는 것으로 평가할 수 있다. 좀 더 관용적으로 보아 모형이 가진 실험적인 성격을 용인한다고 하더라도, 이러한 실험은 원래 상정한 근본 취지를 손상시키지 않는 수준에서 수행되어야 한다.[2]

최근까지 진행된 찾동 관련 선행연구들은 다양한 관점에서 평가를 수행하였

---

1) 사업 설계자로 중요한 역할을 수행했던 이태수 외(2016)는 찾동사업이 공공복지전달체계 개편작업의 일환임을 분명히 하고 있다.

2) 물론 이 지점은 논쟁이 될 수 있는 지점이다. 그러나 연구자의 입장은 다소 보수적인 측면에서 접근하고자 한다.

다(김귀영 외, 2016; 김귀영 외, 2017; 김정현, 2017; 안기덕, 2016; 이주헌, 2018; 홍영준, 2017 등). 그러나 찾동사업의 범위가 너무 넓다 보니 개편 초기에 가졌던 본질적인 질문에 대한 답변은 다소 축소된 모습으로 다루어지고 있다. 그 이유는 여러 가지가 있다. 예를 들면, 사업시행 초기부터 지속적으로 제기된 주제 중 하나는 마을공동체 영역을 포함하는 것과 관련된 질문이다(남기철, 2015; 김형용 외, 2016; 김정현 외, 2016). 마을공동체는 복지영역의 고전적인 관점에서 본다면 다소 새로운 주제였기 때문이다. 또한 사업시행 과정에서 정치적 판단이 고려되어 온 성격이 있었기 때문이다(이태수 외, 2016). 그렇기에 결과적으로 찾동 모형은 도대체 무엇을 지향하는 모형인지 합의하기가 쉽지 않은 상황이 되었다. 찾동 모형은 단순히 전달체계 개선의 성격을 넘어서는 안이 되었기 때문이다. 만약, 찾동 모형에서 마을공동체가 포함되지 않았다면 매우 다른 결과를 가져왔을 것으로 예측하는 이가 적지 않다. 이는 마을공동체로 인해 사업 시행 초기의 본래 의도한 바인 전달체계의 개선 취지가 불명확해졌다는 것이다.

또한 충원된 인력은 기존 전달체계 문제를 해결하기 위해서 충원한 것인데, 충원된 인력이 기존 전달체계 문제보다는 다른 추가적인 과제에 투입되어(남기철 2015), 결과적으로 다소 주변적인 문제에 집중하는 경향을 보이므로 성과가 축소되는 한계를 가진 프로그램으로 보는 시각도 있다. 그 외에도 찾아가는 복지를 전면화하여 시행한 것이 가지는 타당성을 지적하는 경우도 있다(김보영, 2017; 이현주, 2017). 물론 사업 초기에 발생하는 다소간의 문제들은 수용할 수 있는 사안이라고 판단된다. 하지만 사업시행 만 3년 가깝게 도래하는 지금에서는 보다 냉철한 중간점검이 필요하다고 본다. 사업에는 예산을 비롯한 상당한 물적투자가 동원되었기 때문이며, 공공의 책임성을 강화한다는 명분만으로는 사업의 성과를 보증하기 힘들기 때문이다. 이로 인해 찾동 모형은 과연 전달체계 모형의 관점에서 보아 기존 전달체계의 문제를 해소하고 있는지 의문이 제기된다. 찾동사업은 지방정부의 의지에서 시작된 사업이지만 이제는 지방정부의 사업이 아니게 되었다. 이것이 의미하는 바는 매우 중요하다. 사업에 대한 평가와 방향성이 무엇보다 중요해졌다는 의미이다.

본 연구는 찾동이 '복지' 영역을 중심으로 하여 개편을 고민했던 본래의 과제에서 시작하고자 한다. 이러한 것은 현재와 같이 다양한 과제를 타깃팅(targeting)하므로 오히려 사업의 정체성을 확인하기 어려운 문제를 해소시켜준다. 또한 지금까지 이룬 성과를 경계지음으로 보다 명확히 판단할 수 있게 되고 평가할 수 있게 한다.

그렇기에 본 연구에서는 '찾동은 기존 공공복지전달체계의 문제를 해소하고 있는가?'를 연구질문으로 삼았다. 찾동에서는 다양한 목표를 상정하고 있으나 사업 시작과 본래의 목표는 전달체계 문제를 개선하는 것이 핵심이었으며, 좁게는 공공영역의 전달체계의 개선 그리고 크게는 그와 관련된 민간영역의 전달체계 개선과 관련된다. 찾동이 추구하고 실행했던 사업들이 실제로 기존 공공복지전달체계의 문제를 개선시켜나가고 있는지 검토하고자 한다.

본 연구결과는 다음과 같은 효과를 기대한다. 첫째, 찾동사업 성과에 대한 체계적 분석(문제규정-목적과 목표-대안제시-실행-재설정 방향)을 시도하여 찾동사업에 대한 이해에 기여할 것이다. 둘째, 찾동사업의 본질적 성과에 대한 이해관계자의 평가와 인식을 공유하게 될 것이다. 특히 공공복지전달체계에 초점과 범위를 경계지음으로 사업 성과와 한계를 이해하게 될 것이다. 셋째, 연구결과는 찾동의 중장기적 운영을 위한 계획 수정 및 안정적 확대에 기여할 것이다. 본 연구의 목적은 찾동에 대한 깊이 있는 이해도 있지만 이를 근거로 보다 진일보한 사업 추진에 대한 실마리를 제공하는 것이다. 넷째, 찾동사업은 지방 정부의 사업이지만 사실상 전국의 전달체계 개선 방향과 밀접히 연동된다. 그렇기에 연구결과는 향후 중앙단위 전달체계 개편에 상당한 함의를 제공할 것이다.

2. 세부 연구질문과 연구방법

1) 세부 연구질문

앞에서 제시하였듯이 본 연구에서는 '찾동은 기존 공공복지전달체계의 문제를 해소하고 있는가?'를 연구질문으로 삼았다. 이러한 연구질문의 답변에 도달하기 위해 몇 가지 세부 연구질문을 설정하였다. 세부 연구질문의 주제는 김이배(2014a)의 연구방법을 참고하였다.

첫째, 찾동사업에서 본 전달체계의 문제는 무엇이었는가? 그리고 그 문제는 적정한 규정이었나? 첫째 연구질문은 찾동사업 추진의 전제가 되는 내용과 관련되어 있다. 전달체계 문제를 해소하는 데에는 문제를 명확하게 규정하는 것이 무엇보다 중요한데 이는 문제를 파생시킨 원인 규정이 바로 문제의 해결책이 되기 때문이다. 문제를 규정하는 것은 용이하지 않지만, 문제를 규정하는 틀(frame)은 문제해결의 수준을 나타낸다. 문제규정을 위해 기존 서울시 전달체계의 문제들과 대안들(류명석 외, 2009; 류명석 외, 2012; 현명이 외, 2013 등) 그리고 찾동의 관련 문헌을 검토하였다.

둘째, 찾동사업에서 본 전달체계 개편의 목적과 목표는 무엇이었는가? 찾동사업은 다양한 개편 목표를 설정한 것으로 보인다. 이는 문제가 다양하기 때문일 수도 있고, 현실 제약을 극복하기 위한 여러 제안일 수도 있다. 논리상 문제규정과 이에 대한 목적과 목표가 다르게 설정된다면 사업결과는 담보하기 어렵다. 개편의 실제 목적과 목표를 무엇이었고, 그러한 배경과 이유가 타당했는지 검토한다.

셋째, 찾동사업에서 제시된 사업들은 문제를 해결하는 데 적절한 것이었는가? 이는 문제-목표 설정에 따른 대안제시의 적절성이다. 조직과 인력 그리고 프로그램(마을공동체와의 결합, 발굴주의에 기반한 찾아가는 사업, 통합사례관리의 전면화, 민관협력의 강화 등)과 관련된다. 대안은 결과를 담보할 수 있는 수준에서 결정되어야 하고, 그것은 문제와의 정합성이 높아야 한다. 물론 최근의 정책적 흐름이 실험성을 요구하고, 이론화가 불분명한 다양한 과제들이 동시에 시도되고 있다는 측면에서 개방적으로 접근할 것이 요구되지만, 이는 현실적인 관점에서 보다 엄격하게 분석할 필요가 있다. 전달체계의 영역은 의욕보다 현실이 앞서고, 의지보다는 주어진 환경에 영향을 더 받는 영역이기 때문이다.

넷째, 찾동사업의 실행은 적절하게 진행되고 있는가? 이전 질문 세 가지가 주로 개편안의 설계와 관련된 것이라면, 이 질문은 실행상의 과제와 관련하여 현재 찾동사업의 실행과정과 관련된 질문이다. 실제 계획한 바대로 진행되고 있는지 실행의 적절성을 관련 사업의 평가자료를 중심으로 살펴본다.

다섯째, 만일 현 찾동사업이 공공전달체계가 가진 문제점을 해소하고 있지 못하다면, 어떤 방향으로 재설정될 필요가 있겠는가? 현 찾동사업은 시기상 사업 초기를 지나 발전기로 나아가고 있다. 사업의 안정적인 도약을 위해서 지난 사업동안 발생했던 문제점을 해소하고 새롭게 경로를 재설정할 필요성도 있다. 찾동이 속도보다 방향성을 더욱 중요시해온 관행을 보면 더더욱 그렇다. 시행착오를 발판삼아 보다 나은 정책 대안을 설정하기 위한 방향 재정립 및 개선방안들을 제안한다.

2) 연구방법

본 연구를 위한 구체적인 연구방법은 문헌연구를 중심으로 한 선행연구 검토, 이해관계자와의 심층면접 그리고 현장 방문 등이다.

우선, 이론적 배경과 사업근거를 살펴보기 위해 찾동사업과 관련된 광범위한 선행연구를 실시하였다. 찾동사업은 주로 복지영역을 중심으로 살펴보고 공동체 영역은 연구범위를 한정하여 제한적으로 살펴본다. 선행연구와 비교하여 본 연구의 차별성은 초기 연구들이 주로 찾동사업의 정착을 위해 지지적인 관점에서 수행되었다면, 본 연구에서는 보다 중립적인 입장에서 살펴보고자 한다.[3]

3) 찾동 선행연구들의 특징 중의 하나는 연구자 대부분이 찾동 추진과 관련된 이해관계자라는 신분적 한계를 가진다. 정보접근성의 문제 때문이기도 하겠지만, 사업 추진의 당사자가 사업을 평가하게 되므로 일부 비판적인 입장을 견지하기 어려운 환경이 있다. 향후 찾동 연구자의 확장성이 필요하

다음으로 이해관계자 심층면접을 실시하였다. 찾동에 대한 이해는 이해관계자의 위치와 역할에 따라 여러 인식을 보일 것으로 예측되었다. 그렇기에 단순히 양적인 수치로 정리될 수 없는 다양한 수준과 범위를 나타낼 것이다. 이러한 문제를 다룰 때에는 양적 접근보다 질적 접근이 유효한 수단으로 제시된다. 본 연구에서는 연구문제를 보다 효과적으로 다루기 위해 관계자들을 대상으로 심층면접을 실시하였다. 면접 진행 시 질문내용은 앞서 언급한 연구 세부질문을 중심으로 구성하였다. 대상자 선정에는 여러 가지 기준이 있지만, 찾동사업에 대한 이해도가 높은 참여자를 주로 선정하였으며, 연구진행 과정에서는 질적 연구과정의 엄격성을 준수하였다. 참여자는 총 10명으로 찾동사업이 다양한 공간에서 진행되고 있기에 이를 고려하여 선정하였다. 면접 기간은 2017년 12월~2018년 3월까지 진행되었으며, 면접시간은 참여자에 따라 길게는 2시간 이상에서 짧게는 30분까지 다양하였다.

▌표 1-1▐ 면접 참여자 내역

코드	소속	성별	연령대	코드	소속	성별	연령대
참여자-1	연구자	남	40	참여자-6	구추진단	남	40
참여자-2	연구자	여	30	참여자-7	동주민센터	여	40
참여자-3	연구자	여	40	참여자-8	동주민센터	여	30
참여자-4	시청	여	30	참여자-9	동주민센터	남	40
참여자-5	구추진단	여	40	참여자-10	복지관	여	40

3) 연구의 범위

효율적인 연구를 위해서 연구범위를 설정할 필요가 있다. 앞에서도 언급했다시피 찾동사업을 살펴보면 그 범위가 매우 넓고 경계가 모호한 지점이 있어 우선적으로 복지영역의 사업을 중심으로 경계를 확정하였다. 이러한 경계 설정의 세부적인 내용은 찾동 업무매뉴얼을 통해 상세히 알 수 있다.

고 지지적 관점에서 벗어나 객관적·비판적 입장이 견지된 다양한 연구들이 수행될 필요가 있다.

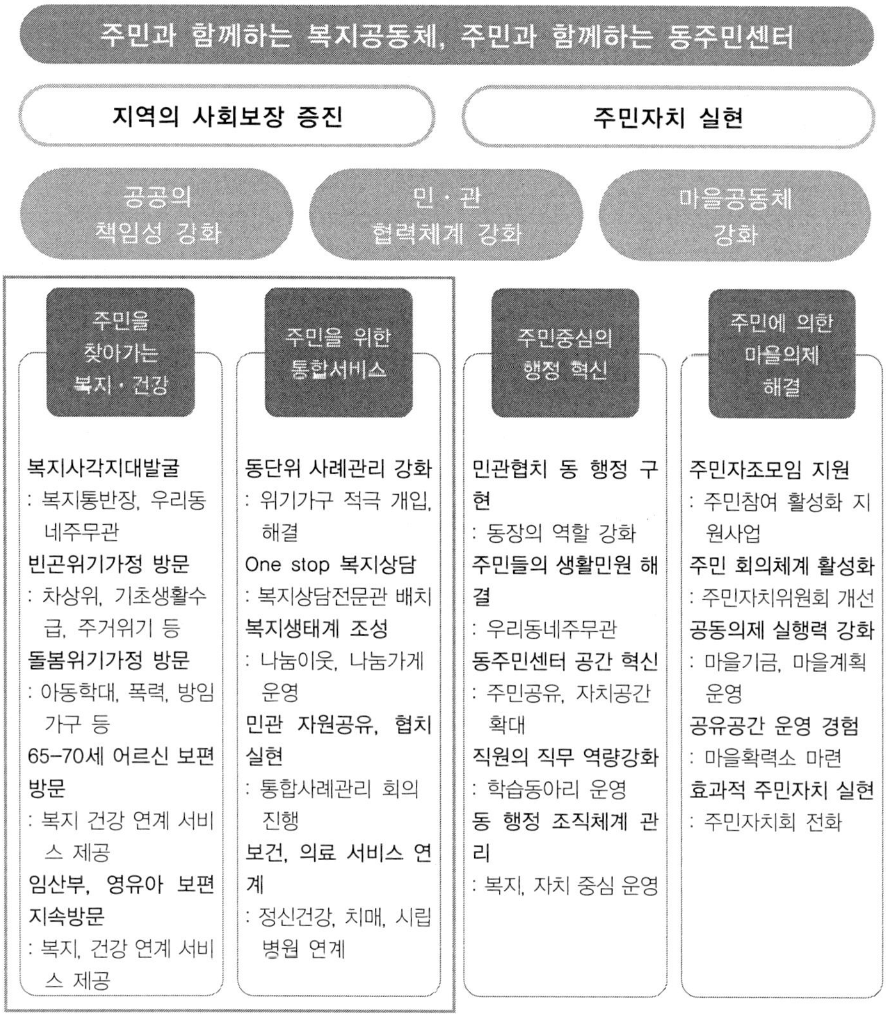

▌그림 1-1▐ 찾동의 사업체계

출처: 서울시(2017: 8). 찾아가는 동주민센터 업무매뉴얼.

찾동의 사업체계(세부과제)를 업무매뉴얼에 따라 살펴보면, 추진 방향은 크게 4가지로 주민을 찾아가는 복지·건강, 주민을 위한 통합서비스, 주민중심의 행정혁신, 주민에 의한 마을의제 해결로 나타난다. 이 중에 전자 두 가지는 직접적인 전달체계 개선과 관련되고, 세 번째는 간접적인 전달체계 개선과 관련된다. 세 번째의 경우, 내용 상당수는 기존 전달체계 논의에서 핵심적으로 고려된 내용이라기보다는 동반과제로 고려된 사항으로 보수적인 관점에서 본다면 상대적으로 핵심적인 개편사항으로 보기는 어렵다. 그렇기에 이 책에서는 보다 본질적인 문제에 집중하기 위해서 직접적인 전달체계 개선과 관련된 세부과제를 중심으로 살펴본다. 이러한 경계 설정은 중앙정부의 개편 성과와 비교하는 데에도 유리하다. 그러나 논의과정에서 이러한 기타 영역과 완전히 분리하여 논의할 수는 없으므로, 상황에 따라 일부 포함하여 논의하였다.

3. 연구결과

1) 찾동사업에서 본 전달체계의 문제는 무엇이었는가? 그리고 그 문제는 적정한 규정이었나?

공공복지전달체계의 문제를 정리하는 것은 쉽지 않다. 그 이유는 전달체계의 범위를 어디까지 설정할 수 있고 또 거기서 파생되는 문제들을 어떤 수준에서 해석할 수 있는가와 관련되기 때문이다. 전달체계 문제의 범주를 정리한 김이배(2014b)는 다음과 같이 구분한 바 있다.

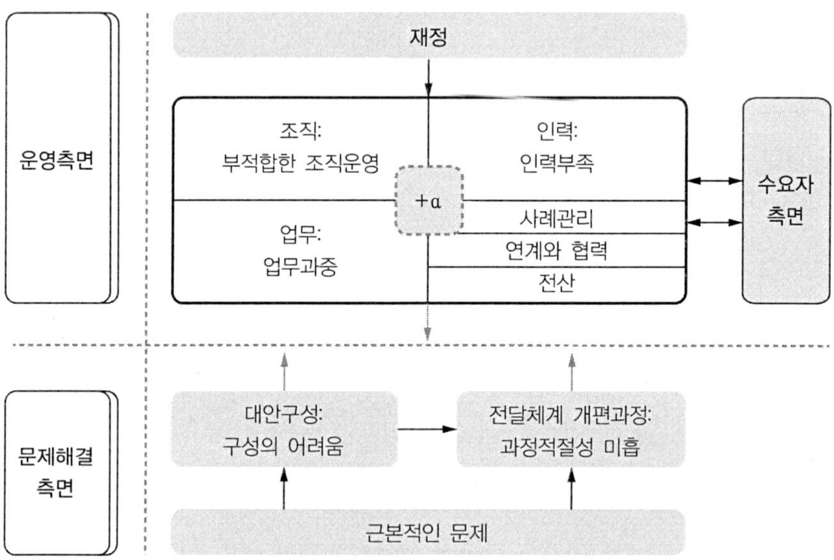

▌그림 1-2▐ 전체적인 공공복지전달체계 문제의 구조도

첫째 '전달체계 운영과 관련된 문제'의 분류에서는 조직, 인력, 업무, 사례관리, 연계와 협력, 전산, 재정, 수요자 측면, 기타 등의 문제가 있는 것으로 분류되었으며, 둘째, '전달체계 문제해결과 관련된 문제'의 분류에서는 대안구성, 전달체계 개편과정, 근본적인 문제 등으로 정리하였다. 선행연구들은 조직과 인력 및 업무의 문제를 가장 심각한 문제로 제시하였는데, 조직의 경우, 관료제적 문화에 기반한 조직운영과 중앙부처(보건복지부와 안전행정부)의 이원화로 사회복지 정책집행에는 부적합한 조직체계인 것으로 나타났다. 인력의 경우, 사회복지 전문직에 대한 인식이 낮아 인력충원과 인력운영이 부실하여 업무대응에 한계를 보이고 있고, 업무의 경우, 업무량의 증가, 업무의 성격변화, 업무처리과정의 비합리적 운영으로 업무과중의 문제가 있는 것으로 나타났는데 이러한 문제는 인력부족 문제와 업무증가요인 및 업무과중 촉진요인에 대한 통제력 상실에 기인하는 것으로 분석되었다. 수요자 측면에서 본다면 이러한 다양한 문제들이 결과적으로 수요자의 낮은 접근성과 낮은 만족도 등 부정적인 영향을 주게 된다.

서울시 찾동과 관련해서 본다면 서울시라고 하더라도 중앙정부의 체계하에 놓여 있으므로 전국단위 공통의 전달체계 문제를 공유하고 있다. 서울시와 관련해서 류명석 외(2012: 76)의 연구에 따르면, 전달체계의 문제는 첫째가 이용자가 체감하지 못하는 공급자 중심의 전달체계라고 보았다. 또한 전달체계의 가장 큰 문제점을 이용자의 접근성이 높지 않다는 점으로 보았고, 복지정책을 기획하고 수행하는 부처와 부서가 증가하면서 공급자 간 연계도 이루어지지 않아 업무 효과성이 저하되고 있다고 판단했다. 둘째, 전달체계가 사회정책의 변화에 대응하기 어려운 집행기반으로 보았다. 특히 복지예산이나 사업의 증가에 비해 사회복지직의 증원이 이루어지지 않았고 일선 대민서비스 기관인 읍면동의 인력부족이 매우 부족하다고 보았다. 결과적으로 이러한 구조가 효과적이고 효율적인 집행이 이루어지지 못하게 만들었고 복지의 사각지대에 접근하는데 한계가 있다고 보았다. 또한, 전달체계가 가진 한계를 극복하기 위해 지역단위 전달체계의 재구축을 제안하고 있는데 그 내용을 보면 지방정부의 자율성을 고려하고, 지역사회의 특수성을 반영하며, 획일적 급여제공이 아닌 맞춤형식 서비스와 통합적인 서비스 제공이 필요하며, 지역의 차별적인 복지프로그램이 제공되고, 지역의 복지거버넌스가 강화되어야 한다고 제시하였다. 이러한 제안들은 사실상 전달체계가 가진 문제 혹은 한계를 극복하고자 제시된 것으로 개선이 필요한 문제점으로 정리할 수 있다. 이와 같은 정리는 전달체계 문제를 다소 거시적인 측면에서 정리한 것이다. 즉 조직, 인력, 업무와 프로그램 운영 문제의 결과물이자 수요자 측면에서 고려한 것으로 볼 수 있다.

원래 질문으로 돌아가 찾동에서 본 전달체계 문제를 살펴보면, 찾동의 원형은 서울시(2014: 131-139)의 '함께서울 서울시정 4개년계획: 2014-2018'에 근거하는데, '평생동안 찾아가는 복지실현', '동주민센터를 동마을복지센터로 재편'이라는 두 가지 과제에 기원을 둔다. 시정계획에서 제시된 전달체계의 문제점은 다음과 같이 정리할 수 있다.

▌표 1-2▐ 찾동이 바라 본 전달체계 문제규정과 문제원인

공약	문제규정	문제원인	대안
찾아가는 복지실현	복지수요 대비 부족	인력 부족	인력충원
	소외된 위기가정 상존	찾아가는 복지 부재	찾아가는 복지
	건강취약계층에 대한 한정된 서비스	방문간호 인력 부족	인력충원
동마을 복지센터	복지업무 깔때기 심화	동 복지업무 급증	복지중심 주민자치기관
	맞춤서비스 제공 한계	분절적 서비스	원스톱서비스
	복지재원 한계	자발적 민간자원 부족	복지생태계 활성화

출처: 서울시(2014). 함께서울 서울시정 4개년계획: 2014-2018.

시정계획을 정리하면, 찾아가는 복지실현의 핵심은 사회복지인력과 방문간호인력의 확충이고, 동마을복지센터의 핵심은 동주민센터를 마을복지 허브사무소로 변화시키는 것이다. 이를 다시 요약하면 전달체계의 조직과 인력을 개편하는 것으로 정리되며, 인력충원을 근거로 조직을 변화시키는 것이다. 이러한 계획은 기존 전달체계가 가진 문제점을 해소하겠다는 것으로 논리적으로 타당하다. 그러므로 쟁점은 그에 따른 구체적인 사업내용이 된다. 이러한 시정계획은 이후 2015년 찾동의 정책실행 단계에서 또 다른 진화를 경험한다. 마을공동체가 마을기반이란 이름으로, 조직은 행정조직의 변화를 위한 행정혁신이라는 이름으로 찾동에 포함된다. 연구 참여자들은 찾동에서 공유된 전달체계의 문제는 다음과 같다고 언급했다.

> 2014년 발생했던 송파 세 모녀 사건은 찾동의 성격을 규정짓는 중요한 사건으로 이해됩니다. 전달체계의 문제가 어떤 것인지 나타낸 사례입니다. 대상자가 서비스를 요구하기 위해서 알고 찾아와야 하는데, 이게 복잡하니까 접근도 곤란하고 설사 방문했다고 하더라도 인력이 부족하니까 지원도 잘 안 되고, 서비스를 요청해야 하는 사람들이 그렇게 하지 않으니까 이런 사람들에 대한 적극적 행정이 필요하다. 이게 안 되는 게 인력문제가 너무 심각하니까, 거기다 사례관리도 안 되고 지원체계도 부족하고 공공이 보다 적극적인 행정을 해야겠다는 것이 공통된 전달체계의 과제로 인식하였습니다. 이런 상황이 전면적인 찾아가는 복지로 연결되었습니다. (참여자-1, 참여자-4)

김이배(2014b)가 지적했듯이 문제규정이 중요한 것은 문제를 파생시키는 원인을 진단하는 것이며, 문제의 인식수준이 대안의 실질적인 수준을 결정하기 때문에 중요하다. 송파 세 모녀 사건은 분명 전달체계의 문제를 극명하게 드러낸 사건은 분명하며, 이것이 계기가 되어 전달체계 개편의 동기로 제시된 것은 이해될 수 있다. 그러나 개별 사건이 전달체계의 전체적인 방향이나 내용을 규정하게 되는 것은 과도한 것이라 지적하지 않을 수 없다. 이러한 관점은 기존 전달체계 개편에서도 유사하게 나타나는 증상들이다.

명확하게 정리된 것은 부족하지만, 사업백서 등 찾동 선행연구들을 살펴보면 전체적으로 전달체계에 대한 찾동의 문제설정은 일정 정도 타당하다고 판단된다. 기존 공공복지전달체계의 고전적인 문제들을 다루고 있기 때문이다. 그러나 동시에 찾동은 문제설정 과정에서의 한계가 명확하게 나타난다. 한마디로 계획과 실행 사이에 정책단절이 존재한다. 이태수 외(2016: 276)가 언급했듯이 찾동 모형 구성에 대한 정책보고서 형태의 근거가 분명하지 않다. 다시 말해 찾동 모형은 나름의 합리성을 가지고 있다고 하더라도 서울시장 선거과정에서 다소 급진적으로 구성되었다는 지적을 회피하기 어렵다. 전달체계 문제규정과 관련해서 참여자는 합리적인 논의과정이 부족했다고 평가했다.

> 솔직히 말하면 찾동 추진 과정에서 전달체계 문제가 뭐다라고 디테일하게 그것을 개선하고 수정 보완하려고 설계하기보다는 정책적 선언을 한 것, 정치적 선언에 대한 것을 사업으로 구성한 것이다. 찾동 설계는 정치적, 정무적 판단이 많이 개입되어 있다. (참여자-1)

찾동에서의 문제규정 과정을 특징을 정리하면 다음과 같다. 첫째, 전달체계 문제의 핵심을 이루는 인력부족 문제를 정면으로 다룬다. 이는 찾동 문제규정에서 가장 크게 기여한 측면이다. 이를 통해 찾동이 실행력을 갖추었다는 점에서 다른 전달체계 개편안과는 명확히 구분된다. 둘째, 문제규정에 대한 체계적인 근거가 부재하다. 문제규정은 기존에 언급된 전달체계의 문제들을 다루고 있으나, 서울시의 '진정한(genuine)' 문제들이었는지 판단하기 어렵다. 전달체계 문제를 지적한 연구와 자료들이 있지만 구체성과 체계성을 가지고 있다고 평가하기는 어렵다. 전달체계 문제를 지적하는 내용은 무성하지만 그것들 간의 관계나 핵심적인 문제의 심각성을 심도 있게 다루지 않았다. 셋째, 모든 정책들은 '정치성과 정치화'를 포함하는 과정이지만, 찾동의 경우에서는 정책결정과정에서 이러한 경향성이 두드러진다는 점을 확인할 수 있다. 이러한 특성은 이후 찾동의 실행과정에서 지속적으로 문제를 야기하는 것으로 파악된다. 넷째, 문제규정 과정을 포함하여 찾동 설계과정은 전달체계 그 자체의 문제보다 전달체계를 포괄한 혹은 아우르는 문제를 행정혁신과 마을복지라는 과제로 접근한 것은 참신하다. 그러나 전달체계와 관련성은 있으나 부분적으로 전달체계 그 자체의 개선으로 보기는 어렵다. 이것은 관계가 없다고도 할 수 없으나 그렇다고 직접적이라고 보기도 힘들다. 다섯째, 공공전달체계의 문제들은 중앙정부가 개입하지 않으면 해소되기 어려운 문제들이 존재한다. 그러므로 이를 구조적으로 해소하지 않으면 지방정부에서는 제한적인 수준에서만 해소할 수밖에 없게 된다. 지방정부의 선택지는 제한적인 범위 내에서만 개편을 하게 되고 이것이 개편의 주된 목적이 되므로 그에 대한 성과는 노력한다고 하더라도 제한적인 수준에 도달하게 된다. 이것은 지방정부에서 추진하는 전달체계 개편이 가진 태생적 한계가 된다.

2) 찾동사업에서 본 전달체계 개편의 목적과 목표는 무엇이었는가?

찾동은 앞에서 언급한 문제규정과 문제의 원인규정에 따라 명확한 목적과 목표를 설정하였는가? 찾동의 목표는 대외적으로 '지역의 사회보장 증진'과 '주민자치 실현'으로 설정되어 있다. 목표는 다소 추상적인 측면을 포함할 수밖에 없으나, 가능하다면 이것이 구체적으로 무엇을 의미하는 것이고, 어떤 수준에서 달성할 수 있다는 것인지는 포함되어야 한다. 앞서 언급한 것처럼 찾동의 전달체계 문제규정이 모호한 측면은 이후에도 영향을 미쳐 거시적인 목표는 보이지만 중단기적인 목표를 파악하기 쉽지 않다. 이러한 것은 긍정적인 의미에서 많은 것을 함축하는 것도 있겠으나 부정적으로는 결과에 대한 책임회피로 연결될 수 있다. 어쩌면 구체적인 목표가 무엇인지 실행주체들이 알지 못하거나, 혹은 추상적으로 이해하는 수준이었을지도 모르겠다.

- 찾동의 목표를 하나로 보기는 어렵다. 송파 세 모녀 사건 이후 사각지대를 발굴하고 해소하는 것이 우선적인 목적이었다. 선별적 복지를 제대로 하자는 것이 숨겨진 첫 번째 목적이다. 보편적 복지를 내세우지만 실무를 함에 있어 실제적인 내용은 선별적 측면이 강했다. 가장 큰 효과는 기존에는 방문을 하지 못했다. 그런데 찾동은 할 수 있게 되었다. 보편적 복지는 선언적 의미가 있다. (참여자-1).
- 공공의 책임성을 강화하는 것이 중요한 목표였다고 생각합니다. 그것이 인력이든 찾아가는 것이든 개별 사업이든…. (참여자-4).
- 단위사업이나 세부사업들이 목표가 아닐까요? (참여자-6)

또한 논리적인 측면에서 본다면 지역의 사회보장 증진과 주민자치가 어떻게 연결될 수 있는 것인지 체계적인 설명이 요구된다. 주민자치가 곧 지역주민의 사회보장에 증진이라는 주장이 있을 수 있다. 그러나 그렇게 본다면 지역 내 발생하는 모든 일이 지역주민의 삶에 영향을 미치므로 그렇지 않은 것과 구분하기 어렵다. 어떤 내용을 통합하거나 융합하거나 통섭적으로 이해할 수 있으나 그 관계는 구체적으로 설명되어야 한다.[4)]

찾동뿐만 아니라 복지허브화에서도 드러난 것이지만 기존 공공급여 중심의 서비스에서 사례관리의 전면화, 복지공동체의 내실화, 사각지대 발굴을 포함한 찾아가는 복지로의 전환은 사실상 공공부조처럼 수행체계를 명확하게 설정하기 어렵고 그에 따른 성과측정이 곤란한 사업이라는 공통된 특성을 가지고 있다(김이배, 2016). 결과(output)는 측정할 수 있지만 사업의 본래 목표인 성과(outcome)는 측정하기 곤란하다는 한계를 가진 사업이라는 점이다. 그렇기 때문에 찾동은 기존 전달체계와 달리 보다 더 섬세하게 목표를 설정했어야 했다.

이러한 혼란들은 자연스럽게 다음 질문과 연결되었다. 찾동은 도대체 무엇인가, 찾동은 무엇으로 정의할 수 있는가 하는 질문이다. 찾동사업은 전달체계 연구자뿐만 아니라 현장에서도 상당한 주목을 받고 있는데 그것은 기존 전달체계와는 다른 혁신적이고 실험적인 성격을 포함하고 있기 때문이다. 그런데 막상 찾동의 성격을 평가하고자 할 때 실무자뿐만 아니라 연구자들도 개념규정에서 주저하게 된다. 참여자들은 이러한 어려움을 토로한다.

- 찾동은 전체가 이거다라고 설명하기 너무 힘들다. 동복지허브화와 찾동은 기본적인 설계는 크게 다르지 않다고 본다. 차이라고 한다면 복지공동체 구축이 가장 큰 차이다. (참여자-1)
- 저 스스로도 그것 때문에 고민 많이 했는데요. 서울형 복지전달체계라고는 하는데 그게 참, 뭐라고 설명해야 할지. 복지와 마을의 결합? 이게 먼저 선행적으로 규정지어 있으니까. (참여자-5)
- 초기 시작은 전달체계 개편에서 했고요, 후기에는 복지 이외 마을과 행정이 포함되었지요. 전체 지향하는 바는 '공공의 책임성 강화', '지역 공동체의 역량강화'고요. 다른 전달체계와의 차이점은 인력충원이 핵심이죠. 구현방식이 다른 전달체계가 아닐지요. (참여자-4)
- 글쎄요. 주민관계망을 강화시키는 방향으로 나아간 것이 찾동의 특징이 아닐지? (참여자-7)

4) 사회복지 영역에서는 이미 이러한 시도가 있었다. 주민생활지원서비스라는 이름으로 시행된 정책에서는 이러한 문제들을 나타내었다. 의도는 선의가 있다고 하더라도 그 구체적인 내용 설계와 연계사항은 분명하게 적시되어야 한다.

고전적인 전달체계 관점에서는 복지중심 서비스 공급체계로 정리할 수 있지만 찾동은 개념정리가 쉽지 않다. 복지 · 건강 · 행정 · 마을 분야의 종합적 협치체계(김귀영, 2016)나 공공부문 혁신 · 공동체성 회복 · 문제해결 플랫폼(이주헌, 2018)으로 정리하기도 하지만 거대개념으로 직관적으로 이해되지는 않는다. 서울형이 강조했던 내용인 공공복지 혁신, 민관협력 강화, 복지생태계 구축(이태수, 2016) 등을 포괄하고 거기다 마을과 자치를 포함하게 된다면 고전적인 전달체계 훨씬 그 너머 존재하게 된다.[5] 이러한 개념적 불분명성과 모호성은 다차원적 목표 설정에서 파생된 것으로 이해할 수 있다. 덧붙여 전달체계 내 다차원적 목표를 동시에 담는 것이 타당한지 논의될 필요가 있다. 찾동이란 이름 아래 모인 다양한 사업들과 혁신이란 이름하에 수행되는 사업들 간 타당성과 정합성이 떨어지는 건 아닌지 섬세한 분석이 필요하게 된다. 접점은 분명 존재하지만 찾동에는 이러한 관계설명이 불명확하다. 좋은 게 좋은 거라는 인식은 좋은 게 아닐 수 있다. 사업들 간의 공유지점이 구체적으로 제시되어야 한다.

3) 찾동사업에서 제시된 사업들은 문제를 해결하는데 적절한 것이었는가?

문제규정과 목표설정이 대외적으로 부족하게 언급되었다고 하더라도 적절한 사업 설정을 통해 문제를 해소할 수 있다면 앞의 절차는 크게 문제가 되지 않을 수 있다. 일반적으로 전달체계의 핵심 영역은 조직과 인력 그리고 프로그램으로 규정되고, 그에 더해 다양한 요소가 포함되는데 이를 내실 있게 운영하게 된다면 어쨌든 문제를 해결하는 것이 되기 때문이다.

앞에서 언급했던 류명석 외(2012: 83-85)는 서울시가 가진 전달체계의 문제를 해소하기 위한 개편방향으로 우선적으로 '이용자, 시민중심의 전달체계'를 제안하고 있다. 이용자중심이란 이용자가 쉽게 이해하고 주도적으로 접근, 신

---

5) 이러한 대표적인 사업이 1970년대 새마을사업이었다. 당시에 새마을이란 이름이 포함되지 않으면 예산을 받기 힘들었기에 새마을사업이 아닌 것이 없었고, 동시에 모든 것이 새마을사업이었기에 무엇이 새마을사업인지 구분이 되지 않았다(진재문 · 김이배, 2013).

청하고, 이용자의 욕구에 민감하게 반응하여 서비스를 제공하는 것을 의미한다. 또한 전달체계는 시민의 개별성과 주도성을 제고하는 전달체계를 지향한다. 구체적으로 지역과 이용자의 개별성이 존중되는 전달체계, 원스톱 토털(one-stop total) 서비스 접근체계, 이용자가 쉽게 인지하고 접근하고 이용하고 확인하는 전달체계, 전달체계 비용 대비 효과극대화를 위한 합리적이고 전문화된 전달체계 등이다.

1단계 찾동 매뉴얼(복지부문)을 보면, 찾아가는 복지 · 보편적 복지(우리동네주무관, 찾아가는 복지플래너 등), 복지 통 · 반장), 통합서비스 제공 및 연계(복지상담전문관, 동 단위 사례관리), 복지생태계 구축(복지생태계의 이해와 적용, 지역사회 주민관계망 활성화, 복지자원 조사) 등 3가지가 중요한 사업으로 구분된다. 본 책에서는 2017년 매뉴얼상 복지영역을 중심으로 찾동의 구체적인 복지전달체계 개편 내용을 살펴본다. 내용을 보면 복지영역은 직접사업과 간접사업으로 구분할 수 있다. 본 연구에서는 지면관계상 개별 사업을 모두 다루지는 않고, 그 중에 특징적인 사업을 중심으로 검토한다. 동복지허브화와 유사한 사항은 논의를 생략한다.

▌표 1-3▐ 찾동 매뉴얼상 추진 사업

전달체계 문제	사업명	전달체계 개선
	직접 사업(복지)	
전달체계 컨트롤타워의 부재	추진지원단 구성 및 운영	컨트롤타워 역할 수행
행정중심 조직체계	동조직 개편	복지중심 조직체계
동장의 복지마인드 부족	동장 리더십 강화	동장의 복지마인드 강화
복지 관리자 부재	복지슈퍼바이저	선임 활동
찾아가는 복지 한계	찾아가는 복지 · 보편복지	찾아가는 복지 확대 '복지플래너+방문간호사'
사례관리 부실	통합서비스 제공	사례관리 강화
복지공동체 약화	복지공동체 조성	복지공동체 강화
	간접 사업(행정+복지)	
지역민과 소통 곤란	우리동네 주무관	지역민과 소통 해소

출처: 서울특별시(2017). 찾아가는 동주민센터 업무매뉴얼.

(1) 인력증원 관련

인력증원의 경우, 전담공무원의 경우 2018년 기준 약 2,037명(민간경력직은 412명)이 충원되어, 동 평균 사회복지직 인력이 3배가량 늘어났다. 기존 2명 수준에서 약 6.6명 수준으로 4.6명이 증원되었다. 또한 동별 1명씩의 방문간호사(838명)이 충원되었고, 마을사업 전문가는 80명 등 약 2,655명의 신규 인력을 증원하였다.[6] 충분한 인력확보는 찾동의 찾아가는 복지를 가능하게 하였고 이로 인해 내실 있는 사업추진이 가능하게 되었다.

인력증원의 의미는 사실상 찾동 전달체계 개편의 핵심을 이룬다. 기존 전달체계가 가진 가장 큰 문제점이 인력부족이었고 이로 인해 파생되는 문제점이 너무 다양하고 심각했기 때문이다. 다시 말해 인력증원의 어려움은 전달체계 문제를 해소하는데 가장 큰 문제점으로 이해되는데 찾동은 이러한 문제를 파격적으로 해결한 것이다. 그러므로 거칠게 말하면 나머지 연구질문들은 이러한 인력증원의 효과가 적절하게 반영되는 조직구조, 업무구조였는지 살펴보는 것에 불과하다. 여기서 관건은 충원된 인력이 기존 전달체계의 문제를 해소하는 방식으로 업무를 수행했는지이다. 즉 기존 전달체계 문제의 해소 및 향후 복지문제에 대한 선제적 대응에 맞도록 업무체계가 구성되었는가이다. 이에 대한 평가는 현장의 운영상황을 고려하여 판단할 필요가 있다.

- 동복지허브화는 실행력이 담보되기 힘든 구조다. 찾동은 인력충원을 통해 실행력이 담보된 개편안이다. (참여자-1)
- 인력충원으로 기존보다 여유가 생겼다. 예전에 못했던 걸 할 수 있게 되었다. (참여자-8)

현장 의견에 따르면 인력충원은 탁월한 선택이었으나 인력운영은 적합하였는지 의문시된다는 의견이 많았다. 그 근거는 다음과 같다. 기존 동주민센터의 복지인력은 복지수요를 대응하기 힘든 구조였다. 서울시의 동별 인구는 타 시도

6) 찾동 관련으로 2017년 하반기 종합사회복지관에 채용된 177명은 제외하였다. 이 인력은 동단위 사례관리, 지역복지공동체 사업을 수행한다.

군지역 인구에 다다를 정도로 크고, 복지업무는 광범위했기 때문이다. 그러므로 인력충원은 이러한 상황을 해소하는데 필수적인 선택이었다. 문제는 추가된 인력이 기존 업무를 해소하고 그 이상의 부과된 업무를 수행할 수 있는 여건이었는가 하는 것이다. 현장의견으로는 동의 여건에 따라 다른 의견이 제시된다. 찾아가는 복지 등 추가적인 업무수행이 가능한 동이 있는가 하면, 오히려 그러한 사업추진이 인력충원의 장점을 훼손하였다는 의견도 있다.[7] 만일, 추가적인 업무를 시행하지 않은 채 인력충원이 이루어져 전달체계 개편이 시행되었더라면 기존 전달체계의 문제를 해소할 수 있었을 것인가? 질문하면 현장의 의견은 '아마도 상당부분 해소되었을 것'이라고 본다. 그렇기에 '찾아가는 복지'를 시행하고자 하였을 때에는 더 많은 인력을 투입하는 것이 필요했다고 본다. 특히 겨우 충원된 인력운영 상황에서 마을공동체 사업과의 병행 추진은 여러 가지 논란을 야기시켰다. 마을공동체와 복지사업이 시너지 효과를 야기하였다면 다른 관점에서 이야기가 될 수 있겠으나 공유되는 지점이 적었고, 대부분의 현장의견은 오히려 거래비용만 증가하였을 뿐만 아니라 개편의 목표가 심플하지 않아 혼선이 있다고 지적했다. 이러한 결과는 사전에 우려했던 부분이었으나 사업에 포함되었고 이러한 선정은 합리성보다는 정치적 판단이 중요하게 작용했다고 본다.

- 사실 전달체계의 문제를 냉철하게 분석해서 인력을 계산하기보다는 처음 시작은 그냥 인력이 부족하다였고, 이후 인력관련 예산을 마련하기 위해, 시의회를 설득하기 위해서 새로운 인력투입에 대한 근거를 만들어야 하기 때문에 새로운 업무를 부여할 수밖에 없었다. 현실적으로 인력추계를 원칙대로 했으면 지금도 인력충원을 못했을 것이다. 찾동 출발 전에 근거가 되는 자료와 관련해 왜 근거 없이 될 수밖에 없었냐 하면 (상황적) 특수성이 존재한다. 인력을 이렇게 안 넣었으면 이걸 못했을 것이다. 원칙과 현실은 다른 것이다. 최초 설계자들은 일단 인력이 부족하다에 포커스를 두고

7) 2016년 1단계 사업평가시 공무원의 사업만족도는 35% 수준으로 매우 낮은 편이며, 업무증가에 대한 인식은 높은 상황이었다. 항목에 따른 응답에서 민원행정 업무가 증가하였다(51%), 현장방문 업무가 증가하였다(83%)로 제시되었다(김귀영 외, 2016). 업무증가가 반드시 부정적인 것은 아니나 인력이 대폭 증원되었음에도 사업만족도가 낮고 업무증가 인식이 높게 나온 것은 주의 깊게 볼 부분이다.

있었다. 전체적으로 인력문제를 다루는 데 있어 정교하지 못했다. (참여자-1)

- 인력충원 규모에 대해서는 찾동이 분명 큰일을 해냈다. 문제는 인력의 질이다. 민간경력직을 채용하였으나 절대 다수는 그런 경험이 없는 인력이고, 한꺼번에 너무 많은 인력을 선발하면서 인력의 질 저하가 나타났다. 사실 인력충원은 양적 의미에 가깝고 질적 의미에서는 전문적 서비스 제공을 위해 인력의 질이 너무 중요하다. 그런데 찾동은 여기서 실패한 부분이 있다. 엄격한 의미에서 본다면 공공의 인력이 너무 취약하다. 신규 인력의 경우, 사례관리는 고사하고 '사람에 대한 이해, 인간에 대한 관점' 자체가 취약한 경우가 많다. 생각보다 심각하다. 어디서부터 손을 대야 할지 걱정이 되는 경우가 많다. (연구자-3)

(참여자-1)의 의견은 찾동 운영에 있어 매우 중요한 부분이 있기 때문에 보다 상세한 검토가 필요한 부분이다. 기존 전달체계가 인력충원에도 불구하고 실패하는 이유 중의 하나는 '업무량보다 적은 인력투입 그리고 투입된 인력에 대한 추가적인 업무 부여'라는 특징을 가진다. 인력투입은 곧 예산지출과 연동되므로 인력투입에 대한 근거를 제시해야만 인력충원이 가능해지는 구조를 가지고 있다는 의미이다. 여기서 합리적인 인력충원 방식은 업무량에 맞는 인력을 충원하고, 업무통제 능력을 벗어나는 추가적인 업무를 부여하지 않는 것이다. 그런데 현실은 업무량에 합당한 인력충원을 하지 않고, 또한 기존 업무를 보완히기 위해 충원된 인력에 추가적인 업무를 부여하는 관행을 보인다. 이것은 매우 그릇된 논리이며 잘못된 관행이다. 그런데 찾동에서도 이런 특성이 보인다는 점이다. 이는 '찾아가는 복지'를 전면에 내세울 수밖에 없는 조건이 되기도 했다. 인력충원 과정을 잘 아는 참여자는 '어쩔 수 없는 상황이었고 만일 그렇게 하지 않았으면 인력충원은 불가능했을 것'이라고 말했다. 찾아가는 복지는 사업을 시도하고자 했던 세력과 관행적인 인력충원 방식을 고집하는 집단간의 절충점이자 여전히 비합리적 관행을 극복하지 못한 사례로 해석될 수 있다. 참여자에 따르면 충원된 인력은 다음과 같은 수준에서 업무분장이 이루어진다고 한다.

- 인력이 기존 복지업무를 중당하는데 한 50% 반영되고, 새롭게 부가된 업무에 50% 정도 배정된 것 같다. (참여자-9)

- 자치구마다 인력배치가 불균등한 지역이 많다. 인력이 2배 정도 확충되었다고는 하나 일부 업무가 한량해진 것은 사실이지만 현장에서는 여전히 바쁘다. (참여자-9)
- 인력이 보충되었는데 그 인력에 대해 추가적인 업무를 요구하는 경우가 많다. 결과적으로 새로운 일거리가 늘어났다. 방문복지, 자료입력, 사례관리 등 강도 높게 요구하는 업무가 많아졌다. (참여자-5)
- 찾동 이후 방문이나 전수조사(주거취약, 중증장애인 등), 자조모임운영 등의 동특수시책 시행, 협의체 운영 강화, 사회적 고립가구 지원 등 상당히 많은 업무가 증가했다. (참여자-6)
- 문제는 현장이 전달체계 본래의 본질적인 업무에 집중하지 못하는 상황이라는 것이다. 실적이나 성과를 무시할 수 없고 일부 보여주기식 사업을 수행하지 않을 수 없는 상황이다. 어쩔 때 보면 지금 무슨 일을 하고 있는지 스스로 혼란스러울 때가 있다. 이제는 보다 본질적인 것에 집중할 필요가 있다고 본다. (참여자-6)
- 발굴, 지원, 해야 되는 일이 늘어나고 있다. 안전 관련 지원, 집수리, 장애인, 폐지수집 관련 등 업무 피로감이 장난이 아니다. 업무과중을 걸러 줄 장치들이 필요하다. (참여자-7)
- 업무가 자석처럼 착착 달라붙는다. 찾동 이전에도 그랬지만 이젠 인력이 충원되었으니 할 수 있겠지 하면서 막 넘어온다. 막을 수가 없다. (참여자-8)
- 전수조사, 무슨 조사, 인력이 늘었으니까 이걸 할 수 있지 않을까 하면서 사업이 막 늘어난다. 내려오는 업무량이 계속 늘어나고 있다. 실제 방문이 안 되고 있다. (참여자-5)
- 행정은 인력이 보강되는 것이 아닌 일이 추가되는 상황이고, 우동주(우리동네주무관) 행정팀장이 주축이 되는 경우가 많다. 적극성이 떨어질 수밖에 없는 상황이다. (참여자-6)
- 복지직이 아닌 행정직의 경우, 업무가 많이 늘어났다고 생각한다. 여전히 본인들은 복지업무에서 벗어나 있다고 생각한다. 물론 조금씩 인식이 확장되고 있지만 직렬이 나누어져 있다는 것은 적지 않은 장벽으로 존재한다. (참여자-2)

저자는 업무량에 맞는 인력충원이 전달체계 문제해결의 핵심 중 하나라고 본다. 그런데 찾동에서 기존에 실패했던 전달체계의 특징이 나타나고 있다는 점에서 인력충원의 효과가 사라질 수 있다는 우려를 가지게 된다. 이는 나중에 다룰 네 번째 질문에서 더 명확하게 나타난다.

(2) 찾아가는 복지(보편복지) 관련

찾동사업은 다양한 사업들이 추진되고 성과를 창출하고 있지만, 전달체계의 고전적인 의미에서 본다면 본질적으로 '사례관리'와 보편적 복지로 불리는 '찾아가는 복지'가 핵심을 이룬다. 여기서 논란지점은 '찾아가는 복지'의 전면화가 정당성을 가지는 주장인가 하는 점이다. 덧붙여 보편적 복지가 물리적인 방문을 전제로 한 찾아가는 방식에 의해서만 가능한 것인가? 하는 질문도 포함된다. 결론적으로 말해 연구자는 여기에서 논리적 비약이 있었다고 판단한다. 찾동에서 찾아가는 문제는 인력증원과 연동되기에 상당히 중대차한 문제이자 논란거리이다. 찾아가는 방식이 불필요하다는 것이 아니라, 그것이 전면화되는 것이 가진 한계와 관련해서 논의할 필요가 있다는 것이다. 공적 인력이 무한정 공급되어 전 국민의 복지욕구를 샅샅이 상담하고, 개별 대상자 모두에게 맞춤형 서비스를 제공한다면 얼마나 좋겠는가? 그러나 인력이 무한정 제공될 수도 없거니와, 인력이 제한 없이 제공된다고 하더라도 욕구를 해소하기에는 어려울 것이다. 그것은 욕구해소가 욕구파악에 의해서 해소될 성질이 아니기 때문이다. 그렇기에 적정 욕구에 대응한 적정한 수준의 서비스를 제공하는 것이 '현실적'으로 필요하다. 립스키(Lipsky: 1980)가 언급했듯이 복지서비스는 민감하게 서비스를 제공하면 할수록 더 많은 서비스욕구가 발생하게 된다.

- 처음에는 인력이 있으니 찾아가는 복지는 가능하겠구나 생각했습니다. 그런데 시간이 가면 갈수록 찾아가는 복지를 확대하는 것이 맞는 것인지 확신이 안 되네요. (참여자-6)
- 한정된 공공 인력으로 모든 대상자와 그들의 문제에 관여할 수는 없어요. 그렇기에 한정된 범위 내에서 사업을 계획하고 내실 있게 진행해야 합니다. 그런데 찾동은 너무 의욕과잉이에요. 인력을 충원했으니 가능하다고 홍보도 그렇게 하고 했으니, 저는 그게 맞는지 확신할 수 없어요. (참여자-9)
- 찾아가는 복지는 시대적 요구를 반영한 것이었다고 봐요. 세 모녀 사건도 그렇고 전달체계 개편의 추동력을 가져온 요인이었다고 봐요. 합리성과는 다른 차원이에요. (무명)

발굴주의(outreach)라는 개념은 그 선의에도 불구하고 여러 가지 쟁점을 가지고 있는 주제이다. 상황에 따라 발굴주의는 잠재적 수혜자가 정부를 찾아오기를 기다리는 신청주의를 넘어 정부가 적극적으로 찾아나서는 복지(남찬섭, 2017: 11)로 연결되거나 또는 수요자 중심주의라는 개념과 결합되거나, 사각지대 해소라는 것과 연결되기도 한다. 이는 대중적인 차원에서는 쉽게 연결될 수 있는 것이지만, 복지행정의 차원, 복지실천의 차원에서는 쉽게 판단하기 어렵다. 남찬섭(2017: 12)이 지적했듯이 신청주의는 행정편의적인 측면이 있다고 하더라도 본래 관료주의를 의미하는 것이 아니고, 발굴주의는 직권주의가 더 강화된 형태로 본다면 국가의 가부장적인 속성과 관점을 드러내는 것(김보영, 2017)이기에 현대화된 국가관과도 연결되지 않는다. 사각지대 해소와 관련해서도 사각지대가 반드시 물리적인 방문을 전제로 할 필요는 없다. 더 나아가 사각지대 해소가 방문을 통해 해소된다는 생각도 부분적으로만 맞다.

찾아가는 복지는 또 다른 측면에서는 인력충원에 따른 자연스러운 결과물일 수 있다. 인력충원이 되지 못한다면 실현 불가능한 것이기도 하다. 또한 연차에 따라 대상자가 축소될 수밖에 없기 때문에 찾아가는 복지가 무한정 확대될 수 없다는 내재적인 한계도 있다. 즉 발굴주의에 근거한 방식은 그 자체로 한계가 있다. 방문을 통해서는 불특정한 복지욕구를 파악하기 쉽지 않고, 해소하기도 쉽지 않다. 이를 해소하려면 더욱 더 많은 방문밖에 없게 된다. 찾동에서 우리동네주무관 혹은 복지플래너의 역할은 분명 장점이 있는 부분도 있다. 그러나 또한 상당한 착시효과를 가져올 수 있다. 그 자체가 복지제도의 차원, 복지공급의 맥락에서 본다면 과잉이 될 수 있다.[8] 또한 이러한 방식은 인력충원이 가능한 재정력을 가진 서울시라는 특정 지역에서만 작동될 수 있다는 점에서도 현실적인 고려가 필요하다. 즉 찾동은 방문관리를 통한 성과가 그만큼의 인력투입에 비례해 볼 때, 적정한 정책수단이었는지 보다 엄밀한 판단이 필요하다. 한국사회에서 보편복지는 정치적인 주제로 쉽게 전환되거나 해석되기에 정책의

8) 이것과는 맥락상 다소 다른 사례이기는 하지만 서울시의 미세먼지 대책의 일환으로 시행되었던 '대중교통 무료화 정책'(2018.1)은 유사한 특성을 가진다. '무대응보다 과잉대응이 낫다'라는 주장은 여러 가지 함의를 가지고 있으나, 효과가 적고 예산지출이 과다하여 이후 폐지되었다.

합리성을 앞서는 경우가 많다. 그렇게 되면 이후 제도에 대한 신뢰가 줄어들고 결과적으로 정책 자체에 대한 불신에 직면할 수도 있다.

추가적으로 보편복지의 문제는 토론의 여지가 많다. 즉 선제적인 서비스 제공을 하겠다는 취지는 바람직하고 선호될 만하지만 그것은 순차적인 과제인지 병렬적인 과제인지는 다툼이 필요하다. 왜냐하면 전달체계의 업무하중은 생각보다 민감하고 심각하여 추가적인 업무를 수행할 경우, 기존 업무를 적절히 수행하기 곤란한 상황이 되기 때문이다. 환경과 조건이 갖추어진다면 보편적 복지를 마다할 사람은 없을 것이다. 다만 보편적 복지가 가져오는 여러 가지 부담과 한계를 시스템과 체계가 감당할 수 있는가 하는 질문에 답해야 한다.

(3) 사례관리 관련

사례관리는 복합적인 욕구를 가진 당사자에게 다양한 복지자원을 연계하고 문제해결을 주도적으로 나설 수 있도록 지원하는 제도이다. 찾동의 경우, 일반사례는 동주민센터에서, 전문사례는 민간복지기관에서, 위기사례는 희망복지지원단에서 수행하도록 역할을 분담하였다(안기덕, 2017). 사례관리는 그 자체가 쟁점이 많은 주제이며, 공공에서 전면적으로 시행하게 되면서 더 많은 쟁점을 가지게 되었다.

- 공공이 사례관리를 통해서 책임성을 가지게 되었다는 것은 긍정적인 결과이다. 사례관리를 하면서 자원부족에 대한 고민, 대책에 대한 필요성 등이 자연스럽게 제시되고 동의하게 되었다. 얘기할 수 있는 환경과 근거가 된 것은 정말 긍정적이다. (참여자-1)
- 개인적으로 사례관리라는 표현을 안 썼으면 좋겠다. 그리고 공공이 왜 사례관리를 해야 하는지에 대해, 그 물음에 대해 분명하게 중앙정부가 근거를 못가지고 있다고 본다. 동단위에서 전면적으로 사례관리하는 곳은 전 세계에서 대한민국밖에 없다. 공공사례관리를 왜 해야 하는지 의미가 분명하게 제시되고 지향점이 제시되어야 하는데 그게 너무 희미하다. 민간과 차별성이 없고, 자꾸 전문성 이야기만 하고. 동에서는 이미 오래전부터 서비스연계를 하고 있었다. 공공의 역할은 서비스연계가 1차적으로 중요하고 또 그렇게 하는 것이 바람직하다. 서비스연계조정에 포커스를 두고 있다면 공공에서 제공하는 정보제공만 해도 정확하게 매칭해줘도 좋다. 공공이 전문적인 시례까지는 어렵다. 사례관리는 좀 더 명확하게 해야 한다. (참여자-1)

- 동에서 통합사례관리는 너무 어렵다. 과연 공공에서 하는 것이 맞는 것인가? 현실적으로 서비스연계 수준이 적당하다고 본다. 그것도 다 못한다. (참여자-9)

동복지허브화와 마찬가지로 찾동에서의 사례관리도 상당한 시행착오와 어려움 그리고 담당자의 전문성에 따라 다양한 이해를 보여주고 있었다. 향후 공공에서의 사례관리는 다음과 같은 질문에 명확하고 솔직하게 답변할 필요가 있다. 첫째, 공공에서의 현실적으로 실행가능하고 바람직한 사례관리의 범위와 수준과 방식, 둘째, 민간을 아우르는 연계 · 협력과 관련된 역할 분담 방식(비용을 포함한)과 내용, 셋째, 사례관리 수행을 위한 복지자원의 확충 방안이다. 정부가 책임성을 이유로 사례관리의 전면화를 시도하였다면 이에 대한 명확한 답을 제시할 필요가 있다. 그래야만 지역에서 발생하는 다양한 사례관리 관련 문제들을 근원적으로 정리할 수 있다.

(4) 민관협력 관련

공공전달체계의 관점에서 지역복지전달체계로의 관점 이동에 대해서는 상당한 논의가 필요하다. 익히 알려진 것처럼 최근의 정책 흐름 중 읍면동 사회보장협의체의 법정화, 지역사회보장계획의 내실화, 지역단위 전달체계의 강화 등의 변화 속에서 기존의 공공전달체계의 범주를 벗어나는 포괄적인 전달체계의 구축으로 변화되고 있다. 이에 따라 상반된 혹은 상이한 패러다임과 실험적인 논의들이 제안되었다. 이러한 흐름들은 공공 내의 체질개선으로는 근본적인 변화가 힘들다는 평가 속에서 나온 제안들이며 이는 정당한 지적이라고 볼 수 있다. 다만 여기서 유념해야 할 것은 공공이 해야 할 것과 민간이 해야 할 것의 기준을 새롭게 설정하고 이에 따라 명확한 책임과 역할을 부여하는 것이다. 이런 과정이 생략된 채 목적성만 가지고 사업으로 추진하게 된다면 어려움은 통과의례가 될 수밖에 없다. 그런데 현실적으로 공공과 민간의 연계 또는 민관협력 활성화란 이름으로 공공이 해야 할 일을 민간에 전가시키거나 혹은 민간이 하고 있는 일을 공공이 침해하는 상황이 발생하고 있다(김보영, 2017). 공공과 대비되는 민간은 다양한 요소로 구성된다(김이배, 2016). 대표적인 민간파트너인 복지관이 바라보는 찾동은 여러 갈래이다.

> 민간기관의 입장에서 본다면 찾동에 대해 양가감정을 가지고 있습니다. 공공의 강화는 하나의 기회로 삼기도 하지만 본질적으로 민간부문의 잠식을 가져오고 상당한 긴장관계를 가져왔어요. 주민을 위한 사업이라는 것에는 동감하지만 민간의 환경이 그렇게 호락호락하지 않거든요. 조금씩 나아지고는 있지만 걱정스러운 부분이 큽니다. 기관끼리도 이 문제로 고민이 많았습니다. 일부 기관은 공세적으로 나가기도 하고, 일부 기관은 소극적인 수준에서 마지못해 하기도 하는데 문제는 기관마다 편차가 있어 일부는 역량이 안 된다는 겁니다. (참여자-10)

이에 대한 상세한 논의는 본 논문이 다루고자 하는 범위를 넘어서는 것이기에 간략하게만 다룬다면, 이는 매우 조심스럽게 접근해야 하는 주제이다. 이미 잘못 설정되어 있다고 하더라도 제도화나 성숙화가 진행되어 이해관계자가 구축되어 있다면 이를 배제하는 것은 여러 가지 문제를 야기할 수 있다. 개혁을 멈추라는 의미가 아니라 현실은 여전히 점진적이라는 것을 수용할 필요가 있다는 것이다. 만일 급진적인 개혁이 효과적인 수단이라고 판단이 되고 이를 위해 행재정에 대한 동원력이 확실하다면 그렇게 해도 무방하지만 그렇지 않을 경우는 역시나 더디 가더라도 충분한 협의를 통해 진행하는 것이 합리적이고 바람직하다.

(5) 마을공동체 관련

전달체계 개편에서 마을 영역을 포함시키는 문제는 사업 초기부터 논쟁지점이었다. 마을 영역은 지역복지(자치, 협치, 마을공동체 등)라는 넓은 관점에서 수용될 수 있기도 하지만, 기존 전달체계 범주에는 포함되어 논의되지 않았다. 왜냐하면 이는 선택사항이지 필수사항은 아니었고, 공공의 역할과도 차이가 있기 때문이었다. 같은 공동체라 하더라도 복지공동체와 마을공동체는 공유지점보다는 차이가 많기 때문에 같은 것이 아니었기 때문이다. 그렇기에 현실적으로 '마을'과 '복지'는 서로를 바라보는 관점이 달라 당장의 공존은 현실 가능성이 떨어진다고 평가가 되었다(김정현 외, 2016). 이러한 생각들은 참여자들의 의견에서도 나타난다.

- 기존에 수행하던 마을공동체 사업은 일상으로 더 깊숙이 들어가야 한다는 생각이 있었던 것 같다. 마을과 복지의 이상적인 결합을 꿈꾸었던 것이다. 그러나 그것은 상상이었고 현실은 접점을 찾을 수 없었다. 많은 고민과 시도들이 있었지만 본질이 다르다는 걸 한참 후에 알았다. (참여자-4)
- 이 문제로 회의도 여러 번 하고 고민도 많이 했다. 복지 쪽과 마을공동체 쪽의 공동체 운영 프로세스는 매우 다른 구조다. 같은 공동체라고 하더라도 다르다. 서로 섞일 수 없는 구조다. (참여자-6)
- 늦게라도 각자의 길을 가는 것이 합리적이라는 생각에 도달했다. 우리 구는 아니지만 마을이 공적 체계에 들어오면서 오히려 기능이 퇴화되었다는 자평도 있다. 물적 토대나 우호적인 환경은 강화되었는지 모르지만 지역 내 역량이나 원래의 강점이 축소되고 있다는 평가이다. 일부 자치구에서는 복지와 마을의 결합이 성과를 내고 있는 지역이 있다고는 들었다. (참여자-6)
- 주민의 입장에서는 복지와 마을을 크게 구분할 필요가 없이 그냥 동네 일이다. 그렇기에 복지와 마을을 결합하겠다는 접근은 좋은데 결합했을 때 나타나는 시너지 효과가 생각보다 크지 않았다. 의도와는 달리 실제로는 접점을 찾기가 어렵다. 이러한 아이디어를 너무 쉽게 접근하지 않았는지 평가가 필요하다. (참여자-1)

참여자의 편의성(bias) 때문인지 모르겠으나 대체적으로 복지와 마을의 결합 경로에 대해서는 나름의 합의를 한 것으로 평가된다. 실험적인 관점에서 본다면 좋은 시도를 했다고 평가할 수 있고, 더 나아가 어떤 요인이 복지와 마을을 결합하지 못하도록 하였는지 분석될 필요가 있다고 본다. 복지는 마을에서 배울 것이 있고 모든 것은 아니지만 분명 연결고리가 존재할 것이다.

여기서 좀 더 검토할 부분은 정책 선정의 비약과 관련된다. 최상위 정책결정자의 정책 판단은 정치성을 배제하기 어렵다. 기본적으로 정치화된 정책이고, 그에 따라 비합리성이 포함될 여지가 있다. 정책에서의 논리 비약이나 급진성은 시기적 특수성에 따른 판단이지만 필연적으로 합리성을 파괴할 위험이 있기 때문에 보다 세심한 판단이 필요하다. 찾동사업에서 복지와 마을의 결합은 이러한 배경에서 나타난 것이고, 특히나 파격적인 인력증원을 배경으로 한 보편적 복지의 결정도 그러한 유사성을 가지고 있다고 본다. 여기의 교훈은 어떤 것을 합리화하기 위해 단어와 개념과 용어를 수없이 분해해서 짜맞추어도 본질은 다르지 않다는 것이다. 본질은 시간이 지나면 스스로 그 본래의 모습을 드러내게 된다. 겉으로 유사성이 보인다고 하더라도 성격이나 경로가 다를 경우, 물리적 결합은 가능해도 화학적 결합은 어렵다. 이것은 민관협력이라는 민간과 공공의 관계에서도 유사하게 나타난다. 협력이 반드시 두 기관간의 연계를 의미하는 것이 아닐 수도 있다. 각자의 영역을 충실하게 하는 것이 협력 그 자체가 될 수도 있다. 합의되지 아니한 개념에 이끌려 현실이 따라갈 필요는 없다.

(6) 정책실행 환경 조성 관련

찾동에서 괄목할만한 지점은 찾동 추진을 위해 다양한 행사와 프로그램을 기획하고 추진하였다는 점이다. 매뉴얼, 백서, 사례집 발간, 워크숍, 컨퍼런스, 성과공유대회 등 다양한 행사 추진은 성과를 공유하고 이를 기반으로 사업을 더욱더 매진할 수 있도록 하였다. 다른 전달체계 개편과정이나 혹은 타 시도 개편사례에서 이러한 것이 없었던 것은 아니나 서울시는 이를 보다 체계적이고 내실 있게 운영하였다. 이러한 것은 기존 복지전달체계에 대한 논의가 복지영역 내에서만 이야기되었던 한계를 극복하고 시민의 삶에 영향을 미치는 중요한 주제로 확장하였다는 데 큰 의의를 가진다. 이는 시민들로 하여금 선별적 복지에서 보편적 복지로의 인식확대에 기여한 것으로 보인다. 지자체장의 복지인식과 사업 추진에 대한 열의는 전달체계 개편의 가장 중요한 성공요인으로 제시되기 때문에 이러한 점에서 서울시는 차별성이 크다고 볼 수 있다.

> 역사적으로 수차례 개편이 있었지만 찾동만큼 전달체계에 집중한 적이 없었던 것 같다. (참여자-6)

찾동에서 특히 하나의 특징으로 거론할 수 있는 것은 추진체계의 합리적 설정이다. 일반적으로 중앙정부인 복지부나 행안부의 관련 부서에서 시도별 관련 부서로 그리고 시군구별 관련 부서로 정책이 전달되는데 이러한 전달과정에서 정책 경유기관이 얼마만큼 정책을 책임지고 역할을 수행하는가에 따라 최일선의 업무효과는 매우 다른 결과를 가져온다. 관례적으로 중앙정부와 일선 읍면동이 혹은 시군구가 직접적으로 연결되어 광역시도가 배제되는 경우가 허다하기 때문이다. 그런데 찾동은 시단위에서 시도되었기도 하겠지만 시가 주도적인 역할을 수행하였고, 자치구와의 연계가 긴밀하게 작동한 것으로 판단된다. 추진위원회, 추진단, 추진지원단 등의 거버넌스 구조를 확립하고 정례적인 연석회의를 통해 정보공유와 의사소통이 가능한 구조를 만들었다. 이러한 과정은 위계적이라기보다는 수평적이고, 공개적으로 진행되어 협치라는 원칙에 걸맞게 운영된 것으로 평가할 수 있다. 그렇기에 이에 대한 고려는 원만한 사업진행에 있어 필수적인 요소였다고 평가된다.

4) 찾동사업의 실행은 적절하게 진행되고 있는가?

찾동사업은 지역에 따라 1~3단계로 참여 기간이 다르고, 제도의 성격으로 인해 아직은 사업초기 단계이므로 성과를 판단하기에는 다소 이른 시기이다. 또한 세부 영역의 방대함 때문에 찾동사업 실행에 대한 성과를 적절하게 평가하는 것은 쉽지 않다.

우선 평가 이전에 찾동 관련 투입 부분을 살펴보면 다음과 같다.

▌표 1-4▌ 찾동 관련 연도별 예산액(단위: 백만원)

구분	합계	2015년	2016년	2017년	2018년
	258,569	20,276	61,386	83,065	93,842
국・시비 (국비)	229,908 (14,847)	18,731 (1,313)	54,433 (3,713)	71,122 (5,348)	85,622 (4,473)
구비	28,661	1,545	6,953	11,943	8,220

참고: 구비 내역은 복지직 인건비 구비 25% 부담액임
출처: 서울시 희망복지지원과(2018.3). 내부자료

찾동 예산을 보면, 국・시・구비를 포함하면 2015년 202억, 2016년 613억, 2017년 830억, 2018년 938억으로 총 2,585억원이 소요되었다. 국・시비 중 연도별 인건비를 보면, 2015년 7,242백만원, 2016년 31,606백만원, 2017년

51,208백만원, 2018년 64,547백만원 등으로 증가세를 보이며, 2018년도의 경우, 국·시비 내 인건비 비중은 대략 75%를 차지하고 있다.

2단계 사업백서에 따르면, 찾동의 주요 성과는 〈표 1-5〉와 같다.

▌표 1-5▐ 수치로 보는 찾동의 주요 성과

분야	시행 전(14.7-15.6)	1년차(15.7-16.6)	2년차(16.7-16.12)
현장방문 건수	동당 월 57회	138회(2.4배↑)	196회(시행전 대비 3.4배↑)
복지 초기상담	동당 월 282회	553회(96%↑)	399회(시행전 대비 42%↑)
사업 인지도	15.8월: 29%		16.9월: 65%(2배↑)
복지대상자 수	15.7월: 75,502명		16.7월: 84,727(12%↑)
복지담당 1인당 대상자 수	15.7월: 170명/인		16.7월: 115명/인(35%↓)
건강위험 발견율	• 노인 우울증 발견율: 3.0% • 치매위험 발견율: 3.2% • 허약노인 판정률: 25.6%		
주민 모임 발굴	16.12월까지 주민자조모임 796개 발굴·지원/모임당 7.1명 주민 참여		
마을계획 실행	17.6월 기준 49개 동에서 마을계획단 구성 운영/동별 103명 주민 참여		

출처: 서울특별시(2018.4). 찾아가는 동주민센터 2단계 사업백서.

이 책에서는 찾동사업의 실행 적절성에 대해 지금까지 실시된 사업에 대한 평가자료를 중심으로 살펴보고자 한다.

▌표 1-6▐ 찾동 분야별 성과평가 연구 개요

분야	연구자	보고서명	연구 개요
찾동 전반	안기덕 외 (2015)	찾아가는 동주민센터 운영방안 연구	1단계 사업시행 전동에 대한 모니터링
찾동 전반	현명이 외 (2015)	찾아가는 동주민센터 전환 성과평가 기초조사	찾동 성과평가 지표개발 및 기초선 조사
찾동 전반	김귀영 외 (2016)	찾아가는 동주민센터 1단계 사업 성과관리 학술용역	성과지표에 따른 1단계 성과 분석
찾동 전반	김귀영 외 (2017)	찾아가는 동주민센터 2단계 사업 성과관리 학술용역	성과지표에 따른 2단계 성과 분석
찾동 전반	서울특별시 (2016)	2016 찾아가는 동주민센터 1단계 사업백서	사업 과정 전반에 대한 정리

찾동 전반	서울특별시 (2018)	2017 찾아가는 동주민센터 2단계 사업백서	사업 과정 전반에 대한 정리
찾동 전반	김정현 외 (2017)	서울형 공공복지 전달체계 연구	찾동 기획과 집행간 조응성 검토
찾동 전반	황금용 (2017)	찾아가는 동주민센터, 현황과 과제	사업 과정 전반에 대한 정리
인력운용	김정현 외 (2016)	찾아가는 동주민센터 인력운용 활성화방안 연구	찾동 인력운용 사례분석
사례관리	안기덕 (2017)	공공사례관리 시행에 따른 개선방안 연구: 서울시 찾동사례를 중심으로	찾동 사례관리 전반에 대한 정리
민관협력	송인주 (2016)	찾아가는 동주민센터와 지역복지기관 협력방안 연구	찾동과 복지기관 협력방안
추진지원단	김정현 (2016)	찾아가는 동주민센터 자치구 추진지원단 역할정립 연구	찾동 추진지원단 역할 정리
민관협력	홍영준 외 (2017)	찾아가는 동주민센터 민관협력의 현황과 활성화방안 연구	참여 자치구별 사례연구를 통해 민관협력 현황 정리

찾동의 성과평가와 관련해 시기별로 다양한 연구들이 수행되었다. 대표적인 연구를 중심으로 살펴보면 지표 중심의 현명이 외(2015), 김귀영 외(2016; 2017)의 연구가 있고, 운영 전반에 대한 상세한 정리로 사업백서(2016; 2018)가 있다. 초기 모니터링 성격의 안기덕 외(2015)의 연구가 있고 그 외 분야별로 인력운용(김정현 외, 2016), 사례관리(안기덕, 2017), 민관협력(송인주, 2016; 홍영준 외, 2017), 추진지원단(김정현, 2016) 등의 연구가 있다. 황금용(2017)의 자료는 찾동 전반에 대해 간략하지만 핵심적인 성과들을 잘 정리하고 있다.

복지 분야를 중심으로 대표적인 지표 중심의 연구결과를 정리하면, 김귀영 외(2017)의 연구에서는 찾아가는 복지 · 보편적 복지, 통합 서비스제공 및 연계, 복지공동체 조성, 주민복지수준 향상 등 4개 대분류, 6개 중분류, 21개 세부지표를 도출하였다. 1차년도와 2차년도를 비교한 자료 그리고 2차년도를 기준으로 한 1단계 참여동(80개)과 2단계 참여동(203개)의 지표값을 비교한 결과, 1단계 참여동의 지표값이 일관적으로 높게 나타나 연차에 따른 업무의 안정 및 숙련도가 높아지고 있음을 확인할 수 있다. 이를 좀 더 살펴보면, 2015년 자료에서 찾동사업을 인지한 주민 중 사업시행동의 주민만족도는 3.63점을 나타냈다.

2016년 자료는 서비스 만족도에서 빈곤위기가정은 3.92점, 어르신은 3.7점으로 근소한 효과를 나타내었다. 2017년 자료는 찾동 이후 서비스 만족도가 어르신은 3.98점, 빈곤위기가정은 4.30점으로 나타났다. 주민의 만족도 조사결과는 조사참여자의 변화 및 서비스 질의 다양성으로 인해 경향치만 볼 때, 만족도가 점차 증가하는 것을 알 수 있다.

다음으로 전달체계의 핵심인력인 공무원을 대상으로 한 조사결과로 공무원들의 찾동사업 만족도 부분이다. 2015년 기준 업무량 수준은 3.74점이었고, 업무강도 수준은 3.70점 수준, 업무량 변화도 3.77점으로 높은 수준을 나타내었다. 2016년 조사에서는 업무과부하로 인한 문제의 축소는 2.64점, 업무만족도는 3.05점으로 낮은 수준을 나타내었다. 2017년 조사에서는 인력충원 부족이 3.86점, 업무량 증가는 3.72점, 적정한 인력충원 2.94점으로 전체 조사기간 동안 일관되게 찾동사업 만족도 부분에서 '낮은' 평가가 제시되었다. 사업효과에 대한 평가에서는 2015년 3.68점, 2016년 3.4점, 2017년에는 3.41점으로 나타나 긍정적인 효과를 기대하였다.

여러 항목 중에 위의 항목을 주요하게 살펴본 이유는 전달체계 개편의 본래 의도는 인력충원을 통해 깔때기 현상 등 업무량을 경감시키고 이를 통해 적정한 서비스를 제공하는 것이다. 그러나 설문조사 결과는 조사기간 동안 매우 일관되게 업무만족도는 낮은 것으로 제시된다. 또한 업무량에 비해 인력충원은 미비한 것으로 평가되었다. 이것이 의미하는 바는 찾동이 핵심적인 과제로 상정했던 목표 하나를 달성하지 못했음을 의미한다. 다르게 해석하면 인력충원을 하기는 하였으나 어떤 다른 업무의 발생으로 인해 결과적으로 인력충원이 미흡했다는 것을 의미하는 것이다. 즉 파격적인 인력충원에도 불구하고 서비스 제공전략에서 문제가 발생했다는 것이다.

찾동사업 복지 분야 성과평가에서의 어려움은 지표의 연속적인 변화이다. 사전(기초선)(2015년)~1차(2016년)~2차(2017) 평가지표가 지속적으로 변화하고 있어 일관적인 평가를 하기가 힘들다. 지표가 수정 보완된다는 것은 개선의 의미가 있기 때문에 긍정적인 의미도 있지만 시기별로 지속적으로 지표가 변하고 있어 혼란스럽다. 그렇기에 꼼꼼하게 살펴보지 않으면 경향을 이해하기 어렵다. 또한 건강, 행정, 마을 등의 지표들이 모두 포함되어 복지의 상대적인 중요성이 줄어들고, 따라서 보고서에는 심층적인 분석과 해석이 부족하다. 많은 것을 포괄적으로 다루기 위해서 그렇게 할 수밖에 없는 것은 이해되지만 결과적으로 핵심적인 것을 중요하게 다루지 않았다는 인상을 갖게 된다.

찾동사업 평가는 찾동 이전과 이후 방식으로 접근할 수 있지만, 다른 한편에서는 중앙정부가 시행했던 '읍면동 복지허브화' 사업과 비교할 수도 있다. 이를 객관적으로 비교하거나 혹은 질적인 수준에서 비교하기는 어렵지만 선행자료와 현장 관찰 그리고 전문가 평판을 통해 살펴보면 다음과 같은 특징을 발견할 수 있다.

▌표 1-7▐ 중앙정부와 서울시의 개편내용 비교

영역	읍면동 복지허브화	찾아가는 동주민센터	비교
인력	사회복지직 2,880명(서울시 393명) 읍면동(3,496개) 평균 1.37명	2,450충원(15-17년) 사회복지직 2,000명, 동(424개) 평균 5-6명 증원	찾동〉허브화
조직	• 기존 1개팀(주무) → 2개팀(행정, 복지) • 기존 2개팀(행정, 복지) → 3개팀. 2016년 700개동(1팀 213, 2팀 487)	• 기존 2개팀(행정, 복지) → 3개팀(행정, 복지1, 복지2). 2016년 282개동 • 추진지원단 운영	찾동〉허브화
프로그램	찾아가는 복지	보편적 복지: 복지플래너·방문간호사 활동	찾동〉허브화
	사각지대 발굴	우리동네주무관	찾동〉허브화
	통합사례관리	통합사례관리	유사
	민관협력	복지생태계 구축과 연계	찾동〉허브화

찾동 초기단계의 경우, 중앙정부의 개편의지가 적극적으로 나타나지 않은 시기였고 이후에 와서야 상당부분 지역적 편차는 있지만 개편의지가 다양하게 나타난 것으로 판단된다. 그러므로 읍면동 복지허브화와 찾동 간의 차이점은 외형적으로는 크게 두드러지지 않는다고 볼 수 있다. 이것은 중앙정부와 서울시의 정책경쟁의 결과이기도 하고 한편으로는 상호정책의 흡수 혹은 카피(copy)를 통해 내용이 유사해지는 결과를 가져온 것으로 볼 수도 있다. 익히 알려진 것처

럼 중앙정부의 공공전달체계 개편의 촉발은 사실 서울시 자치구의 실험에 영향을 받았다. 읍면동 복지허브화의 핵심적인 프로그램 상당부분이 자치구에서 시도되고 검증이 된 내용이 반영된 것이다.

하지만 중앙정부와 서울시의 개편내용을 주관적으로 비교하면 〈표 1-7〉의 비교란에 제시한 바와 같다. 찾동은 상대적으로 인력확보에 적극적이었고, 대상자층도 보편주의를 내세웠다. 문제해결방식도 복지생태계 접근을 제시했고, 성과 여부를 떠나 마을과의 결합을 시도하기도 했다. 특히 사업백서 등에 상세히 제시되어 있는 것처럼 정책실행 환경 조성은 전례 없는 사례를 제시하였다. 그러므로 총괄적인 평가에서는 긍정적인 결과가 나타난 것으로 이해된다. 문제는 하위영역에서 실제 그렇게 운영되었는가 하는 점이다.

- 찾동의 사업은 보편성을 가지지만 실제 내용은 선별복지에 보다 초점을 두고 있다. 또한 보편복지의 대상이 그렇게 많지 않다. 실제 방문이 그렇게 많지 않다. (참여자-1)
- 복지생태계라는 개념은 매우 추상적인 개념이었다. 2단계에 와서야 구체화되었다. 복지공동체 사업은 복지당사자의 주도적인 참여로 지역에서 의미 있는 결과들이 창출되고 있다. 예전에는 민원인들이었는데 이제는 제공자로 변화되었다. (참여자-1)
- 찾동은 뷔페와 같다. 의례 뷔페에 가면 먹을 것은 많으나 음식이 맛있는 건 아닌 것과 같은 이치다. 아쉬운 부분이다. (참여자-5)
- 찾동사업을 통해 나타난 긍정적인 측면은 공무원들이 찾동에 대한 인식이 전반적으로 우호적인 입장을 보인다는 점이다. 전달체계가 무엇인지 고민하는 계기가 되었고 이를 통해 사업추진에 대한 동의가 생겼다. (참여자-6)
- 찾동은 분명 성과가 있어요. 그런데 매뉴얼에서 제시되는 사업과 실제 동주민센터에서 실시하는 사업 간에는 상당한 차이가 있습니다. 원칙과 기본을 준수하지 못하는 상황들이 빈번히 발생합니다. 그걸 다하면 일을 끝낼 수가 없습니다. 그냥 해야 합니다. 공공조직이 원래 그렇습니다. 뭘 좀 해보려고 하지만 여건이나 환경이 그렇지 않습니다. (참여자-7)
- 혁신이나 개선이 요구되고 또 필요하다고 생각합니다. 그런데 그걸 바꾸어내기가 쉽지 않습니다. 돌이켜보면 찾동을 통해 많이 바뀐 것 같은데, 또 보면 거기서 거기거든요. 저도 선생님께 묻고 싶어요. 왜 그런지. (참여자-9)

참여자들이 전해준 현장의 실상은 맥락에 따라 다르게 해석될 수 있다. 마치 물잔에 반쯤 있는 물을 보고 물이 반씩이나 있는 것인지, 아니면 반밖에 없는 것인지 해석에서 차이가 있을 것이다. 또한 거창인 것이 아닌 작은 성과이지만 꾸준하게 성과를 내는 과정 그 자체가 의미 있는 성과일 수도 있다고 보는 참여자도 있었다. 찾동은 사업을 시작한 지 3년이 채 안 되었고, 긴 안목에서 보자면 이제 막 걸음마 단계로 이해될 수 있다. 찾동은 여전히 실험하는 중이다. 참여자는 찾동이 전달체계를 개선했다고 한다면 다음과 같은 변화가 필요하다고 전한다.

• 단기적인 성과가 아닌, 사람이 바뀌어야 하고, 관점이 보다 명확해지고, 그러한 마음과 의식이 장기적으로 지속되어 조직 내에서 제도적으로 내재화되어야 비로소 전달체계 개선이라고 부를 수 있지 않을까요? (참여자-7)

5) 만일 현 찾동사업이 공공전달체계가 가진 문제점을 해소하고 있지 못하다면, 어떤 방향으로 재설정될 필요가 있겠는가?

핵심인력이 이해하고 있는 개편의 현황과 인식은 매우 중요하다. 사업 당사자들은 정책을 전달하는 과정에서 문제에 직면하고 있고, 문제가 있는 곳에서 해답의 실마리를 제공한다. 현재의 찾동사업이 기존 공공복지전달체계의 문제를 해소하고 있다면 앞으로의 사업은 확장이 가능할 것이고, 그렇지 않다면 경로의 재설정이 필요할 것이다.

(1) 전문성 있는 인력 확보

찾동 관련 예산의 상당부분은 인건비이다. 투자된 비용이 효과가 있으려면 충원된 인력이 전문성을 최대한 활용하여 양질의 서비스를 제공하여야 한다.

• 아무래도 인력이 핵심이니까 좋은 인력, 양질의 인력이 있어야 합니다. 그런데 순환보직을 하게 되니까 전문적으로 일을 할 수가 없습니다. 축적된 노하우들이 새로운 업

무분장과 함께 사라지고 새롭게 업무를 부여받은 사람들은 다시 처음부터 관련업무를 익혀가고 있습니다. (참여자-5).

- 단순히 인력충원이 아닌 전문성 있는 인력을 충원해야 합니다. 수행하는 업무를 고려할 때 인력의 질이 너무 중요합니다. 사례관리나 주민조직화 업무를 수행하려면 전문성이 있어야 합니다. 특히 정신보건 인력이 보강되어야 합니다. 전문화된 서비스를 제공하려면 거기에 맞은 인력을 선발해야 합니다. (연구자-3).
- 교육은 분명 효과가 있습니다. 1단계보다 2단계에 와서 교육효과성이 나타났어요. 어쨌든 조금씩 인식이 변하는 것 같습니다. 교육받고 이야기를 듣다보니 달라지는 것 같습니다. 여전히 안 변하시는 분들도 계시지만. (연구자-2)

일반적으로 공공전달체계는 관료제를 기반으로 하여 특유한 인사행정 체계인 순환보직체계를 중심으로 위계화 또는 경직화되어 있다. 또한 사회복지 분야는 헤아리기 힘들 만큼 다양한 업무가 포함되어 분야별로 전문성을 축적하기 어려운 상황이다. 이러한 근본적인 구조하에 전문적이고 내실 있는 서비스를 제공한다는 것은 쉽지 않다. 찾동에서는 충분한 인력충원과 그 인력의 전문성을 위해 민간기관의 근무경험이 있는 인력을 채용하여 배치하였다. 이러한 인력 운영방식은 적절한 방식으로 판단되며 공공 내 인력의 수준을 향상시키기 위해 앞으로 더욱 확대될 필요가 있다고 생각된다. 특히 질적강화가 동반되지 않는 인력충원은 문제가 발생하거나 인력투입의 효과성이 저하되므로 교육인프라를 대폭 확충할 필요가 있다.

(2) 인력충원과 업무의 재조정

설문조사 결과나 참여자 인터뷰에서 나타났듯이 상당한 인력을 충원하였음에도 불구하고 업무과중으로 인해 어려움을 경험하는 것으로 나타났다. 이러한 문제를 해결하기 위해서는 업무량에 상응하는 인력충원이 사업실시의 전제가 되어야 하며, 현장 인력의 업무 집중도와 효율성을 높이기 위해 시와 자치구 차원에서 수행이 모호한 업무 또는 의미가 모호한 업무를 정리할 필요가 있다.

- 깔때기 현상이 해소가 안 됩니다. 오히려 찾동 이후 일이 더 많아졌어요. 핵심적인

업무수행으로 정리가 필요합니다. (참여자-8)

- 진짜 일을 많이 하는 구조입니다. 그런데 이런 시스템이 지속가능할까요? 혼란스럽습니다. (참여자-7)

참여자들은 복지영역의 확대로 경계가 걸쳐 있어 대상자로 일부 포함되어 있거나 복지적 성격의 프로그램들이 업무관련성이 높다는 이유로 대거 찾동의 업무로 진입하고 있다고 밝혔다. 이러한 상황은 찾동의 본래 취지에 부합하지 않고 오히려 찾동의 효과성을 저하시킬 문제가 있다고 보았다. 꼭 해야 하는 사업이라면 그 일의 타당성을 검토하는 과정이 반드시 필요하며, 하지 않아도 되는 일을 찾아 없애는 것도 업무수행의 큰 성과라고 보았다.

(3) 사례관리의 명확화

공공에서의 사례관리는 정체성이 모호하지만 그 필요성에 대해서는 모두 공감하고 있었다.

- 사례관리는 좀 더 명확하게 해야 한다. 민간자원 활용을 주민에게 부여하는 것은 문제다. 공공을 더욱 더 강화하는 방식으로 가야 한다. 복지공공성을 강조해야 한다. 사례관리는 공공성의 툴(도구)로 활용되어야 한다. 발굴과 지원체계도 명확해야 한다 (참여자 1).

- 공공은 급여지원, 예방중심, 일상지원 중심의 역할로, 민간은 장기적이고 만성적인 사례를 중심으로 역할이 조정될 필요가 있다. 복합사례나 긴급위기 지원 사례는 희망복지지원단이 수행하는 것이 바람직하다(참여자-3).

사례관리 수행의 어려움을 해소하기 위해서는 공공 내 사례관리의 명확화, 공공과 민간의 역할분담의 명확화, 지원체계나 자원체계에 있어서 공공성의 강화 등이 주요하게 거론된다. 사례관리체계는 새로운 패러다임을 요구하는 체계이다. 이는 찾동뿐만 아니라 새정부에서 언급하는 찾아가는 보건복지서비스 사업에서도 적용되는 사항이다.

(4) 지역사회보장협의체의 강화

찾동에서는 의외로 협의체가 부각되지 않았다. 협의체 활성화 사업이 있었지만 유사조직인 나눔이웃이나 마을 등에 비해 존재감이 적었다고 평가했다. 찾동의 내실화를 위해서 협의체 운영의 정상화가 필요하다고 보았다.

> 주민들 간의 관계는 공동체를 통해 해결해야 한다. 동협의체가 민간자원 활용을 주로 하는 것은 문제가 있다. 주민조직화가 강화되어 주민이 주도적으로 참여하게 하고, 인권적 관점에서 지역사회 문제가 무엇인지, 당사자가 권리로서 받아드릴 수 있도록 해야 한다. (참여자-1)

협의체는 법정기구로 자치구-동단위에서 복지 아젠다를 발굴하고 지역사회 보호체계를 구축하는데 필수적인 조직이다. 찾동에서는 이러한 부분이 중요한 부분으로 고려되지 않은 것으로 평가되었다. 한편에서는 협의체가 관변단체적 성격이 있으므로 집행부가 배제방식으로 진행하였다는 믿기 어려운 의견도 있었다. 이는 명확히 전국적인 흐름과는 다른 경로가 된다. 특히 정부에서 제시한 지침으로는 도구적 기능이 강하고 지역 내 위상도 현실적인 것과 상이하다는 문제점에 대한 지적이 많았다. 협의체가 실질적으로 작동하기 위해 역할강화가 필요하며 내실 있는 운영을 위해 협의체를 지원하기 위한 다양한 사업이 강구되어야 한다.

(5) 민간기관의 재구조화

공공만의 전달체계 개편만으로는 전달체계가 지향하는 성과를 거두기 어려운 상황이라고 평가했다. 그렇기에 민간기관과의 협력 구조가 너무도 중요하며, 향후 민간기관의 재구조화가 필요하다고 보았다. 새로운 기능과 역할이 부여될 필요가 있다는 것이다.

- 전달체계 전반을 개선하기 위해서는 민간기관의 기능을 변화시킬 필요가 있다고 봅니다. 특히 공공성 측면에서 기관이 새로운 기능을 수행할 필요가 있습니다. (참여자-3)
- 공공에서 민간기관에 대한 명확한 입장을 보여줄 필요가 있습니다. 정부가 시키는 대

로 하다가 여기까지 왔는데 여전히 신뢰하기 어렵습니다. (참여자-10)

민관협력 지점은 불명확한 부분이 있다. 찾동사업은 기본적으로 공공중심의 전달체계 개편이었고 사업 내용은 민간영역과 충돌되는 지점이 적지 않다. 그러므로 민간 영역과의 협력을 어떻게 꾸려나갈 것인가는 매우 중요한 부분이다. 특히 민간기관 중 종합사회복지관은 논란의 여지가 있으나 공공기관 혹은 준공공기관으로 성격이 변화될 필요가 있다는 주장이 제기되고 있다(홍현미라 외, 2017; 김진석 외, 2017). 그 방향이 맞다면 획일적인 관료제 조직으로 변화가 아닌, 자율성과 재량을 가진 공공기관으로 새로운 기능과 정체성을 가질 필요가 있다.

(6) 사업기반 연구 강화

참여자들은 사업 추진과 관련하여 사업 그 자체뿐만 아니라 사업을 지원하는 사업이 강화되어야 한다고 보았다. 대표적인 것으로 사업기반 연구사업의 강화이다.

- 사업을 추진하는 근거가 되는 연구들이 있어야 하는데 그게 부족하다. 실무자들의 난상토론만으로는 해결하기 어렵다. (참여자-5)
- 사업을 지원하는 연구가 많이 있어야 하는데 사업 크기에 비해 연구기 많이 부족합니다. 의외로 연구자들도 많이 없습니다. (참여자-2)

연구자는 연구수행을 위해 찾동 관련 자료를 여러 방면으로 탐색하였다. 특히 인력관련 연구는 핵심적인 부분이기 때문에 이와 관련된 자료를 검색하였는데 선행연구에서 인력관련 단일 연구는 김정현 외(2016)의 연구가 유일했다. 연구주제의 중요성과 파급력을 고려할 때, 너무 적은 수치의 연구결과가 제시되어 있다. 그 외 영역도 보다 밀도 있는 연구들이 진행될 필요가 있다. 연구가 반드시 어떤 가설을 설정하고 그에 따른 검증을 시도하는 절차로 진행되어 결론에 도달할 필요는 없다. 있는 현실 그대로를 보여주고 그것이 가진 입체적인 효과를 보여주는 것만 해도 연구가 가진 파워는 충분히 전달될 수 있다. 현실을 정확히 모르기 때문에 이상적인 판단을 내리는 경우가 허다하다. 현실을 알기가 어렵고, 그 현실이 가진 문제점을 정확하게 이해하기 힘들기 때문에 잘못된 정책결정이 나타나는 경우가 많다. 향후 찾동과 관련된 연구에서는 분야별로 다양한 연구들이 지속적으로 진행되어 장기적인 정보가 축적되고 이를 기반으로 보다 세심한 정책수립에 반영될 필요가 있다. 이를 위해서는 현장과 결합된 연구들이 보다 체계적으로 진행될 필요가 있다.

4. 결론 및 함의

찾동은 '기존 공공복지전달체계의 문제를 해소하고 있는가?'를 연구질문으로 삼아 선행연구 검토 및 심층면접을 통한 연구결과를 요약하면 다음과 같다.

첫째, 찾동사업에서 본 전달체계의 문제점은 송파 세 모녀 사건에서 나타난 전달체계의 문제점을 대표적인 문제로 파악하고 있었다. 인력부족으로 찾아가는 복지가 부재하며, 맞춤서비스 제공에 한계가 있는 것으로 파악했다. 그러나 찾동사업 추진과정을 보면 문제규정 과정에서 비체계성이 나타난다. 기존 전달체계의 문제를 다루고는 있으나 서울시의 '진정한' 문제였는지는 판단하기 어렵다.

둘째, 찾동사업에서 전달체계개편의 목적과 목표는 대외적으로 제시되어 있으나 실질적인 분석에서는 모호성을 나타냈다. 그것은 '찾동이 이거다'라고 설명하거나 정리하는 것이 곤란했기 때문이다. 참여자들은 찾동을 추상적인 수준에서 이해하고 있었으며, 찾동의 관련 자료에서도 내적 체계성이 나타나지 않았다.

셋째, 찾동사업에서 제시된 사업들은 기존 전달체계 문제를 일정 부분 해소하는 측면이 있었으나 구체적인 서비스 제공전략에서는 상당한 문제점을 가지는 것으로 분석되었다. 인력충원 전략은 유효한 전략이었으나, 복지와 마을공동체와의 연계의 한계, 인력증원 규모와 연결되지 않는 업무부여와 수행, 개별 사업(예, 찾아가는 복지의 전면화)의 내재적 한계 등이 나타났고 이러한 문제들이 나타난 이유는 사업설계가 합리적 · 논리적 설계에 기반하기보다는 정무적 판단과 엄밀하지 못한 계획추진이 영향을 미친 것으로 나타났다.

넷째, 찾동사업이 여러 가지 한계가 가지고 있음에도 불구하고 기본적인 수준에서는 일정 정도 성과가 있는 것으로 분석되었다. 파격적인 인력증원, 복지 공동체적 접근 그리고 그에 따른 정책실행 환경조성이 시민의 삶에 긍정적인 영향을 미치고 있는 것으로 나타났다. 참여자들은 찾동의 전반적인 실행에 대한 평가에서 100점 만점에 70~80점대의 점수를 부여하였다.

다섯째, 참여자들은 모두 현 찾동은 일정 정도 수준에서 그리고 일부에서는 상당한 개선이 필요하다는 의견을 제시하였다. 공통적으로 전달체계가 본래 지향하는 것 그리고 전달체계가 가진 문제점을 실질적으로 해소하는 방향으로 재설정될 필요가 있음을 나타내었다. 이를 위해 보다 엄격하고 체계적인 개편이 필요함을 요구하였다. 구체적으로 적절한 규모의 인력충원과 전문성을 가진 인력 확보, 업무의 재조정, 사례관리의 명확화, 협의체의 강화, 민간기관의 재구조화, 사업기반 연구의 확대 등을 제안하였다.

결론적으로 찾동은 기존 공공복지전달체계의 문제를 해소하고 있는가란 질문과 관련해서는 찾동이 일정 정도 전달체계를 개선하는 측면이 있으나, 여전히 많은 문제와 반복되는 문제를 가지고 있고, 이를 해소하기 위해서는 보다 체계적이고 근본적인 노력이 필요함을 확인하였다.

전달체계를 주된 관심분야로 하는 연구자의 입장에서, 서울시의 찾동 사례를 보면서 몹시도 부러운 지점은 행정에서 전달체계와 관련해서 이렇게 폭넓게 사업을 추진한 전례가 있었던가 하는 것이다. 복지는 여러 사업 중에 하나에 불과하다는 one of them식의 사고가 일반적인 행정의 사고방식이었고, 복지는 상황에 따라 전시효과를 노리거나 혹은 극히 일부 계층에게 혜택을 주는 선별적인 것으로 인식되었다. 그런데 서울시는 그러한 경직화된 사고에 균열을 냈고, 성과 여부를 떠나 실행력과 책임성을 가지고 다양한 실험을 통해 시민의 질을 변화시키려고 노력하였다. 특히 전달체계를 기능적 측면에서 다루지 않고 이를 가치와 연결하려 노력하였다는 점에서 후한 평가를 주고 싶다. 백서에 정리된 연석회의의 내용을 보면 찾동사업을 추진하기 위해 얼마만큼 노력하고 있는지 감동을 줄 정도이다. 필자는 서울시의 이러한 노력에 높은 평가와 지지를 보낸다. 서울시는 지방정부가 시민들의 복지를 위해 어떻게 노력해야 하는지 좋은 선례를 보여주었다. 앞으로 기대하는 것은 서울시에서 시도하면서 부딪혔던 구조적인 문제들, 이를테면 전달체계를 혁신적으로 변화시키지 못하게 만드는 방해요인들을 중앙단위에서 어떻게 변화시키고 해소시킬 수 있는지 보다 폭넓은 고민과 역할수행을 해주었으면 하는 바람이다. 전달체계의 변화를 위해서는 시행착오를 경험한 앞선 경험자의 조언과 자문이 꼭 필요하다. 이를 위해 서울시는 추진했던 사업에 대해 보다 객관적이고, 엄격하며, 균형적인 관점에서 평가를 수행할 필요가 있다.

덧붙여 찾동 모형의 전국적 적용 가능성에 대해 살펴보면, 찾동은 정책결정자의 확고한 의지와 정책결정으로 진행되었으나 타 지역에서는 이러한 정책결정자가 드물다. 또한 찾동은 재정적 여유를 가진 서울시라는 특정지역에서 파격적인 인력증원 등의 방식으로 진행될 수 있었으나 타 지역에서는 재정의 한계로 이러한 사업을 추진하기 쉽지 않다. 찾동의 보편적 복지 방식은 필연적으로 인력증원을 기반으로 한 사업설계로, 만일 인력증원이 되지 않는다면 보편적 복지를 실행하기 어렵다는 결론에 도달하게 된다. 특히 찾아가는 복지를 중심으로 한 보편적 복지는 고(高)급여적 성격을 가지고 있으며 이러한 서비스 제공방식이 현재의 환경에서 전국적으로 확대가능한 것인지 타당성을 검토할 필요가 있다. 이러한 방식은 지방정부 차원에서는 쉬운 결정이 아니며 결국 중앙정부의 결단이 있을 때 가능할 수 있게 된다.

본 연구는 사업과정을 내부자가 아닌 외부자의 입장에서 살펴보았기에 단점이 있다. 찾동의 전체적인 영역을 다루지 않고 복지 분야 특히 전달체계를 중심으로 다루었기에 상당한 한계를 지닌다. 영역 간 결합을 통한 시너지 효과나 장기적인 시간이 지나야 나타날 수 있는 효과들 그리고 전달체계 내 복잡하게 얽혀 있는 쟁점 간의 상호작용 효과를 순수하게 파악하지 못한 한계들이 있다. 이후 연구들은 이러한 한계를 고려하여 추진될 필요가 있다.

참고문헌

김귀영 · 윤민석 · 손창우 · 안현찬 · 김성수 · 서동욱 · 권민영. 2016. 『찾아가는 동주민센터 1단계 사업 성과관리 학술용역』. 서울특별시 · 서울연구원.

김귀영 · 김승연 · 손창우 · 안현찬 · 황민섭 · 이승재 · 공주. 2017. 『찾아가는 동주민센터 2단계 사업 성과관리 학술용역』. 서울특별시 · 서울연구원.

김보영. 2017. "무엇을 위한 '찾아가는 동주민센터'인가". 『복지동향』 224(2017.6). 참여연대 사회복지위원회.

김이배. 2014(a). "공공사회복지전달체계 개편의 특징과 한계". 『비판사회정책』. 42. 44-91.

김이배, 2014(b), "공공사회복지전달체계의 문제는 무엇인가?", 2014 한국사회복지학회 춘계학술대회 자료집.

김이배, 2016, "읍면동 복지허브화의 특징과 쟁점", 『비판사회정책』 53, 326-376.

김정현, 2017, "찾동과 혁신 읍면동 정책에 대한 논의: 찾동 복지영역의 정책 기획과 집행간 조응관계 분석", 제5차 찾동포럼 자료집(2017.11.17).

김정현 · 김보영, 2017, 『서울형 공공복지 전달체계 연구』, 서울특별시 · 서울시복지재단.

김정현 · 류명석, 2016, 『찾아가는 동주민센터 인력운용 활성화방안 연구』, 서울시복지재단.

김신석 · 김형용, 2017, "찾동과 사회서비스공단: 사회복지관에 주어진 도전과 기회", 2017년도 한국사회복지연구회 추계학술대회 자료집. 39-57.

김형용 · 계민지 · 조한나. 2016. "복지와 마을, 접합시도에 대한 시론: 개념적 그리고 실천적 쟁점을 중심으로". 『비판사회정책』. 50. 38-75.

남기철. 2015. "지역사회복지관점에서의 서울시 동주민센터 개편사업 분석", 『한국지역사회복지학』. 55. 163-186.

남찬섭, 2017, "사회서비스 전달체계의 문제점과 과제", 『복지동향』 227(2017,9), 참여연대 사회복지위원회.

류명석 · 장신재 · 이상일 · 구재선 · 조숙경 · 박고운 · 이성휘 · 이현민 · 정단비, 2009, 『서울형 복지 구현을 위한 공공전달체계 개선 방안 연구』, 서울시복지재단.

류명석 · 김현대 · 현명이. 2012. 『서울시 복지서비스 전달체계 개편방안 연구』, 서울시복지재단.

서울특별시, 2016,『찾아가는 동주민센터: 2016 찾아가는 동주민센터 1단계 사업백서』(2016.11).

서울특별시, 2017,『찾아가는 동주민센터: 2017 찾아가는 동주민센터 2단계 사업백서』(2018.4).

서울특별시, 2017,『찾아가는 동주민센터 업무매뉴얼: 복지』.

안기덕. 2016. "찾아가는 동주민센터 운영방안 연구- 복지 분야사업을 중심으로". 한국사회복지행정학회 학술대회 자료집. 201-228.

안기덕 · 도미화 · 안현찬. 2015.『찾아가는 동 주민센터 운영방안 연구』. 서울시복지재단.

안기덕. 2017.『공공사례관리 시행에 따른 개선방안 연구: 서울시 찾아가는 동주민센터 사례를 중심으로』. 서울특별시 · 서울시복지재단.

이주헌. 2018. "서울시 로컬 거버넌스의 혁신".『서울도시연구』. 19(1). 115-135.

이태수 · 강혜규 · 김진석 · 김형용 · 남기철 · 엄의식. 2017.『찾아가는 동주민센터』. 서울연구원.

이태수 · 홍영준. 2016. "서울시 '찾아가는 동주민센터'의 정책결정과정과 의의".『비판사회정책』. 53. 246-281.

이현주. 2017. "'찾아가는 동주민센터'의 목적 되짚어보기".『복지이슈 Today』. 57. 5.

진재문 · 김이배. 2013. "새마을운동과 지역사회복지의 관계에 대한 탐색적 연구". 2013 한국사회복지행정학회 춘계학술대회 자료집.

황금용. "찾아가는 동주민센터, 현황과 과제: 정책의 전국화에 따른 점검",『보건복지포럼』(2017.11). 한국보건사회연구원.

현명이 · 안현찬 · 도미화. 2015.『찾아가는 동주민센터 전환 성과평가 기초조사』. 서울특별시 · 서울시복지재단.

현명이 · 이동주. 2013.『공공복지서비스 전달체계 모형개발』. 서울시복지재단.

홍영준. 2017. "복지환경변화에 따른 민관협력 갈등에 대한 고찰-찾아가는 동주민센터 사례를 중심으로".『비판사회정책』. 56. 133-166.

홍영준 · 김진석 · 민소영 · 김아라. 2017.『찾아가는 동주민센터 민관협력의 현황과 활성화방안 연구』. 서울특별시 · 서울시복지재단.

홍현미라 · 진재문 · 민소영. 2017. 2017년도 한국사회복지연구회 추계학술대회 자료집. 12-38.

CHAPTER 02

복지전달체계의 진화와 분화: 광역단위 전달체계 개편사례를 중심으로

▌이 논문은 2018년 대한민국 교육부와 한국연구재단의 지원을 받아 수행된 연구 (NRF-2018S1A5B5A07072516)이며, 2018년 사회정책연합 학술대회(2018. 10. 13)에서 발표한 내용을 수정 보완한 것입니다.

CHAPTER 02

복지전달체계의 진화와 분화: 광역단위 전달체계 개편사례를 중심으로

●●● 요약

본 연구의 목적은 복지전달체계 개편과 관련하여 광역시·도 단위에서 진행된 개편사례가 어떠한 특징과 함의를 가지는지 살펴보는 것이다. 연구내용은 공공복지전달체계의 변화와 관련된 이론적 분석, 선행연구에 기반한 분석틀과 분석기준 설정, 광역시·도 4곳(서울시 찾동, 경기도 무한돌봄센터, 대전시 희망티움센터, 부산시 다복동)에서 수행되었던 전달체계 개편의 개별적인 사례연구(case study) 및 비교분석, 종합적인 분석을 통해 제도로서의 전달체계의 특징과 함의 정리 등이다. 연구방법으로는 문헌연구와 이해관계자 심층인터뷰를 사용하며, 분석틀로는 역사적 제도주의 입장에서 환경적(외부적) 요인, 제도적 맥락, 행위자 요인을 설정하였다. 연구결과는 기존 연구들이 주목하지 않았던 지방정부의 전달체계 개편에 대한 심층적인 이해에 기여할 것이다.

1. 들어가기

본 연구는 복지전달체계 개편과 관련하여 중앙단위에서 진행된 개편과 구분하여, 최근 광역시·도 단위에서 진행되어 온 개편사례가 전달체계 개편과정에서 어떠한 성격과 함의를 가지는지 살펴보는 것이다.

일반적으로 복지 '전달체계'는 '사회복지 수요자(이용자 · 수급자)가 필요로 하는 재화(급여 · 서비스)를 이용 · 제공받기까지, 설계 · 기획된 제도 · 기준 · 규율에 의하여 작동되는 조직-인력의 구조, 기능, 절차, 관계' 등을 의미한다(강혜규, 2011: 2). 효과적인 전달체계 구축은 복지정책에서 가장 중요한 과제로 제시되어 왔으며, 최근 중앙정부 단위에서는 시군구 본청 단위의 희망복지지원단(2012~), 읍면동 복지허브화(2016~), 찾아가는 보건복지서비스(2018~) 등 집권정부의 변화기마다 새로운 개편안이 실시되었다. 이에 대한 또 다른 흐름은 중앙과 별도로 지역단위, 특히 광역시 · 도 단위에서 전달체계 개편이 진행되어 왔다는 점이다.

지역단위 전달체계 개편은 여러 가지 의미를 가진다. 우선 중앙단위 개편이 표준화되고 획일화된 개편이라면 지역단위 개편은 지역의 특성을 반영한 분권화되고 자치화된 개편이다. 중앙단위 개편안이 전국에 일관되게 적용되는 단일안이라면 광역시도안은 지역특화형 개편안인 것이다. 또한 지역단위 전달체계 개편은 지방정부의 복지에 대한 적극성을 나타내는 것이다. 기존 지방정부의 복지전달체계는 중앙정부에서 기획한 프로그램을 단순히 집행하는 수준에서 머물러 온 것이 사실이다. 한마디로 지방정부는 중앙정부의 정책을 전달하는 집행체계였지 기획체계가 아니었다. 그렇기에 지방정부에서 전달체계를 개편한다는 것은 적어도 지방정부의 기획력, 재정력과 투자의지 등 지방정부의 노력이 반영됨을 의미한다. 특히 예산집행과 관련해서는 지방정부의 의회로부터 승인을 얻어야 하며, 홍보와 관련해서 대중에게 어필해야 하고 이러한 성과는 집행부의 정치적 평가와 직접적으로 연결된다. 지방정부 입장에서는 전달체계를 개편한다는 것이 지역복지정책의 강화로 이해되지만 한편으로 상당한 위험성(risk)을 가지는 것으로 해석된다.

본 연구에서 대상으로 삼은 지역은 서울시, 경기도, 대전시, 부산시 등 4개 광역시 · 도이다. 서울시의 찾아가는 동주민센터 사업(이하 찾동)의 경우, 인력충원 등에서 중앙단위 전달체계 개편에 비해 실효성이 있는 개편을 진행하여 일정 정도 성과를 보여주는 것으로 평가받고 있다(서울특별시, 2017). 또 다른 지역인 경기도의 경우, 무한돌봄센터 사업을 운영하였고, 대전시의 경우도 희망티움센터 사업을 실시하였다. 공통적으로 두 사업 모두는 사례관리 방식을 강화한 전달체계 개편안으로, 최근 중앙정부의 개편안(읍면동 복지허브화)이 확대 실시되면서 상대적으로 그 모습이 축소화되거나 변경되는 경향을 보이고 있다(김지영 외, 2017a; 2017b). 부산시의 다복동 사업의 경우는 초기에 중앙의 개편안에 충실한 모형으로 진행되다가 그 이후에는 도시재생 등을 포함하면서 복지영역을 넘어선 다양한 정책과 결합하는 모습을 보이다 현재는 축소 내지 폐지 단계에 이르고 있다(부산광역시, 2019).

이러한 광역시도 단위에서의 복지전달체계의 진화와 분화는 '전달체계'라는 동일한 문제에 대해 지역마다 상이한 방식으로 대응한 결과이다. 지역의 전달체계가 보여주는 이러한 변화의 방식과 다양성은 비교정책의 관점에서 흥미로운 주제이다. 또한 단순히 기능적인 수단의 변화가 아닌 전달체계 개편이라는 범주를 넘어서 개편의 외부적 · 환경적 요인, 제도적인 측면에서 수단의 선택과 변이의 원인, 지역 행위자들의 인식과 대응, 지역의 전달체계가 중앙정부의 전달체계가 가진 속성과 부딪힐 때 어떠한 방식으로 변화될 수 있는가 등 다양한 측면에서 함의를 제공한다.

최근 지방정부는 지방화라는 큰 흐름 속에 전달체계에 보다 주목하게 된 이유가 있다. 일례로 복지 관련 예산의 증가가 대표적이다. 지방정부의 주요 기능이 지역개발에서 주민의 삶의 질에 보다 관심을 둔 방향으로 전환하고 있는 것이다. 그 과정에서 지역주민의 삶의 질을 좌우하는 주요한 기제로 전달체계에 주목하게 되었고, 단순히 중앙정부의 전달체계에만 의존하지 않는 방식을 선택하게 되었다고 볼 수 있다. 다시 말해 전달체계를 개선하지 않으면 효과적인 서비스 제공이 곤란하다고 인식하게 되었다는 것이며, 중앙정부로부터 지방정부의 독자적인 정책의 분리와 이탈은 사회정책에 대한 지방정부의 자기인식과 자의식이 반영된 것으로 해석할 수 있다. 주요하게 볼 필요가 있는 것은 이러한 변화가 발생하게 된 환경과 맥락에 대한 이해이다. '전달체계'는 견고한 제도적 성격을 가지므로 경로의존적인 특성이 보편적인데, 이러한 변화가 나타나게 된 혹은 이를 초래한 요인들은 어떤 것이었는가는 상당한 의미가 있다. 어떠한 요인들이 상호작용하여 이러한 결과를 만들어냈는가 하는 것이다. 이에 대한 분석은 현재까지 진행되어 온 과거의 사례를 언급하는데 그치지 않고, 향후 어떻게 변화되어 갈 것인지 예측할 수 있는 프레임(frame)도 제공할 수 있다.

여기서 전달체계는 하나의 '제도(institution)'로 이해될 수 있다. 일반적으로 제도는 홀(Hall, 1986: 19)의 정의가 받아들여지고 있는데, 그에 따르면 제도는 '정치 · 경제에서 개개인의 관계를 구조시키는 공식적인 룰, 동의의 절차, 표준 작업절차'라고 한다. 이 정의에 따르면 제도가 가진 관계적 성격을 강조하고 있다. 사회과학 분야에서 제도가 가진 특성에 보다 관심을 가진 '제도주의(institutionalism)'적 관점은 제도의 변화와 관련된 다양한 시각을 제공하고 있다. 본 연구에서는 기존에 논의되어 왔던 제도주의의 이론들을 부분적으로 참고하여 논의를 진행하고자 하며, 역사적 제도주의에서 논의해왔던 제도변화와 관련된 이론들을 참고한다. 특히, 광역단위 지방정부의 전달체계 개편 사례를 환경적 요인, 제도적 맥락, 행위자 요인을 중심으로 살피고자 한다. 이를 통해 지방정부 전달체계 개편이 가진 다양성을 이해하고자 한다.

그러므로 본 연구의 주요 관심은 전달체계라는 제도의 개편과 관련된 지방정부의 움직임에 대한 거시적인 이해이고 이를 통해 개편의 특성과 함의를 분석하는 것이다. 본 연구는 지역의 전달체계 개편에 대한 사례연구이면서 동시에 비교연구이다. 연구방법으로 문헌연구를 기본으로 하였고, 사례에 대한 심층적인 이해를 위해 관계자 인터뷰를 병행하였다. 연구내용은 이론적 배경을 검토한 후에, 연구방법 제시 그리고 개편 사례 개요 및 사례분석, 종합분석 등을 시행하였다.

연구결과는 기존 연구들이 주로 중앙정부의 단일 제도의 변화 양상을 추적하는 연구가 대부분이었다면, 본 연구는 지방정부의 유사제도들의 형성과 발전을 다룬다는 점에서 차별성을 가지며, 기존 연구들이 주로 국가 간 제도 비교의 방식을 취했다면 본 연구는 국내의 유사 제도들을 비교한다는 점에서도 차별성을 가진다. 연구는 기존 연구들이 주목하지 않았던 지방정부의 전달체계 개편에 대한 총체적인 이해에 기여할 수 있으며, 특히 지역단위 정책 집행과정에서 나타난 상호작용의 특성을 이해하도록 돕는다. 또한 향후 지역단위에서 시도되는 정책 실험에 대한 해석과 예측에 도움이 될 수 있을 것이다.

2. 이론적 배경

1) 복지전달체계의 변화와 지방정부

전달체계는 정책이나 제도가 규정한 내용을 대상자에게 전달하는 통로로 정책 그 본래의 목적을 달성하는 데 필수적일 뿐만 아니라 효과 · 효율적인 체계로 구성되어야 한다. 복지의 전달체계는 시장기제처럼 수요와 공급이 자율적으로 조정하는 기제가 아니라 인위적으로 수요와 공급을 연결해야 하는 특성을 가지고 있으므로 어떻게 효율적인 체계를 만들어가야 하는가는 중요한 과제가 된다. 그렇기에 중앙정부에서는 이와 관련된 다양한 개편안이 시도되었다.

▮표 2-1▮ 시기별 사회복지전달체계 개편

시기	개편명	개편 주 목표	개편 주 내용
1987-	사회복지전문요원 (현 사회복지전담공무원) 읍면동 배치	통합적 서비스 제공(주로 공공급여 중심)	최초의 공공조직 내 전문직 배치
1995.7- 1999.12	보건복지사무소 시범사업	보건 · 복지 연계	보건소중심 운용체계
2004.7- 2006.6	사회복지사무소 시범사업	시군구에 사회복지사무소 설치로 전문성/통합성 강화	업무중심을 시군구로 조정
2006.7- 2012.3	시군구 주민생활지원서비스 개편	주민생활서비스 제공	8대 영역 서비스 제공
2008.11	희망복지 전달체계 설치시도	서비스의 질적 강화	희망복지129 설치
2009.6	이명박정부 1차 개편	복지정책 관리	사회복지통합관리망 개통(10.1)
2011.7	이명박정부 2차 개편	지역별 통합사례관리체계 강화	인력증원, 시군구 희망복지 지원단 설치(2012.4)
2013.9	맞춤형 전달체계 개편	원스톱 통합서비스 제공	도시형은 동주민센터 복지허브(2016), 농촌형은 희망복지강화
2018.1	찾아가는 보건복지서비스	주민참여를 통한 전달체계 구현	보건+복지 확대, 주민참여형 서비스 확대

출처: 김이배(2014)의 내용을 보완함

시기별 개편안의 내용을 간단히 정리하면 다음과 같다. 1987년 사회복지전문요원(현, 사회복지전담공무원)의 읍면동사무소 배치는 비전문적 행정체계에 전문적인 사회복지서비스의 제공이 가능하게 되었다는데 의의가 있다. 그러나 읍면동사무소에 1명의 인력으로 사회복지업무 전반을 담당하는 구조는 문제가 많았다. 보건복지사무소 시범사업(1995.7~1999.12)은 일선 행정기관에 전문요원을 배치하는 것이 업무의 전문성을 발휘하는데 한계가 있고, 보건서비스와 복지서비스의 연계가 중요한 과세로 떠올라 독립된 기관을 만들어 운영하고자 하는 사업이었다. 보건과 복지의 조직통합을 통해 통합적인 서비스를 제공하고자 하는 것이었지만 효율성과 접근성에 문제가 있다는 평가를 받았다. 사회복지사무소 시범사업(2004.7~2006.6)은 여전히 문제가 되는 읍면동의 복지업무 과중을 해소하기 위해 시군구 단위에 사회복지업무만을 전담하는 사회복지사무소를 설치하는 사업이었다. 그러나 개편과정에 문제가 많았고, 시군구가 아닌 읍면동 중심의 새로운 개편안이 제시되면서 시범사업이 가진 통합적, 전문적 서비스 제공 등 장점을 확산시키는데 한계가 있었다. 시군구 주민생활지원서비스 개편(2006.7~2012.3)은 보건복지부가 아닌 행정자치부 주도의 개편안으로 최초의 전국적인 전달체계 개편안이다. 맞춤형 통합서비스 제공을 목표로 시군구에 8대 서비스(복지, 보건, 보육, 고용, 주거, 교육, 문화, 생활체육 등)을 제공하는 주민생활지원국을 설치하고 읍면동에는 주민생활지원팀(6급 담당)을 신설하였다. 그러나 인력충원 미비로 인해 현장의 업무부담은 여전하였고, 전반적으로 실행과정이 효과적이지 못했다는 평가이다. 이후 복지담당공무원 업무부담 완화(2009년 8대 서비스를 5대 서비스로), 부처별 복지전산망 연계강화(2010년 사회복지통합관리망(이하 사통망) 구축) 등의 정책이 시도되었다. 시군구 희망복지지원단 설치 운영(2012.4~2014.4)은 시군구 단위에 희망복지지원단을 설치하여 복지종합 상담 및 통합사례관리를 강화하는 개편안이다. 이는 기존의 시군구 서비스연계팀을 확대 개편한 것으로 사례관리 방식이 공공에 전면화되었음을 의미한다. 인력은 기존 민간계약직인 통합서비스전문요원(현, 통합사례관리사)을 고용하여 별도의 인력체계를 구성하여 운영하였고, 이러한 조직 및 인력운영 때문에 일정 정도 효과가 있었다고 평가된다. 읍면동 복지허브화(2016. 3)는 읍면동 단위를 서비스 공급에서 효과적인 서비스 행정단위로 설정하고 이를 위해 읍면동에 맞춤형 복지팀을 설치하고 찾아가는 복지, 사각지대 발굴, 통합사례관리, 민관협력 활성화 등의 사업을 추진하였다. 지역현황에 맞추어 기본형과 권역형으로 구분되며, 권역형(중심읍면동+일반읍면동)은 수 개의 읍면동을 하나의 권역으로 묶고, 각 권역별 중심이 되는 읍면동에 '맞춤형 복지' 전담팀을 설치하였다. 내실 있는 사업추진을 위해 사회복지담당공무원 6천명 확충안을 실시하였다.

이러한 전달체계 개편과정을 관통하는 특징과 한계를 검토한 김이배(2014)의 연구에 따르면, 기존 개편의 특징을 전달체계 문제에 대한 '모호한 진단과 모호한 처방'으로 정리하였다. 정확한 분석과 정밀한 정책설계, 실행을 담보할 조직과 인력 등이 수반되어야 함에도 그러한 정책수단이 부재한 상황에서 개선이 시도되었고, 결과적으로 여러 번의 개편시도가 긍정적인 결과를 창출하지 못한 것으로 분석하였다. 이현주 외(2015)의 연구도 전달체계 역사의 단계를 총 4단계[1])로 구분하면서, 전달체계의 실질적인 개편이 어려웠던 이유는 그 개편의 결정과정에서 이를 추동할 충분한 권력이나 정책연대가 이루어지지 않았기 때문이며, 사회복지 전달체계의 구성원리에 맞는 전달체계 기획이 되어야 하나 그렇지 못했기 때문이라고 평가했다.

이러한 중앙정부(보건복지부 등)의 개편 실행은 사실상 지방정부의 전달체계를 개편하는 것이나 다름없었다. 독자적인 전달체계를 가지고 있지 못했기에 지방정부의 행정체계를 활용해 왔기 때문이다. 이러한 전국적인 전달체계 개편과정에서 지방정부는 독자성을 가지기가 힘들었다. 또한 독자적인 전달체계 개편을 시도할 물적 · 인적 자원도 부족했다. 조직과 인력을 개편하기 위해서는 중앙정부와 협의를 해야 했고, 이를 기획할 인적 자원과 사업 실행에 필요한 물적 토대가 있어야 했으나 이러한 자원이 빈약했다. 오히려 지방정부는 지역의 독자성 보다는 중앙정부가 기획한 전달체계를 온전히 집행하는 것이 목적이었고 사

---

1) 이현주 외(2015)는 제1단계 공공 사회복지 전달체계 논의 부재기(~1980년), 제2단계 전문성 지향과 모형의 개발(1980년~1998년), 제3단계 복지 전달체계 위상변화, 지역단위 전달체계의 개편(1999년~2007년), 제4단계 복지정체와 저렴행정의 추구: 일선의 민간자원과 사례관리 강조(2008년~)로 구분하였다.

실상 그것조차 힘들어했다. 지방정부의 전달체계(예, 읍면동)는 중앙정부의 다양한 부처에서 실시하는 복지정책을 수행하기에 너무 작은 규모였기 때문이다. 특히 지방정부에서 복지행정은 여러 종합행정의 일부분(one of them)에 불과했기 때문에 그것만을 위해서 행정체계에 변화를 주는 것은 상당한 부담으로 인식했다. 그러나 이러한 인식들은 지방분권화의 큰 흐름에서 변화를 맞이하게 되었다.

2) 지방정부의 전달체계 개편의 배경

지방정부의 독자적인 전달체계 개편 배경에는 여러 가지 요인이 있다. 우선, 지방자치의 활성화이다. 1995년에 지방자치단체장과 지방의회를 포함하는 제1회 동시지방선거가 시작되어 가장 최근에는 2018년 6월에 제7회 전국동시지방선거를 치렀다. 중앙정부의 지방분권화 노력 역시 실시되어 김대중 정부와 노무현정부에서 상당한 변화가 있었다.[2] 특히 노무현정부에서 진행된 지방이양은 총 533개 국고보조 사업 중 13개 부처 149개 사업을 지방으로 이양하는 포괄적인 계획이었는데, 전체 지방이양 사업 예산 중 62.2%를 차지하는 67개 사업이 보건복지부 사업이었다(지은구, 2013: 96-97). 지방분권화의 핵심은 복지사업의 지방이양이었다.

다른 한편에서는 지방정부에서 사회복지 영역이 가장 중요한 영역으로 등장하게 되었는데, 대표적으로 지방정부의 복지예산이 증가하였다. 2007~2013년 시기를 대상으로 한 박상우(2014: 132)의 연구를 보면, 이 시기 지방정부의 복

2) 1987년 민주화 이후 '지방'을 강화하는 중요한 제도들이 도입되었다. 우선 박정희정권에 의해 폐지된 지방자치제도가 1991년에 부활되어 첫 번째 지방의회 선거를 실시했고 1995년에 지방자치단체장과 지방의회를 포함하는 제1회 동시지방선거가 시작되다. 중앙정부의 지방분권화 노력 역시 1990년대 초반부터 개시되어 김대중 정부에 이르러 대통령직속 위원회를 구성하기에 이르렀으며, 노무현정부하에서 사회복지 사업을 중심으로 국가에서 지방정부로 사무책임의 이양이 포괄적이고 선격적으로 이뤄졌다. 노무현정부는 2003년 4월에 '정부혁신지방분권위원회'를 발족하고 곧이어 지방분권화 로드맵을 발표했으며, 2004년에 '국고보조금 정비방안'을 확정하고 2005월 1월 1일자로 국고보조사업 지방 이양을 시행했다(신진욱 외, 2016).

지예산 비중의 연평균 증가율 6.9%로서 같은 시기 중앙정부의 복지예산비중 연평균 증가율인 3.7%보다 훨씬 높게 나타났다. 지방정부의 복지예산이 증가하면서 지방재정에 큰 부담으로 작용하였고 이는 합리적이고 효과적인 재정집행의 필요성이 제기되었다. 또한 자체사업 예산 비율은 낮은 수준이지만 주민들의 욕구가 분출하면서 이에 대한 예산 집행도 확대되었다. 이는 사회문제의 심화에 대한 자연스러운 현상이었다. 또한 지역복지가 새롭게 부상했다. 복지부는 지역사회복지협의체 기능 활성화 대책을 마련(2005.2)하여 시군구 단위에 협의체를 구성하였고, 이후 읍면동 지역사회보장협의체 구성・운영(2015.7~)도 실시하였다. 지역 내 복지와 관련된 포괄적인 계획인 지역사회복지계획은 2007년부터 시작되었고, 2017년에는 지역사회보장계획으로 계획범위가 확대되었으며, 이를 기반으로 지역사회 내 사회보장영역에 대한 계획 구조가 성립되었다.

그 외 복지정책이 지방정치의 중요한 주제로 등장하였다. 기초연금, 청년배당, 무상급식, 보육료지원 등과 관련해 복지정책이 생활정치의 주제로 등장하였고, 이를 기준으로 정치적 지지가 구분되었다. 특히 서울시와 경기도는 무상급식과 관련해 상당한 갈등이 지속되었다. 그러므로 자연스럽게 입후자들은 복지정책에 관심을 가지게 되었고, 당선 이후 구체적인 사업으로 등장하게 되었다.

행정적 측면에서도 지방정부는 서비스 제공에 장점이 나타났다. 중앙정부의 정책은 지역여건이 다른 지역에서 효과적으로 시행되기 어렵고, 영역에 따라 중앙정부보다 재정여건이 양호한 지방정부의 경우, 역량이 더 높은 부분이 있으며, 지방정부가 지역주민의 요구에 더욱 민감하게 대응할 수 있고 접근성이 높다는 지방분권의 장점이 존재하였다(한국지방자치학회, 2016).

이러한 여러 가지 요인들은 서로 결합하여 전달체계 개편의 환경적, 외부적 요인으로 작용했다.

3) 제도 이해에 대한 관점 검토

공공복지전달체계의 변화와 관련된 선행 연구들은 신제도주의의 한 분파인

역사적 제도주의의 관점을 참고해왔다(권기창, 2012; 김명희, 2008; 김윤수, 2011; 신선희, 2015; 이현주 외, 2015 등). 신제도주의는 국가 간 정책 선택, 정책 차이를 설명하는데 있어 공식·비공식 제도적 배열이 중요하다고 보았고, 제도의 개념, 제도의 형성과 변화, 제도의 지속성 등에 관심을 가졌다. 신제도주의는 합리적 선택이론에서 출발한 합리적 선택 제도주의, 조직이론에 관심을 둔 사회학적 제도주의, 행위자의 이해관계와 권력관계에 관심을 가진 역사적 제도주의로 구분할 수 있는데, 특히 역사적 제도주의는 제도가 행위자들의 상호작용에 영향을 준다고 보았고 제도 주변의 관계적 측면에 초점을 두었다. 관련 연구(김태은, 2015; 이종찬, 2014)에 따르면, 신제도주의는 초기와 후기로 구분할 수 있는데, 초기는 '독립변수로서의 제도'를 강조하는 관점을 가졌고, 이후 '제도, 행위, 구조'를 포괄하는 관점으로 발전하였으며(김태은, 2015: 60), 특히 제도의 경로의존성과 같은 제도의 지속에서 제도의 변화로 연구의 초점이 달라졌다고 평가하였다. 후기 신제도주의는 초기 신제도주의의 세 가지 접근방법을 통합하는 방향으로 연구가 진행되었다고 평가한다(이종찬, 2014: 167). 전반적으로 신제도주의는 제도를 통해서 정책 선택의 차이를 밝히려는 것으로 사회정책과정의 내적인 동태성을 이해하는 데에는 한계가 있다는 지적이 있으나(김순양, 2009: 9), 제도 전반의 이론적 관심을 촉발시키고 주요한 개념을 제시하여 현상의 이해에 기여했다는 평가를 받고 있다. 본 연구에서는 이러한 평가를 고려하여 역사적 제도주의에서 논의되어왔던 이론들을 선택적으로 활용하고자 한다.

제도의 변화와 관련된 초기의 연구들은 제도는 역사적 맥락에 의해 형성된 제도적 환경(institutional setting)에 따라 변화보다는 안정적인 속성을 가진다는 경로의존(path dependency) 모형을 강조했다. 그렇기에 제도는 자기강화적 전개를 통해 지속되다가 우발적인 외부의 충격에 따라 단절적(punctuated)으로 변화된다고 보았다(Krasner, 1984). 그런데 이러한 관점은 빈번하게 나타나는 현실의 제도변화를 설명하지 못하는 한계를 보였다. 현실에서는 제도변화가 단절적이거나 혁명적이지 않으며(하연섭, 2011), 오히려 점진적인 변화가 누적되거나 혹은 비의도적인 속성에 의해 좌우되었기 때문이다. 경로진화(path evolution) 관점은 갑작스런 제도 변화보다는 행위자의 재량과 제도변화에 대한 저항을 고려한 다양한 경로방식을 제언한다. 대표적으로 Hacker(2004), Streek & Thelen(2005), Mahoney & Thelen(2010)이 제시한 모형들이 그 예이다. Mahoney & Thelen(2010: 15)의 경우, Streek & Thelen(2005)이 제시한 점진적인 변화의 모형을 참고하여 4가지로 구분한다. 여기서는 제도의 변화를 정치적 맥락(political context)과 제도 자체(targeted institutions)의 특징 그리고 변화 에이전트(change agents)들 간의 관계로 설명한다.

【표 2-2】 점진적인 제도 변화의 유형

		제도의 특성	
		낮은 수준의 재량	높은 수준의 재량
정치적 맥락	높은 거부 가능성	가겹(layering)	표류(drift)
	낮은 거부 가능성	전치(displacement)	전환(conversion)

출처: Mahoney & Thelen(2010: 19)

여기서 점진적인 제도 변화의 유형을 가겹, 표류, 전환, 전치 등으로 설명한다.[3] 그러나 이러한 관점들은 주로 개별제도 그 자체의 시기적 변화에는 주목하고 있으나 새로운 관련 제도의 등장 등과 같은 주제에 대해서는 다소 소극적인 견해를 보인다.

---

3) 가겹(layering)은 기존 제도의 구성요소들은 그대로 유지되고, 여기에 일부 새로운 요소들이 추가되어 기존 제도에 변화를 가져오고 시간이 지나 기존 제도의 근본적인 변화를 초래하는 것을 말한다. 기존 제도를 보완하거나 정교화하기 위해 도입한 새로운 제도가 기존 제도보다 빠르게 성장하여 기존 제도를 몰아내고 제도의 모습을 바꾼다는 것이다(하연섭, 2011: 174). 표류(drift)는 기존 제도가 외형적으로 그대로 존재하지만 외부환경의 변화에 따라 그 영향력이 변화하는 것을 말한다(Mahoney & Thelen, 2010: 17). 주로 제도의 효과성이 떨어져 제도가 위축되거나 쇠퇴하는 것을 뜻한다. 전환(conversion)은 기존 제도가 외형적으로 그대로 존재하지만 새로운 목적이나 기능을 수행하는 것으로 바뀌는 것이다. 이러한 전환은 환경이 변화하고 이에 대처해 기존의 제도를 새로운 목적에 부합하도록 변경할 때 나타나거나 새롭게 제도에 참여하는 행위자가 나타났을 경우 발생하기도 한다. 전치(displacement)는 기존 제도가 새로운 제도에 의해 대체되는 것을 말한다. 기존 제도가 새로운 제도로 바뀌는 것은 주로 급격하고 급진적인 변화를 수반하지만 천천히 발생하기도 한다. 이러한 변화는 제도의 모습이 주어진 상황의 변동에 따라 나타나는 것으로 본다. 경로진화 모형에서는 행위자가 제도변화에 영향을 미치는 중요한 변수로 고려된다. 행위자들은 정책결정자인 정책집행자와 정책에 영향을 받는 정책대상자들을 포괄한다(이재술 외, 2017: 5).

한편, 사회학적 제도주의는 유사한 상황에 놓여 있는 조직들 간의 수렴현상을 제도적 동형화(institutional isomorphism)라는 개념으로 표현하는데 이러한 과정은 조직을 둘러싼 제도적 환경에 의해 정당성이 부여된 문화적 관행들을 받아드린 결과라고 본다(DiMaggio & Powell, 1983; 구현우, 2009: 61). 그러므로 조직의 자발적인 선택보다는 제도적 환경의 압력이 중요하게 영향을 미친다고 보며, 여기서 나타나는 유형을 강제적(coercive), 모방적(mimetic), 규범적(normative) 동형화 등으로 구분하여 설명하고 있다. 사회학적 제도주의는 제도의 확산과 동질성을 설명하는데 유용한 관점을 제공한다. 이에 근거하면 지방정부의 전달체계 개편시도는 확산과 수렴을 통해서도 설명이 가능하다.

3. 연구방법

1) 분석틀의 설정

본 연구의 대상은 광역시 · 도 4곳에서 실시되었던 전달체계 개편이다. 시도된 전달체계 개편은 시기, 내용, 범위 등 모든 부분에서 차이를 가지고 있기에 엄밀한 의미에서 본다면 비교는 곤란하다. 그러나 본 연구에서는 전달체계가 가진 제도주의적인 특징에 보다 관심을 가지고 접근하고자 하며, 연구의 초점은 전달체계를 분석함에 있어 주로 개편과정에서 나타난 환경적, 제도적, 행위자 요인을 입체적으로 비교분석하는 것이다. 기존 연구들은 대부분 중앙단위 전달체계를 단일 사례로 하여 시기적으로 변화되는 요인에 주목하여 연구를 진행해왔다. 대표적인 연구인 이현주 외(2015: 48)의 연구를 보면, 공공 사회복지 전달체계의 역사 분석틀로 제도적 맥락과 주요 행위자를 선정하였다. 제도적 맥락은 당시 정치, 복지정책 그리고 일반 행정의 여건, 이념 등이 해당된다. 주요 행위자는 정부의 여러 관련 조직, 전문가, 시민사회, 민간단체와 복지인력 등이다. 권기창(2012; 2013)의 연구는 역사적 제도주의의 관점을 빌려 외부적 요인, 제도적 맥락, 행위자 요인으로 구분하여 전달체계의 변화를 살피고 있다. 김이배(2015)의 경우는 논리모델에 따른 분석틀을 설정하여 개편안을 분석하였고, 박영미 외(2007)의 연구는 길버트와 테렐(Gilbert & Terrell, 2005)의 분석틀을 활용하여 분석한 바 있다. 그 외 대다수의 연구들은 단순히 제도적 성격의 비교에 머물고 있다. 예를 들면, 전달체계 원칙인 통합성이나 접근성 또는 전문성 등과 같은 기준을 가지고 전달체계 간 비교를 하는 것이다.

▌표 2-3▐ 제도주의 관점의 사회정책 관련 선행 연구

<table>
<tr><th>연구자</th><th colspan="2">변화 요인</th><th>분석기준</th></tr>
<tr><td rowspan="3">김윤수
(2007)</td><td colspan="2">제도적 맥락과 학습</td><td>제도적 맥락, 제도에 대한 학습</td></tr>
<tr><td colspan="2">정치경제적 환경</td><td>국내·국제정치·경제상황, 사회화,
인구·문화적변화</td></tr>
<tr><td colspan="2">이익집단의 정치적 상호작용</td><td>의료계·수급자·정부의 상호작용</td></tr>
<tr><td rowspan="5">김명희
(2008)</td><td rowspan="3">제도적 맥락</td><td>정책이념</td><td>정치이념, 복지이념</td></tr>
<tr><td>정치행정구조</td><td>의회-행정부관계, 정당구조, 행정부구조</td></tr>
<tr><td>이익중재구조</td><td>노사정구조, 정당-이익집단 관계</td></tr>
<tr><td rowspan="2">중대한 전환점</td><td>사회경제적 위기</td><td>실업률, 빈곤율, 복지비지출한계상황</td></tr>
<tr><td>정치위기</td><td>신정부등장과 복지개혁, 국제사회압력</td></tr>
<tr><td rowspan="6">권기창
(2012)</td><td rowspan="3">외부적 요인</td><td>위기상황</td><td>경제·사회·정치적 위기</td></tr>
<tr><td>외부압력</td><td>국가 간 권력관계 및 압력, 국제이념 변화</td></tr>
<tr><td>정권교체</td><td>권력관계 변화, 통치집단 변화</td></tr>
<tr><td rowspan="2">제도적 맥락</td><td>정책이념</td><td>정치이념, 복지이념</td></tr>
<tr><td>정치행정구조</td><td>의회-행정부 관계, 중앙-지방관계</td></tr>
<tr><td>행위자 요인</td><td>행위자 간 상호작용</td><td>행위자 상호작용</td></tr>
<tr><td rowspan="5">신선희
(2015)</td><td colspan="2">중대한 전환점</td><td>내·외적 급격한 환경변화</td></tr>
<tr><td rowspan="2">제도적 맥락</td><td>정책이념</td><td>정치이념과 복지이념</td></tr>
<tr><td>정치-행정구조</td><td>행정부 구조와 관료제 내부의 구조</td></tr>
<tr><td colspan="2">행위자 요인</td><td>행위자, 이해관계, 집합성</td></tr>
<tr><td colspan="2">경로의존성</td><td>기존 제도의 유지 특성과 변화</td></tr>
</table>

출처: 권기창(2012)과 신선희(2015)의 자료에서 내용 추가함

선행연구들은 문제 영역에 따라 역사적 제도주의에서 제시한 다양한 분석틀을 일정 정도 활용하여 제도변화를 설명해왔다. 이 책에서는 제도주의에서 언급한 내용 중 일부분을 참고하여 환경적 요인, 제도적 맥락, 행위자 요인이라는 분석틀을 설정하였다.

첫째, 환경적 요인이다. 전달체계는 사회복지의 한 영역을 이루고 있고, 제도를 둘러싼 외부환경은 지속적으로 제도변화를 요구한다. 최근의 한국사회는 여러 가지 영역에서 급격한 변화를 경험하고 있지만 사회복시 영역은 더 큰 변화를 경험하고 있다. 이러한 변화의 배경에는 저출산, 고령화, 사회양극화, 경제위기 등 다양한 요인이 복합적으로 영향을 미친다. 지방정부의 입장에서도 이러한 사회적 위기에 대해 지역단위에서 대응할 필요성을 가지게 된다. 제도를 둘러싼 외부환경은 지역요인, 수요요인, 공급요인, 그 외 외생요인(예, 중앙정부의 정책이념과 방향 등) 등이 중층적인 요인으로 작용한다. 광역시 · 도 제도변화의 환경적 요인은 열거할 수 없을 만큼 다양하다.

둘째, 제도적 맥락은 전달체계를 제도로 보고 그 제도와 관련된 여러 가지 상황과 사건의 상호작용을 의미한다. 제도는 시간적이고 역사적인 측면을 포함하는 다양한 영향요인의 조합이다. 한국에서의 전달체계는 오랫동안 중앙정부(행정안전부와 보건복지부)를 중심으로 지방정부의 인력과 프로그램 등을 포괄적으로 통제해 온 특성을 가진다. 그렇기에 지방정부의 입장에서는 차별적인 전달체계를 구성하는 것이 용이하지 않다. 이러한 제약조건에도 불구하고 어떤 이유로 하여 개편을 선택하였고 왜 그러한 선택을 하게 되었는지 제도 그 자체(인력, 프로그램 등)와 제도가 가진 상황적 맥락을 살펴볼 필요가 있다.

셋째, 행위자 요인은 제도와 관련된 행위자들의 상호작용을 다룬다. 여기에서 행위자는 정책추진 세력과 정책실행 세력이 포함된다. 대부분의 지방정부 전달체계 개편은 지자체장이 핵심적인 행위자가 되고 이와 관련된 실행세력과 지원세력이 존재한다. 행위자들이 개편을 시도하는 배경은 여러 가지가 있다. 정치적 의도, 개선에 대한 실질적 필요, 이해관계자들의 요구 등 다양한 요인이 영향을 미친다. 또한 다른 한편에서는 이에 대한 거부권을 행사하고자 하는 세력도 존재한다. 행위자 간 이해관계에 따른 역학관계가 존재하는 것이다. 또한 행위자들의 개편 전략의 양태를 중요하게 고려할 필요가 있다. 이러한 다양한 요인들을 포함한다.

본 연구에서 주요하게 볼 요인은 제도적 맥락과 행위자 요인이다. 이는 제도 변화의 능동성을 보고자 함이며, 이것이 중앙의 제도와 어떠한 상호작용을 보이고 있는지 살펴본다.

▌표 2-4▐ 연구의 분석틀

구분		분석기준
환경적 요인	거시적 환경	국가적 환경
	지역적 특성	지역별 환경요인, 복지수요와 공급 요인 등
제도적 맥락	제도와 제도의 상황적 맥락	제도 관련 상황, 중앙단위 개편내용, 지역단위 개편내용
행위자 요인	행위자 간 상호작용	행위자와 이해관계자의 상호작용

2) 연구방법

본 연구를 수행하기 위해 다음과 같은 연구방법을 사용한다. 첫째, 문헌연구를 실시한다. 문헌연구는 공공복지전달체계 변화에 대한 이론적 배경을 검토하고, 분석틀과 분석기준을 설정하기 위해 수행한다. 또한 사례 이해를 위해 광역시 · 도별 개편안과 관련된 보고서 등 연구결과물, 관련 공문, 기타 자료 등을 분석한다. 둘째, 연구대상인 광역시도 4곳(서울특별시, 경기도, 대전광역시, 부산광역시)의 관계자와 심층인터뷰를 실시한다. 관계자는 관계 공무원, 연구자, 민간기관 종사자 등을 포함한다. 이를 통해 개편안 실시 배경, 실행과정과 실행성과, 실행결과 등 개편 전반의 상황과 맥락을 이해한다. 이는 질적 연구방법의 절차를 따라서 실시하며 자료수집, 자료정리, 자료분석 등은 엄격성을 유지한다. 자료 제시는 지역별 개편 사례 개요, 개편 사례분석 그리고 사례비교를 통한 종합 분석 순으로 진행한다.

4. 분석결과

1) 개편 사례 개요

(1) 서울시: 찾아가는 동주민센터

서울시의 찾아가는 동주민센터 사업은 2015년 7월부터 시작되어 현재 만 4년이 되었다. 주요 추진 방향과 내용을 보면 주민을 찾아가는 복지 · 건강, 주민을 위한 통합서비스, 주민중심의 행정혁신, 주민에 의한 마을의제 해결 등이며, 중앙정부 개편안과 차별성을 가지는 것은 실효성 있는 인력충원과 마을공동체 사업과의 병행으로 평가된다.

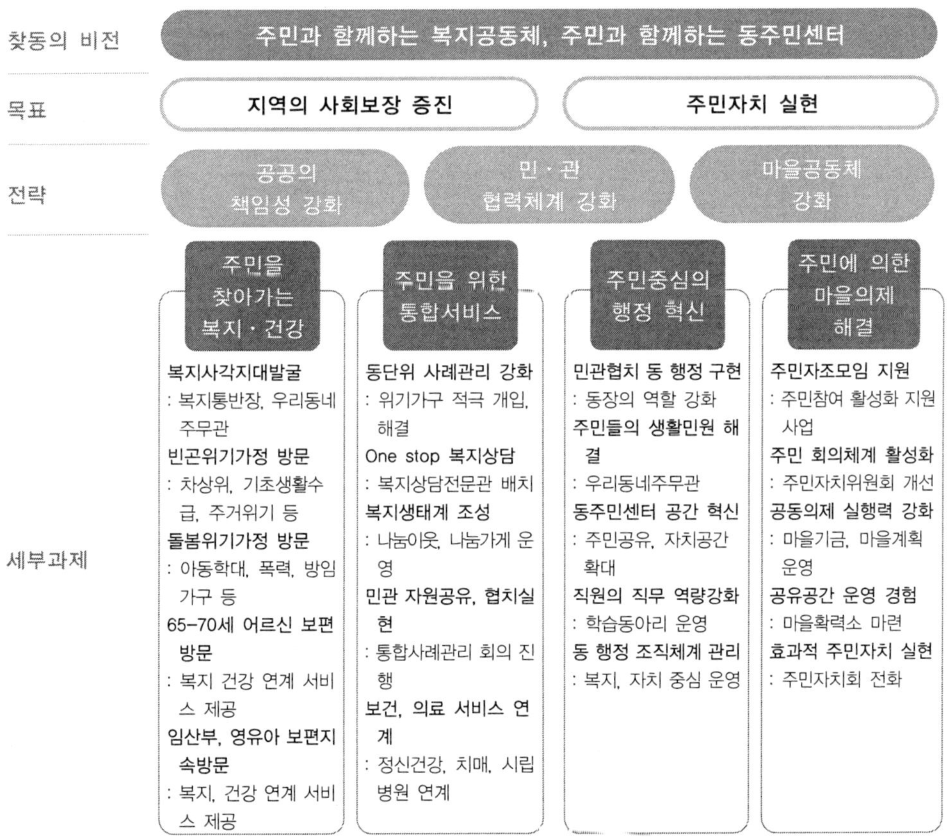

▮그림 2-1▮ 찾동의 사업체계

출처: 서울특별시(2017: 8). 찾아가는 동주민센터 업무매뉴얼.

찾동의 주요 사업으로는 65세 노인과 0세 아동 가구에 대해 복지와 보건 영역의 전문인력(사회복지사와 방문간호사 등)이 방문하는 '복지플래너 · 방문간호사 활동', 사례 관리를 동 주민센터로 전면화하는 '동 단위 사례관리', 동을 복수의 구역으로 세분화하여 동의 전 직원이 담당 지역을 책임지는 '우리동네 주무관', 이용자 중심 복지행정서비스가 가능하도록 경력 3년 이상의 복지직 공무원이 배치된 '복지상담전문관' 등이 있다.

찾동사업 진행 현황과 찾동의 추진체계를 정리하면 〈표 2-5〉와 같다.

▌표 2-5▐ 찾동사업 진행 현황

단계	1단계 사업	2단계 사업	3단계 사업	향후 계획
참여대상	13개구 80개동 (전체시행 4개구, 일부시행 9개구)	18개구 283개동 (전체시행 17개구, 일부시행 1개구)	24개구 342개동 (전체시행 20개구, 일부시행 4개구)	서울시 전체동 추진
기간	2015년 7월~ 2016년 6월	2016년 7월~ 2017년 6월	2017년 7월~ 2018년 6월	2018년 7월~

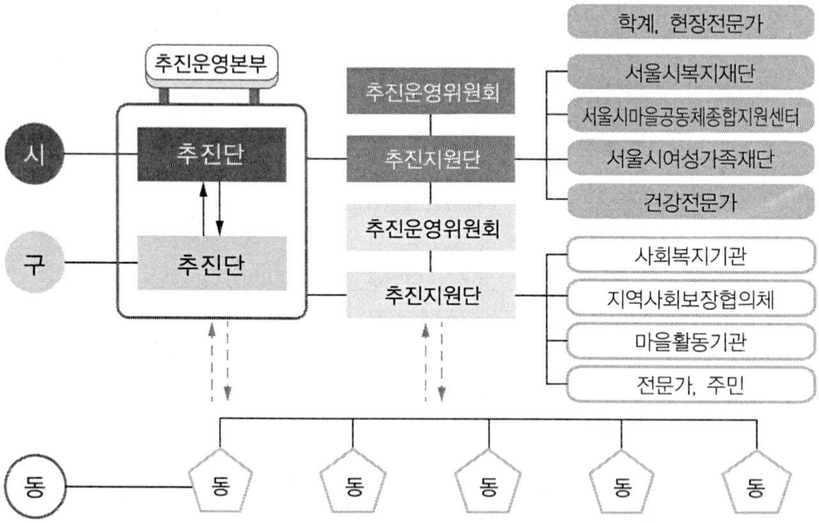

▌그림 2-2▐ 찾동의 추진체계

출처: 서울특별시(2018). 2018 찾아가는 동주민센터 총론 교육자료

인력충원은 전담공무원의 경우 2018년 기준 약 2,037명(민간경력직은 412명)이 충원되어, 동 평균 사회복지직 인력이 3배가량 늘어났다. 또한 동별 1명씩의 방문간호사(838명)이 충원되었고, 마을사업 전문가는 80명 등 약 2,655명의 신규 인력이 증원되었다.[4] 충분한 인력확보는 찾동의 찾아가는 복지를 가능하게 하였고 이로 인해 내실 있는 사업추진이 가능하게 되었다.

찾동 예산의 경우, 2018년도까지 국 · 시 · 구비를 포함하면 총 2,585억원이 소요되었고, 2018년도의 경우, 인건비가 대략 75%를 차지하고 있다.

▌표 2-6▐ 찾동 관련 연도별 예산액(단위: 백만원)

구분	합계	2015년	2016년	2017년	2018년
	258,569	20,276	61,386	83,065	93,842
국 · 시비 (국비)	229,908	18,731	54,433	71,122	85,622
	(14,847)	(1,313)	(3,713)	(5,348)	(4,473)
구비	28,661	1,545	6,953	11,943	8,220

참고: 구비 내역은 복지직 인건비 구비 25% 부담액임.
출처: 서울시 희망복지지원과(2018.3). 내부자료.

찾동 운영 전반에 대해 상세하게 정리한 자료로는 사업백서(2016, 2018, 2019)가 있다. 찾동은 새로 집권한 정부에서 시행하고 있는 '찾아가는 보건복지 서비스'로 전국화하고 있다.

(2) 경기도: 무한돌봄센터

경기도의 무한돌봄센터 사업은 2010년부터 시작하여 수요자 맞춤형 원스톱 서비스 제공을 목표로 하며, 위기 가구 중심의 전문적인 통합사례관리체계를 지향하고 있다. 무한돌봄센터는 단순한 현금, 현물 지원 이외에 사례관리사가 복지수요자의 다양한 욕구와 문제를 파악하여 공공, 민간기관의 협력과 지역주민의 참여를 통한 맞춤형 복지서비스를 지원하는 복지전달체계이다.

---

4) 찾동관련으로 2017년 하반기 종합사회복지관에 채용된 177명은 제외하였다. 이 인력은 동단위 사례관리, 지역복지공동체 사업을 수행한다.

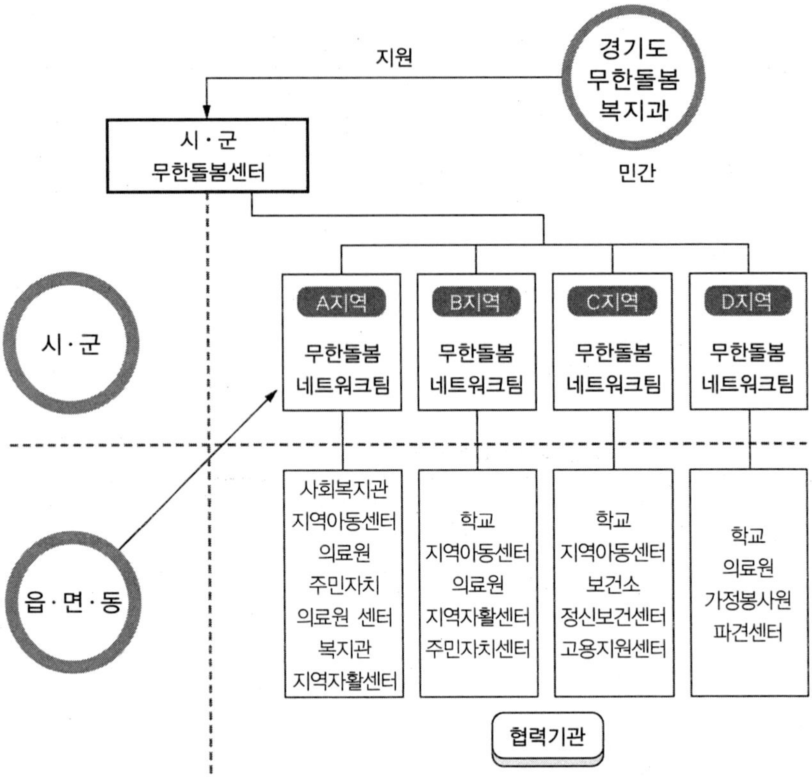

▮그림 2-3▮ 경기도 무한돌봄센터 운영체계도

무한돌봄센터는 광역차원에서 무한돌봄센터가 설치되어 있으며, 시군청 조직인 시군 무한돌봄센터가 주민생활지원국 내의 팀 단위로 설치되어 있다. 거점 단위의 네트워크팀은 민간 위탁 방식으로 설치되어 시군과 읍면동 사이의 조정자 역할 및 민관 협력을 수행하고 있다. 구체적으로 보면 무한돌봄센터는 세 단계로 구성되어 있다. 첫 번째는 시군 무한돌봄센터로 공공과 민간 사이에 존재하는 시군의 특별조직 형태이다. 두 번째는 지역별 무한돌봄네트워크팀이다. 민간영역에 존재하며 3~4개 읍면동 1개소 정도이다. 세 번째는 협력기관이다. 민과 관 모두를 포함하며 직접적인 서비스 공급자들이다.

▌표 2-7▐ 경기도 무한돌봄센터 기관별 역할 및 기능

기관	역할 및 기능
경기도 무한돌봄센터	• 시 · 군 무한돌봄센터에 대한 모니터링, 컨설팅 및 운영 지원 • 사례관리 전문인력 양성 교육 • 사례관리 모델 개발
시 · 군 무한돌봄센터	• 통합사례관리 • 지역복지자원 조사 및 민간자원 발굴 · 연계 • 사례관리 교육 및 복지자원 네트워크 구축 • 무한돌봄 네트워크팀 설치 · 운영 • 시 · 군 단위 통합사례회의(솔루션위원회) 운영 및 서비스 연계
지역별 네트워크팀	• 위기가정 사례관리 진행 • 사례회의를 통한 문제해결 목표설정 및 서비스 계획 수립 • 구체적인 서비스 연계 및 점검 등 • 사례관리 협력기관 네트워크 구축 • 통합 사례회의(무한돌봄네트워크팀, 협력기관 공동) 운영 • 민간자원 발굴 및 연계
협력기관 (지역 내 각종 복지자원)	• 대상자에게 직접서비스 제공 • 복합사례 등을 발굴하여 무한돌봄센터 및 네트워크팀에 이관

출처: 경기도 무한돌봄센터(https://www.gg.go.kr/gg_care)

연혁을 살펴보면, 2008년 11월부터 사업을 추진하여 2009년 무한돌봄센터 준비, 2010년 1월 남양주를 시작으로 16개 시 · 군 무한돌봄센터를 설치 · 운영하였으며 4월 「경기도무한돌봄센터 설치 · 운영 지원 조례」가 제정되었다. 2011년 무한돌봄센터가 시 · 군 센터에 30개 설치되어 지역에 정착되었으며, 2012년 31개 시 · 군 센터와 95개 네트워크팀이 운영되었다. 이후 2013년에 찾아가는 무한돌봄센터가 운영되고 있다. 2016년 기준으로 총 31개 시 · 군에 무한돌봄센터가 설치되어 있으나 그 명칭은 무한돌봄센터, 희망복지지원단 등 다양하게 활용되고 있으며, 네트워크팀은 76개로 2010년에 비해 줄었고, 민간 사례관리사는 216명으로 증대된 상황이다(성은미 외, 2017).

경기도 사례는 현재에는 통합사례관리가 일반적인 용어로 자리를 잡았지만 당시 공공에서 사례관리를 전면화한 전달체계 개편은 매우 선진적인 사례라고 평가할 수 있다. 그러나 2015년 정부의 긴급복지제도 확대 및 2013년부터 거론된 읍면동 주민센터로의 변화는 센터의 기능에 적지 않은 도전이 되었다. 이에 대해 경기복지재단은 2016년 '무한돌봄사업 및 사례관리사 기능 재정립방안

연구'를 통해 읍면동 통합사례관리 지원모형과 전문 사례관리 지원모형을 제시하기도 하였다. 이후 화성시의 경우, 2017년 9월에 북부권역을 담당하던 화성시 무한돌봄 북부네트워크를 폐지하는 등 지역별로 변화를 보이고 있다.

(3) 대전광역시: 희망티움센터

대전광역시 희망티움센터는 2014년 7월 통합사례관리 방식의 '대전형 복지전달체계 「희망티움 프로젝트」 운영'이라는 시범사업으로 시작되어 대전시를 대표하는 복지전달체계 개편사업으로 자리잡았다. 개편의 핵심내용은 희망복지지원단의 역할 재조정이며, 희망복지지원단과 동주민센터의 사례관리 효율화 및 기능배분 그리고 그에 따른 인력배치를 수행하였다(김정득 외, 2014).

희망티움센터의 기본 조직 구성은 2~4개의 동주민센터를 하나의 권역으로 설정하고 이러한 권역동 단위에 통합사례관리팀을 운영하는 것이다. 즉 자치구 단위의 희망복지지원단 업무와 인력이 권역동의 희망티움센터로 이전하여 업무를 추진하는 것이다. 센터는 사회복지공무원, 통합사례관리사, 보라미로 구성되며, 지역재단에서 통합사례관리지원단을 구성하여 운영하였다.

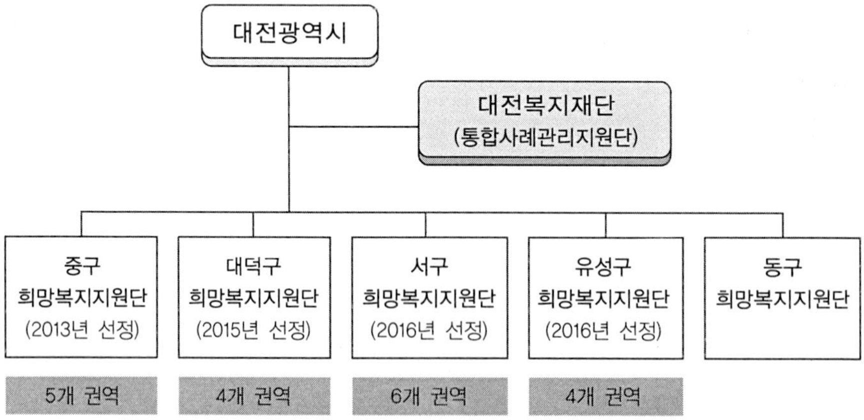

▌그림 2-4▐ 대전시 희망티움센터의 추진 모형

센터의 운영체계는 공공의 사례관리와 민간의 다양한 기관이 협력하여 사례관리와 자원연계를 수행한 민관협력의 통합사례관리 체계라 할 수 있으며, 대전광역시는 총 5개의 구를 가진 지역으로, 2013년 중구 5개 센터를 시작으로 2015년 4개 자치구 9개 센터로 확대하였다.

그러나 2016년 중앙정부가 읍면동 복지허브화 정책을 본격적으로 시행하면서 대전시의 희망티움센터는 변화를 가지게 되었다. 중앙정부의 지향점은 '모든 읍면동에 맞춤형 복지팀을 설치'하는 것으로 권역형을 중심으로 하는 대전형은 조직 구성 원칙과 업무 추진 방식의 충돌이 야기되었다. 이러한 문제를 해결하기 위해 대전시는 2017년 희망티움센터과 맞춤형 복지팀을 일원화시키는 형태로 하여 희망티움센터 사업을 종료하였다(김지영 외, 2017b: 26). 대전시의 희망티움센터는 지자체의 독자적인 전달체계 개편이 중앙정부의 전국적 정책과 부딪혔을 때 어떤 현상이 나타나는지 보여주는 대표적인 사례이며, 대전시의 권역형이 개별형으로 전환된 것은 정책환경과의 부조응 때문이라고 정리할 수 있다. 결과적으로 복지전달체계에서 지자체가 중앙정부의 흐름을 거부하기 어려운 것을 보여준다는 점에서 여러 함의를 제시하고 있다.

(4) 부산시: 다복동

부산시의 다복동 사업은 '다함께 행복한 동네'의 줄임말로 '자율과 소통, 협치를 바탕으로 한 민선 6기 마을단위 통합복지 구현 프로젝트'로 설명된다. 대상사업은 동(洞)이라는 공간을 중심으로 복지서비스와 마을재생 등의 인프라 사업이 결합된 사업이다. 이를 통해 주민중심 동단위 복지허브 구축 및 복지공동체 조성을 목표로 둔다. 복지영역에서의 추진과제는 크게 찾아가는 복지실현, 원스톱 통합서비스 제공, 민관협력 복지공동체 조성 등이다. 추진체계를 보면, 행정부시장을 단장으로 하는 사업추진단, 운영위원회, 협의체지원단이 있다.

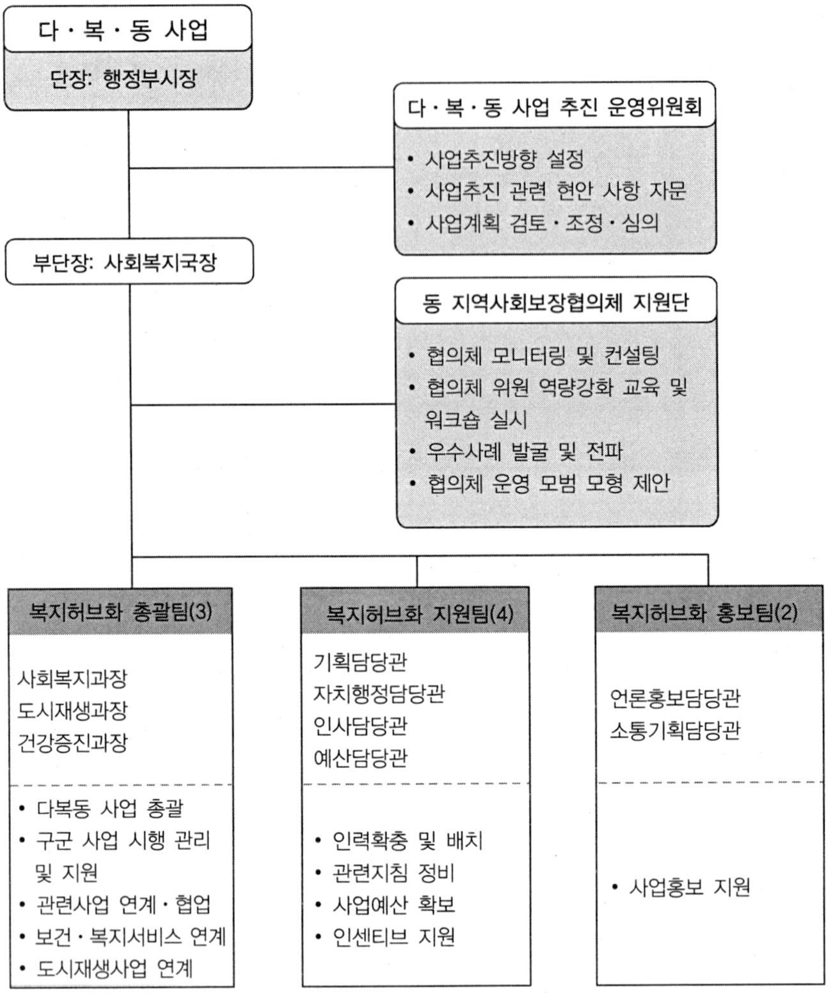

▌그림 2-5▐ 다복동 추진체계도

출처: 부산광역시 홈페이지(http://www.busan.go.kr/welfare/daboksystem)

시기별 사업 추진내용을 정리하면 다음과 같다.

▌표 2-8▐ 시기별 다복동 사업 추진내용

기간	추진 내용
2014. 7-2015. 12	시범 동 4개동 운영
2015. 3	시정경영진단 전략과제로 선정
2015. 9	부산시 동 복지기능강화 사업계획 확정
2016. 5	1차년도 다복동 사업 추진(52개동)
2016. 11	동지역사회보장협의체지원단 발족
2017. 5	2차년도 다복동 사업 추진(192개동)
2017. 6	다복동패키지 사업설명회 개최
2017. 7	부산광역시 다복동추진단 출범
2018~	부산시 207개 전 동으로 확대 추진. 구군 다복동 플러스센터 설치 및 다복동 학당 운영 계획
2018. 8	다복동추진단 해체(지역복지팀으로 변경) 및 다복동 사업 축소

출처: 조미정 외(2017: 38)의 자료와 부산시(2017) 자료를 편집·수정 보완함

다복동 사업은 민선 6기 시장 공약사항을 2015년 시정경영진단 전략과제로 선정하였고, 이후 복지영역을 중심으로 1차년도 사업을 추진하였다. 관련 특화사업으로 동지역사회보장협의체 민관협력사업을 추진하였다. 이 사업은 동협의체의 운영매니저로 사회복지관의 직원들이 적극적으로 참여하는 구조를 가지며(부산광역시사회복지관협회, 2017), 지원단이 구성되어 운영하였다. 이후 2차년도에 와서는 복지영역 외 마을재생(2), 주거복지(9), 물복지(2), 에너지복지(3), 교육복지(4) 등 총 20개의 사업이 패키지화된 방식으로 사업이 확대되었다. 이러한 사업 확대는 사회복지에서 사회보장으로 확대되는 측면이 있는 것으로 보는 입장과 정체성이 모호한 방식이라는 입장이 대별된다.

사업을 지원하기 위한 다복동광역지원단(http://hub.baswc.org)은 2018년 2월부터 운영하였고, 운영주체는 부산사회복지관협회이다. 그러나 광역지원단은 사업성격이 기존 동협의체 지원단의 성격이 강하며, 서울시의 지원단과 같은 성격을 가지지는 않는다. 그 외 53개 종합사회복지관에 민관협력 전담인력 1인

씩을 배치하고 9개 구군에 플러스센터 설치 등 총 77명을 고용하였다. 그렇게 본다면 부산시의 경우는 특정사업 추진보다는 동협의체라는 법정기구를 지원하는 방식으로 민관협력 복지거버넌스를 구축하는 것이 주된 목표가 된다.

2) 개편 사례분석

(1) 서울시 사례분석

환경적 요인을 살펴보면 다음과 같다. 서울시를 단순하게 정리하기는 쉽지 않은데 그 이유는 워낙 다양한 쟁점들을 가진 거대도시이기 때문이다. 서울은 25개의 자치구로 이루어져 있으며 한국을 대표하는 지역으로 복지정책 집행과 관련된 논의에서 항상 논쟁적인 위치에 있다. 복지가 중요한 아젠다로 등장하게 된 배경에는 한국사회 전반의 저출산 · 고령화 경향, 지표상 각종 사회문제에서 상위권에 위치하고 있는 상황이 주요한 배경으로 작용하였다. OECD 국가중 최하위에 머무르고 있는 복지수준은 복지정책 도입의 근거로 설명되었고, 선거와 같은 정치과정은 복지담론을 중요한 판단기준으로 작동하게 하였다. 예를 들면, 2011년 서울특별시 무상급식 주민투표로 오세훈 후보가 서울시장직을 사퇴하는 계기가 되었고, 이후 보편복지를 중요하게 여긴 박원순 시장이 3선 연임(2011~2020)을 하였다. 찾동 개편의 결정적인 계기로 제시되고 있는 사건으로는 2013년 상반기의 사회복지직 공무원의 연속적인 자살사건과 2014년 송파 세 모녀 자살사건이 언급된다. 전자는 복지업무 증가와 복지 깔때기 현상을 통해 전달체계가 가진 후진성을 보여주었고, 후자는 복지정책과 전달체계가 가진 사각지대의 한계를 보여주었다. 이러한 사회적 사건은 해석의 타당성을 떠나 전달체계 개편에 대한 필요성을 던져주었다.

제도적 맥락의 경우, 찾동은 지속적인 전달체계 개편시도에서 파생된 것으로 판단할 수 있다. 서울시의 경우, 서울복지재단 등에서 전달체계 관련 연구들을 지속적으로 수행해왔고, 시장 등 정책결정자나 이해관계자의 요청에 의해 연구내용의 확대가 있었다. 찾동 이전의 주요한 전달체계 개편 사업은 이명박정부

(2008.2~2013.2)와 박근혜정부(2013.3~2017.3) 동안 진행되었다. 시군구 단위 희망복지지원단 설치(2012.4)와 인력증원(1차 7천명: 2011~2014, 2차 6천명: 2014~2017) 그리고 읍면동 복지허브화(2016) 등이 실시되었다. 그런데 서울시의 경우, 중앙정부에서 실시하는 전달체계 개편 수준으로는 기존의 전달체계가 가진 문제를 해소하는데 상당한 한계가 있다고 판단했다. 특히 읍면동 인력배치 수준과 공공 내(內) 개편방식으로는 전달체계가 효과적으로 작동하는데 어려움이 있을 것으로 판단했다. 이것은 이후 찾동에서 파격적인 인력증원과 마을공동체 강화를 통하여 주민이 지역 내 중요한 행위자가 될 수 있도록 하는 방안이 포함된 계기가 되었다.

행위자 요인을 정리하면, 찾동 정책결정과정에 대한 상세한 내용은 이태수 외(2016)의 연구에서 상세히 제시되고 있다. 중요한 행위자로는 복지에 대한 관심이 높은 서울시장, 민선 6기(2014.7~2018.6) 서울희망정책위원회 내 복지건강분과위원회 그리고 사업추진과정에서 시 · 구 추진단, 추진운영위원회, 추진지원단 및 민관협치 과정에서 합동연석회의 등이 제시된다. 특히 중요한 의사결정조직인 연석회의에서는 총 119차례 회의를 개최하여 총 561개의 안건을 처리하여 실질적인 협치가 가능하였다는 평가가 있다. 이러한 찾동의 확산은 문재인 정부에 와서는 중앙정부의 전달체계 개편안인 '찾아가는 보건복지서비스'와 '주민자치형 공공서비스 구축사업[5]'에 영향을 미쳤다. 또한 찾동에서 민관협력의 주된 파트너로 민간의 복지기관이 제안되었는데, 예를 들어 종합사회복지관의 경우, 협조관계이면서 동시에 갈등관계에 있는 것으로 평가되었다. 이는 지역에서 공공의 역할과 민간의 역할이 중첩되는 영역이 존재했기 때문이다.

찾동사업이 긍정적인 효과를 가지고 있음에도 불구하고 다른 측면에서는 여러 가지 한계를 가진 것으로 평가된다(남기철, 2015; 김형용 외, 2016; 김보영, 2017; 김이배, 2018, 김승연 외, 2018 등). 김이배(2018)의 경우, 기존 전달체계의 문제를 일정 부분 해소하는 측면이 있으나 구체적인 서비스 제공전략에는 상당한 문제점을 가지는 것으로 분석하였다. 인력충원 전략은 유효한 전략이었으나

5) 이 사업은 '읍면동 중심의 공공서비스를 민과 관이 함께 계획·생산·전달하는 小지역 단위 혁신사업'으로 정의된다(행정안전부, 2018.5).

복지와 마을공동체 연계의 한계, 인력증원 규모와 연결되지 않는 업무 부여, 개별사업(예, 찾아가는 복지의 전면화)의 내재적 한계 등이 나타났고 이러한 문제들이 나타난 이유는 사업설계가 합리적 논리적 설계에 기반된 것이라기보다는 정무적 판단과 엄밀하지 못한 계획 추진에서 나타난 것으로 해석했다. 김승연 외(2018)도 찾동이 상당한 성과가 있었으나 공적지원체계는 미흡하고, 사례관리 및 서비스 연계가 분절되어 있으며, 공동체 사업은 성격이 불분명하다고 평가하고 있다.

(2) 경기도 사례분석

환경적 요인을 보면, 경기도는 한국에서 인구가 가장 많은 1,300만명이 거주하는 광역자치단체이며, 28개의 시와 3개의 군이 있는 지역 간 편차가 큰 자치단체이다. 그렇기에 경기도는 대한민국의 축소판이라고 언급된다. 워낙 다양한 환경에 놓여 있다 보니 지역의 문제를 보편적으로 규정하기 쉽지 않고, 그렇기에 지역사회 문제도 상대적인 차원에서 다루어지는 경향이 있으며, 지역 간 격차를 축소하여 상향평준화를 이루는 것이 지역의 큰 과제로 제시된다. 예를 들어, 복지시설의 경우, 경기도 북부권역과 남부권역, 즉 안성과 이천 등에는 복지기관들이 적은 반면, 부천시, 성남시, 과천, 수원, 오산 등의 중부지역에는 복지기관들이 밀집되어 있다. 경기도 보건복지 10개년계획(2006~2015)과 지역사회보장계획(1기~3기)을 살펴보면, 이러한 지역 간 격차를 축소하는 것이 도의 사회복지정책에 있어 매우 중요한 과제로 제시되었다. 또한 경기도의 복지서비스 환경에서 가장 특징적인 것은 복지자원이 절대적으로 부족하다는 점이다(경기복지재단, 2011: 174). 경기 북부의 경우, 인구수는 적지만 면적이 넓기에 접근성이 중요함에도 앞에서 언급한 바와 같이 지역 간 서비스 격차와 더불어 자원부족이 중요한 문제로 제시된다. 이런 상황에서 중앙정부 단위의 전달체계 개편은 여러 가지 측면에서 한계가 가진 것으로 이해되었다. 이를 테면 공공주도성으로 인한 민간 참여의 제한, 복지인력의 통합적 전문성이 활용되어야 함에도 그렇지 못한 점, 지역적 격차를 적극적으로 반영하는 탄력적인 체계가 요구됨에도 그렇지 못한 점 등이 한계로 인식되었다. 그렇기에 지역의 특성을 반영한 적극적인 전달체계에 대한 필요성이 지속적으로 제기되었다.

제도적 맥락의 경우, 경기도의 무한돌봄센터 사업은 경기도 차원의 위기관리 제도이자 공공부조제도인 무한돌봄사업을 보다 효과적으로 추진하고자 하는 배경에서 나왔다. 경기도가 무한돌봄센터사업을 준비하던 2009년은 전달체계 개혁 문제가 전국적으로 제기된 시기였다. 특히 고전적인 전달체계의 문제중에서 개별서비스 제공주체 간 연계 부족이 복지서비스의 효율성을 저해하고 복지체감도를 저하시키는 주요인으로 제시되었다. 이를 해결하는 효과적인 수단으로 사례관리 방법이 제시되었다. 즉 무한돌봄센터는 복지전달체계의 단편성, 지역사회내 보호체계의 부재, 무한돌봄사업의 제약성 때문에 설치되었다(성은미 외, 2017).

경기도의 사업 실시 이전에는 경기도의 일부 기초자치단체에서 사례관리가 운영된 바 있다. 2009년 이전에도 남양주시는 2007년부터 희망케어시스템을, 안산시는 2008년부터 민관합동사례관리네트워크를, 시흥시는 2008년 드림네트워크사례관리를 운영하였다. 이러한 경험들은 무한돌봄센터가 단기간에 경기도 전역에 확산시키는 데 도움이 되었다. 무한돌봄센터는 2010년 1월 남양주를 시작으로 설치되기 시작했고, 2016년 12월 기준으로 31개 시군에 설치되어 있다. 2010년에서 2016년 동안 무한돌봄센터는 다양한 변신이 있었는데, 2010년 말 기준으로 네트워크팀 89개, 인건비를 지원받는 민간사례관리사는 159명이었다(성은미 외, 2010). 2016년 기준으로는 31개 시군에 설치되었고 그 명칭은 무한돌봄센터, 희망복지지원단 등 다양하게 활용되고 있고, 네트워크팀은 76개, 민간사례관리사는 216명가량이다. 2010년 도입 초기 무한돌봄센터 기본조직은 시군 무한돌봄센터와 네트워크팀이며, 네트워크팀은 지역여건에 따라 개소수와 유형(기본형과 확장형)을 선택할 수 있었다. 시군센터는 시군단위에서 통합사례관리 수행 및 통합사례관리체계 운영을 담당하는데 중앙정부차원에서 통합사례관리 수행을 위한 희망복지지원단이 도입된 이후 경기도에서는 희망복지지원단 대신 무한돌봄센터라는 명칭을 활용하였다.

행위자 요인을 보면, 도차원의 복지정책 아젠다를 부각시키는 데 도출연 연구기관인 경기복지재단이 큰 역할을 했다. 재단은 설립 초기부터 효율적인 전달체계 개편에 큰 관심을 보여 왔는데 이는 재단이사장이 전달체계 개편에 대한 관심과 경험이 있었기 때문이다. 이후 재단은 사례관리를 담당할 주체로 무한돌봄센터를 착안하여 도에 제안하였고, 도가 이를 받아들여 2009년 하반기 설명회를 시작으로 짧은 시간 내 센터를 확산시켰다. 경기도는 무한돌봄센터 설치 · 운영 지원 조례를 근거로 2010년 상반기부터 무한돌봄센터를 설립 운영하면서 경기도 31개 시군 모두에 센터를 설치하였다.

그러나 경기도의 사례를 보면 공공-재단-시군의 이해관계에 차이가 있음을 알 수 있다. 공공은 사업추진의 주체로서 단일한 의사를 가진 주체로 상정할 수 있으나 사실 통일된 입장을 가진 조직으로 보기 어렵다. 조직 내 담당자나 실무자에 따라 방향과 내용이 달라졌기 때문이다. 예를 들면, 전달체계 분야에 관심이 있는 과장이나 실무자가 있을 경우에는 무한돌봄센터를 시작으로 전달체계 개편 모형을 만들고 실험하고자 하였으나, 전달체계에 대한 이해가 적고 중요성을 모르는 공무원의 경우는 무한돌봄센터를 단순히 사례관리센터로만 활용하고자 하였다. 재단의 경우는 무한돌봄센터를 시작으로 보다 체계적인 공공전달체계의 구축과 개편으로 염두하면서 사업을 추진하였다. 그렇기에 지속적으로 사업과 관련된 아이디어를 제안하였고, 사업목표와 현실의 간격을 메우고자 노력하였다. 동시에 광역도를 통해 일부 민간인력지원 방식을 통한 무한돌봄센터 이상의 전달체계 개편을 추진하는 과제가 상당히 어려운 과제라는 것도 뒤늦게 인식하게 되었다. 이는 앞에서 언급했듯이 광역시와는 다른 광역도의 특성 때문이다. 시군의 경우는 앞에서 언급했듯이 시군이 처한 상황과 인식에 따라 개편과정이 천차만별이었다. 인건비나 사업성과 그리고 네트워크 형성 등에서 차이가 있었고 사업추진이 제대로 진행되지 않는 지역도 있었다. 무엇보다 지자체장이 전달체계 개편에 관심이 없는 상황에서 중앙정부와 결이 다른 전달체계 개편을 시도한다는 것은 시군을 충분히 설득하는 것에 한계가 있음을 보여준다. 만일 중앙정부가 전달체계 개편을 강력하게 추진하지 않았더라면 시군을 설득하는 것이 쉬웠을 수도 있다. 그러나 이러한 예상과는 달리 중앙정부의 정책이 보다 강력하게 추진되었기에 광역도의 입장에서 독자적인 모델을 시군에 일관적으로 적용시키는 것은 어려울 수밖에 없었다. 경기도의 사례를 보면, 광역시에 비해 경기도와 같은 광역도라는 행정체계는 전달체계 개편에서 한계가 있음을 보여준다. 도지사는 하위행정체계인 시장 · 군수보다 상위에 있지만, 사실상 시장 · 군수가 전달체계 개편과 관련된 권한을 독자적으로 행사하기 때문이다. 그렇기에 조직과 인력을 조정해야 하는 전달체계 개편 과제를 시군에 강제화하기 힘들다. 물론 광역시도 구청장의 권한이 있지만 시의 권한이 상대적으로 크고 예산에 대한 지원과 강제력의 크기에서도 차이가 있다. 또한 경기도는 시군 간 격차가 심한 상태여서 실제 사업을 수행하는 과정에서 단일한 파트너를 상대로 한 통제방식이 관철되기 힘든 구조였다. 시군은 사업추진의 방향, 내용, 절차, 비용 등이 천차만별이었기에 경기도가 의도한 대로 사업이 진행되는 데 한계가 있었다.

(3) 대전시 사례분석

환경적 요인을 보면, 대전시는 중부권의 대표적인 도시로 5개의 자치구로 구성되어 있다. 지리적으로 광범위한 데 비해 복지시설이 지역적으로 편중되어 있고, 다문화가정 등 새로운 대상자가 증가하는 데 비해 관련 복지시설과 복지인력은 부족한 것으로 제시되었다(대전발전연구원, 2010: 55). 특히 사회복지 수요의 다양화로 복지재정이 확대되면서 재정운영에 대한 부담이 발생하였고, 복지서비스에 대한 책임성과 전문성 제고에 대한 관심이 높아졌다. 급변하는 환경에 대응하기 위한 복지체계를 구축하는 것은 매우 중요한 과제로 이해되었다. 다른 지역과 마찬가지로 2006년부터 시작된 지역사회복지계획은 이해관계자들이 지역과 관련된 복지정보를 취합하여 공유하는 데 일조하였다. 지역복지에 대한 중요성은 대전시만의 복지모델을 창출하기도 하였다. 대표적인 대전형 복지모델로는 '복지만두레'와 '무지개 프로젝트'가 언급된다(류진석, 2009). 복지만두레는 2004년부터 시행된 나눔 중심 주민참여복지네트워크이고, 무지개 프로젝트는 2006년부터 시행된 빈곤층 밀집지역에 대한 환경개선 및 복지지원정책이다. 이러한 활동들은 민선 5기의 복지정책에도 영향을 미쳤다. 지역 내 주요 문제로는 신도심과 원도심 간의 동서 격차 문제(신도시 등 서쪽지역과 구도심지역인 동쪽지역 간)가 구조적인 문제로 인식된다. 대전시의 복지정책과 관련해서는 기존 대전발전연구원(현, 대전세종연구원)이 연구를 수행해왔고, 2011년 11월 개원한 대전복지재단이 주요한 역할을 수행해왔다. 그 이전에도 복지정책과 관련된 다양한 노력이 있었지만 재단 설립을 기점으로 정책 논의에 대한 안정적인 토대가 구축되었다. 다른 지역과 달리 재단이 크게 부각되는 것은 재단의 활동이 지역 내에서 그만큼 영향력이 있었다는 점이다. 재단은 설립 초기부터 전달체계 개선 과제를 가장 중요한 과제로 설정하여 왔는데 그 이유는 지역 내 사회복지정책의 문제를 해소하는데 핵심적인 고리가 되는 주제였기 때문이었다.

제도적 맥락을 보면, 재단 설립을 기점으로 구체적인 전달체계 개편안이 제시되어 실행되었다. 시기별 변화 내용을 정리하면 〈표 2-9〉와 같다.

▌표 2-9▐ 대전시 전달체계 시기별 변화 내용

시기별	중앙정부	대전시
2012-2013	• 희망복지지원단 설치와 통합사례관리 강화(2012)	• 대전복지재단 출범(2011)과 대전형 공공사회복지전달체계 효율화 방안 연구(2012) • 통합사례관리지원단 신설(2013) • 시범사업 자치구(중구) 선정(2013)
2014	• 정부3.0 추진과 지자체 브랜드 과제 확정(2013.6.~2014.11.)	• 정부3.0 대전시 브랜드과제 희망-T(Tree)움센터 운영계획 수립(2014.11.)
2015-2016	• 보건복지부 읍면동 강화 시범사업(2014.7.~2015.) • 읍면동 복지허ㅂ하 본격 시행(2016)	• 2개 자치구(중구, 대덕구)로 확대(2015) • 4개 자치구(중구, 대덕구, 서구, 유성구)로 확대(2016) • 동 복지허브화와 희망티움센터의 중첩 및 통합방향 모색(2016.4.~12.)
2017	• 읍면동 복지허브화 확산(2017)	• 희망티움센터와 맞춤형 복지팀 일원화(2017) • 대전복지재단 동복지지원단 설치(2017.2.1)

출처: 김이배(2017a). 한국복지분권협의회 심포지엄 자료집

대전시의 전달체계 변화는 매우 역동적이다. 한마디로 중앙정부의 정책변화에 따라 다양한 변화와 대응을 시도하였다고 정리할 수 있다. 대전형은 2~4개 동주민센터를 하나의 권역으로 구성하고 이러한 권역에 통합사례관리팀을 운영하는 것이 핵심이다. 대전시의 경우, 주어진 인력배치비율 등을 고려할 때, 전체 동에 충분한 인력을 배치하는 것은 단기간에 용이하지 않을 뿐만 아니라, 현

실적으로 쉽지 않았기에 이에 대해 우회적인 전략으로 현실의 제약조건을 감안한 권역 강화 모형이 중·단기적으로 선택되었을 것으로 판단된다. 특히 대전시의 경우 규모의 경제가 작동하는 지역환경을 가지고 있는데, 소수의 구와 지리적 인접성 등으로 모든 동에 인력을 배치하지 않더라도 접근성과 효율성을 확보할 수 있는 여지가 있었기 때문이다. 통합사례관리 특성상 접근성이 보장되고, 전문성이 활용될 수 있도록 분업화가 된다면, 1~2인 소수의 인력운영을 통한 서비스 제공보다 효과성이 높을 수 있었다.

그러나 대전시의 권역형 모형은 중앙정부의 읍면동 복지허브화 정책에 따라 '개별' 읍면동 모형의 확산을 지체하는 효과를 가지게 되었다. 다시 말해 중앙정부가 확산시키려는 모형과 충돌하게 된 것이다. 여기서는 어느 모형이 더 적절한가라는 논리적인 고려보다는 보편적인 모형을 수용할 수밖에 없는 이미 기울어진 상황에 대한 고려가 더 중요하게 대두되었다고 판단된다. 중앙정부는 지방정부에게 선택지를 준 것처럼 보이지만 사실상 주지 않았고, 결과적으로 지방정부의 분화된 형태를 용인하지 않고 흡수하는 결과를 가져온 것이다.

행위자 요인의 경우, 복지재단, 통합사례관리지원단(광역), 도청(공공), 민간복지망 등이 주요 행위자로 등장한다. 대전시의 사례는 독자적인 운영체계를 시도하였다는데 의의가 있을 뿐만 아니라 광역단위의 지원단 운영 그리고 민간중심의 복지안전망인 복지만두레의 보라미 등과 협력체계를 구성하는 등 민관협력의 전달체계 개편을 시도하였다는 점에서 의미가 있다. 또한 대전시의 사례를 보면, 중앙정부의 정책흐름에 지방정부가 민감하게 반응하고, 이에 대해 자생적인 시도를 수행하였다는 점에서 의미가 크다고 볼 수 있다. 특히 이러한 노력에서 지역 재단이 중추적인 역할을 수행하였다는 점에서 재단의 기능과 책임을 적절하게 수행했다고 평가할 수 있다. 그렇게 본다면 지역재단이 전달체계 개편에 지대한 영향력을 행사하는 사례로 경기도와 유사하다고 하겠다. 부산시의 경우, 재단이 다소 보조적인 위치에 있다면 경기도(초기)와 대전시는 전달체계 개편과정에서 중심적인 역할을 수행했다고 평가할 수 있다. 그러므로 지방정부 전달체계 개편의 질적 수준을 유지하기 위해서는 복지재단과 같은 중간지원조직이 중요하다고 평가할 수 있다.

(4) 부산시 사례분석

환경적 요인을 보면, 부산은 영남권의 대표적인 도시로 16개 구군으로 구성되어 있다. 부산의 사회복지 환경을 간략히 살펴보면, 제2기 지역사회복지계획에서는 보호가 필요한 취약계층이 지속적으로 증가하고 있으며, 소득불평등과 양극화가 확대되고, 사회복지 재정의 급격한 증가를 보이고 있다고 정리하고 있다. 특히 지방이양 이전 이후를 비교하면 상당한 재정부담이 발생하고 있다고 지적한다(부산복지개발원, 2010: 62). 제3기 계획에서도 경제적인 부문에서 보면 부산시의 총생산액이 매년 감소하고 있으며, 실업률의 증가, 낮은 고용률 등 전반적으로 불안정한 경제여건을 가지고 있다고 보았다. 그 외 돌봄수요가 증가하고 있으며, 이에 대해 맞춤형 돌봄서비스 제공과 사례관리의 필요성을 강조하고 있다(부산복지개발원, 2014: 127). 그 외 지역 내 주요 문제로는 동서격차(지역여건이 양호한 동부산과 지역여건이 열악한 서부산의 격차)로 불리는 지역 간 격차가 보다 심화된 것으로 알려진다. 이렇게 부산 복지의 수준이 낮은 것에 대한 이유는 기본적으로 지금까지 정책결정자의 복지의지가 낮은 수준이었다는 것과 시민의식이 보수적이라는 것이 시민사회의 일반적인 평가이다. 보수적인 성격의 시장이 오랫동안 집권(민선 3, 4, 5기: 2004.6~2014.6)하였고, 일부 복지정책을 펼쳤지만 강력한 의지로 집행을 하거나 혹은 상당한 물적 자원이 투입된 사례가 적다고 평가되었다. 이러한 상황에서 보수적 성격의 4선 국회의원 경험을 가진 시장이 민선 6기에 선출되었다.

제도적 맥락을 보면, 부산은 타 지역과 마찬가지로 중앙정부의 전달체계 개편에 순응하는 방식으로 전달체계가 발전되어 왔다. 또한 기존의 중앙정부 전달체계 개편이 워낙 다양한 방식으로 진행되었기에 지역에서 이를 적극적으로 수용하는 것도 쉽지 않았다고 평가된다. 지역에서 다복동이 본격적으로 시작된 계기는 복지부의 동복지기능 강화사업 시범동으로 선정된 2개 지역(수영구 망미1동, 사상구 모라3동)에서 상당한 성과가 나타났기 때문으로 본다. 구 자체적으로 운영하였던 2개 지역(해운대구 반송2동, 사하구 장림2동) 또한 긍정적인 효과가 나타났다고 보고되었다. 이러한 수범사례를 기반으로 전 지역으로 확산시키는 전략을 행사한 것이다.

다복동이 추진된 직접적인 계기는 민선 6기(2014.7~2018.6) 시장 공약사항인 '복지전담조직의 정비 및 지역복지협의체 운영 강화(V-15)'에서부터이다. 이후 시정경영진단 7대 전략 혁신과제 중 '복지 · 보건 · 고용 통합복지센터 운영'을 주요 과제로 제시하고 있다. 핵심 내용은 센터의 단계적 추진과 통합복지센터에 복지상담팀과 희망드림팀을 추가하여 복지관리체계를 구축한다고 제시되어 있다. 그러나 공약사항을 자세히 살펴보면 뚜렷한 특징이 나타나지 않는데, 사실상 이에 대한 상세한 내용설계는 관련 부서인 사회복지과 내 희망복지팀의 '동 복지기능 강화 사업계획'(2015. 9. 9)에서 제시되어 있다. 이는 초기의 다복동 사업으로, 후기의 패키지형 다복동 사업과 달리 중앙의 읍면동 복지허브화의 지역별 강화형 모형에 가깝다고 평가할 수 있다. 초기 다복동 사업의 한계는 서울시와 같은 대규모의 인력투입이 없었고 그와 관련된 물적투자가 미비했기에 전달체계의 혁신성을 가졌다기보다 중앙정부의 개편 흐름에 조응하는 구조를 가지고 있었고, 어찌되었던 성과를 창출하기 위해서 지방정부가 노력하였다는 데 특징을 가진다.

후기 다복동은 다양한 도시재생사업과 결합하였다(부산광역시, 2017). 다복동의 도시재생사업과의 결합은 여러 가지 층위에서 해석될 여지가 있다. 이러한 결정에는 전담부서인 희망복지팀의 의견이 반영되지 않고 보다 상위의 그룹에서 의사결정이 진행되었으며, 이러한 결정은 당시 부산시장의 정치적 상황과 연결되어 있다는 언급도 있다. 당시 부산시장은 박근혜정부와 긴밀한 관계를 맺고 있었으나 시민의 정치적 지지를 확보할 수단을 가지지 못한 상황에서 '다복동' 사업은 일정 정도 긍정적인 사업으로 평가받고 있었고, 다음 선거와 관련해 보다 효과적인 사업추진에 대한 논의과정에서 도시재생 사업과의 연계를 착안하게 되었다는 것이다. 이는 낙후된 지역이 많은 부산시의 입장에서 보자면 자체 예산으로는 도시재생 사업추진이 곤란한 상황이었는데, 중앙정부에서 도시재생 사업과 관련된 예산이 확대되는 과정에서 고안된 계획으로 평가된다. 이러한 결정에는 다복동 사업도 어찌되었든 확대되는 것이고, 도시재생 사업과 관련된 예산 확보에도 긍정적으로 작용할 수 있다는 2중의 목표에 복지관계자를 제외한 다수가 지지했다는 점이다. 이러한 측면은 내용은 다르지만 진행과정에서 서울시의 마을공동체 결합방식과 일정 부분 유사성을 가진다.

▌표 2-10▐ 지역별 복지 외 타 영역 결합방식 비교

해당 지역	결합 사업	쟁점 사항
서울시	마을공동체 결합	사업 결합의 정당성과 근거, 사업 추진의 효과성
부산시	도시재생사업 결합	

다복동 사업에 대한 일부의 비판적 의견은 다복동추진단을 만들어서 복지와 재생을 통합하는 것처럼 기획되었지만 실제 운영은 그렇지 않다는 지적이다. 예를 들면, 다복동추진단은 복지에 함몰되어 기존의 복지서비스와 큰 차이 없이 진행하고 있지만, 무엇인가 대단한 것처럼 홍보하고 있다고 평가(김창수, 2018)하는가 하면, 주민참여에 초점을 두고 있는 협의체가 그렇지 않은 성격의 다복동 패키지와 맞물리면서 수동적 기능으로 전락할 수 있다는 우려도 있다[6](부산광역시사회복지관협회, 2017: 181).

행위자 요인을 보면, 시장, 시청 내 희망복지팀 그리고 부산사회복지관협회가 중요한 행위자로 등장한다. 행위자 중에서 시청 내 희망복지팀은 중요한 역할을 수행한 것으로 나타나며, 부산시의 다복동 성공요인의 하나로 '희망복지팀'을 설치한 것을 꼽는다. 그 이전까지 전달체계 개편과 관련해 시청 내 별도의 전담팀을 구성한 적이 없었기에 전담팀 구성은 큰 의미를 가진다고 평가된다. 그렇기에 팀 내 공무원들은 사업성과를 높이기 위해 다각도로 노력하였으며, 여러 가지 한계 속에서도 다양한 사업을 확대 실시하였다. 그런데 아이러니하게도 서울시의 경우와 달리 지역연구재단과의 결합률은 낮았는데 그 이유는 재단대표가 시청 내 전담부서와 협력하는 것에 소극적으로 대응했기 때문이다. 그렇기에 시청 전담부서는 재단과 연계하기보다는 그 이외의 조직과 연계하는 방식으로 사업을 추진하였다. 특화사업으로 '동지역사회보장협의체 민관협력 사업'은 동협

6) 인터뷰 내용을 인용하면 다음과 같다. "지금은 종합적인 패키지로 만들어서 아무데나 다복동을 다 붙여서 이걸 하는 공무원들도 헷갈려 하고, 행정에 혼선을 일으키고 주민들도 저거 뭐하는 건지도 모르고…."(부산광역시사회복지관협회, 2017: 181)

의체의 운영매니저로 지역 내 사회복지관이 적극적으로 참여하는 구조를 가진다. 여기에는 몇 가지 쟁점이 있는데 이는 이러한 사회복지관의 행동이 적절한 방향인가 하는 지적들이다. 공공에서 협의체를 강화한다는 의미는 지역 내 주민조직화를 강화하는 것으로 이해될 수 있고, 이는 민간의 입장에서 본다면 복지관의 3대 사업 중 하나인 주민조직화 사업이 위협받는 것으로 이해될 수 있다는 점에서 민간의 보다 적극적인 태도로 해석될 수 있다. 그러나 다른 한편에서는 공공이 하는 영역에 민간이 과도하게 개입함으로써 민간이 가진 본래의 강점이 훼손될 수 있다는 우려도 있다. 민간이 추구하는 주민조직화의 성격은 공공이 의도하는 것과 다른 측면이 있기 때문이다. 다른 관점에서는 이른바 영역투쟁으로 해석하는 입장도 있다. 지역 내 물적토대를 가진 민관협력기관(협의체)에 대한 공공의 독점에 대해 민간이 공세적인 입장을 취한 것으로도 바라본다. 이후 다복동광역지원단이 2018년 2월부터 부산사회복지관협회 주도로 설치 · 운영되고 있으나, 2018년 9월 현재 선거를 통해 새로운 지방정부가 들어서면서 다복동 사업을 축소하고 있는 것으로 보고된다(국제신문, 2018.8.31).

3) 사례 비교를 통한 종합 분석

한국의 사회복지역사에서 2010년대는 전달체계 실험의 전성기라 부를만 하다. 다른 시기와 달리 중앙정부뿐만 아니라 지방정부도 독자적인 전달체계 개편을 시도하였다는 점에서 그렇다. 이러한 중앙과 지방은 각자의 개편안을 추진하는 과정에서 상호간에 영향을 주었고, 정책 카피(policy copy)와 정책 경쟁(policy competition)이 이루어졌다. 이러한 변화에는 지방분권의 확대, 지역복지의 부상 그리고 복지체계의 효율적 설계의 필요성 등이 상당한 영향을 주었다.

2010년 이후 연도별 중앙정부와 지방정부의 전달체계 개편 현황을 정리하면 〈그림 2-6〉과 같다.

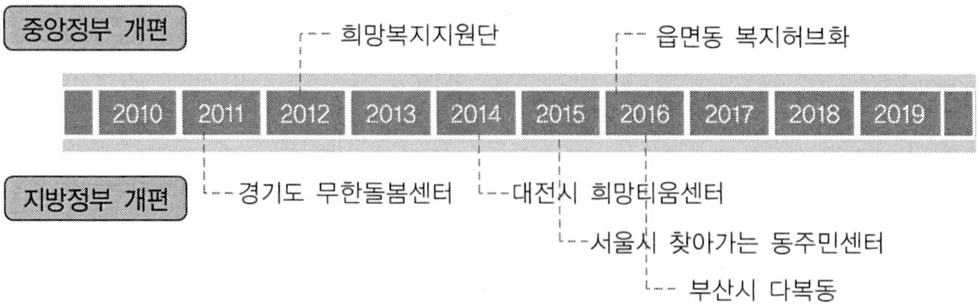

▌그림 2-6▐ 연도별 중앙 및 지방정부 전달체계 개편 현황

〈그림 2-6〉을 보면, 지방정부의 정책과 중앙정부의 정책이 시기적으로 등장하고 있으며, 개편안의 세부 프로그램을 살펴보면 상호간에 영향을 주고 있음을 알 수 있다. 그리고 개별 사업은 타 사업의 장점을 계승하고 이를 지역의 특성에 맞게 변형한 사업을 실시하고자 한 것을 알 수 있다. 중앙정부는 기존 공적급여 중심의 사업에서 사례관리를 주요 사업으로 하는 희망복지지원단 설치 운영과 읍면동 복지허브화 사업을 실시하였다. 이러한 사업은 전달체계의 보수성을 고려할 때 매우 획기적인 것으로 평가할 수 있다. 이에 반해 지방정부에서는 우선 경기도에서 사례관리 방식을 주요 내용으로 하는 전달체계 개편이 있었고, 뒤이어 대전시에서도 권역별 사례관리 방식을 주요 내용으로 개편이 있었다. 이후 서울시는 사례관리 방식 이외에도 마을공동체와 결합을 시도하였고, 부산시는 사례관리와 도시재생을 결합시키는 전달체계 개편을 시도하였다.

이러한 광역시도별 전달체계 개편에 대한 제도주의적 구분을 정리하면 〈표 2-11〉과 같다.

▌표 2-11▐ 광역시도별 전달체계 개편에 대한 제도주의적 구분

지역 사업명	환경적 요인	제도적 맥락	행위자 요인
서울시 찾동	25개 자치구, 사회문제의 심화, 복지담론의 부상, 복지관련 사건 발생, 재정여건 양호 (재정자립도 84.3%)	중앙정부 전달체계 개편의 한계 인식, 지역사회의 근본적인 변화 필요, 현실적인 인력투입, 마을공동체 결합	서울시장, 추진운영위원회, 시 구 찾동 추진단, 지원단, 합동연석회의, 복지관 등. 민관협치와 민관협력 강조

경기도 무한돌봄 센터	28개시 3군, 1300만 인구, 지역 간 복지자원 격차 큼 재정자립도 69.9%	무한돌봄사업의 효과적 추진 목적, 기존 시군의 유사사업 시행, 사례관리 효과성 중시	복지재단, 도청(공공), 연구자, 시군 센터 등. 시군 이해관계 조정 곤란
대전시 희망티움 센터	5개 자치구, 동서 격차 문제, 대전형 복지모델(복지만두레, 무지개 프로젝트) 재정자립도 54.4%	전달체계 개선의 중요성 인식, 재단설립의 효과, 권역형 사례관리, 중앙정부 모델로 흡수	복지재단, 시청, 지원단, 민간복지망(복지만두레) 등. 재단 주도성과 책임성 큼.
부산시 다복동	16개 구군, 경제적 여건 불안정, 동서격차 심화, 보수적 정치환경 재정자립도 58.7%	시범동의 성과, 시장 공약, 전기는 중앙정부 모형의 지역별 강화형, 후기는 도시재생과의 결합	시청(희망복지팀), 시장, 광역지원단, 동지역사회보장협의체 민관협력(시공동모금회, 시,관협회) 시행. 도시재생 관련 부서 등 연계

참고: 재정자립도는 2018년 기준(지방재정통합공개시스템)

환경적 요인을 정리하면, 거시적인 측면에서 보면 경제적 요인이 중요하게 고려된다. 한국의 경우, 1997년 외환위기와 2000년대의 세계 경제위기를 거치면서 저성장이 지속되고 있다. 낮은 경제성장률과 고용시장의 악화는 비정규직의 확대와 소득불평등의 심화를 야기했다. 복지와의 관계에서 경제성장이 중요한 것은 경제성장을 통해 복지수요에 대응할 수 있기 때문이다. 인구의 고령화로 연금, 의료 등에서 수요가 증가하고 있으며, 가족의 변화에 따라 가족 돌봄기능의 약화 등 다양한 사회적 위험이 증가하였다. 그러나 이에 대응하는 정치적 환경은 열악하였고, 정치적 불안정은 지속되었다. 지난 기간 동안 정부 신뢰는 낮았고 선출된 국회의원들은 구조적인 문제를 해소하는 데 한계를 보였다. 이러한 것은 일부의 지역을 제외하고 한국의 전 지역에서 동일한 효과를 나타내었다. 그렇기에 환경적 요인은 지역단위인 광역시도 간에 큰 차이를 보이지 않는 것으로 판단된다. 전체적으로 유사한 환경을 경험했기 때문이다. 특히 서울과 경기도는 수도권이라는 공간을 공유하면서 지리적으로 근접할 뿐만 아니라 인구가 밀집되어 있어 환경적 유사성을 보인다. 물론 특별시와 광역도는 행정통제 수준 등 여러 가지 측면에서 차이를 보이지만 적어도 외부 환경적 요인은 유사성을 가진다고 평가할 수 있다. 이에 비해 대전시와 부신시는 수도권이 아닌 지방의 특성을 보여준다. 인구나 재정규모가 상대적으로 작고, 각종 기관과 자원이 부족하다. 그러나 대부분의 지역사회는 사회문제가 심화되는 경향을 일관적으로 보여주고 있으며, 이에 대응하는 체계는 불안정했다. 지방정부는 중앙정부의 정책대응이 구조적인 한계를 가지고 있다고 보았기에 지방정부 차원에서 별도의 대응이 필요하다고 생각했다. 이러한 광역시도의 전달체계 개편 시도는 시민의 복지 수요와 복지 기대에 높아지고 있고, 그러한 기대에 부응하기 위한 지방정부의 행위로 이해하는 것이 타당하다. 복지에 대한 기대에 비례하여 지방정부의 역할과 권한이 강화되고 있으며, 이를 추진하는 방식이 보다 전문화되고 효율적인 방식으로 지방정부의 책임성이 강화되고 있는 것이다. 지방정부의 행위는 사회복지사업의 분권화 경향과도 구조적으로 연결된다. 결과적으로 한국의 지방정부는 지역사회의 복지서비스 전달자로서, 중앙정부와 별도로 자체사업을 통해 서비스의 기획과 관리를 수행하고자 한다. 그러한 상황에서 개편이 본격적으로 시도된 배경에는 기존 전달체계가 가진 문제인식이 결정적인 계기로 작용했음을 알 수 있다. 즉 중앙정부가 제시한 전달체계 개편안으로는 지역의 복지수준을 변화시키기 어렵다는 판단에서 자구책을 강구한 것으로 볼 수 있다. 이를 지방정부가 가진 역량(연구와 기획 그리고 공공 민간에 대한 자원 동원 능력)에 기반하여 실행한 것이다.

제도적 맥락 요인을 정리하면, 우선 개편안 사업의 특징을 구분할 필요가 있다. 광역시도 개편안의 사업 특징을 구분해 보면 크게 중앙정부의 읍면동 복지허브화 사업과 유사한 서울시와 부산시의 사업과 통합사례관리체계 구축을 주된 내용으로 하는 개편으로 구분된다.

▌표 2-12▐ 광역시·도 개편안의 사업 특징 구분

사업 특징	읍면동 중심의 사각지대 발굴	시군구, 권역 중심의 통합사례관리체계 구축
해당 지역	서울특별시의 '찾아가는 동주민센터' 부산광역시의 '다복동 사업'	경기도의 '무한돌봄센터' 대전광역시의 '희망티움센터'

참고: 강혜규 외(2017: 44)의 자료를 일부 수정함

통합사례관리체계 개편 방식은 그 효과성과 더불어 몇 가지 쟁점[7]이 있으나 중요한 개편 방식으로 자리를 잡게 되었고, 서울시나 부산시의 개편안도 중요한 사업내용 중의 하나로 간주된다. 광역시도의 개편은 일정 부분 기초자치단체의 실험성과를 광역단위에서 집행한 것으로도 볼 수 있다. 선도적인 자치구의 전달체계 실험이 나름의 성과를 거둔 우수사례를 중심으로 정책복사와 개선이 이루어지고 이를 기반으로 광역단위에서 사업을 실시하는 과정으로 진행되었다. 서울시의 경우, 자치구의 실험이, 경기도의 경우도 도 내 시군의 선도적인 사업들이 영향을 미쳤다. 부산시의 경우도 4개구의 시범사업이 크게 영향을 미쳤다.

지방정부가 선택한 개편전략을 비교하면 여러 가지 전략을 구사하고 있음을 확인할 수 있다. 그러나 중앙정부와의 차별성을 가지는 것은 구조적 여건에서 어려움을 가지는 것으로 평가된다. 서울시의 경우, 마을공동체 사업을 복지영역과 결합하려 시도하였으나 그 성과는 기대에 비해 낮은 것으로 평가된다(김이배, 2018). 그러므로 마을공동체 영역을 제외하여 분석할 경우, 기본적인 골격은 중앙정부의 개편모형과 유사한 성격을 가진다. 경기도의 무한돌봄센터는 기본적으로 통합사례관리방식을 지향하는 체계이다. 중앙정부의 전달체계는 그대로 유지하고 있다. 이는 중앙모델에 지역성을 반영한 보완형 방식의 전달체계로 볼 수도 있다. 그러므로 중앙모델이 통합사례관리 방식을 전면화했을 경우, 경기도 모형의 고유성이 축소되고 향후 중앙모델에 흡수되거나 조정될 수 있는 모형이 된다. 대전시는 경기도와 유사하게 사례관리 방식을 주된 내용으로 하

7) 한편, 통합사례관리가 공공전달체계의 핵심적인 과업으로 제시되는 것이 타당한지는 다소 의문이다. 사례관리가 중요한 것은 맞지만 그것이 공공전달체계의 핵심으로 부상하기에는 여러 가지 쟁점이 있다. 단도직입적으로 말하면, 기존 전달체계 문제의 핵심이 사례관리를 수행하지 못해서 발생하는 문제가 아니었다. 또한 이미 민간이 사례관리를 수행하고 있었으며, 민간과의 역할분담이나 업무조정에 대한 고려 없이 추진되는 절차적인 문제도 있었다. 그 외 보건복지부의 조직 확대 논리상 새로운 사업을 수행하지 않으면 행자부나 기재부 등으로부터 예산이나 사업을 확보할 수 없는 상황에서 사례관리를 주요 사업으로 선정하지 않으면 안 되는 상황도 있었다. 여러 문헌에서 제시하고 있지만 공공에 사례관리가 확대되는 상황은 매우 급진적이었으며, 사례관리라고 하는 방식이 공공에서 이렇게 단기간에 확대되는 배경에는 단순히 방법의 효과성 이외에도 여러 가지 의도와 배경이 함축되어 있음을 알 수 있다(김이배, 2017b).

는 개편 방식을 시행하였다. 이후 중앙모델이 읍면동 중심으로 전개되면서 지역형 모델을 포기하고 중앙형으로 조정되었다. 물론 대전시에서는 중앙형이 보다 효과적으로 작동될 수 있도록 지원조직을 설치하는 방식을 사용하였으나, 중앙정부의 강력한 규제력을 감당하기는 힘들었다. 부산시는 초기에는 중앙 모델을 보다 강화하는 방식으로 사업을 수행하였으나, 특정 상황에 이르러 도시재생과 결합하는 방식을 선택하였다. 이렇듯 다양한 전략들은 순수한 전달체계의 모습이 아닌 변형된 형태의 전달체계로 전이되고 있다. 이를테면 다복동 모델은 과연 전달체계 모형인지 도시재생 모형인지 판단하기 쉽지 않으며, 서울시의 찾동모델도 정체성을 확인하기 쉽지 않다. 또한 일련의 실험들이 계획적으로 기획되고 수행되는 방식이라기보다는 서울시와 같이 초기의 구상을 관철시키기 위해 본 사업을 실시하면서 그 사업을 지지하는 형태의 실험을 수행하는 경우도 있다. 그렇기에 외형적으로는 혁신성을 가지나 그 내용을 보면 모순적이고 정밀하지 못한 것을 확인할 수 있다. 같은 사업 범주에 속해 있더라도 내용에서는 큰 차이를 확인할 수 있다. 이를테면 서울시 찾동과 다복동의 경우, 서울시 찾동사업은 공공이 전달체계에 대한 공적 책임성을 이행하면서 민간의 협조를 구하는 방식을 선택했다면, 부산시 다복동은 공공의 공적 책임성 이행이 아닌 민간이 동협의체에 참여하면서 공적 책임성을 이행하는 구조로 진행되었다. 즉 다복동은 민간주도성을 가지는데 이는 공공이 적극적인 책임성을 이행하고 주도하지 않았기에 나타난 것이다. 이것이 두 사업의 가장 큰 차이라고 볼 수 있는데, 이러한 구도가 전달체계 개편의 원리(공사 역할분담)를 보았을 때에는 타당한 것인지는 의문스럽다. 이는 민간에 과도한 책임성을 부여하는 방식으로 진행되고 있기 때문이다.

개편 사업의 성과를 보면, 광역시도의 사업들은 대부분 관련 성과대회에서 우수정책으로 선정되거나 포상을 받았다. 중앙정부의 입장에서 본다면 지자체간에 시민에 대한 서비스 제공을 위해 경쟁을 펼쳤고 또한 행정력이 동원되어 일정 부분 성과를 거두었기 때문이다.[8] 이러한 결과들은 관련 정책을 더욱더

8) 예를 들어, 다복동 사업은 제1회 대한민국 지방자치 정책대상 최우수상, 2016년 보건복지부 지역복지사업 평가 광역부문 1위, 2016년 부산 10대 히트상품, 올 3월 행정안전부 지방자치단체 명품

강화하는 유인효과로 작용했다. 사업 담당자에게는 관련 포상이 주어졌고 직·간접적으로는 승진이란 이해관계가 있었기 때문이다. 더구나 전달체계 홍보는 매스미디어에서 주요하게 다루는 주제였기에 주목받는 업무로 받아들여졌다.

개편성과가 뚜렷하게 나타난 지역의 개편안은 이후 관련 개편안의 내용들을 유사한 방향으로 이끌어내는 효과가 있었다. 이른바 수범사례 효과이다. 광역시도의 이러한 결과들은 결국 중앙정부의 개편안을 더욱 더 높은 수준, 즉 더 정교하고 더 많은 물적투자가 가능하도록 만들었다. 중앙정부의 수준은 적어도 지방정부의 평균 수준보다 높아야 하기 때문이다. 이와 같이 중앙과 지방, 지방정부 간의 정책경쟁이 나타났다. 정책경쟁은 정책을 통한 지역 간 경쟁으로 해석된다. 지역 간 전쟁은 단순히 지방과 지방뿐만 아니라 정치적 관점에서는 중앙과 지방의 대결이기도 했다. 이는 보건복지부와 서울시의 사례에서 드러난다. 정책경쟁 과정에서는 정책카피(policy copy)와 정책강화(기존 정책에 새로운 정책을 보완하여 실행하는 것)도 포함된다. 중앙정부도 지방정부의 정책을 참고하고 지방정부도 중앙정부의 정책이 가진 한계를 보완하여 정책을 집행했다.[9] 여기서 정책경쟁은 더 많은 효과성과 효율성 그리고 주민이 체감할 수 있는 사업 시도 등 다양하고 긍정적인 효과를 가져왔다. 지방정부의 개편안이 중앙정부의 개편안을 대체하는 수준인지 혹은 보완하는 수준인지 판단할 필요가 있다. 서울시의 경우는 정부안을 대체하는 수준까지 도달하였는데 이는 정부안이 가진 한계를 극복하는 안이었기 때문이다. 특히 찾동사업을 위해 추진한 각종 지침과 매뉴얼, 행사, 홍보물의 수준은 중앙정부를 압도하는 수준으로 평가된다.

제도의 변화와 관련해서, 사업의 변경과 종결 유형을 살펴볼 필요가 있다. 제도적 특성을 총괄적으로 이해하는 데 있어 사업의 변화를 파악하는 것은 매우 중요하다.

정책에 선정된 바 있다. 그러나 다음 시장은 이 사업을 과감하게 폐지하였다.

9) 중앙정부에서 이러한 기능을 수행했던 주요 기관으로는 사회보장정보원 내 희망복지중앙지원단(기존 희망복지지원단 중앙지원센터)이 있다.

▌표 2-13▐ 제도 변화의 유형

해당 지역	변화, 축소 및 종결 내용	주요 이유	유형
서울시	점진적 변화, 지속적 개선과 업데이트	• 정책결정자 그대로 유지	가겹-전치
경기도	정책환경 변화와 후임자에 의해 소극적 사업 추진	• 사업효과성과 별도로 정치적 판단?	표류
대전시	희망티움센터과 맞춤형 복지팀 일원화로 사업 소멸	• 중앙정부안과 불일치	전치
부산시	급진적인 모형의 확대 이후 후임자에 의해 소극적 사업 추진 및 폐지	• 지역환경 특수성과 시기적 판단 • 사업효과성과 별도로 정치적 판단?	표류

서울시는 사업 시작 때부터 최근까지 점진적인 변화 그리고 지속적인 개선과 업데이트가 진행되고 있으며, 한편으로 충분한 검증과정 없이 정치적 환경 변화에 따라 지방정부 모형에서 중앙정부 모형으로 확대되고 있다. 경기도의 무한돌봄은 중앙정부의 정책 강화에 따라 점진적인 축소와 지속의 모습을 보이고 있다. 부산시는 초기에 중앙정부 모형을 따른 지역별 강화형에서 도시재생이 결합되는 패키지형으로 변화하였다가 정책결정자의 변화에 따라 축소의 경로[10]를 가고 있다. 즉 경기도와 부산시는 사업 초기와 달리 도지사와 시장에 의해 소극적으로 추진되고 있다고 평가를 받고 있다. 대전시는 상당한 성과가 있었음에도 불구하고 희망티움센터가 읍면동 허브화에 완전히 흡수되어 중앙정부의 맞춤형 복지팀과의 일원화로 사업이 종결되었다. 이러한 변화는 이론적 검토에서 논의하였던 제도변화의 유형을 적용해 보면, 광역시도의 전달체계 개편이 시간적으로 매우 짧은 기간 동안 진행되어 제도 성숙을 확인하기 어렵다는 한계가 있으나, 대략 정리해 보면 다음과 같다. 서울시는 중앙정부안의 변화를 가져왔다는 점에서 가겹과 전치(displacement)의 사이, 경기도는 제도의 영

10) 다복동의 경우, 조직 개편과정에서 다복동 사업의 허브 역할을 하던 다복동추진단을 해체했다. 또한 각 구·군청에서 개발한 우수 복지정책에 힘을 실어주기 위해 시행하던 다복동 인증사업도 중단했으며, 관련 행사에서 다복동이라는 명칭을 빼기 위해 행사 명칭을 '미정' 상태로 두고 있다. 이러한 모습은 전임 시장의 성과로 평가받는 이 사업에 대한 후임자의 흔적 지우기라는 평가도 있다(노컷뉴스, 2018.08.17).

향력이 쇠퇴하고 있다는 점에서 표류(drift), 대전시는 중앙정부안으로 대체되었다는 점에서 전치(displacement), 그리고 부산시는 경기도와 마찬가지로 영향력이 쇠퇴하고 있다는 점에서 표류(drift)로 분류할 수 있다.

이를 보면, 전달체계에서 제도의 변화와 축소 그리고 종결에는 중앙정부 정책의 변화로 인한 정책환경의 변화와 정책결정자의 변경이 가장 큰 영향요인임을 알 수 있다. 사업의도나 사업의 효과성이 긍정적이라고 하더라도 전달체계 개편을 기획하고 주도했던 주체가 선거 등으로 인해 변경되었을 때, 개편 초기의 의지가 약화될 수 있음을 보여준다. 즉 새로운 정책결정자가 등장하면서 사업에 대한 집중도나 재정 지원체계가 변화될 수 있음을 보여준다. 전임자의 사업을 그대로 수행하는 것은 후임자의 입장에서는 매력적인 선택이 아니기 때문이다. 그렇게 본다면 찾동과 같은 체계는 전임자나 후임자가 동일하기에 연속성 있는 사업추진이 가능하게 된다. 지역별 전달체계 현장 실무자들이 고민하는 과제의 주제중의 하나는 이러한 정책결정자의 변경 시 정책추진의 지속가능성과 관련된다. 그렇기에 합리적인 정책일 경우, 후임자가 오더라도 개편체계가 흔들리지 않도록 하는 이른바 지속가능하고 자생력이 있는 전달체계의 '체계'를 전임자의 재직기간 동안 구축하려고 애를 쓴다. 다른 한편에서는 전임자가 의욕적으로 사업을 추신하고자 하여도 재임기간이라는 물리적 시간이 적은 경우, 현장 실무자들은 이를 추진할 의지가 부족하게 된다. 왜냐하면 재임기간이 종료되면 사업추진의 동력이 사라지기 때문이다. 특히 공공의 입장에서는 후임자가 올 경우, 사업추진이 합리적 선택에 의하기보다는 정치적 선택에 가깝게 작동하기 때문에 전달체계가 일정 부분 추진된 범위 내거나 혹은 사업이 유지되는 수준에서 관리하게 된다. 즉 새로운 사업을 시도하거나 기존 사업을 업그레이드하는 방식을 선택할 가능성이 줄어든다. 이는 그 효과가 그 제도를 시작했던 전임자의 성과로 귀속되기 때문이다.

행위자 요인을 정리하면, 개편과정에는 다양한 주체가 등장한다. 우선 지방정부의 전달체계 개편의 동인은 행위자의 변경이 주요 동기로 제시된다. 새로운 정책결정자의 등장은 새로운 사업의 배경이 되있다. 서울시와 부산시는 시장이 선거공약으로 제시한 내용이 발전되어 본 사업의 근거가 되었고, 이를 기반으로 사업의 명분이 되었다. 또한 사업의 축소에 있어서도 경기도와 부산시는 시장의 변경이 중요한 계기로 작동했다. 사업의 확대와 유지에서도 정책결정자의 지지와 선호는 막강한 효과를 가졌다. 한편에서는 시민의 지지를 확보하기 위해서 혹은 전달체계의 진정한 혁신을 위해 지방정부가 가진 물적 자원을 투입하기도 한다. 이를 통해 집권자는 다른 경쟁자보다 복지정책을 잘 집행하는 능력이 있는 존재로 부각된다. 이는 다음 선거에서 중요한 시그널로 작용한다고 믿는다. 지방정부 전달체계 개편과정에서는 전달체계가 가진 기능적 유용성과 함께 정치적 결정이 중요하게 고려됨을 확인할 수 있다. 다음으로 개편내용에 대한 소프트웨어를 제시하는 토대로 연구자들과 지역재단이 중요한 뒷받침을 하였다. 경기도와 대전시의 경우, 지역 연구재단의 역할이 두드러진다. 경기도는 초기부터 사례관리 전공 교수들이 참여하였고, 대전시의 경우도 전달체계에 깊은 관심을 가진 교수들이 참여하였다. 그 외 서울시와 부산시의 경우도 재단이 존재하므로 직간접적인 활용을 통해 전달체계 개편에 사용하였다. 연구결과물을 보면 경기도와 대전시 그리고 서울시의 경우 재단의 전달체계 관련 보고서가 다수 제출되어 있으나 부산시의 경우는 그렇지 않다. 이러한 이유는 재단이 보유한 연구인력의 특성과 전달체계 개편에 대한 지역재단의 관심도에 기인하는 것으로 볼 수 있다.

그런데 대부분의 지방정부 정책결정자가 본인만의 전달체계안을 가지고 있는 경우는 흔하지 않다. 결국 그 계획안은 보좌진이나 참고진에 의해 제안되고 행정부서나 실무부서에서 실행 여부에 대한 검토를 한 이후 집행되는 경우가 많다. 결과적으로 아이디어는 소수에 의해 결정되나 집행은 오랫동안 실무를 해오던 관료들이 주도권을 가지는 경우가 많게 된다.

행위자들의 행동방식을 보면 각자의 이해관계에 집중하는 모습을 보인다. 공공의 경우, 전달체계 개편의 필요성에 동의하면서도 당사자 개인(공무원)의 이익을 극대화하려는 경향이 미시적으로 나타난다. 그러한 힘이 한편으로 전달체계의 추동력을 가지게 하였다. 민간의 경우, 전달체계 개편은 기본적으로 공공주도적 성격이 강하므로 이에 따른 여러 부정적인 측면을 우려하였다. 그렇기에 적극적 참여형–절충형–소극적 협조형–비참여형 등 다양한 모습을 보였다. 부산시의 사회복지관협회의 경우, 적극적 참여형으로 분류될 수 있는데 이는 긍정적인 측면과 함께 정체성 문제에 직면하기도 한다. 소극적 협조형이나 비참여형은 외형적으로는 반대하지 않으나 내부적으로 공공의 개편 방식이 문제가 있다고 본다. 이미 결론 내려진 사항을 협의라는 방식을 빌려 마치 갈등이 없는 것처럼 민관협력이 진행된다고 본다. 그러나 공공의 입장에서는 민간과의 충분한 사전협력은 쉽지 않은 과제라고 본다. 그럴만한 여유와 시간이 정치적으로 주어지지 않는 것으로 판단한다. 만일 원칙과 절차에 충실한 협력관계를 만들려고 한다면 정치적 이해관계를 떠나 합리적이고 논리적인 과정이 필요한데 이런 상황을 구축하기에는 현실적으로 어려움이 존재한다고 본다. 그렇기에 전달체계 개편은 행위자들 간 이해관계에 있어 일정 수준의 갈등을 내재하고 있으며 그것은 필연적이라고 본다.

5. 나오기

본 연구는 최근 진행된 광역단위 전달체계 개편 사례인 서울시, 경기도, 대전시, 부산시의 사례를 통해 그것이 가진 특징과 함의를 살펴보고자 하였다. 이를 위해 제도주의적 관점에서의 분석틀인 환경적 요인, 제도적 맥락 그리고 행위자 요인을 중심으로 사례를 비교분석하였고, 연구결과를 간략히 정리하면 다음과 같다.

첫째, 환경적 요인을 보면 지역별로 재정여건이나 인구규모, 지역 내 격차 등 다양한 요인이 존재하지만, 공통적으로 사회문제와 심화와 이로 인한 사회복지 영역의 변화가 중요한 요건임을 보여준다. 이러한 상황은 지방분권과 지방자치 등 다른 요인들과 결합하여 지역복지의 강화라는 큰 흐름이 진행되고 있고 이것이 전달체계 개편에 영향을 주고 있음을 알려준다.

둘째, 제도적 맥락을 보면, 중앙정부의 전달체계 개편이 가진 한계를 극복하거나 혹은 보완하기 위해 지방정부의 노력이 본격화된 것으로 정리할 수 있다. 그 과정에서 중앙정부 간 혹은 지방정부 간 정책경쟁이 나타났고, 지방정부는 다양한 전략을 활용하여 개편을 시도하였다. 제도변화의 유형을 보면 점진적 개선, 제도의 확대, 제도의 축소와 소멸 등 다양한 변화가 나타났으며, 이러한 제도의 변화는 정책환경 변화와 정책결정자의 변경 등 행위자의 변경에 기인하는 것으로 나타났다.

셋째, 행위자 요인으로는 다양한 주체들이 이해관계자로 등장하는데, 주로 정책결정자, 지역 내 복지재단, 공공과 민간(복지관)의 다양한 기관 등이 있다. 개편의 시작은 전달체계 필요성을 인지하고 있는 주체에 의해 추동되고 발전되었음을 확인할 수 있고, 상호작용 과정은 각자의 이해관계에 충실한 방식으로 진행되고 있음을 보여주었다.

넷째, 이러한 전달체계 개편 현상은 기존에 중앙정부 중심으로 개편이 진행되어온 것과 달리 새로운 현상으로 이해되며, 지방정부 스스로가 지역문제에 적극적으로 대응하는 독자성과 정체성을 확보하였다는 특징을 보인다. 특히 제도적으로 지역특성을 반영한 전달체계 개편을 통해 중앙정부보다 더 진화되고 발전적인 개편을 시도하는 측면과 더불어, 다른 영역과의 결합을 통한 분화까지 시도하고 있다는 점에서 향후 전달체계 개편은 더 많은 실험과 시도가 진행될 여지가 있음을 보여준다.

일반적으로 복지에 대한 관심은 중앙정부가 수행하는 복지에 집중되는 경향이 있다. 그러나 흔히 간과하고 있는 사실은 제1차 세계대전 이전 서유럽 국가들의 빈민구제 등 초기 형태의 사회보장을 책임지는 주체는 지방정부였다. 특히 자치권을 가진 지방정부가 존재하던 독일, 영국, 미국 등 지방정부에서의 복지는 중앙정부의 그것보다 더 큰 수준으로 보장되었다(Ashford, 1984; Steinmetz, 1990; 노정호, 2016: 352에서 재인용). 이후 중앙정부가 발전하면서 표준화된 복지정책이 지방에 확산되었으나 최근 중앙정부와 지방정부 상호간의 역할분담이 현실적인 과제로 제시되고 있다. 이러한 과제 중의 하나가 전달체계라는 영역이다.

지방정부의 전달체계 개편 사례를 보면, 중앙정부 정책이 어떠한 부분에서 취약하고 기존의 문제를 해결하기 위해서 어떤 것들이 필요한지 보다 구체적으로 알려준다는데 큰 의의가 있다. 이를 테면, 서울시의 찾동과 같이 적정인력의 충원은 다른 어떤 전달체계 개편보다 효과적인 수단임을 보여준다. 서울시 사례는 전달체계 문제의 해법은 복잡하지 않고 단순하다는 본질을 알려준다. 또한 개편이 성공하기 위해서는 안정적인 행위자들이 존재해야 함을 알려준다. 지속가능한 지역을 만들기 위해서 정책환경의 변화를 통제하기는 쉽지 않지만 지역의 복지재단과 같은 행위자들이 고민할 때, 보다 나은 개편이 가능함을 보여준다.

또한 보다 나은 전달체계의 구축을 위해서 지역별로 다양한 전달체계 실험이 필요하다. 대전시 사례에서 나타난 것처럼 권역형이 개별형으로 전환된 것은 정책환경과의 부조응 때문이라고 정리할 수 있다. 그렇다고 해서 향후 지자체 중심의 다양한 전달체계의 실험이 중앙정부안으로 수렴되어야 한다는 결정론적인 시각을 가질 필요는 없다. 오히려 다양한 실험이 시도되어야 하고, 그러한 실험에서 나타난 다양한 장점과 단점을 다음 개편안에서 피드백하는 개방적인 시도가 지속되어야 한다. 또한 이러한 실험에 대해 위험(risk)을 가진 지방정부의 부담을 중앙정부가 행정적이든 재정적이든 지원할 필요도 있다. 우리나라의 경우, 다양한 정책실험에 근거하여 새로운 개편안을 시도하기보다는 이미 결정된 사업을 지지하기 위한 시범사업을 실시하는 경우가 많고, 또한 그러한 사업에 대한 결과 분석도 순응적인 방식으로 이루어져 실제 효과가 어떠한지 정확한 판단을 하기 어려운 구조로 되어 있다. 다양한 정책실험이 시도되기 위해서 중앙정부 차원의 물적 투자가 개방적으로 제시될 필요가 있다.

본 연구는 지방정부의 전달체계 개편사례에 대한 비교연구가 적은 상황에서 일정의 분석틀을 가지고 비교분석을 시도하여 개편이 가진 특징과 의의를 검토하였다는데 의의가 있다. 그러나 환경적 요인과 제도적 요인 그리고 행위자 요인으로 구분하여 분석을 시도하였으나 이러한 영역이 명확히 구분되는 것은 아니고 영역끼리 교차되는 지점이 많아 선명한 구분을 하기에는 어려운 부분이 있었다. 향후 연구는 이러한 연구의 한계를 고려하여 연구를 진행할 필요가 있다.

참고문헌

강윤호. 2002. “지방정부의 정책선호와 그 결정요인”. 『한국행정학보』. 36(4). 227-241.

강혜규. 2011. 공공 사회복지 전달체계 개편을 위한 대안과 전략의 모색. 공공사회복지전달체계 개선을 위한 토론회 자료집. 이춘식의원실.

강혜규 · 김보영 · 길현종 · 김동진 · 김효진 · 유애정 · 최복천 · 함영진 · 안수란 · 권영빈 · 이정은 · 하태정 · 이주민. 2017. 『공공서비스 이용의 최적화를 위한 복지전달체계 연구(Ⅰ)- 구조와 기능을 중심으로』. 한국보건사회연구원.

경기복지재단. 2011. 『제2기(2011-2014) 경기도 지역사회복지계획』.

구현우. 2009. “역사적 제도주의와 비교정책연구--제도의 지속성, 변화가능성, 그리고 정책패턴을 중심으로”. 『한국정책학회보』 18(2). 37-72.

권기창. 2012. “사회복지 공공전달체계의 변화과정-역사적 제도주의 분석”. 한국행정학회 학술발표논문집. 1-19.

권기창. 2013. “사회복지의 지역수준 공공전달체계 변화에 관한 연구”. 『한국정책연구』. 13(4). 1-19.

김명희. 2008. “미국과 한국 근로연계복지정책의 형성과 변화: 역사적 제도주의 분석”. 『한국자치행정학보』. 22(1) 253-281.

김보영. 2017. 무엇을 위한 ‘찾아가는 동주민센터’인가. 복지동향. 224(2017.6). 참여연대 사회복지위원회.

김순양. 2009. “사회정책과정 분석에서의 제도(Institution) 개념: 한계 및 통합적 개념 틀의 모색”. 『사회복지정책』. 36(3). 1-29.

김승연 · 권혜영. 2018. “서울시 찾아가는 동주민센터 2.0과 전국화를 위한 과제”. 비판과 대안을 위한 사회복지학회 춘계학술대회 발표논문집. 290-307.

김윤수. 2011. “한국 사회복지제도에서 사회서비스의 등장: 역사적 제도주의 분석을 중심으로”. 한국정책학회 동계학술발표논문집. 105-125.

김이배. 2014. “공공사회복지전달체계 개편의 특징과 한계”. 『비판사회정책』. 42. 44-91.

김이배. 2017a. 대전시 사례에 대한 토론문. 2017년 한국복지분권협의회 심포지엄 자료집.

김이배. 2017b. '국내 공공사례관리실천의 현황과 과제: 서울시 찾동 사례관리를 중심으로'에 대한 토론문. 2017 한국사례관리학회 추계학술대회 자료집.

김이배. 2018. "찾동은 기존 공공복지 전달체계의 문제를 해소하고 있는가?". 2018 한국사회복지행정학회 춘계학술대회 자료집.

김정득 · 김성한 · 류선화. 2014. 『통합사례관리 시범사업 효과성 검증 연구』. 대전복지재단.

김지영 · 박미은 · 김영미 · 주은주 · 박민영. 2016. 『대전광역시 통합사례관리 민관협력 모형 개발연구』. 대전복지재단.

김지영 · 김성한 · 김정득 · 조정하. 2017. 『희망티움센터 운영성과 보고서』. 대전복지재단.

김지영 · 주은주. 2017. 『대전형 복지전달체계 발전방안 연구』. 대전복지재단.

김태은. 2015. "역사적 제도주의 연구 경향과 비판적 논의". 『한국행정학보』. 49(4). 57-96.

김창수. 2018. "부산광역시 공공혁신역량 실태진단과 정책방안: 시민사회 활동가들의 스키마를 중심으로". 2018 서울행정학회 동계학술대회 자료집.

김형용. 2016. "복지와 마을, 접합시도에 대한 시론: 개념적 그리고 실천적 쟁점을 중심으로". 『비판사회정책』. 50. 38-75.

김혜영. 2006. "정책목표 모호성이 정책집행에 미치는 영향". 『국가정책연구』. 20(1). 73-97.

남기철. 2015. "지역사회복지관점에서의 서울시 동주민센터 개편사업 분석". 『한국지역사회복지학』. 55. 163-186.

노정호. 2016. "지방정치와 복지". 강원택 편. 『지방자치의 이해 2』. 박영사.

대전발전연구원. 2010. 『제2기 대전광역시 지역사회복지계획(2011~2014)』.

류진석. 2009. "대전 사회복지 60년의 회고와 미래과제』. 대전발전연구원.

류진석. 2014. "민선 6기 복지정책방향". 대전발전연구원.

박상우. 2014. "사회구조의 변화에 따른 중앙-지방정부간 복지재정관계의 재정립". 『지역사회연구』. 22(1). 123-143.

박영미 · 김경명. 2008. "지방공공복지 전달체계 개편과정에 관한 분석". 『지방정부연구』. 11(4). 223-245.

부산광역시. 2017. 다복동패키지 사업설명회 자료집(2017.6.12.)

부산광역시의회・부산광역시・부산복지개발원. 2017. 부산광역시 다복동 사업의 성과와 과제. 정책토론회 자료집(2017.9.5.)

부산광역시사회복지관협회. 2017. 『민간주도형 지역사회보장협의체 활성화 지원사업 사업보고서』.

부산복지개발원. 2010. 『제2기 부산시 지역사회복지계획』.

부산복지개발원. 2014. 『제3기 부산시 지역사회복지계획』.

서울시 희망복지지원과. 2018.3. 내부자료.

서울특별시. 2017a. 『찾아가는 동주민센터: 2017 찾아가는 동주민센터 2단계 사업백서(2018.4)』

서울특별시. 2017b. 『찾아가는 동주민센터 업무매뉴얼』.

서울특별시. 2018. 2018 찾아가는 동주민센터 총론 교육자료.

성은미・민소영・한소정・홍선미・빅미정・조용임. 2010. 『2010년 경기도 무한돌봄센터 모니터링 보고서』. 경기복지재단.

성은미・전재현・박혜선・이다경. 2017. 『2016년 경기도 무한돌봄센터 운영평가 연구』. 경기복지재단.

신선희. 2015. "한국 근대 공공부조제도의 지속과 변화 요인에 대한 연구-역사적 제도주의 관점을 중심으로". 서울시립대학교 사회복지학과 박사학위논문.

신진욱·서준상. 2016. "복지국가, 지방분권, 지방정치 역사·비교론적 관점에서 본 한국의 복지 분권화의 특성". 『한국사회정책』. 23(4). 61~89.

이재술・이민창. 2017. "역사적 제도주의의 진화론적 접근을 위한 시론: 경상북도 학교급식 지원정책 변동과정을 중심으로". 『사회복지정책』. 44(3). 5-37.

이종찬. 2014. "제도변화에 대한 이론적 고찰". 『한국정치학회보』 48(1). 163-184.

이태수・홍영준. 2016. "서울시 '찾아가는 동주민센터'의 정책결정과정과 의의". 『비판사회정책』. 53. 246-281.

이현주・유진영. 2015. 『공공 사회복지 전달체계의 변화와 정책적 함의』. 한국보건사회연구원.

정의창. 2006. "정부조직개편의 역사제도주의적 분석". 『한국정책학학회보』. 10(3). 1-25.

조미정・박태영・송지애・주정헌. 2017. 『다복동 사례관리 민관협력체계 구축 방안』. 부산복지개발원.

하연섭. 2006. “신제도주의의 이론적 진화와 정책연구”. 『행정논총』. 44(2). 217-246.

하태수. 2010. “경로 변화의 양태: 경로의존, 경로진화, 경로창조”. 2010년도 한국행정학회 동계학술대회 자료집. 1-16.

한국지방자치학회. 2016. 『한국 지방자치의 발전과 쟁점』. 대영문화사.

함영진 · 정상기. 2017. “공공복지 전달체계 개편에 따른 지방자치단체의 대응 양상 비교: 읍면동 복지허브화 정책을 중심으로”. 『사회보장연구』. 33(4). 323~345.

행정안전부. 2018.5. 『주민자치형 공공서비스 구축사업』.

DiMaggio, P. J., & Powell, W. W. 1983. “The iron cage revisited: Institutional isomorphism and collective rationality in organizational fields”. American Sociological Review, 48, pp.147-160.

Gilbert, Neil and Paul Terrell. 2005. Dimensions of Social Welfare Policy. Boston: Allyn and Bacon.

Hacker, J. S. 2004. “Privatizing Risk Without Privatizing the Welfare State: The Hidden Politics of Social Policy Retrenchment in the United States.” The American Political Science Review 98(2): 243-260.

Hall, Peter A. 1986. Governing the Economy: The Politics of State Intervention in Britain and France. New York: Oxford University Press.

Krasner, Stephen D. 1984. “Approaches to the State: Alternative Conceptions and Historical Dynamics.” Comparative Politics 16(2): 223-246.

Mahoney. J. & Thelen, K. 2010. “A Theory of Gradual Institutional Change”. in Explaining Institutional Change: Ambiguity, Agency and Power. Cambridge University Press.

Oh, Minsu. 2017. “Understanding the Welfare Hub Reform of Community Service Centers: The Case of Gyeonggi Province”. 『공공정책과 국정관리』. 11(2). pp.119-152. 읍면동 복지허브화에 관한 이해: 경기도 허브화 추진사례를 중심으로.

Streeck, W. & Thelen K. 2005. “Introduction: Institutional Change in Advance Political Economies.” Beyond Continuity: Institutional Change in Advanced Political Economies. 1-39. Oxford: Oxford University Press.

경기도 무한돌봄센터(https://www.gg.go.kr/gg_care)

부산광역시 홈페이지(http://www.busan.go.kr/welfare/daboksystem)

CHAPTER 03

자치와 복지 연계 시도를 통한 전달체계 개편의 쟁점 연구

요약

본 연구는 문재인정부의 자치와 복지의 연계를 통한 전달체계 개편에서 나타나는 쟁점을 검토해 보고 이를 통해 이론적, 실천적 함의를 도출하고자 하였다. 2절 이론적 배경에서 자치와 복지 연계의 쟁점들을 정리하였다. 이를 보면 자치와 복지의 관계는 긍정적인 측면이 있으나 갈등적인 측면도 있음을 확인하였다. 3절에서는 '주민자치형 공공서비스 구축사업' 개편안의 타당성과 쟁점을 검토하였다. 4절에서는 연구결과를 정리하고, 사업이 원만하게 추진되기 위한 필요한 몇 가지 사항을 제안하였다.

1. 서론

최근 복지전달체계 개편과 관련하여 자치와 복지의 연계를 시도하는 전달체계 개편이 진행되고 있다. 박근혜정부의 '읍면동 복지허브화'(2016~2017) 개편 이후, 문재인 정부에서는 '찾아가는 보건복지서비스' 개편을 시도하고 있으며, 특히 이번 개편은 고전적인 전달체계 개편에서 강조하던 지점과 달리, '주민자치형 공공서비스'라는 포괄적인 개념을 제시하면서 관련 지침에 '주민자치', '주민력', '주민참여' 등의 관련 키워드를 제시하고 있다. 이를 통해 읍면동 주민센터를 '자치와 복지'의 중심기관으로 그리고 읍면동의 공공서비스를 민과 관이 함께 계획 · 생산 · 전달하는 혁신사업으로 규정하고 있다(행정안전부 · 보건복지부, 2019).

일반적으로 '자치'는 매우 광범위한 개념으로 '주민자치'의 경우는 지역주민이 참여하는 자치로 이해할 수 있으며, 맥락에 따라서는 마을자치, 동네자치, 생활자치 등으로 언급되기도 하고, 제도적인 측면에서는 주민자치위원회(주민자치회)를 통한 자치를 언급하기도 한다. 자치는 바람직한 것으로 이해되지만, 지역에서 드러나는 양태들은 부정적인 모습으로 비추어지기도 한다(윤영근 외, 2018; 박영득 외, 2019; 최상현, 2016 등). 이렇듯 다양한 모습을 가진 자치 영역이 복지 영역과의 연계를 통해 전달체계 개편의 한 축으로 등장하는 것은 기존의 전달체계 개편의 양식과는 구별이 된다. 또한 개편에서는 방법론적 · 목적론적으로 자치와 복지 연계를 통해 공공서비스를 창출하고자 한다. 기존의 전달체계 개편이 공공중심 혹은 행정중심적인 관점에서 진행되어 왔다면, 이제는 주민의 참여를 통해 기존 전달체계의 문제점을 해소하고자 하는 것이다.

그런데 이러한 자치와 복지는 개별적으로 다른 역사적 과정과 패러다임을 가지고 있고, 실천방식이나 내용에 있어서도 구분되는 성격을 보여 왔다. 학문적으로 본다면 자치는 행정학이나 정치학 등에서 이를 다루어왔고, 복지는 주로 사회복지학의 영역에서 다루어져 왔다. 서로 상이한 개념, 내용, 수단, 목적을 가지는 것이다. 그럼에도 불구하고 문재인정부는 자치와 복지 연계를 핵심적인 방식으로 선정했다. 그렇기 때문에 이 두 영역의 연계 혹은 융합의 시도는 기존 전달체계의 문제를 해소할 수 있다는 장점도 있겠으나, 다른 한편에서는 확인되는 않는 것을 실험하는 것으로 정책의 혼란을 야기할 가능성이 있다. 자치와 복지 연계 시도는 많은 질문을 던진다. 자치를 포함하는 전달체계 개편은 어떠한 복지를 지향하고 있는 것인지, 이를 통해 기존의 전달체계가 가진 어떤 문제들을 현실적으로 해소할 수 있는 것인지, 또한 자치와 복지 연계는 어떤 원리와 과정에 의해서 구성되고 작동할 수 있는지, 실제 이에 대한 구체적인 사례나 성과가 있는지 등 많은 질문이 제기될 수 있다.

다른 측면에서 자치는 지방분권과 같은 큰 자치와 주민자치라는 작은 자치까지 광범위하게 논의가 진행되고 있고, 복지는 지역(사회)복지를 강조하면서 공간을 중심으로 자치와 공유하는 지점을 확장시키고 있다. 그러나 현실적으로 행정체계인 읍면동 단위에서만 보더라도 행정안전부 주도의 '주민자치위원회'와 보건복지부 주도의 '읍면동지역사회보장협의체'가 별도로 운영되고 있다. 지역에 따라 다르긴 하겠지만 두 조직의 연계가 원만히 진행되는 지역은 그렇게 많지 않은 것으로 제시된다. 일부 연구자들은 공공복지 전달체계 구축이나 지역사회복지가 왜 주민자치 영역과 엮여야 하는지 이해하기 어렵다는 견해(양난주, 2019)를 나타내는가 하면, 주민자치와 복지를 분리해야 한다는 입장(김보영, 2019), 공공복리를 주민 스스로 해결하라는 메시지를 경계해야 한다는 의견(김형용, 2018) 그리고 이러한 정책혼합은 방향성은 동의하더라도 체계적인 설명 없이 정치적인 결정과정에 의해 나타난 것이라는 평가(김이배, 2018)도 제시된다. 이러한 것은 유사사업이라고 볼 수 있는 마을과 복지의 연계 사례에서도 나타난 바 있다. 서울시의 '찾아가는 동주민센터(이하 찾동)' 사업은 마을과 복지를 포괄하는 전달체계 사업으로 실제 운영과정에서 양자 간의 연계에 따른 효과성에 대한 의문이 제시된 바 있다. 혁신이란 이름하에 무리한 경계넘기가 아닌가 하는 비판들이다. 부산시의 '다복동' 사업도 전달체계 개편을 추진하면서 도시재생 영역과의 연계를 시도하였으나 복지계로부터 상당한 비판을 받았고(부산광역시사회복지관협회, 2017), 사업이 추진되는 과정에서 이를 축소하거나 혹은 개별적인 단위사업에서만 연계하는 방식으로 변화되었다. 이러한 사례들은 여타 영역과 복지 영역의 연계 혹은 접합의 시도는 매우 신중하게 고려되어야 함을 의미한다. 관련 영역과의 연계는 방향성이나 긍정적인 측면만을 보아 즉흥적으로 이루어져서는 안 되며, 실제 실행구조나 작동되는 현장의 실태를 고려한 개편이 되어야 한다는 것이다.

정부에서는 이러한 개편을 위해 2022년까지 관련 인력을 1만 5천명(복지직 1만 2천명, 간호직 3천5백명)을 증원하고 지속적인 예산 증원을 통해 사업을 추진하기로 하였다. 이렇게 규모가 큰 사업임에도 불구하고 문재인정부의 전달체계 개편과 관련된 선행연구는 매우 부족하다. 김필두 외(2018)의 연구가 거의 유일하며, 실제 연구된 내용도 한계가 많다. 전달체계는 서비스 공급자와 서비스 대상자 모두 규모가 거대하며, 개편안의 내용에 따라 서비스의 양과 질이 매우 달라지므로 정교하고 합리적인 방식으로 구성되어야 한다. 특히 개편안은 내적인 정합성이 있어야 하며 사업 실시 이전에 개편안에 대한 타당성과 쟁점이 충분히 검토되어야 한다. 하지만 문재인정부의 개편안은 이와 관련된 검토가 부족한 상황이다.

그렇기에 본 연구에서는 자치와 복지 연계 시도를 통한 전달체계 개편의 쟁점과 타당성을 검토해 보고 이를 통해 이론적 실천적 함의를 도출하고자 하였다. 특히 자치와 복지 연계에서 나타날 수 있는 쟁점 사항을 검토해 보고, 개편안에 제시된 자치와 복지, 양자 간의 타당성을 검토해 보고자 하였다.

이러한 연구결과는 자치와 복지 연계와 관련된 이론적 근거를 정리하고, 개편안의 쟁점과 타당성 검토를 통해 원만한 개편에 기여할 수 있을 것으로 기대한다.

2. 자치 복지 연계 쟁점 검토

1) 주민자치형 공공서비스 구축사업

본격적인 논의에 앞서 본 연구의 대상인 문재인정부의 주민자치형 공공서비스 구축사업을 간략히 정리한다. 매뉴얼상 구축사업은 주민자치 분야와 보건복지 분야로 구분되어 있다. 주민자치 분야는 사업에 제시되어 있는 것처럼 주민자치회 운영, 자치계획 수립 등이 주요한 사업으로 언급되며, 보건복지 분야는 크게 3가지 전략을 설정하고 있는데 이중에 자치적 성격을 강조한 내용은 주민력 강화지원 부분이다. 주민력 강화는 마을복지계획, 주민교육, 주민망 구축, 주민공간 확보 등이며, 이는 주민자치 분야의 개별 사업과 유사한 성격을 가진다.

▌표 3-1▐ 주민자치형 공공서비스 구축사업(주민자치 분야, 보건복지 분야)

주민자치 분야		보건복지 분야	
주체	주요 역할	전략	추진과제
행정안전부 (추진단)	• 주민자치사업 설계 및 가이드라인 제공 • 사업 모니터링 및 제도개선사항 도출 • 지자체 컨설팅 및 교육 기획, 홍보 지원 • 우수사례 선정 및 발굴, 전파 • 국민참여형사업 각부처 사업과 연계 기획	공공서비스 플랫폼 기능 확대	• 찾아가는 보건복지팀 인프라 확대 • 읍면동 공공서비스 확대 • 읍면동 지역사회보장협의체 기능 활성화 • 「복지 + 건강」 기능 강화
시도	• 사업 추진체계 구축 및 시·군·구 운영 지원 • 시·도단위 전문지원기관 운영 • 사업추진 현황 및 통계, 사례 관리 • 주민자치 전문인력 교육과정 개발 및 운영	공공서비스 연계·협력 지역화	• 공공서비스 연계·협력 지역기반 구축 • 공공서비스 연계·협력 체계 활성화 • 공공서비스 연계계획 수립
시군구	• 사업 추진체계 구축 및 읍·면·동 운영 지원 • 시·군·구단위 전문지원기관 운영 • 주민자치회 등 대표기구 행·재정 지원 • 주민자치회 등 역량강화 지원(워크숍, 교육 기획·운영 등) • 주민공청회 및 설명회 등 개최 및 홍보 지원	주민력 강화지원	• 주민 주도 마을복지계획 수립·실행 • 지역 내 지식정보 공유체계 마련 • 주민중심의 지역네트워크(주민망) 구축 • 주민생활 속 소통·돌봄공간 확보
읍면동	• 주민자치 주요사업(주민자치회 구성, 주민총회 등) 지원 • 자치계획 수립 및 시행 지원 • 공유공간(마을활력소 등) 조성 지원 • 주민대표기구(주민자치회 등) 위탁·협의사무 지원	공란	

출처: 행정안전부·보건복지부(2019). 주민자치 분야 매뉴얼, 보건복지 분야 매뉴얼

이러한 사업은 약칭 주인공(주민이 주인되는 공공서비스)사업으로 불린다. 주민자치 분야와 주민력 강화 부분이 '주민자치형'라는 한 지붕 아래 같이 있는 모습이다. 고유의 복지 분야는 지자체 부서 강화, 시군구와 읍면동 협의체 강화,

그 외 보건을 비롯한 공공서비스의 확대 등으로 정리할 수 있다. 지침 내용 중 서술된 범위를 보면 공공의 역할 강화보다 공공과 민간의 협력과 관련된 내용이 더 많은 부분을 차지한다. 기존 전달체계 구성과는 상당한 변화가 있는 것이다. 정부의 안을 검토해 보면 '자치'로 명명하고 있지만, 사실상 마을을 포함하는 주민참여 공동체 전략을 지향하는 것으로 판단된다. 자치의 목적도 주민자치에 기반한 공동체성을 강화하기 위한 방안이고, 복지의 전략도 지자체 역할 강화와 공동체성을 활성화하려는 것이다.

이러한 문재인정부의 복지전달체계 개편은 익히 알려진 것처럼 시작부터 다소 불안정한 상황에서 출발하였다. 강혜규(2017)가 언급했듯이 읍면동 주민센터를 복지중심으로 강화하기 위한 종합적인 내용이 보이지 않았고, 전달체계의 주무부처로 행정안전부가 담당하면서 한편으로 복지의 전문적 성격보다 행정혁신이나 주민자치가 중요하게 고려될 수 있었기 때문이다. 문재인 정부가 출범(2017.5.10)한 이후 청와대 사회혁신수석이 발표한 '내 삶을 바꾸는 공공서비스 플랫폼' 사업(2017.8.11)은 '혁신 읍면동' 사업으로 변화하였으나 국회에서 관련 예산 전액이 삭감되면서 주인공 사업으로 변경되었다(행정안전부b, 2018.5). 주인공 사업은 기존 읍면동 복지허브화 사업을 찾아가는 보건복지서비스로 변경하였고, 자치를 핵심과제로 제시하였는데 이러한 주인공 사업의 원형은 서울시의 혁신사업인 '찾아가는 동주민센터' 사업이다.

2) 자치의 개념과 현실

주민자치형 공공서비스 구축 사업의 주민자치는 주민자치 제도적 기반 마련, 읍면동 행정혁신 등을 통해 풀뿌리 주민자치의 실질적인 기반을 마련하는 것을 내용으로 한다(행정안전부 · 보건복지부, 2019).

자치와 복지 연계를 위해서는 우선 자치의 개념을 정리할 필요가 있다. '자치'에 대한 개념 논의는 학술적이든 실체적이든 상당한 연원을 가지고 있으나 '주민자치'의 경우에도 아직 합의가 되어 있지 않으며, 이를 적용하는 맥락에 따라서도 매우 다른 활용을 보인다. 실제 현 주인공 사업에서도 자치에 대한 개념 제시가 다소 불분명하게 언급되면서 사업을 추진하고자 하는 현장에서 상당한 혼란이 발생시키고 있다. 과연 주인공 사업에서 이야기하는 자치는 무엇이며, 이러한 자치를 통해 달성하려는 사회 혹은 사회가치는 무엇을 의미하는 것인가?

일반적으로 자치는 매우 광범위한 개념이기 때문에 행정학에서는 주로 단체자치와 주민자치로 구분하면서 그 개념을 정리해왔다. 단체자치는 주로 중앙정부와 지방정부 사이의 권한 배분과 같은 주제로 하여 지방자치단체의 독립적인 자치를 설명해왔으며, 주민자치의 경우는 주민이 참여하는 자치로 포괄적으로 사용되어 왔다. 이는 상황에 따라 마을자치, 동네자치, 생활자치 등으로 변용이 되어 사용하기도 한다. 특히 현실적으로 드러나는 주민자치의 모습은 가깝게는 주민자치센터나 혹은 주민자치위원회의 명칭에 한정하여 제도적인 측면에서 이해하기도 한다.

주민자치의 개념을 검토한 곽현근(2015)에 따르면, 주민자치의 개념은 참여민주제 관점, 지역공동체 논의의 관점, 지역공동체 거버넌스의 관점 등에 따라 조금씩 다른 이해를 가져온다.

주민자치에 대한 개념 설정 중에 특히 민주주의의 맥락에서 이를 접근하는 논의가 있다. 이는 주민을 대표하는 대의민주제의 결함 내지 한계에 주목하여 주인-대리인 관계의 불일치를 해소하려는 시도이다. 주민참여를 통해 민주주의를 복원하고 적극적인 주민참여를 통해 지역사회가 처한 문제를 해결하고자 하는 것이다. 여기에서는 민주주의를 강화하기 위해 주민의 역량, 학습, 임파워먼트 등이 주요한 관심사로 제시된다. 주민참여가 민주주의를 실현하는 것이고 그것이 주민자치이다.

주민자치가 영미권에서 유래한 사상이지만 실제 영미권에서는 '주민자치'에 해당하는 개념을 찾아보기 힘들며, 유사 개념으로 '지역공동체'(local community) 개념이 주로 활용된다(곽현근, 2015). 지리적 공간에 기초한 공동체로서 지역공동체는 구성원들 간의 의사소통과 상호작용이 필수적이되 지역이라는 특정 공간이 강조되며 그렇기에 주민참여가 가능한 동네나 마을 범위가 전제된다. "주민자치는 지역주민과 장소에 대한 사회적 · 심리적 유대를 가진 주민들로 구성된 지역공동체를 전제로 한다"(곽현근, 2015). 즉 지역과 장소를 강조하는 주민자치의 개념이다.

지역공동체 거버넌스(community governance)는 지역공동체와 거버넌스의 복합개념으로 주민이 행정에 적극 참여하는 것을 배경으로 한다. 곽현근(2015)은 여기서 주민참여의 공간을 '초대된 공간'(invited space)과 '민초의 공간(popular space)'으로 구분짓고, 초대된 공간은 정부가 주민에게 제공한 참여제도를, 민초의 공간은 정부와 독립적으로 활동하는 공간으로 설명한다. 초대된 공간의 바람직한 형태는 공동거버넌스(co-governance) 또는 협력적 거버넌스(collaborative governance)가 제시되며 국가와 시민이 대등한 관계 속에서 상호협력하는 것을 의미한다.

또 다른 관점으로는 사회적 자본(social capital) 혹은 사회자본의 관점에서 주민자치를 바라보는 것이다. 지역에서 주민참여가 이루어지면 이를 실천하는 과정에서 주민과 주민 사이에 관계가 강화되므로 이러한 관계는 공유재적 혹은 공공재적 성격을 가지게 된다. 공동의 목적을 위해 주민참여가 진행될 때, 사회적 자본의 특성인 신뢰나 상호호혜 그리고 네트워크가 형성되거나 강화되는 것이다. 다수의 사회적 자본 관련 선행연구들은 이것이 지역사회에 긍정적인 효과를 가진다고 평가한다(Coleman, 1988; Putnam, 1993 등). 표현은 다소 다르겠지만 문재인정부에서 언급하는 '주민력'의 맥락과도 일정 부분 연결되는 것이다. 결국 주민자치가 활성화되면 지역의 사회적 자본이 증가되고, 이를 통해 지역사회의 역량이 강화되어 긍정적인 효과가 발생된다고 보는 것이다.

정리하면, 주민자치는 민주주의를 실현하는 것으로, 지역과 장소가 고려되며, 국가와 시민의 대등한 협력관계로, 지역의 사회적 자본을 증가시키는 포괄적인 개념이다. 그러므로 이러한 주민자치의 개념은 '다의적(多意的)'이므로 이를 사용 시 어떠한 맥락과 목적에서 사용하는 것인지 유념할 필요가 있다. 그렇지 않을 경우, 현장에서는 상당한 혼란이 야기될 수 있다. 다시 말해 자치와 복지 연계에서는 모든 것을 포괄하는 의미로 사용하는 것인지, 아니면 어떠한 것을 강조하는 것인지 주된 것으로 사용하는지 그 의미를 밝힐 필요가 있다.

그런데 이러한 주민자치의 이상적 개념은 현실에서 매우 다르게 나타난다.

예를 들면 상당수의 선행연구들은 동단위 주민자치 활동에 대해 비판적인 평가가 주를 이룬다(김찬동, 2014; 최진학 외, 2006; 이소영, 2019 등). 읍면동 단위 주민자치 혹은 주민참여는 형식화되어 있거나 형해화되어 있다는 것이다. 관변단체가 주민자치의 핵심을 이루고 자생단체나 기타 단체가 친목조직 수준으로 유지되거나 혹은 정부의 하위조직으로 활동하는 경향을 보인다는 것이다. 대표적으로 주민자치위원회의 활동은 그러한 문제점을 여실히 보여준다. 주민자치는 사실상 '관치'의 다른 표현으로 현실에서의 주민자치는 매우 불안정한 구조 위에서 작동되고 있다고 본다.

3) 자치와 복지와의 관계

"자치는 복지다! 혹은 복지의 완성은 자치다!"(투게더광산 나눔문화재단, 2014)라는 주장은 자치가 가진 다양한 맥락을 반영한 말이다. 자치 그 자체는 복지가 아니지만 자치가 원만히 될 때 그것은 넓은 의미에서 본다면 복지라고 말할 수 있다는 것이다. 혹은 복지가 잘되면 그것은 자치성이 활발히 작용된 것이므로 복지의 완성은 자치라고 주장할 수도 있을 것이다. 이런 측면은 보면 앞 절에서 서술하였다시피 자치는 복지처럼 언제든 남용이 가능한 용어이면서, 동시에 많은 기능을 포괄한 개념으로 이해할 수 있다. 자치와 복지의 특성을 비교해 보면 〈표 3-2〉와 같다.

▌표 3-2▐ 자치와 복지의 비교

	주민자치	사회복지
등장배경	산업화-근대화 과정에서 상실한 직접민주주의, 일상의 복원	산업화-근대화 과정에서 획득한 사회권
예시	주민총회, 마을계획 등	공공부조, 사회보험, 사회서비스 등
키워드	주민자치, 주민참여, 생활자치,	복지국가, 복지사회
한국적 맥락	주민자치의 형식화, 공공 주도의 문제점	복지국가와 지역사회복지의 역할모호
방법	지역의제 발굴과 실행에 주민이 직접 참여	서비스 공급 및 확대
수단	주민자치회(주민자치위원회)	공공과 민간(시설, 기관), 협의체

대상	공간(지역), 개인	개인, 가족, 생애주기별, 문제영역별
내용	자치적인 방식으로 목적 달성	서비스를 필요 대상자에게 전달하므로 목적 달성
특성	목적달성을 위한 원리에 가까움	구체적인 사업에 가까움

참고: 분석틀과 내용의 일부는 김형용(2016)의 자료를 참고하였음.

주민자치와 사회복지를 여러 측면에서 살펴보면 다음과 같다. 등장배경을 보면, 자치는 산업화 근대화 과정에서 상실한 직접 민주주의, 일상의 식민화 때문이며, 이를 복원할 필요성이 제기되었기 때문이다. 한국적 맥락에서는 주민자치의 형식화와 공공주도의 문제가 심화되고 있기 때문에 논의가 제시되고 있다. 구체적인 방법, 수단을 보면 지역의제 발굴과 실행에 주민이 직접 참여하고 그 내용은 자치적인 방식으로 목적을 달성하고자 한다. 사회복지와 대조되는 특성으로 목적달성을 위한 원리적인 특성을 보인다.

복지의 등장배경을 보면, 산업화 근대화 과정에서 획득한 사회권을 기반으로 하며, 한국적 맥락에서는 복지국가의 역할이 강조되어 왔고, 또 다른 전략으로 지역복지의 강화가 제시되고 있다. 그 내용은 서비스를 필요 대상자에게 전달하는 것으로 목적을 달성하고자 하며, 결국 복지는 구체적인 사업에 가까운 특성을 보인다.

자치와 복지 연계를 바라보는 두 가지 관점이 있다. 하나는 자치 쪽에서 복지를 바라보는 관점이고, 다른 하나는 복지에서 자치를 바라보는 관점이다. 자치 쪽에서 바라보는 복지는 주로 행정학계의 입장이다. 자치는 주로 행정의 주제였고 제도화 수준도 훨씬 높다. 여기서 복지는 행정 분야의 하나로 간주되고 자치의 일부분으로 본다. 이에 반해 복지에서 자치를 바라보는 입장은 상대적으로 빈약하다. 자치를 포괄하는 문화가 부족했고, 지역복지가 그나마 자치와 가까운 영역이었는데 지역복지는 부상한 지 얼마 되지 않았다. 또한 지역복지의 주민조직화가 자치와 친밀성이 높지만 주민 전체를 조직화하기보다는 소집단, 소영역의 조직화를 시도하여 프로그램적 성격이 높다.

이러한 것을 볼 때, 지치와 복지는 각자 상이한 특성과 패러다임을 가지는 것으로 정리할 수 있고, 현실적으로 상이한 경로를 지나왔음을 알 수 있다. 그런데 현재에 와서는 이러한 구분되는 관점들이 상호적인 역할을 요구하는 상황이 전개되고 있다는 점이다. 심화되는 사회문제를 해결하는 데 국가의 역량만으로는 한계가 있고, 이를 위해 시민 혹은 주민들의 참여가 필요하다는 것이다. 근대적인 관점에서 본다면 국가와 시장, 시민사회 혹은 개인은 상호간 분리 · 구별되는 특성을 가지지만, 탈근대의 관점에서는 현대사회가 직면한 사회문제를 해결하기 위해서는 이러한 전통적 역할구분보다는 공동적 관점이 요구된다는 것이다.

지역에서 주민자치의 기능을 정리하면 여러 가지가 있겠으나 크게 두 가지 정도로 정리할 수 있을 것이다. 첫째는 주민자치를 통해 주민 의사를 합리적으로 결정할 수 있다. 목적 달성을 위해 공동체내 의사결정 과정에서 절차적인 효율성을 가져올 수 있다. 한마디로 지역단위 민주주의의 강화이다. 앞에서 살펴본 참여민주적, 지역공동체 거버넌스의 관점과 연결된다. 둘째는 자치적으로 참여함으로써 지역 내 공동체의 구성원인 주민의 역량이 강화되고 이를 통해 구성원 전체의 역량이 강화될 수 있다. 주민참여는 개개인의 역량뿐만 아니라 지역사회의 문제해결력을 촉진시킨다. 이는 사회적 자본의 관점과 연결된다. 복지에서의 당사자성의 강화나 예방적 복지의 실현도 이와 관련된다. 이렇게 보면, 주민자치의 기능은 주민참여를 통해 주민의 공동 의사결정 및 문제해결을 촉진시키는 기능을 가진다고 볼 수 있다.

이러한 기능은 복지 영역과 어떠한 관계를 가지는가? 혹은 복지에서 자치를 필요로 하는 내용은 무엇인가? 첫째, 기존 복지는 주민자치나 주민참여가 부족하여 지역단위의 여러 문제를 해결하는 데 한계가 있었다. 대표적으로 지역주민의 욕구를 적극적으로 반영하거나 지역문제에 대한 의사결정 혹은 문제해결에 적극적이지 못했다. 이것은 주민의 문제라기보다는 그러한 구조와 상황이 만들어낸 문제였다. 둘째, 지역사회의 문제는 지역이란 공간을 매개로 하는 다수의 주민이 공동체의 문제에 직접적으로 관심을 가지고 참여할 것을 요구한다. 그런데 현대사회는 이러한 공동체성이 소멸하여 공동으로 해결할 수 있는 문제에 대한 대응력이 취약하다. 공동체의 구성원 모두가 피해를 경험하고 있지만 이를 집합적으로 해결할 능력이 부족하다. 지역에서 같이 공동체의 구성원으로 존재하면서 개별적인 단위로만 존재하는 것이다. 이로 인해 여러 가지 사회문제가 발생한다. 그러므로 구성원들이 적극 참여하는 공동체성의 복원이 필요하다는 주장이 제시된다. 구성원 다수가 참여하면서 자치성에 토대하여 관련 의제를 설정하고, 지역문제를 공동으로 해결하는 힘이 필요하다는 것이다.

그런데 자치와 복지의 관계는 그렇게 단면적이지는 않다. 이를테면, 기존 복지가 가진 문제가 자치가 부족해서였나? 질문해 보면, 반드시 그런 것은 아닌 것 같다. 기존 복지에서 대표적인 문제는 복지에 대한 낮은 인식과 그에 따른 정부의 낮은 복지재정이 핵심이었다. 복지를 권리로 인식하지 않으므로 선별적인 복지를 지향하였고, 국가는 복지예산을 증가시켜왔지만 낮은 공적 책임성이 문제였다. 그 와중에 민관협력과 지역복지가 등장하였다. 이러한 등장의 배경에는 국가복지만으로 한계가 있다는 전제에서 지역과 민간 그리고 시민이 복지의 주체가 되어야 한다는 것이다. 이러한 주장의 행간에서는 상당히 많은 긴장과 갈등지점이 존재한다. 한편으로 국가의 책임성을 민간에 전가하는 것이기 때문이었다. 복지국가의 발전을 위해서는 분명 국가만이 혹은 정부만이 책임이 있는 것은 아니지만 그렇다 해도 결국 최종적인 책임은 국가에 있는 것이기 때문이다. 그런 상황에서 자치가 등장한다. 자치는 앞에서 열거한 기존 복지의 문제 몇 가지를 언급하면서 등장한 것이다.

복지와의 관련성에서 본다면 자치는 직접적으로 혹은 간접적으로 복지와 관련될 수 있다. 앞에서 언급한 참여민주주의의 관점은 절차적 방식을 통해 간접적으로 복지에 영향을 줄 수 있고, 사회적 자본의 관점은 공동체의 역량을 축적함으로써 주민의 복지 그 자체에 직접적으로 영향을 줄 수도 있다. 그런데 복지영역에서 민주주의는 중요한 가치인가 질문할 수 있다. 사회의 기본적인 운영원리중의 하나로 민주주의가 언급된다. 그러나 복지의 경우는 이것을 최상위의 가치로 보기보다는 이것을 성취하는 과정 혹은 방법상의 원칙으로 이해해왔다. 특히 초기 사회복지의 대상은 사회적 취약자였으므로 쌍방간 민주주의의 원리가 강조되기보다는 일방의 인도주의가 주요한 가치로 언급되었다. 사회가 발전하면서 당사자주의 혹은 소비자주의가 언급되었으나 이 역시 민주주의적 가치라기보다는 서비스 제공과정에서 이해당사자들의 적극적인 참여의 개념으로 이해되어 온 경향이 있다. 민주주의가 부족해서 복지가 발전하지 않았다는 의견은 맥락에 따라서 맞을 수도 있고 아닐 수도 있다. 대부분의 복지선진국가들은 민주주의적 가치를 반영하면서 정치제도를 발전시켜왔고 그 와중에 국민에 대한 복지의 책임성을 강화시켜왔다. 우리나라의 경우, 분명 이러한 지점이 취약했다. 그러나 여기서 말하는 복지가 어떤 복지인가에 따라 민주주의가 부족해서 복지가 취약했다는 주장은 다르게 해석될 수 있다. 이를테면 미국의 경우 일정 정도 민주주의 국가로 간주되지만 여러 선진국 중에서는 복지후진국으로 간주되는 경향이 있다. 즉 복지영역에서 민주주의는 중요한 것이었지만 맥락에 따라서는 필수적인 것이 아니었다. 또한 주민자치의 공동체적 특성은 국가의 자치와는 구분되는 것으로, 일반적으로 민간중심적 혹은 공동체적 복지발전은 복지국가에 부합하지 않는 경향성을 보여왔다(Esping-Andersen, 1990). 즉 국가복지가 복지국가의 지향점이었고, 복지국가의 쇠퇴가 나타나면서 민간영역 혹은 지역의 참여를 강조하는 경향이 대두되었다(Johnson, 1987). 이는 자치의 특성이 매우 다차원적인 지향점을 가지고 있고, 복지와의 관계에서 한편에서는 공통점을 그러나 다른 한편에서는 긴장과 갈등이 있음을 보여준다.

4) 자치와 복지의 연계 사례에서의 쟁점

복지 분야의 연계(link)라는 용어는 서비스 전달체계에 나타난 문제를 해결하기 위해 제시되는 방안으로, 협력(cooperation), 조정, 협동, 협력, 통합, 네트워크 등 다양한 용어와 뜻으로 사용되고 있으며, 때때로 일정한 구분이 없이 사용되기도 한다(나동석, 2007).

자치와 복지 연계는 어떤 원리에 의해서, 어떤 가치에 의해서, 어떤 방법을 통해서 가능한가? 자치와 복지와의 연계에 대해서 소수의 연구(김필두, 2017; 곽현근, 2017; 김찬동, 2014 등)만이 수행되었는데, 대부분은 심층적인 접근이 아니었다. 오히려 실제사례를 살펴보는 것이 보다 이롭다. 서울시의 찾아가는 동주민센터(이하 찾동) 사례는 여러 가지 함의를 제공한다. 찾동은 주민자치 분야 매뉴얼을 통해 주민자치 활성화 방안을 제시하였고, 그 내용은 서울형 주민자치회 시범사업 실시, 주민자치위원회 운영, 자치회관 자율관리, 주민자치 아카데미 운영 등을 제시하였다. 다소 제도화와 관련된 내용이 다수를 이룬다. 그리고 명칭은 다르지만 서울시는 마을과 복지의 연계를 시도하였다. 서울시의 찾동에서는 마을이란 개념을 대외적으로 사용하였지만, 사업 내용을 보면 사실상 현 전달체계 개편안의 자치와 거의 유사한 개념으로 사용되고 있음을 알 수 있다.

▮표 3-3▮ 서울시 찾아가는 동주민센터 '주민자치적 마을생태계 조성' 사업내역[1)]

비전	주민자치력 강화	지역사회 공공성 실현	지속가능한 마을 공동체 조성		
사업명	주민참여 지원사업	마을모금 활동지원사업	마을계획	마을활력소	서울형 주민자치회 시범사업
목적	주민역량강화 및 성장지원 신규 주민 및 기존 리더 간의 융합		공론장 형성 및 자치 경험 축적	동주민센터 공간 운영 혁신	동 지역사회의 주민자치력 강화
주요 내용	• 주민의 일상욕구 해결 소모임 지원 • 신규/기존 주민 간의 네트워크	• 마을의 의제 찾기 • 의제 중심의 모금활동 • 배분파티	• 마을계획단 모집 • 마을계획 수립 및 실행 • 마을총회	• 주민참여를 통한 공간 재설계 • 주민자율관리 방안 구성 및 운영	• 주민자치회 구성 및 운영 • 동자치계획 수립 및 실행 • 주민총회

출처: 서울특별시. 2018. 찾아가는 동주민센터 총론

현 주인공 사업 지침상 복지 분야의 중요한 프로그램 세 가지 영역(공공서비스 플랫폼 확대, 연계 협력 지역화, 주민력 강화) 중 세 번째 과제인 주민력 강화 세부과

---

1) ① 주민참여지원사업은 자치구, 광역에 집중되어 있는 주민활동을 동 중심으로 전환하기 위한 주민모임형성 공모사업으로 처음 마을활동을 하는 신규주민모임을 발굴하고, 동네트워크파티를 통해 동에서 활동하는 주민모임 간 상호협력적 관계를 맺고 연계활동을 할 수 있도록 지원하는 사업이다. ② 마을모금활동지원사업은 동에 필요한 의제를 찾아 주민들이 직접 의제실행에 필요한 기금을 마련하고 함께 해결하는 과정과 경험축적을 통해 주민의 성장과 지속가능한 마을공동체를 추구하는 사업으로 동주민센터, 주민운영위원회, 기부금(컨설팅)단체와 자치구의 담당부서, 자치구 추진지원단(민간)이 협력 네트워크를 이뤄서 사업을 진행하고 있다. ③ 마을계획은 주민 스스로 동에 필요한 의제를 발굴하여 다른 주민들과 공유하고 숙의하는 지역공론장을 통해 의제를 직접 선정하고 실행과정에도 참여함으로써 주민자치력을 향상시키고 민관협력의 구조와 문화를 형성하는 사업이다. ④ 마을활력소는 다양한 주민이 이용할 수 있도록 주민참여와 민관협력을 통해 동주민센터의 유휴공간을 우리동네에 맞는 공동체공간으로 개선하여 주민들에 의해 자율운영되도록 지원하는 사업이다.

제는 '주민주도 마을복지계획 수립 · 실행, 지역 내 지식정보 공유체계 마련, 주민중심의 지역네트워크(주민망) 구축, 주민생활 속 소통 · 돌봄공간 확보'로 이는 찾동 마을 분야 사업 중 주민참여사업, 마을계획 사업과 거의 유사하다.

기존 동주민센터의 기능이 주로 단순 행정업무를 처리하던 곳이라면 찾동은 마을 혹은 공동체를 촉진하는 기관으로 역할을 상정하였고, 이는 동장과 공무원(우리동네주무관)에게 역할부여, 복지사업 수행 시 지역복지의 관점 강화, 마을공동체 정책의 적극적 반영 등을 수행하였다. 복지공동체 조성의 경우, 주민참여 활성화와 마을을 통한 복지연계, 즉 이용자 주체의 복지, 주민주도 복지공동체 활성화를 강조하였다. 지역사회문제 해결의 중심에 주민자치와 마을공동체 조성을 함께 고려한 것이다.

이러한 찾동의 마을-복지 연계는 복지담론에서 상반된 반응을 가져왔다. 이는 마을과 복지, 복지와 마을이 추구하는 것이 유사성 못지않게 차별성이 컸기 때문이었다(김형용, 2016; 남기철, 2015).

결론적으로 말하면 찾동의 마을과 복지의 연계 효과는 명확하게 제시되지 않고 있다. 찾동에서 마을과 복지의 연계 효과에 대한 명시적인 자료가 없는 관계로 이와 관련된 자료를 정리하면, 김이배(2018)는 찾동사업을 비판적으로 평가하면서 마을과 복지는 서로를 바라보는 관점이 달라 양자간의 결합은 의도한 바를 성취하지 못했다고 평가했다. 특히 이를 결정하는 과정에서 정치성과 논리적 비약이 있었다고 평가했다. 또한 마을과 복지의 연계보다는 양자가 독자적인 사업수행을 하는 경향이 많다고 보았다. 이러한 견해는 실제 사업추진자의 당사자였던 이태수의 언급[2]에도 간접적으로 드러난다. 그러나 찾동의 자치와 관련한 2개의 선행연구(이주헌 외, 2015; 안현찬 외, 2016)를 살펴보면, 문제해결형 주민자치는 기존 체계가 가진 단점을 극복할 수 있는 하나의 대안이 될 수 있다는 것을 강조하고 있다.

연계는 연계의 필요성에서 시작된다. 연계의 필요성이 없는데 연계를 강화하

---

2) "그러나 아직은 두 영역이 병립하는 단계밖에는 안 되는 것 같습니다. 궁극적으로는 이 둘이 만나서 융합이 되어야 하는데, 그렇기 되기 위해서는 마을의 영역이 더 활성화되거나 기반이 넓고 튼튼해져야 하죠."(서울시 마을공동체 종합지원센터, 2018)

게 되면 효과성이 저하되고 비용이 증가한다. 그러므로 불필요한 연계를 줄이는 것도 중요하다. 자치와 복지라는 개별 영역이 서로 협의하여 연계를 시도한다면 개별 영역 내 의사소통을 넘어 타 영역의 정보를 취득하고 이에 따라 반응하는 이른바 거래비용이 증가하게 된다. 그런데 연계는 이러한 거래비용보다 큰 효과가 발생해야 한다. 그렇지 않으면 굳이 비용을 투자할 필요가 없는 것이 효과적이다. 현재 이러한 거래비용을 초과한 효과가 발생하고 있는지 확인이 필요하다. 불필요한 거래를 혁신이라는 이름으로 위장을 하여 효과를 과다계상한다면 문제가 될 수 있다. 또한 우리가 아직 발견하지 못한 효과성이 존재하면서 이를 확인하는 것이 중요하다.

대부분 연계는 수요자의 입장에서 고려될 수 있는데 자치와 복지의 연계는 수요자의 요구에 의해서라기보다는 연계를 통한 효과성을 창출하기 위해서 시도되고 있다는 점에서 구분이 된다. 또한 일반적으로 연계는 보건과 복지의 연계처럼 복합적인 욕구에 대해 통합적으로 서비스를 제공하려는 의도에서 시작되나, 자치와 복지의 연계는 복합적인 욕구에 대한 대응이라고 보기는 힘들다. 기본적으로 자치는 서비스가 아니기 때문이다. 그러나 후술하겠지만 좁은 복지가 아닌 넓은 복지의 관점에서는 자치의 원리, 자치의 가치 그리고 자치의 원리가 복지를 근본적으로 확장시키는 데 유용한 도구라고 주장한다. 이러한 독특한 자치의 특성 때문에 자치와 복지의 연계는 다른 영역의 연계와 구분이 된다.

5) 자치와 복지 연계의 환경

앞에서 살펴본 바와 같이 자치와 복지 연계에는 상당한 쟁점이 존재한다. 복지쪽에서 주민자치를 보다 쉽게 해석하자면 지역복지를 강화하겠다는 의미이다. 이는 기존의 전달체계가 공적급여 중심의 전달체계에서 지역복지로 방향을 강화한 것에서 더 나아가 지역단위 의사결정 과정을 강화하여 지역 스스로 움직이는 복지를 지향하겠다는 의미이다. 방향성에 대해서 반박할 수 있는 내용은 아니지만 실제 상세 내용을 검토해 보면 논란점이 많다.

우신 자치의 성격에 대한 것이다. 기존 복지전달체계에서 자치는 거의 논의되지 않았다. 기본적으로 전달체계는 공공이 하는 것이고 그래서 공공이 주도하는 전달체계가 주된 내용이 되었다. 이후 민관협력이라는 과제가 서서히 전달체계의 한 주제로 진입하였고, 현재 포괄적으로 지역복지 혹은 지역사회복지라는 느슨한 개념하에 전달체계의 한 범주로 들어와 있다. 지역복지의 경우, 그 개념적 정의에 대한 상당한 논의가 있었지만 일부 공유되는 지점을 제외하고는 사실상 지역이란 공간에서 발생하는 거의 모든 주제를 지역주민의 웰빙(well being)이란 관점에서 접근하기에 엄밀성이 떨어지는 단점을 가진다(최옥채, 2011; 박태영, 2012). 이러한 지점은 역시 자치에도 적용된다. 사실상 자치는 이러한 지점에 놓여 있고, 그러므로 개념적으로는 상당한 불확실성이 있다.

둘째, 사업단위에서 보면 자치와 복지의 연계를 평가하는 것이 매우 어렵다. 일반적으로 자치는 스스로 책임지고 처리하는 것을 의미하는 것이지만 실제 이를 측정하기란 쉽지 않다. 개인적인 수준에서 자치 수준을 언급할 수 있지만, 일반적으로 자치는 집합적 능력을 의미하는 경우가 많기 때문이다. 개인의 자치수준도 높아야 하지만 사회적인 힘과 같이 자치의 수준은 집단적으로 활용되기 때문이다. 자치는 기본적으로 질적인 특성을 가지기 때문에 양적인 접근을 통해서 측정하기 어렵고, 실제 자치의 수준을 양적으로 측정한다고 하더라도 그것은 자치의 일부분만 파악한 것이 된다. 자치 수준은 자치의 본래적 원리가 제도화되어 실제 작동되는 수준일 때 비로소 자치가 작동된다고 할 수 있으며 이는 경험적인 측면이 강하기 때문에 외부에서 객관화시키기 쉽지 않다. 자치에 참여한 자들만이 그것을 경험할 수 있는 속성을 가지고 있기 때문이다. 물론 지역의제의 제안건수나 참여자 수 등 양적 측정을 통해 간접적으로 확인할 수 있지만 자치의 수준을 결정할 수 있는 것은 아니다. 자치가 형식적 수준에서 진행될 수 있고, 기본적으로 자치는 결과가 아닌 과정이기 때문이다. 자치를 잘한다는 의미도 그렇다. 여기서 자치를 잘한다는 의미는 과정과 결과 모두에서 좋은 성과를 가진다는 것을 의미할 것이다. 하지만 어느 정도 수준이 되어야 잘한다는 것인지 그리고 그렇지 못할 경우에는 자치를 못한다고 할 수 있는 것인지 판단이 용이하지 않다. 자치 수준을 가늠하는 것은 지역의 환경이나 여건 그리고 구성원들의 다양한 역량에 의해 변화될 수 있기 때문이다. 또한 여러 요인

중에 자치의 특성을 분리해내는 것도 쉽지 않다. 자치를 만들어내는 요인들은 무수히 많은 요인들이 영향을 주어 자치라는 행동을 만들어내기 때문이다.

셋째, 주민자치는 외형적으로 의사결정 과정이지만 본질적으로 기존 권력관계의 변화와 극복을 전제로 한다. 기존의 관성화된 권력관계는 구조화되어 있어 사회문제를 해결하기 어렵기 때문에 이를 극복하기 위해서 기존 권력의 해체를 동반한다. 주민자치는 지역의 중요 사항에 대한 의사결정과 자원배분에 관여하는 것이기 때문에 기본적으로 정치적이다. 이는 권력의 약자나 소수자 그리고 무권력의 시민도 자본을 가진 자나 정치적 위세를 가진 자와 대등한 기회를 가진다는 것을 의미하기 때문에 주민자치의 제도적 설계는 기존 권력관계의 변화를 의미하는 것이다. 그런데 지금까지의 복지는 이러한 정치성이 크게 부각되지 않았다. 오히려 지역 내 갈등을 축소시키는 보수적 성향을 보여왔다. 복지는 본래 정치적인 성격을 가졌지만 실제 작동되는 방식은 비정치적인 것으로 실현되어 왔다. 이렇게 되면 복지도 정치성과 계급성을 보여야 한다. 비정치적인 복지는 존재하지 않기 때문이다. 기존의 순응적 주민은 공공의 방향성에 협조하고 지원하는 역할을 수행하는 것에 한정되는 것이 아닌 지역을 변화시키는 주체로 간주해야 하고(김이배, 2016) 이는 필연적으로 갈등하는 주체가 시민이자 당사자가 된다. 사실 이번 개편의 추동세력은 은연중에 이러한 방향성을 지향해왔고 이를 전달체계에 전면화하는 것을 개편의 궁극적인 목적 중 하나로 삼고 있다. 그러므로 전달체계에서는 자치를 도구적 관점에서 활용하려는 관점을 극복해야 하는 과제가 등장한다. '복지'가 아닌 '사회'복지를 해야 하는 것이다.

넷째, 공간의 규모(scale)와 관련된다. 많은 자치 관련 연구자들은 공간규모에 민감하게 반응한다. 전달체계상 우리나라의 최하위 행정조직은 읍면동이다. 하지만 읍면동은 일부 지역을 제외하고는 규모가 너무 크고, 행정편의를 위해 만든 구역이기 때문에 주민들이 상호작용하는 공간으로 보기는 힘들다. 현실적으로 읍면동보다 통반과 같이 더 작은 규모에서 지역공동체가 작용할 가능성이 크다. 그런 관점에서 보면 통반과 같이 마을이나 동네단위가 적절하다. 읍면동은 마을단위 대표자들이 참여하는 공간으로 이해하는 것이 바람직하다. 그러므로 자치와 복지의 연계에 있어 공간의 크기가 고려되어야 한다.

다섯째, 지역의 다차원성과 관련된다. 현 주인공 사업은 서울시에 의해 시도되었고, 중앙권력의 변화에 따라 중앙정부에 의해 수용되었으며, 이로 인해 전국적으로 확산되는 과정을 가진다. 문제는 제도가 적용되는 공간이 매우 차별적이고 한편으로는 극단적이라는 점이다. 현장은 물리적 규모와 범위의 차이, 자원과 지역공동체의 역량의 차이, 지방자치단체의 역량의 차이가 현저하다. 이른바 중앙, 보다 더 정확하게 말하면 서울이라는 공간과 지방의 격차는 매우 심하고, 이러한 다양한 환경 속에서 제도를 집행하고 그 제도에 순응시키기 위해서는 제도의 설계가 다양화되어야 한다. 물론 이러한 설계는 중앙에서 모두 할 수 없고 지역에서 자발성과 자율성에 기반하여 추진되어야 한다. 하지만 현실은 생각보다 엄혹하다. 지역의 다차원성을 어떻게 고려할 것인지가 과제이다.

여섯째, 실무적인 차원에서 본다면 현재 자치관련 부서와 복지관련 부서가 이원화되어 있기에 이들 간의 의사소통과 역할분담도 정립되어 있다고 보기 어렵다. 부처 칸막이 현상을 언급하지 않더라도 실질적인 행정의 장벽을 무시할 수 없다. 또한 조직적 차원에서 주민자치위원회 혹은 주민자치회와 읍면동 지역사회보장협의체와의 관계도 명확하게 정립되어 있지 않다. 이론적으로 혹은 논리적으로 구분할 수 있을지 몰라도 실제 지역의 현장에서는 이를 구분하고 명확하게 역할을 분담시키기가 쉽지 않다. 중앙에서조차 이러한 교통정리가 되어 있지 않은 상황에서 지역에 공문이 하달되면 아무리 정책의 의도가 좋다고 하더라고 이것이 현실화되기는 어려울 것이다. 이러한 것의 대표적인 선행 사례가 기존의 '보건과 복지의 연계' 사례이다. 이미 수년 전에 보건복지사무소시범사업 등을 통해 보건과 복지의 통합적 제공이 중요하게 제시되었으나 실제 이러한 영역들이 기능적 혹은 업무적으로 연계가 되어 진행되어 왔다고 보기는 어렵다. 오히려 보건과 복지에서는 서울에서 보여준 마을과 복지의 연계 특성처럼 각자가 자기의 영역에 최선을 다하는 것이 가장 효과적이고 바람직한 것으로 귀착되어온 것이다. 이러한 배경에는 양 영역 간의 접점이나 공유지점을 확대하기 어려운 것도 있었지만, 각 부서가 전혀 다르게 작동되다 보니 이를 연결할 동기가 부족했기 때문이다. 최근 지역사회통합돌봄(커뮤니티케어) 사업이 시작되면서 비로소 보건과 복지의 실질적인 연계가 작동하기 시작한 것은 노령화와 재정부담에 대한 정부의 강력한 위기의식이 있었기 때문이다. 그런데 자치는 이러한 강력한 동기부여를 제시할 명확한 콘텐츠가 보이지 않는다.

심지어 현 개편안을 매우 비판적으로 보는 입장에서는, 현실적으로 보아 공동체를 강화하겠다는 방향성에는 동의하지만 현재 주어진 조건과 상황을 볼 때, 이를 단순히 자치 복지 연계를 통한 방안으로는 극복할 수 없다고 보는 입장도 존재한다. 공동체가 파괴된 근본적인 원인에 대한 대안도 아닐 뿐만 아니라 실제 그걸 해소하고자 하는 방안도 대증요법 수준에 그쳐 실질적으로 지역을 바꿀 상황이 아니라고 판단한다. 물론 일부 개선을 있을 것이지만 결과적으로 나타나는 방식은 단기적 혹은 사업방식의 개선에 머무를 가능성이 높다고 판단한다. 이러한 방식은 본질적으로 공적 영역과 사적 영역 혹은 민간영역 간의 구분이 불분명해지고 결과적으로 자기 복지는 자기가 책임지는 자립의 자치 성격이 강하게 나타날 것으로 본다. 이러한 흐름에서 국가의 책임성을 소실되고 지역이 이를 메꾸는 방식의 성격이 나타날 것으로 본다. 이런 사례는 지역복지가 부상했던 영국의 사례를 보면 결과적으로 그런 결론에 도달한다고 본다. 국가의 책임을 분산하기 위한 명분으로 그것을 활용했기 때문이다. 지역복지로의 패러다임 변화는 지역 간 격차를 지금보다 더 심화시킬 것으로 본다. 역량과 자원을 가진 지역은 일정 정도 성과를 거둘 수 있을지 몰라도 그렇지 않은 대다수의 지역은 자치와 복지의 연계는커녕 자치조차도 형식적으로 수행될 가능성이 높다고 본다.

3. 개편안 타당성과 쟁점 검토

본 절에서는 중앙정부가 설계한 자치 복지 연계 개편안의 타당성과 쟁점을 살펴본다. 일반적으로 전달체계 평가 분석틀은 설계와 집행 양측면에서 검토하는 경우가 많지만 현 개편안은 아직 시작단계이므로 이 책에서는 주로 설계측면을 중심으로 검토해 보기로 한다. 전달체계 분석틀은 다양하게 제시될 수 있지만 김이배(2014)의 분석틀을 활용한다.

▌표 3-4▐ 전달체계 분석틀

분석항목	분석내용	분석기준
① 문제 규정, 문제원인 규정	공식적인 문제와 원인	문제와 원인규정의 적절성
② 목적과 목표 설정	공식적인 목적과 목표	목적·목표설정의 적절성
③ 전략과 기능	주 개편내용	주 개편내용의 적절성
④ 조직	조직 설계	조직 설계의 적절성
⑤ 인력	인력 배치	인력 배치의 적절성

출처: 김이배(2014)의 분석틀에서 설계측면만 인용함

첫째, 문제규정과 관련해서 보면, 이번 개편안은 전달체계에서 발생하는 문제에 대응한 혹은 기반한 정책이었는가? 질문해 보면 꼭 그렇지는 않은 것 같다. 정책의 연원을 살펴보면, 청와대 사회혁신수석 하승창은 '문재인표 첫 번째 사회혁신, 내 삶을 바꾸는 '공공서비스 플랫폼'(2017.8.11)을 제시하면서, 그 핵심으로 읍면동 주민센터의 기능 변화를 강조하였다. 기존의 읍면동 주민센터가 단순 민원업무를 처리하는 곳이었다면, 새롭게 탈바꿈하는 주민센터는 주민이 원하고 주민이 결정한 정책과 서비스가 제공되는 곳으로 설정하였다. 이를 위해, 주민중심의 행정혁신, 풀뿌리민주주의 확대를 위한 주민자치 강화, 찾아가는 복지의 구현 등을 주요 내용으로 제시하였다. 본 사업 1차년도로 볼 수 있는 2018년 5월의 '18년 주민자치형 공공서비스 구축 추진계획'(행정안전부, 2018a) 자료를 보면, 추진배경에서는 개편에 대한 배경을 간략하게 설명하고 있다. 핵심 국정과제인 '자치분권과 균형발전'의 최종 목표가 주민들의 삶의 질 향상과 공동체 가치 회복으로, 이를 위해 이웃 간 공동체 복원 그리고 생활자치의 필요성을 강조하고 있다. 또한 '지방자치단체 세부 추진요령(안)'(행정안전부, 2018b)을 보면, 주민자치형 공공서비스 구축 사업은 주민자치를 강화하기 위해 주민의 관점에서 읍면동의 기능을 개선하는 사업으로 규정하고 있다. 이를 보면 현 개편안은 기존 전달체계가 상정했던 사회문제에 대한 해석이나 강조지점들이

다른 것을 확인할 수 있다. 본 개편안에서 복지전달체계는 행정개편 혹은 자치분권의 하위 기능으로서 역할이 상정되고 이에 따라 구조화되어 있다는 평가를 내릴 수 있다. 기본적으로 전달체계는 행정체계이고, 자치분권은 행정체계의 변화를 통해 가능하기 때문이다. 그러나 이런 논리는 단일하고 고유한 영역 혹은 구분되고 독자적인 성격을 가진 개별 영역을 특별한 기제 없이 혼합하여 뒤섞은 정책으로 나아갈 수 있다. 물론 세부 구성과 기획이 원만히 된다면 물리적 · 화학적 결합이 가능할 수도 있겠으나, 그렇지 않을 경우 구분되는 영역간 경계가 무너져 오히려 각자의 성격이 사라질 수 있는 경우가 발생할 수 있다. 이를테면, "복지가 자치고, 자치가 복지다"라는 선문답과 같은 이야기가 통용될 수 있다. 상황에 따라 복지가 자치로 작용할 수 있으나 복지가 자치 그 자체가 될 수는 없다. 그러므로 명확한 개념 정립, 합리적 경계 설정, 내용 간 논리적 구조 등의 보완이 필요하다.

둘째, 목적과 목표 설정을 보면, 전략, 기능과 큰 차이를 보이지 않는다. 목적과 목표는 보다 상위의 개념이 포함되어 있어야 하나 개념정립이 되어 있지 않다. 읍면동을 혁신한다는 뜻은 무엇을 의미하는가? 읍면동에 복지와 간호서비스를 강화하는 것을 의미하는가? 아니면 읍면동의 운영을 주민들이 자치적으로 운영하는 것을 의미하는가? 총론적으로는 모두 읍면동의 혁신을 의미하지만 각론상 매우 상이한 내용이 결합되어 있는 것이다. 결국 이번 개편은 복지영역과 행정(자치)영역이 하나의 공간에 자리잡은 형태이고, 주된 기구로 복지는 읍면동협의체를, 행정은 주민자치위원회를 고려하고 있다. 이런 여러 가지 요소를 통합적으로 나타내는 목적과 목표 설정이 필요하다.

셋째, 조직과 인력의 경우, 기존 모형에서 자치와 보건 전담인력을 투입하는 변화가 있으나 양적인 변화를 제외하고는 큰 변화를 확인하기는 쉽지 않다. 인력의 경우, 2018~2022년까지 보건복지인력 1.5만명을 확충하여 배치(복지 1.2, 간호 0.35)(일자리위원회 · 관계부처 합동, 2017.10.18. 일자리정책 5년 로드맵)하는 안을 추진 중이다. 인력규모를 보면, 기존 2011~2014년(4년간) 사회복지인력 7,000명 증원, 2015~2017년(3년간) 사회복지인력 6,000명 증원과 비교하면 이번 개편은 상대적으로 인력충원에 대한 관심이 높은 것을 알 수 있다.

요약하면, 목적과 목표 등의 상위 개념들이 우선적으로 모호하고, 이는 문제 인식의 모호, 핵심문제의 이해 부재(이현주, 2019)에 기인하는 것으로 파악되며, 조직과 인력에서도 양적 증가를 제외하고는 큰 변화를 파악하기 쉽지 않다.[3)]

▌표 3-5▐ 전달체계 설계측면 분석결과 요약

분석항목	개편 내용	분석결과
① 문제 규정, 문제원인 규정	읍면동 주민센터의 기능 변화를 강조, 생활자치에 대한 강조	문제규정이 모호함
② 목적과 목표 설정	읍면동 보건복지팀 기능확대, 시군구(읍면동) 연계협력체계 확립, 주민력강화, 공공서비스 인프라 확대	상위 목표로 부적합함
③ 전략과 기능	공공서비스 플랫폼 기능확대, 공공서비스 연계·협력 지역화, 주민력 강화지원	목적과 목표와 유사, 사업 간 부조화
④ 조직	기존 복지허브화의 기본형에서 행정팀에 주민자치 전담인력 1명, 찾아가는 보건복지팀에 간호인력 1명 추가된 기본형+공공서비스 연계형	큰 변화가 보이지 않음. 보건복지팀 구성
⑤ 인력	2018~2022년 보건복지인력 1.5만명 확충하여 배치(복지 1.2, 간호 0.35)(일자리정책 5년 로드맵)	인력의 양적 증가

주민자치형 공공서비스 구축사업은 읍면동을 기본단위로 하여 주민생활과 밀접한 공공서비스를 주민이 주도하여 제공하는 사업이라고 정리할 수 있다. 이와 관련된 쟁점으로는 우선 주민자치형 공공서비스가 무엇인가 하는 점이다. 주민자치형은 기존 공공주도적 방식에서 벗어나 주민들이 자치적인 방식으로 '주민이 주인이 되게하는 방식'을 강조한다. 공공서비스는 사적서비스가 아닌 공공재적 혹은 공적인 성격을 가진 서비스, 또는 공공과 민간이 공동으로 창출하는 서비스로 정리할 수 있다. 그렇다면 주민들이 자치적인 방식으로 창출한 어떤 서비스라는 뜻이 된다. 그런데 이 개념은 사업의 주체나 내용, 목적이 너

3) 그러나 실제 충원 여부는 다소 미지수인데, 지자체 입장에서 보면 최근(2017.7)까지 사회복지직 순증인력에 대해 3년간 인건비(연간 1인당 3천만원 기준)의 약 70%를 국비로 지원하여 온 것과 달리, 이후 인력충원의 경우는 전액 지자체 부담으로 대규모 증원에 상당한 어려움을 나타내고 있다. 기존 국비 인건비 지원은 2020년 7월 종료예정이다. 자치구의 경우, 기준인건비는 보통 교부세 산정 시 광역시 통계에 포함된다고 하나 제도상 광역시에는 교부되고 자치구에는 교부되지 않는 문제점이 있다.

무 모호하여, 갈등적인 내용을 포함하고 있다. 주민들이 공공서비스를 창출할 수는 있겠지만 이러한 것에 이르는 과정이 너무 생략되어 있고, 마치 공공서비스의 공급주체가 주민들인 것처럼 오해하게 만든다. 서비스의 범위가 한정적이지 않기 때문에 어떤 것이 서비스가 되는 것인지 명확하지도 않다. 물론 상세 내용을 보면 일정 정도 논거가 제시되어 있다. “읍면동 중심의 공공서비스를 민과 관이 함께 계획 · 생산 · 전달하는 소(小)지역 단위 혁신”으로 설명한다. 여러 층위들을 포함하고 있어 긴 설명을 필요로 하기에 이해에 어려움이 있다. 대민 정책은 기본적으로 단순하고 간결해야 한다는 원칙에서 본다면 상당히 벗어나 있는 것이다. 이 문제의 핵심은 주민자치는 의사결정 과정에 당사자인 주민들이 참여하는 것을 의미하는데, 왜 이러한 활동들이 공적기능을 가진 서비스 혹은 공공사무로 전환되어야 하는 것이다(김형용, 2018). 정책추진자는 이를 설명할 필요가 있다.

상황적인 맥락에서 본다면 이번 정책은 중앙정부 입장에서는 복지정책과 자치분권정책이 결합되는 과정에서 파생된 것일 수도 있고, 서울시의 찾동을 참고한 복지정책과 공동체 강화전략이 결합한 것일 수도 있다. 이러한 사례는 과거 행정자치부 주도의 주민생활지원서비스 개편에서 나타난 현상과 유사한 측면이 있다. 당시 개편은 ‘주민생활’이라는 다소 모호한 개념하에 여러 서비스를 공급하는 전달체계 개편을 시도한 바 있다. 이미 평가된 것처럼 그 결과는 그렇게 긍정적이지 않다. 설계와 기획의 문제, 집행의 문제 등 여러 가지 문제들이 있지만 어떤 사업이 핵심이고 그것들 간의 논리적 구조를 어떻게 설정할 것인가에 대해 혼선이 있었다고 평가된다(이현주 외, 2007).

특히 비판해야 할 지점은 서울시가 실험한 마을과 복지의 연계가 긍정적인 방향성을 가지고 있겠으나 실제 그 효과가 명확한지 확인되지 않고 있다는 점이고, 그런데 이렇게 검증되지 아니한 사업이 새로운 정부가 집권하면서 국정과제로 전면에 등장하였다는 점이다. 지역사례에서 살펴보았듯이 자치 복지 연계의 방향성을 반박하거나 부인하는 사람은 많지 않을 것이다. 그러나 그 이유로 자치 복지 연계가 영순위 사업으로 제시되거나 전면적으로 실시되어야 한다고 주장하는 것은 균형성을 잃은 것으로 판단된다.

인력과 업무분장에 대해 살펴보면, 서울시 찾동 사례에서도 나타난 바와 같이 상당한 인력충원에도 불구하고 현장의 만족도가 낮은 이유는 인력충원에 따른 부가업무의 증가 때문이다. 이번 개편에서도 인력증원에 따라 추가업무 혹은 필수업무라고 보기 힘든 업무의 부가는 결과적으로 인력충원 효과를 저하시킬 우려가 있다. 사실 기존 복지업무의 증가에 대한 사후적 보완에 가까운 충원 규모로 판단할 수 있는데 이에 추가적인 업무 부여는 오히려 서비스 만족도에 긍정적인 효과를 가지오지 못할 수도 있다. 그러므로 인력 규모에 맞는 적정 서비스 공공계획 혹은 프로그램 기획과 서비스 배분 계획이 요구된다.

좀 더 본질적으로 본다면 이번 전달체계 개편은 전달체계의 개편이라고 정의내리기 쉽지 않은 특성을 가진다. 자치적인 방식, 즉 사업을 추진하는 방식의 변화가 핵심이기 때문에 고전적인 전달체계 개편에서 강조하였던 조직과 인력 그리고 사업(프로그램)을 중심으로 한 분석틀로는 접근하기가 쉽지 않다. 특히 사업의 성과를 담보하기가 쉽지 않은데 목표가 매우 모호하게 제시되어 있기 때문이다. 이를테면, 자치의 수준을 어떻게 측정하고 평가할 것인가? 공공서비스의 공급 적정성을 어떻게 판단할 것인가 하는 여러 쟁점이 남아 있다.

이를 보면, 새로운 사업을 급진적으로 시도하기보다는 기존 정책의 장단점을 면밀히 분석하고 이를 토대로 보다 섬세한 전달체계 개편을 구상하는 것이 무엇보다 필요하다. 지금까지 전달체계 개편 역사를 관통했던 대부분의 시행착오들은 '모호한 진단과 모호한 처방'이라는 특징을 가지고 있었다. 특정 시기마다 급진적인 방식을 시도하였으나 대부분 큰 성과 없이 끝난 것은 현실적인 실행구조나 환경에 대해 충분히 고민하지 못한 이유에서이다. 이러한 사업들은 현실과 현장을 충분히 고려하지 않았으므로 책임성을 담보할 수 없었다.[4)]

현재 추진 중인 개편안을 실행하고 있는 지역(예를 들어, 광주광역시 광산구, 충청남도 당진시, 서울특별시 금천구 등)을 보면 상당수가 자치와 복지의 연계로 마을

4) 책임성을 담보할 수 없는 사업들의 특징을 보면, 혁신이란 이름으로 과대포장하기, 실험으로 미화시키기, 확인되지 않은 것 혹은 실체를 확인할 수 없는 것을 실험하기, 투입대비 산출을 고려하지 않거나 성과를 확인하기 곤란하게 설계하기, 억지로 끼워맞추기, 계획하지 않고 실행하기, 변명하기, 과도하게 기대하기, 여러 가지를 대충 뒤섞여 얼버무리기 등을 언급할 수 있다.

복지계획, 주민총회 혹은 마을대동회 개최, 주민자치위원회(주민자치회) 혹은 동지사협 활동 그리고 단위사업 추진과 같은 방식을 대표적인 사업방식으로 진행하고 있다. 또한 연계는 사업이라기보다는 자치라는 하나의 원리 혹은 가치의 성격을 가지고 있으며, 그 성과는 주민의 변화(특히 인식과 참여)를 의미하는 것으로 정리할 수 있다. 이를 통해 복지는 자치를 통해 확대될 수 있고, 자치적인 방식 그 자체가 지역에서는 혁신적인 방식으로 이해할 수 있다. 하지만 앞서 서술한 개편안은 그러한 것을 실행하는 데 한계를 가진 개편안이다.

4. 결론 및 제언

본 연구는 현재 진행 중인 자치와 복지 연계를 통한 전달체계 개편안의 쟁점을 살펴보고자 하였다. 이론적 검토를 통해 사업의 특성, 자치와 복지의 관계, 연계에서 드러나는 쟁점들을 정리하였다. 설계측면을 중심으로 개편안의 타당성을 검토한 결과 여러 가지 한계를 가지는 것으로 평가할 수 있으며, 보다 섬세한 제도설계가 필요한 것을 확인할 수 있었다.

자치와 복지 연계는 자치적인 방식을 활용하여 복지의제를 결정하고 실제 운영에 참여할 수 있는 기반을 제공한다는 점에서 긍정적인 측면이 있다. 자치라는 방식은 기존 복지가 가졌던 협소함을 극복하고 지역이 가진 문제점을 해결하기 위한 가장 기초적이고 근본적인 방식의 전환을 의미한다.[5] 그러므로 현 개편안은 단순히 공공복지전달체계의 강화를 넘어서 지역사회 전체를 강화하는 방식을 지향하고, 지역 내 주체들의 역량을 강화하는 지역 내 주민력, 복지력을 강화하고자 한다. 이를 통해 복지의 확장성과 지속성을 기대한다. 그럼에도 불

---

5) 은유적 표현으로 복지는 연극이고 자치는 마당극으로 표현할 수 있다. 연기자 중심의 연극은 관중이 참여할 기회가 적다. 그저 일방적이고, 참여자는 수동적이다. 이에 반해 마당극은 연기자와 관객을 분리하지 않는다. 관객과 연기자의 거리감이 적고 때때로 무대와 마당이 구분되지 않는다. 다시 말해 쌍방적이고, 상호반응적이다.

구하고 현재까지 제시된 개편안의 모습은 한계가 많다고 평가할 수 있다.

주민자치형 공공서비스 구축사업은 이미 항구를 떠나 항해중이다. 사업이 원만하게 추진되기 위해서 다음과 같은 개선이 필요하다.

우선 조직과 인력 확대에 대한 장기계획은 제시되어 있으나 제시한 복지직의 인력충원 수준으로는 현재 업무를 추진하는데 필요한 기초적인 수준으로, 추가 업무를 수행하기 위해서는 서울시에서 추진했던 찾동사업과 같은 수준의 인력 충원이 필요하다. 또한 적정 인력충원뿐만 아니라 양질의 인력을 운영하기 위해서는 교육체계가 보다 강화될 필요가 있다. 업무 특성이 점차 법정업무가 아닌 비법정업무로 비정형·재량적 업무가 늘어나고 있으므로 전문성 있고, 민감성 있는 서비스 제공을 위해서는 제공자의 역량이 확대되어야 한다. 현재 공무원 교육기관이나 수준 높은 교육을 제공하는 기관이 제한적이므로 이와 관련된 인프라도 대폭 확충될 필요가 있다.

주민의 역량을 강화할 수 있는 교육 방안들이 모색될 필요가 있다. 주민자치가 정착되지 못한 배경에는 제도적인 측면의 문제도 있었지만 주민들이 주체로 활동하기 위한 역량 그 자체가 부족한 경우가 많았다. 역량강화는 교육을 기반으로 양성될 수 있으므로 교육, 훈련, 지지체계 등 다양한 측면이 강화될 필요가 있다.

사업 그 자체에 대한 수정과 보완이 필요하다. 앞에 언급하였다시피 방향성에 대해서는 모두 동감하고 있으나 이를 실현하고자 하는 방법적인 측면에서 여러 가지 한계를 보인다. 사업의 한 주체인 공무원들도 사업에 대한 숙지가 낮으며, 주민뿐만 아니라 민간 영역도 사업에 대한 이해가 부족하다(이주헌, 2018).또한 매뉴얼도 용어 등에 있어서 다소 어렵게 서술되어 있어 일반 주민들이 이해하기 쉽지 않다는 평가이다(김이배 외, 2019). 알기 쉬운 홍보와 더불어 적극적인 홍보, 안내가 실행되어야 한다. 현재 다른 분야에서도 전달체계 개편이 시도되고 있다. 대표적으로 지역사회통합돌봄(커뮤니티 케어) 정책의 경우, 자치 복지 연계의 특성과 연결될 수 있다. 지역사회 내 통합돌봄이 원만히 구성되기 위해서는 지역구성원들의 자발적이고 자율적이며 자치적인 방식의 구성이 중요하기 때문이다. 그러므로 정책 간에도 분절되지 않고 연계되어 시너지 효과가 발생할 수 있도록 사업내용을 섬세히 다듬을 필요도 있다.

본 사업은 기본적으로 주민주도형을 지향하고 있으나 사업이 정착되기까지 공공주도의 책임성이 강조될 필요가 있다. 이 책임성의 내용은 관련 공무원들이 사업에 대해 충분히 숙지하고 이를 기반으로 사업을 수행할 수 있도록 여건을 만드는 것이다. 본문에서 서술한 바와 같이 본 사업이 가진 특징이 재량적이고 임의적인 특성을 가지고 있기에 공무원의 인식전환이 매우 중요하며, 주민들의 자치력은 단기간에 성과가 나오지 않기 때뮤에 조급한 마음을 가져서는 안 된다. 그렇기에 공공은 적절한 거리에서 주민들을 지원하고 격려하는 마음가짐이 필요하다.

사업주체에 대한 역할분담이나 교통정리가 필요하다. 주민자치형 공공서비스와 관련된 유일한 선행연구로 볼 수 있는 한국지방행정연구원의 보고서(김필두 외, 2018)에는 사업의 주체로 주민협의체인 '주민자치위원회 혹은 주민자치회'를 언급하고 있는데, 이에 비해 '읍면동지역사회보장협의체'에 대한 언급은 전무하다. 이를 보면, 복지영역이 생각하는 대표적인 주체와 행정영역이 생각하는 대표 주체는 매우 상이하다고 판단할 수 있다. 그러므로 여전히 조정되지 않는 채로 남겨진 영역에 대한 조정이 선결될 필요가 있다. 이것이 해소되지 않을 경우, 혼란을 야기하거나 아니면 다양한 모습이 구성되거나 기형적인 구조로 정착될 수도 있다.

또한 아쉬운 것은 이미 강혜규(2017)가 지적하였듯이 전달체계가 추구하는 여러 가지 상위목표에서 특정 영역에 대한 강조, 이를테면 자치의 대한 강조는 필연적으로 복지제도가 지향해온 전문적인 서비스에 대한 강화를 후퇴시킬 수 있다. 이는 강조지점이 다르기 때문인데 이러한 현상은 외형적으로 복지서비스가 팽창되고 확장될 수 있으나 질적인 측면에서는 오히려 축소경향성을 가질 수 있다. 그러므로 사회복지의 전문성을 보다 확대시킬 수 있는 방안들이 포함될 필요가 있으며 실제 프로그램을 설계하거나 집행할 경우 이러한 측면을 소홀히 하여서는 안 될 것이다.

전달체계 개편사업이 보다 안정적으로 정착되기 위해서는 새로운 사업에 대한 강조도 중요하지만 기존에 시행하였던 읍면동 복지허브화의 핵심정책도 중요시할 필요가 있다. 새로운 정책을 시도한다고 해서 기존 정책과의 단절을 강조하기보다는 정책 연속과 연계가 사업의 성과를 더 보장한다. 예를 들면 통합사례관리 업무의 경우, 지난 개편에서는 사업추진에서 한계가 많았다. 현 개편안에서는 지난 개편의 한계들을 보완하고 보다 안정된 사업을 실시할 수 있도록 하는 것이 현실적이고 바람직하다.

대부분의 전달체계가 특정 정부의 집권 시에 갑작스럽게 기획되고 집행되기 때문에 엄밀함은 상대적으로 떨어질 수 있다는 특징을 가진다. 그렇기에 전달체계 특성 자체가 복잡다단한 현실에 부합하기 어려운 보수적인 특성인 가지고 있다는 점을 염두에 둘 필요가 있다. 이는 급진적인 기획이 효과적인 것처럼 보일 수 있으나 사실 그 변화는 짧은 기간 내 발생하지 않는다. 제도의 적응과 정착 그리고 그에 기반한 수요자들의 반응기간이 절대적으로 필요하기 때문이다. 그러므로 좀 더 장기적인 안목을 가지고 개편에 임할 필요가 있다. 또한 전달체계와 관련된 다양한 실험이 시도되는 것은 필요하지만 전국단위 사업은 실험대상이 되어서는 안 된다고 본다. 지역에서 실험되고 검증되어 일정 정도 체계가 갖추어진 사업이 비로소 전국적인 사업으로 인준되고 실행되는 것이 천천히 가는 것처럼 보여도 그것이 가장 빠른 길이다.

이상으로 자치 복지 연계 전달체계 개편안이 가진 쟁점들을 살펴보았다. 본 연구는 이론적 탐색에 기반하여 개편안의 쟁점을 살펴보았는데 향후 연구들은 실제 사례를 중심으로 좀 더 포괄적인 연구가 수행될 필요가 있다. 또한 자치 복지 연계 개편의 성과를 어떤 방식으로 평가할 수 있을지 체계를 구성할 필요가 있다.

참고문헌

강혜규. 2017. “새 정부의 복지 전달체계: 정책 기조 검토와 과제 제언”. 『보건복지포럼』 (2017.11). 한국보건사회연구원.

곽현근. 2015. “주민자치 개념화를 통한 모형 설계와 제도화 방향”. 『한국행정학보』 49(3). 279-302.

곽현근. 2017. “지역공동체기반의 생활자치와 읍면동 사회복지 제도화”. 『대전세종포럼』. 60. 43-60.

김보영. 2019. “구호뿐인 공공성? 문재인 정부의 사회서비스 정책 평가와 대안 모색” 『비판사회정책』. (64). 7~51.

김이배. 2014. “공공사회복지전달체계 개편의 특징과 한계”. 『비판사회정책』. 42. 44-91.

김이배. 2016. “읍면동 복지허브화의 특징과 쟁점”. 『비판사회정책』. 53. 326-376.

김이배. 2018. “찾동은 기존 공공복지전달체계의 문제를 해소하고 있는가?”. 2018년 한국사회복지행정학회 춘계학술대회 자료집.

김이배 · 오단이 · 허숙민. 2019. 『찾아가는 보건복지서비스 기본계획 컨설팅 수행결과 보고서』. 행정안전부 주민자치형 공공서비스추진단

김필두. 2017. “마을만들기-주민자치와 복지의 상생”. 『보건복지포럼』(2017.11). 한국보건사회연구원.

김필두 · 류영아. 2008. 『읍면동 중심의 주민자치 강화방안』. 한국지방행정연구원.

김필두 · 최인수. 2018. 『주민자치형 공공서비스에 대한 탐색적 연구』. 한국지방행정연구원.

김찬동. 2014. “주민자치와 지역복지정책의 방향-서울시의 복지전달체계 혁신을 중심으로-”. 한국행정학회 동계학술대회 자료집.

김형용. 2016. “복지와 마을, 접합시도에 대한 시론: 개념적 그리고 실천적 쟁점을 중심으로”. 『비판사회정책』. 50. 38-75.

김형용. 2018. 공공성, 주민자치, 그리고 시민사회. 『복지동향』. 참여연대.

나동석. 2007. “사회복지사의 지역사회자원 연계에 영향을 미치는 요인에 관한 연구”. 『한국지역사회복지학』. 23. 35-51.

남기철. 2015. “지역사회복지관점에서의 서울시 동주민센터 개편사업 분석”. 『한국지역사회복지학』. 55. 163-186.

박영득·정희옥·정수현. 2019. “지방민주주의 활성화를 위한 주민자치조직 개선방안: 표적집단면접(FGI)을 통한 분석”. 『지역과 세계』. 43(2). 219-248.

박태영. 2012. “지역사회복지의 정체성에 관한 연구”. 『한국지역사회복지학』. (43). 639-668.

부산광역시사회복지관협회. 2017. 『민간주도형 지역사회보장협의체 활성화 지원사업 사업보고서』.

서울시 마을공동체 종합지원센터. 2018. 『찾아가는 동주민센터 마을사업 인물백서』

서울특별시. 2018. 『찾아가는 동주민센터 총론』.

서정민. 2017. 『충남형 동네자치 2단계 추진전략 연구』. 충청남도·지역재단 지역순환경제센터.

안현찬·구아영. 2016. 『서울형 주민자치회 모델 구상과 추진전략』. 서울연구원.

양난주. 2019. “‘찾동’의 진화를 위한 세 가지 질문”. 찾아가는 동주민센터 제도화 방안 정책 토론회 자료집(2019.3.22.). 서울특별시의회.

윤영근·정회옥·정수현·박영득·장승진·김은경·이재묵. 2018. 『사회혁신을 위한 주민자치제도의 발전방안』. 한국행정연구원.

이소영. 2019. “지방자치에서의 주민참여 현황과 문제점-대구의 사례를 중심으로-”. 『21세기정치학회보』. 29(1). 69~99

이주헌. 2018. 지자체 공공서비스 행정혁신 방향과 과제. 『'18 지역복지 발전 정책포럼 결과보고서』. 사회보장정보원.

이주헌·라도삼·이정용. 2015. 『찾아가는 동주민센터 활용한 서울형 주민자치 가능성 모색』. 서울연구원.

이현주. 2019. “사회복지전달체계의 역사와 현 단계 과제”. 2019년 한국사회복지행정학회 춘계학술대회 자료집.

이현주·강혜규·노대명·신영석·정경희·유진영·김용득·민소영·이주열·한익희, 2007. 『주민생활지원서비스 업무수행체계 분석 및 개선방안』. 한국보건사회연구원.

일자리위원회·관계부처 합동. 2017. 10. 18. 일자리정책 5년 로드맵.

투게더광산 나눔문화재단. 2014. 『마을복지, 자치로 풀다』.

최상현. 2016. “주민자치위원회 운영 실태와 개선방안에 관한 연구”. 『한국행정연구』. 25(1). 139-167.

최옥채. 2011. "지역사회복지 정체성 탐색-사회복지실천 관점 중심으로-". 『한국지역사회복지학』. 38. 51-78.

최진학・김성현・홍준현. 2006. "로컬거버넌스 시스템으로 본 주민자치센터의 문제점과 그 원인: 군포시 사례를 중심으로". 『한국공공관리학보』. 20(1). 1-29.

하승창. 2017. '내 삶을 바꾸는 공공서비스 플랫폼'. 청와대 대통령비서실.

행정안전부. 2018a. '18년 주민자치형 공공서비스 구축 추진계획.

행정안전부. 2018b. "주민자치형 공공서비스 포럼 자료집".

행정안전부・보건복지부. 2019.2. 『2019년 주민자치형 공공서비스 구축 사업 분야별(주민자치, 찾아가는 보건복지서비스) 매뉴얼』.

Coleman, J. S. 1988. "Social Capital in the Creation of Human Capital". American Journal of Sociology. 94. S95-S120.

Esping-Andersen, Gøsta. 1990. The three worlds of welfare capitalism. Princeton, New Jersey: Princeton University Press.

Johnson, N. 1987. The Welfare State in Transition: The Theory and Practice of Welfare Pluralism. Harvest Wheatsheaf.

Putnam, R. 1993. Making Democracy Work: Civic Traditions in Modern Italy. Princeton, New Jersey, USA: Princeton University Press.

보론: 자치 복지 연계 사례연구

1) 연구방법

본 연구에서는 자치와 복지 연계 시도에 대한 근거를 검토하기 위해 사례연구(case study) 방법을 활용하였다. 사례연구는 사례를 중심으로 총체적인 자료 수집을 통해 연구를 수행하는 방법으로 사례의 복잡성, 맥락 그리고 어째서(why)와 어떻게(how)에 대한 질문에 총체적인 탐색과 설명을 추구한다(Yin, 1984). 본 연구에서는 사례연구의 종류 중 다중사례연구에 속하며 분석단위는 지역이다. 그러나 단순히 지역만을 보지는 않으며, 지역과 관련된 다양한 층위를 여러 각도에서 살펴보고자 하였다. 이를 위해 문헌고찰, 현지방문, 관계자 면접 그리고 서면 면접 등 삼각검증(triangulation)에 따라 다양한 방법을 활용하였다.

연구대상 지역은 일정 정도 자치와 복지영역의 연계를 시도하였던 지역으로 한정하였는데 그 이유는 실제 자치와 복지가 연계될 경우 나타날 수 있는 성과를 파악할 수 있기 때문이다. 이를 위해 전국 지자체 중에서 우수지역으로 평가받거나 우수지역으로 선정된 지역을 중심으로 3개 지역을 선정하였다. 3개 지역은 광주광역시 광산구, 서울특별시 금천구, 충청남도 당진시이다. 광산구는 자치와 복지 연계를 중요한 가치로 삼아 사업을 실행하였다는 점에서, 금천구는 서울시의 찾동사업의 대표적이 지역이자 오랫동안 자치를 강조하고 복지 사업을 수행해왔다는 점에서 그리고 당진시는 군지역에서 시지역으로 승격된 지 얼마 되지 않은 지역으로 농어촌의 특성을 일부 가지고 있는 도농복합지역으로 자치를 강조하고 있다는 것을 이유로 선정하였다. 방법론적으로 우수지역을 중심으로 선발하여 대표성의 한계도 있으나 자치 복지 연계가 비교적 최근에 확산되었다는 점에서 그리고 향후 이러한 연계 시도가 확산될 경우 일정 정도 완성된 혹은 발전된 모습을 연상할 수 있다는 점에서 우수지역을 중심으로 선발하고자 하였다. 지역분석에는 지역의 행정기관에서 작성한 자료와 발간자료를 기본적으로 활용하였다(행정안전부 주민자치형 공공서비스 추진단, 2019).

지역에 대한 이해를 도모하기 위해서는 2019년 6~7월에 현지를 방문하였고, 그 이전에도 당진시를 제외하고는 여러 차례 관련 지역을 답사한 경험이 있다. 현지 방문 시에 관계자들과 대면 인터뷰를 병행하였는데, 인터뷰의 주된 내용은 실제 현황에 대한 이해와 연구주제에 대한 이해와 인식이었다. 관계자들은 대부분은 공공영역에서는 공무원 그리고 민간영역에서는 지역사회보장협의체, 복지관 및 재단의 종사자들이었다. 이를 통해 외부의 평가뿐만 아니라 내부의 실태와 관련 쟁점을 이해할 수 있었다.

서면 면접은 지역별 4명을 선정하여 총 12명이 참여하였고, 공공과 민간 영역의 관련 부서 종사자를 중심으로 선정하였다. 서면 면접은 2019년 7~8월 동안 실시하였고 이를 분석결과에 반영하였다. 인터뷰를 통해 해소할 수 없었던 내용을 중심으로 보다 체계적인 분석을 위해 시도하였는데 즉흥적인 대화가 아닌 조금 더 생각이 필요한 내용을 중심으로 질문 내용을 구성하였다. 질문내용 9개의 구성에는 앞서 이론적 배경에서 검토한 자치와 복지와의 관계성 그리고 연계 시 쟁점을 중심으로 구성하였다.

▌표 3-6▐ 서면 면접참여자 내역

순서	지역	소속	성별	순서	지역	소속	성별
A-1	광주광역시 광산구	협의체	남	B-3	서울특별시 금천구	공공	여
A-2	광주광역시 광산구	공공	여	B-4	서울특별시 금천구	공공	남
A-3	광주광역시 광산구	재단	여	C-1	충청남도 당진시	협의체	남
A-4	광주광역시 광산구	민간	남	C-2	충청남도 당진시	협의체	여
B-1	서울특별시 금천구	공공	여	C-3	충청남도 당진시	공공	남
B-2	서울특별시 금천구	민간	여	C-4	충청남도 당진시	공공	남

▌표 3-7▐ 자치 복지 연계 관련 질문지 내역

순번	주제	질문 내용
①	주민자치의 정의	귀하는 주민자치는 무엇이라고 개념 정의를 내리고 계십니까?
②	연계 필요성	주민자치와 복지 연계가 필요한 이유가 무엇이라고 생각하십니까?

③	연계 과정	주민자치가 확산되면 복지에도 기여하게 된다고 생각하십니까? 만일 기여한다면 주민자치가 확산되면 어떤 과정을 거쳐 복지에 영향을 준다고 생각하십니까?
④	대표 사업	귀 지자체 사업 중에 주민자치와 복지가 연계된 대표적인 사업은 어떤 것들이 있는지 2가지 이상 제시하고 설명해 주세요.
⑤	사업 결과	주민자치와 복지가 결합해서 가져온 결과(성과)는 구체적으로 어떤 것들이 있습니까?
⑥	사업 애로점	자치 복지 연계 사업을 추진하면서 가장 힘든 점은 무엇입니까?
⑦	개선점	향후 중앙정부의 자치 복지 연계 전달체계 개편과 관련하여 반드시 개선해야 할 부분이 있다면 서술해 주십시오.
⑧	중요성	귀하는 주민자치와 복지를 연계하는 전달체계 사업이 전국적으로 확대될 만큼 중요하다고 생각하십니까?
⑨	추가의견	기타 의견으로 주민자치와 복지 연계에 대한 추가적인 의견이 있으시면 자유롭게 적어주십시오.

서면 면접은 이미 현지방문 때 안면을 익힌 분들이 대부분으로 연구에 대한 배경설명을 사전에 해두었기에 어려움 없이 진행되었다. 면접자료는 익명으로 처리됨을 공지하였으며 연구절차는 일반적인 질적연구의 윤리적 방법을 준수하여 진행함을 알려드렸다. 또한 이러한 연구추진에는 전달체계 개편부서인 행정안전부 주인공 추진단 관계자와 지속적인 의사소통 속에 진행하였는데 이는 본 연구의 결과 중 일부는 향후 개편안 실행과정에서 중요한 근거로 활용될 수 있기 때문이었다. 그렇기에 연구자가 구성한 질문지 내역에 추가할 내용이 있는지 의견을 청취하였다.

연구결과 제시는 첫째, 연구대상 지역의 자치 복지 연계 상황을 정리하였고, 대면 면접 및 서면 면접 결과를 정리하여 지역 분석에 활용하였다. 둘째, 서면 면접 결과를 기반으로 자치와 복지 연계의 쟁점을 정리하여 제시하였다.

2) 사례연구 분석결과

(1) 광주광역시 광산구[6)]

광주광역시 광산구는 도농복합지역으로 21개의 행정동으로 구성되어 있고, 인구는 약 40만명 가량이다. 광산구의 특징은 '젊은 도시'로 주민의 평균나이가 36.4세(전국 2위)이며, 아파트가 많아 구민의 83%가 아파트에 거주한다.

광산구는 지역공동체 회복과 지역사회문제 해결을 위해 주민들의 참여가 중요하다는 생각을 가지고 오래 전부터 자치와 복지 연계 사업을 실시해왔다. 광산구는 직접민주주의 실현을 위해 2014년부터 마을대동회를 개최하였다. 동별로 100~250명의 주민대표가 참여하여 마을의제 884건을 처리하였다. 지역의 대표적인 조직인 지역사회보장협의체, 투게더광산나눔문화재단(이하 투게더재단), 공익활동지원센터, 광산구자원봉사센터 등도 자치를 조직운영의 중요한 가치로 삼아 운영하고 있고, 공공도 이러한 원칙을 준수해왔다. 동의 경우 마을리더 양성과 학습조직 운영 그리고 공간혁신을 통해 주민력을 키우고자 하였다. 마을리더 양성은 마을등대지기 양성과정(투게더재단)을 실시하였고, 학습조직의 경우 찾아가는 민관활동가 실천교육, 지역사회 현장학습과 광산복지학당 등을 지속적으로 운영하였다. 공간혁신의 경우 지역에 시설을 설치하면서 기획과 설계과정부터 주민들의 요구를 반영하였다.

지역사회문제 해결을 위한 일반적인 절차는 동지역사회보장협의체의 정기회의에서 의제가 발굴되면 마을계획을 수립하고, 투게더재단이 사업공모와 지역자원 연계를 담당하는 방식으로 진행된다. 투게더재단은 구민들이 후원금을 모아 설립한 재단으로 2013년 설립된 이래 광산구 복지사업의 중심적인 역할을 수행하고 있다. 대표사업인 마을등대 사업은 공공복지 영역의 제도적 재정적 한계로 인해 나타나는 복지사각지대의 주민을 주민 스스로 발굴하고 공동체 내에서 지원해 나가는 주민공동체 활성화 사업이다(광주광역시 광산구, 2019).

---

6) 광산구 복지모형에 대한 전반적인 분석은 김이배(2017)의 글을 참고하기 바란다.

광산구는 독특한 복지모델을 시도하여 전국의 지자체로부터 관심을 받았는데 자치와 복지 연계를 전면적으로 그리고 전략적으로 추진하였다는데 특징이 있다(김이배, 2017). 이러한 자치를 지역 전반에 관철시키는 핵심요인은 지자체장이었다. 자치에 대한 확고한 의식을 가진 지자체장은 공공과 민간 영역에 역량 있 는 사람을 세우고, 다양한 수단들을 동원하여 실현시키고자 하였다.

그렇기에 광산구의 서면 참여자들은 다른 지역의 참여자들에 비해 자치와 복지 연계에 대한 확신과 필요성 그리고 가능성에 대해 보다 많은 이해를 보여준다.

- "자치가 되지 않는 복지는 미완성이다. 주민들의 일상 삶은 모두 복지로 연결된다. 복지를 풀어가는 방식을 자치로 접근해야 한다." (A-2)
- "복지가 자치와 결합할 때, 복지시민, 자치시민이 양성될 수 있다." (A-4)

광산구에서 자치와 복지 연계의 대표적인 사업으로 '마을등대' 사업을 제시한다. 2014년 '민관협력 시범사업'으로 시작하여 지금까지 시행하는 사업으로 동 지역사회보장협의체를 중심으로 매월 1회씩 마을대동회를 통해 지역 의제를 논의하고 그 해결책을 모색하는 사업이다.

준비단계		취합단계		회의단계		추진단계		사후관리
위원, 통장, 사회단체, 관리사무소 등 의견제시 및 청취	⇨	취합된 의견을 안건 및 마을복지 의제로 상정	⇨	마을복지의제 및 복지사각지대 문제 등 안건논의	⇨	의제 및 사업안건 월 1회 이상 추진(주민/행정/복지기관 등)	⇨	모니터링 및 평가, 만족도 조사 등

▌그림 3-1▐ 광산구 마을대동회 절차

"00동은 구도심으로 곧 재개발이 이루어질 예정인 지역으로 사회적 약자인 노인, 다문화, 이주노동자들이 밀집하는 지역이다. 이 지역은 곧 철거된다는 생각에 누구하나 개보수를 하지 못한다. 여름에 거동이 불편한 혼자 사는 어르신이 무더위 속에 잘 지내신지 안부를 확인하러 가면 걸어 나오기 불편하여 집안에 계시지만 문을 안 열어줘서 어떻게 생활하시는지를 잘 모르는 경우가 있었다. 마을대동회에서 이런 분들을 위해 인터폰을 달아주자는 의견이 나왔다. 동지사협이 20여명의 거동불편 어르신 댁을 방문하여 직접 인터폰을 달아드렸다." (A-1)

그러나 영역에 따라 자치의 원리는 유사해도 드러나는 양식은 다르게 표현된다. 이를테면 공공의 참여자는 마을대동회를 대표적인 자치 복지 연계사업으로 이해하면서 주민참여의 직접민주주의의 공간을 중요하게 이해한다(A-2). 그러나 민간의 참여자는 복지사업을 수행하는데 있어 어떻게 주민들에게 물어보고, 어떻게 결정하고, 어떻게 주민들과 함께 역할을 나누는가를 더 중요하게 생각한다(A-4). 즉 자치와 복지 연계의 핵심을 유사하게 이해하지만 강조 지점은 다양한 수준을 가진다고 볼 수 있다.

광산구는 자치와 복지의 연계에 대해 상당한 고민을 시도했던 지역이다. "자치적 관점에서의 복지란 이웃이 이웃을 서로 살피고 돕고 살리는 관계의 강화"로 보았다(투게더광산, 2014: 301). 자치적 과정을 통해 이웃 간 관계가 강화되고 이를 통해 복지가 강화된다고 본다. 여기서 자치는 기존의 복지가 가진 소극성, 협소성을 극복하고 근본적인 변화를 시도하기 위한 중요한 지렛대로 활용되고 있다. 자치는 복지 그 자체는 아니지만 복지를 가능하게 만드는 중요하고도 핵심적인 도구로 이해하고 있다. 자치는 민주적 소통과 참여를 기반으로 하기에 복지의 기반을 확고하게 만드는 효과가 있다고 본다.

그런데 광산구에서 나온 자료들을 보면 자치와 복지 연계에 대한 서술들이 다소 산만하다는 느낌을 받는다. 사회과학적이라기보다는 당위의 주장에 가까운 표현들이 많고, 설득의 자료이기는 하나 개연성을 지닌 개념들을 장황하게 제시하여 명료한 주장이라고 보기 어려운 부분이 있다. 이를 볼 때, 광산구의 현실적인 모습은 실천을 통해 이론적 한계를 보완했던 것으로 파악된다. 다시 말해 논리적 모습은 다소 부족했지만 구체적인 활동을 통해 그것을 극복해왔고 실제 그렇게 실현시켜 왔다고 평가할 수 있다. 광산형 모형은 '지역복지 전달체계가 나눔과 배려, 주민의 자치력을 강화하여 주민이 마을 안에서 복지의제를 찾고 해결하는 모델'(광산구청, 2016: 9)로 정리할 수 있다.

(2) 서울특별시 금천구

금천구는 서울특별시의 남서부에 위치한 구로 10개의 행정동이 있으며 인구는 약 23만명 가량이다. 금천구의 지역특성은 크게 4개의 단어로 소개된다. '공장' 밀집 지역으로 '외국인'이 많은 '도시'지만, 아파트보다는 다가구와 다세대 주택이 많아 지역 토박이들의 '정'을 느낄 수 있는 곳이다.

금천구는 복지와 관련해서 2012년부터 주민주도 사회안전망인 '통통희망나래단' 운영을 통해 통합서비스를 제공하기 시작하였고, 이후 마을공동체 활성화 사업과 연계사업을 실시해왔다. 자치와 관련해서는 2017년 구단위에서는 전국 최초로 전 동이 기존 주민자치위원회을 주민자치회로 전환시켜 자치를 행정 전반에 중요한 원칙으로 간주하였다. 금천구의 자치와 복지 연계 이해를 위해서는 우선 복지영역과 자치영역으로 구분하여 접근할 필요가 있다.

금천구는 2011년부터 복지전달체계를 개선시키려는 시도를 하였고, 2012년 통통(通通)희망나래단, 통통복지콜센터 등을 운영하였다. 전자는 현 동지역사회보장협의회 모형이라고 볼 수 있고, 후자는 복지상담 및 안내를 원스톱으로 해결하는 기능을 가진다. 현재는 일반화되었지만 시작 당시에 복지사각지대 발굴, 주민주도적 상시적 사회안전망 체계 운영은 매우 새로운 접근이었다. 2015년에는 복지행정 강화를 위한 조직개편으로 구의 복지정책과 내에 마을복지팀을 신설하였고 동 단위에는 팀을 증설하여 서울시의 찾동과 연계된 사업을 시행하였다. 4060 중장년층 1인 가구와 홀로 사는 노인이 많은 금천구는 2016년에는 1인 가구와 고독사 문제가 이슈화되면서 방문 안전망을 통합하고 이웃 관계망을 넓히는 사업들이 요구되었다. 이에 2016년에는 15번의 정책토론회를 거쳐 기존의 복지전달체계에 대한 개선사업을 전개하였다. 또한 신설된 동복지협의체를 중심으로 주민총회를 개최하여 발굴의제를 동단위 복지사업으로 추진하였다. 금천구는 복지전달체계를 선도적으로 발전시키며 복지에 적극성을 보여 온 자치구로 평가된다.

자치영역의 경우, 오랫동안 주민자치위원회가 있었지만 동행정 자문역할에 그쳐 진정한 주민자치와는 차이가 있었다. 이런 와중에 서울시에서는 '서울형 주민자치회'를 도입하였고, 금천구는 2017년 전체 10개동 중 6개 동이 시의 지원하에 주민자치회를 시행하게 되었다. 구는 시의 지원을 받지 못하는 4개 동에 구비를 편성하여 동 전체에 주민자치회 전환을 지원하였고, 주민자치회의 활성화를 위한 의사결정권, 예산운영권, 관련 행정권한 위임 등을 실시하였다.

2017년 10월 조례를 제정하였고, 동 사업비도 1억 4,700만원을 편성하는 등 주민자치의 실행력을 높일 수 있는 여러 가지 조치를 실행하였다. 현장 추진체계를 구축하기 위해 중간조직인 주민자치사업단을 구성하였고, 전 동에 동자치지원관을 배치하였다. 금천구 전체에 22명의 주민자치 관련 인력이 충원되었다(금천구, 2019).

▌표 3-8▐ 주민자치회 지원체계

구분	구 주민자치사업단 (2명)	동자치지원관 (동별 1명)	주민자치회 간사 (동별 1명)
주요 역할	• 주민자치 동간 네트워크 구축 및 협업체계 구축 • 동별 주민자치회 운영 컨설팅, 모니터링 • 주민자치 역량강화 교육, 워크숍 • 주민자치 주요자료 아카이빙	• 주민자치회 구성 및 운영촉진 • 자치계획 수립 및 운영지원 • 주민총회 기획 및 운영지원 • 주민자치학교 운영 • 주민자치회 사업 실행 지원	• 자치회관 운영 및 관리실무(프로그램 강사 및 수강료 관리) • 주민자치회 실무 지원

그 외 2018년에는 기간별로 여러 사업을 실시하여 주민총회를 통해 83건의 마을사업을 결정하였다. 사실 금천구는 2016년을 '마을 민주주의 원년'으로 선언하고 주민과 주민센터에 예산과 권한을 부여하는 상향적 자치를 이미 시도하였다. 그 대표적이 사례가 동네 여건에 맞는 정책을 발굴하고 직접 실행하는 '동 특성화 사업'이다. 이 사업은 찾아가는 동주민센터를 거점으로 동네주민들이 직접 동네정책을 기획-실행-평가하는 마을민주주의 사업이다. 구는 2016년부터 전국 최초로 가장 작은 단위인 동에 정책결정권과 예산집행 권한을 부여하였고 동별 연간 구비 2,500만원을 지원하여 실행력을 강화하였다.

금천구의 사례는 서울시의 혁신적인 정책와 긴밀하게 관련된다. 서울시의 대표적인 복지사업 중의 하나인 '찾아가는 동주민센터' 사업의 마을공동체 및 주민자치 활성화 사업의 하나로 '서울형 주민자치회' 사업이 2017년 4개 자치구(성동, 성북, 도봉, 금천) 26개 동에서 시범사업이 시행되었고, 시는 실행력을 가지기 위해 예산과 인력을 투입하였다. 이러한 조건에서 금천구는 모범적인 주민자치회 사업을 수행한 것이다. 이러한 변화의 중심에는 구청장이 핵심적인

해소, 주민갈등 사전 예방, 청소년 연계 자치사업 전개, 마을만들기 사업, 지역경제 활성화, 소통과 화합의 장 마련) 58개 주민주도형 마을사업을 발굴 · 시행되었다. 시행과정에 어려움이 없는 것은 아니었다. 자치위원 참여가 기존 기득권층에서 벗어나지 못하는 문제가 있었다. 이를 위해 제도 개선을 추진하여 관련 조례에 사전교육을 자치위원 필수자격으로 명시하고 자치위원 선정을 공개추첨 방식으로 변경하였다. 또한 자치력 함양을 위한 교육프로그램을 개발하였고, 도농복합도시의 특성을 고려하여 주민자치 모형을 구축하였으며, 현재 주민이 쉽게 참여할 수 있도록 온라인 어플리케이션을 개발하고 있다.

복지영역의 경우, 당진시는 종합적이고 체계적인 보건복지 인프라 구축을 진행해왔다. 대표적으로 당진시종합복지타운(노인, 장애인복지관 등 10여개 기관 입주)을 건립하였고, 2012년에는 당진시복지재단을 설립하여 보다 전문화된 복지서비스를 제공하고자 하였다. 지역복지의 핵심적인 기관으로는 당진시지역사회보장협의체가 있으며, 7개의 실무분과를 운영하고 있다. 시지사협은 지역사회보장계획 수립, 동네방네 찾아가는 이동복지관 사업 등의 사업을 수행하였다(당진시지역사회보장협의체, 2019). 읍면동의 경우 14개의 동지역사회보장협의체가 운영되고 있으며, 위원들의 역량강화에 힘쓰고 있다.

청소년과 연계한 자치사업 전개(당진2동 외 3개 지역)

- 청소년 주민자치 동아리'나라찬'구성 운영
- 청소년 참여 100인 토론회 개최 → 제안사업 공모신청
- 청소년 꿈 코칭 프로그램 운영(직업체험 탐방)
- 부모님과 함께하는 지역문화탐방단 운영

청소년 100인 토론회

▮그림 3-2▮ 당진시의 청소년과 연계한 자치사업 전개

당진시의 자치 복지 연계의 대표사업은 '주민주도형 마을계획'이다. 마을계획단을 구성하여 분야별 마을사업을 발굴하고, 주민총회를 거쳐 마을사업의 우선순위를 정하고, 지역주민들이 참여하여 사업을 실시하는 구조를 가진다. 이러

한 과정에서 마을의 복지관련 의제들이 제안되고 실행되는 과정을 가진다.

현장방문 시 면접을 했던 주민자치팀 관계자에 따르면, "지역안건에 복지안건이 많으며, 자치와 복지의 연계 필요성은 높다"고 평가했다. 그런데 이에 비해 실제 공무원들의 준비는 부족하다는 평가를 했는데, "사실상 자치나 복지 분야 각자가 자기 일을 잘하고 있는 상태"로 평가했다. 다른 한편으로 "지역사회가 여전히 전통적인 모습을 간직하고 있어 마을리더의 의견에 대해 다른 의견을 제시하기 힘든 문화적 측면이 있다"고 언급했다. 그렇기에 지역 내 의사결정 구조의 개선은 지속적으로 노력하고 있다고 밝혔다(2019.7.24).

당진시의 이러한 변화의 시발점은 민선 6기와 현 민선 7기를 역임하고 있는 시장에 의해서이다. 독특하게도 현 시장은 주민자치를 전면에 내세운 행정을 실시하였고, 이러한 배경에는 충남도지사였던 안희정 지사의 영향이 크다고 평가된다. 안지사는 2010년 민선 5기 지방선거를 통해 당선된 뒤 도정 전반에 주민자치를 반영하는 혁신적인 행정을 펼쳤다(서정민, 2017). 그렇기에 현장에서는 충남도의 주민자치는 타 시도의 주민자치 전략과 차별성이 있었다는 평가다.

자치 복지 연계와 관련하여 당진시 사례의 특징은 개별 영역 각자가 본연의 임무를 충실하게 수행하고 있으면서 마을계획의 실행과정에서 그리고 복지사업 내의 자치적 원리를 강조하는 방식으로 사업이 수행되고 있다고 정리할 수 있다. 이는 참여자의 서면 인터뷰 자료에서도 고전적인 복지 사업이라고 볼 수 있는 읍면동보장협의체의 사업과 주민총회를 통한 복지관련 안건의 제시가 주된 연계 사업을 제시되고 있는 것(C-1, C-2, C-3, C-4)을 통해서도 확인할 수 있다.

- "실질적 주민자치와 복지의 연계라기보다는 아직까지는 민간사회복지기관의 공공부분과의 연계를 추진하고 있는 상황이라고 보는 것이 적절할 것입니다." (C-4)

이러한 자치와 복지의 연계성과는 다음과 같이 제시된다.

- "주민이 복지서비스 수혜의 대상이면서, 동시에 복지문제 해결을 위해 스스로 정책을 주도하고 민간자원을 공유하는 주체로서 인식함으로써 선순환적 복지공동체를 형성하는 데 기여합니다. 또한 지역주민의 공동체 의식 함양 및 소외된 이웃에 대한 포용

성 향상 및 인식 개선에도 기여하고 있습니다.” (C-2)

- “주민 스스로 수혜대상자를 발굴 실행함으로써 서로의 만족도가 높으며, 복지의 아주 작은 부분부터 주민이 직접 가능하다는 인식을 증진시키고 있어 복지에 대한 행정과 주민 간에 협치가 이루어지고 있습니다.” (C-3)

3) 서면 질문지 분석결과

연구방법에서 제시하였던 서면 질문지의 내용을 분석하면 다음과 같다. 내용분석은 참여자들이 언급한 내용 중 공통적인 내용을 중심으로 정리하였다.

① 주민자치의 개념 정리의 경우, 참여자들에 따르면 주민자치는 다음과 같은 요소를 포함한다. 주민들이 자발성에 의해서 스스로 행동하며, 지역문제에 대해 적극적 참여하고, 지역의 주체가 되는 것을 의미했다.

- 마을의 주인인 주민 스스로 마을의 문제를 논의하고 의결하여 결정하고 책임지는, 주민이 지방정부의 주체가 되는 주민들의 활동 (A-3)
- 관 주도의 행정의 한계를 극복하고, 주민의 필요와 욕구를 스스로 찾아내어 문제 해결을 할 수 있도록 예산, 인력, 체계 등의 권리와 의무를 부여하여 주민이 만들어가는 행정 (B-1)
- 주민자치는 지역주민이 “내가 이 지역의 주인이다”라는 주인의식을 갖는 것에서 출발하여 행복하고 살기 좋은 마을 또는 지역을 만들기 위해 주민 스스로가 참여하여 마을 일을 꾸려가는 것을 말하며, 지역의 현안문제를 주민 스스로가 논의 · 해결하는 참된 민주주의 실현의 도구 (C-2)

② 자치와 복지의 연계가 필요한 이유를 정리하면, 지역에서 주민들의 일상은 모두 삶의 질과 연결되므로 이는 곧 광의의 복지이며, 이를 효율적으로 달성하기 위해서는 주민들의 욕구가 잘 반영되어야 한다. 또한 주민참여를 통해 공동의 문제를 해결하는 과정에는 자치가 중요한 방식이므로 복지를 확대하기 위해서도 자치가 필요하다. 또한 자치가 확대되면 공동체의식이 강화되어 자연스럽게 지역의 사회적 약자에 대한 관심이 높아진다고 보았다.

- 마을 안에서 복지는 주민들이 살아가는데 필요한 정서적 사회적 지원 및 교류와 소통을 강화하는 부분이 점차 강화됨. 따라서 복지와 자치의 경계가 모호해지고 있음. 자치는 지역 안에서 삶의 편의나 편익을 높이는 개념인 반면, 복지는 정서적, 사회적 관계의 개선을 의미함으로써 두 가지가 함께 가야지 주민의 총체적인 삶의 질이 향상될 수 있음 (A-1)

- 주민자치의 궁극적 목표인 지역공동체 회복 및 활성화가 곧 지역복지실천 (주민과 지역사회가 주도성과 공생성으로 서로 돕는 실천활동)임. 지역에 거주하는 주민 또는 보호(돌봄)가 필요한 당사자(약자)를 돕기 위해 마을 또는 지역에서 민관 협력방식, 지역자원 서비스 전달 등을 계획하고 지원하고자 하는 운영목표가 동일하다고 보며, 당연히 자치와 복지 연계도 이어져야 한다고 생각됨. 자치와 복지의 주체는 주민의 주도성을 이루어지므로 별개가 아니라 함께 가야한다고 생각됨 (B-2)

- 복지사각의 발굴은 기존 관 주도의 행정만으로는 접근의 한계가 있어, 주민커뮤니티 형성을 통대 보다 촘촘한 사회적 안전망을 구축할 수 있음. 주민자치를 통해 주민 스스로가 지역복지시스템에 대해 관심을 가지고, 복지안전망을 구축하여 보다 효율적인 복지서비스 지원 가능함 (C-3)

③ 자치가 어떤 과정을 거쳐 복지에 영향을 미치는가의 경우, 주민자치가 강화되면 우선 당사자 스스로의 역량이 강화되는데 여기에는 지역에 대한 이해와 인식, 관심, 공감 등이 확대되고 이를 통해 지역문제에 대한 적극적인 행동으로 연결된다. 이러한 과정을 통해 대표적인 지역문제인 복지문제에 관심을 갖게 된다. 주민자치 활동의 상당수는 지역주민의 복지와 관련된 사업이 많으므로 결과적으로 자치를 강화한다는 의미는 복지를 강화한다는 의미와 유사한 효과를 가지게 되는 것이다. 여기서 복지는 마을계획이나 대동회 등을 통해 공동체 구성원 모두가 참여하므로 공동체를 강화하는 효과를 가지게 되고, 구성원이 모두 참여하는 가운데 사회적 약자도 당사자로 그리고 주체로 참여하여 대상화가 극복되고 사전적 예방적 효과를 가지게 된다.

- 복지를 중심으로 이야기 하면 복지당사자와 복지대상자들이 함께 의논하고, 함께 결정하고, 함께 무엇인가를 하면서 주민들과 복지대상자들은 존중받게 되고, 그 과정에서 상호 복지의 정서적, 사회적 요소가 형성됨. 주민참여, 주민주도 결정, 주민주도 활동 등을 통하여 마을복지공동체가 실현된다고 본다. (A-4)

- 주민자치가 실현되면 마을의제(교육, 청소, 일자리, 환경, 주차 등)와 함께 복지의제(돌봄, 사회적 고립가구, 어르신, 영유아 등) 발굴에도 기여하여 주민자치 예산, 인력, 실행력 등 자발적 계획에 의해 성실한 추진과 성과를 기대할 수 있음. 또한 복지문제는 당사자와 이웃 주민들이 함께 해결할 때 효과가 더욱 크므로 주민자치와 더불어 마을 공동체가 활성화되며 보편적, 예방적 복지 실현이 가능함 (B-1)
- 주민자치가 확산되면 참여의 층이 다원화되고 지역 내 의사결정 과정에 복지관계자 등이 참여하여 좀 더 나은 복지체계 만들기 위한 의견을 제시할 수 있으며 주민총회 등 공론화과정을 통해 주민들이 복지서비스에 대해 이해하고 관심을 가질 수 있도록 유도할 수 있음 (C-3)

④ 대표사업의 경우, 지역에 따라 자치와 복지 연계사업은 다양하게 제시된다. 광주광역시 광산구의 경우, 마을대동회를 개최하여 지역의제들을 논의하는데 이중에 복지의제를 발굴하고 추진하는 사례가 제시된다(A-4). 특히 우산동 내 하남주공1단지에서는 '마을과 이웃이 의사다-마을 치유 프로젝트'라는 사업을 실시하였는데, 어떻게 주민들의 힘과 지혜로 해결할 것인가를 목표로 ① 사업목표, ② 사업 목록, ③ 주민 역할 나누기, ④ 시행주체 마련 등 이런 부분들을 주민들과 함께 결정하고 주민들과 함께 진행하면서 자치와 복지가 결합된 사업을 추진하였다.

서울특별시 금천구의 경우, 2015년부터 시작된 동특성화사업의 복지의제 발굴과 수행은 대표적인 자치 복지 연계사업이라 할 수 있다. 또한 중장년층 자조모임 운영사업을 실시하고 있는데, 은둔형 중장년층들을 사회 밖으로 이끄는 자조모임 운영(동별 1개 이상)을 통해 그들이 마을 안의 일원으로 역할을 수행할 수 있도록 하고 있다. 다양한 마을사업에 당사자들이 투입되고 주민자치와 함께 결합하면서 서로 시너지 효과를 내고 있고, 구 단위에서는 동행(함께 행복한) 프로젝트로 확대하여 운영하고 있다. 복지사업 대부분이 주민과 복지당사자가 함께 하는 공동체 사업으로 추진되어 상호 만족도가 높다고 평가된다(B-3).

충청남도 당진시의 경우, 주민주도형 마을계획을 통해 마을사업을 발굴하고 주민총회 과정을 통해 주민이 참여하는 구조를 특징으로 한다. 하지만 실질적인 주민자치와 복지의 연계라기보다는 아직까지 민간사회복지기관의 공공부분과의 연계 수준에서 사업을 추진하고 있는 상황이라고 밝힌다(C-4). 현재 복지 사업별로 낮은 수준에서 협업하고 있는 상황으로, 향후 주인공 사업과 같은 공동체 활성화와 주민참여가 담보될 시 복지관련 사업추진이 강화될 것으로 기대하였다.

- OO복지관을 중심으로 이야기 하면 지방선거시 "마을정치운동-마을공약운동"이 있었음. 주민들이 마을총회를 퍼실리 방식으로 하여 마을 공약5가지를 준비하고 이 공약을 주민들과 공유하고 주민대표들이 주요 출마자들에게 제시하고 당선 시 이를 이행하게 하는 운동을 진행함. 또한 하남주공1단지 주민협의회와 복지관이 주도적으로 마을의제를 마련하고, 이를 해결하는 활동을 진행함. 마을의제 중 마을 돌봄 실현이었는데 제도적으로 해야 할 영역과 주민들이 직접 해야 할 영역을 구분하여 진행함. 주민영역은 마을가족운동과 골목대장 사업 등으로 대표 될 수 있음. 복지관 입장에서 말씀드리면 복지사업을 어떻게 주민들에게 물어보고, 어떻게 결정하고 어떻게 주민들과 함께 역할을 나누는가가 중요하다고 생각함. 주민자치를 중심으로 본다면 주민들의 삶과 아주 밀접하게 연관되어 있는 복지 영역을 주민들이 스스로 의제 마련, 의제 실현 방법 결정, 역할 분담 등의 과정이 자치 방식으로 진행되어야 한다고 봄 (A-4)
- 크게 두 가지 정도를 제시하면, 첫째, 중장년층 자조모임 운영: 은둔형 중장년층들을 사회 밖으로 이끈 자조모임 운영(동별 1개 이상)으로 그들이 마을 안의 일원으로 역할을 하고 있음. 다양한 마을사업에 당사자들이 투입되고 주민자치와 함께 결합하면서 서로 시너지 효과를 내고 있으며, 구 단위에서는 동행(함께 행복한) 프로젝트로 확대하여 지속적인 전달체계 사업으로 운영하고 있음. 둘째, 동네방네 복지플랫폼 사업임. 사각지대 발굴과 촘촘한 안전망 구축을 목표로 추진하고 있는 이 사업은 동네 거점구역 3~4곳에 '동네방네복지통'(사각지대 신고함) 설치, 주민안전망 '동행지기', 서울시 공모사업으로 진행 중인 '동 복지대학' 등 실질적인 운영에 있어 주민의 역할이 무엇보다 중요한 사업으로 주민자치회(복지분과)와 유기적인 연계로 이루어지고 있음. 이 밖에도 우리 구는 2015년부터 시작된 동 특성화사업의 복지의제 발굴과 수행은 대표적인 연계사업이라 할 수 있음 (B-3)
- 우리 지역은 첫째, 동네방네 찾아가는 이동복지관 프로그램이 대표적임. 관내 복지관이 없는 6개면에 주민자치위원회, 지역사회보장협의체 위원들과 연계하여 주민의 욕구를 반영하여, 성인과 아동 대상 프로그램을 사회복지 유관기관들과 연계하여 의료보건복지서비스, 문화공연서비스, 사회복지 홍보 및 체험 서비스, 생활편의지원서비스 등 매회기 30여개 기관이 협력하여 찾아가는 형태로 서비스를 제공하는 사업임 다음으로 주민총회를 통해 복지관련 안건 도출(개인균등분 주민세를 통한 재원마련)

임. 예를 들면, 송산면 복지서비스 제공을 위한 지역복지DATA 구축 사업, 당진2동 청소년쉼터 만들기 사업 등이 제시될 수 있음 (C-2)

⑤ 자치 복지 연계의 성과는 여러 차원에서 제시된다. 단순하게 서비스가 확대되거나, 주민들의 복지체감도가 증가되는가 하면, 지역문제에 자발적으로 참여하면서 주민역량이 강화되고, 공동체 의식도 강화된다. 지역 내 자신들의 문제를 스스로 발견하고 해결하려는 움직임이 증가하고, 이러한 힘들이 소외된 이웃이나 복지문제로 확대되고 있다고 평가한다. 지역에 따라 자치 복지 연계 수준이 높은 지역이 있는가 하면 아직은 자치 복지 연계가 단순한 협력 수준에서 이루어지는 지역도 있다.

- 동에서 복지가 중심이 되면 복지 제공자와 수혜자가 이분적으로 구분되어 낙인 효과가 받는 사람이 구분되는 형상이 아직도 만연하데 자치를 중심으로 복지가 이루어지면 바로 이웃들이 자연스럽게 찾아가 그들의 필요한 것을 제공할 수 있음. 주민자치를 통해 복지와 결합하면 주민들이 직접 사안들을 논의하여 결정하기 때문의 주민들 개개인에게 필요한 복지, 지역특성에 맞는 복지를 제공할 수 있음. 주민자치와 주민참여를 지속하면서 자치 분야에 관심이 많아지지만 점차 복지적인 분야에 눈길을 돌리고 지원하게 됨 (A-1)
- 주민총회를 통해 의제 우선순위 투표(주민이 복지 의제를 함께 생각하며 우선순위를 정하는 과정에서 시급성과 필요성 등을 고려하게 됨). 주민총회(주민자치)로 결정된 의제에 대하여 예산과 인력(단체)가 지원되므로 신속하고 책임 있는 추진 확보 가능. 복지사업 대부분 주민과 복지당사자가 함께 하는 공동체 사업으로 추진되어 상호 만족도가 높음 (B-1)
- 지난 몇 년간의 경험을 통해 주민들이 마을의 의제를 발굴하거나 문제에 대해 논의를 할 때 자연스럽게 복지 감수성이 생기게 되고, 참여하고자 하는 주민들이 늘어나고 있음 (B-3)
- 주민 스스로 수혜대상자를 발굴 실행함으로써 서로의 만족도가 높으며, 복지의 아주 작은 부분부터 주민이 직접 가능하다는 이해도를 증진시키고, 복지에 대한 행정과 주민 간에 협치를 이룰 수 있음 (C-3)

⑥ 자치 복지 연계를 추진하였던 지역에서 어려운 점은 여러 가지가 있지만

대표적으로 제시하였던 내용은 크게 3가지이다. 첫째는 행정의 성과주의, 둘째는 주민의 무관심, 그리고 셋째는 자지 복지 연계 사업 그 자체의 어려움이다. 행정의 성과주의는 사업 시작과 동시에 성과를 기대하는 조급증과 관련되는데 자치 복지 연계 사업은 기본적으로 '기다리는' 사업이라는 사업 특성을 이해하지 못하는 것에서 시작된 것이다. 주민의 무관심은 참여의 무관심에서 주민리더 발굴의 어려움, 참여의 무책임성 까지 여러 가지 내용들이 있다. 연계사업 그 자체의 어려움은 사업 특성이 과정마다 세심함과 정성을 다해야 하는 특성을 가지므로 더 많은 노력과 주의가 필요하기 때문이며, 제도적인 차원에서 부서의 단절, 주민자치위원회와 협의체의 역할 중복 등 다양한 요인이 존재한다.

- 행정의 성과주의, 주민의 무관심. 주민자치는 주민의 자발적 참여가 중요한데 행정은 시작과 동시에 뭔가 구체적인 성과가 나타나길 기대한다. 그러나 그건 불가능하다. 주민들이 뭔가 해보려 하지만 잘 안될 수도 있고 실패할 수 도 있는데 행정은 그것을 용납하기가 쉽지 않다. 지금 당장 주민참여가 적다고 주민을 동원하거나 주민들의 이야기를 듣기 불편해하는 경향이 있음 (A–1)
- 하남주공으로 말하면 물리적 시간, 주민리더 발굴의 어려움이 가장 힘든 점임. 아주 치밀하게 과정 과정마다 성과를 염두에 두고 정성을 다해야 하는데 사업 수행과 실적에 연연하게 됨 (A–4)
- 동에서의 경험을 생각해보자면, 자치 복지 연계 사업을 추진하면서 예기치 못한 변수와 상황이 생길 때가 있음. 예를 들면, 당사자가 마을행사에 오시기로 당일 아침에 아무 이유 없이 불참하거나, 술이나 개인정보 등 민감한 문제로 갈등이 생기기 마련임. 이럴 때에는 특히 감수성을 가지고 상호 이해할 수 있도록 조정하는 역할과 팀장, 동장의 자세가 중요하다고 생각하며, 주민자치, 복지사업 각각을 수행할 때보다 훨씬 더 많은 노력과 주의가 필요한 부분이 있음 (B–3)
- 타율에 익숙해져 있는 관계로 의식 전환이 어려우며, 지역 내의 참여 중인 한정된 인적자원 이외의 자원을 발굴, 조직하기가 어려움 (C–1)

⑦ 향후 중앙정부의 자치 복지 연계 전달체계 개편과 관련하여 반드시 개선해야 할 부분에 대해서는, 참여자들은 주체들 간의 명확한 역할 설정과 그에 따른 역량강화가 중요하다고 보았고, 사업 방향성에 대한 명확한 이해가 필요하

다고 보았다.

- 자치적 방식을 복지에 적용시키는 핵심은 주민 존중, 주민 주체, 관계와 상호복지, 공동체 복지 실현이라고 볼 수 있음. 문제는 주민센터에 일종의 지역사회발전 전략 차원에서 주민조직화와 주민 참여, 주민활동을 능수능란하게 지원할 리더십을 발휘할 공무원이 있는가 하는 문제임. 이와 더불어 마을활동가 지원 등 일을 할 수 있는 인력을 지원하는 것이 무엇보다도 중요하다고 봄. 또한 동주민센터를 자치와 복지의 결합의 실천적 장으로 조성하려면 자치구 단위의 지원조직과 지원팀을 구축하는 것이 중요하다고 봄. 동주민센터에 아무리 인적 예산 지원을 한다고 하더라도 행정적, 전문적, 예산적 지원체계를 갖추지 않으면 동주민센터 담당이 누군가에 따라 사업의 성패가 결정되는 경우와 사업이 왜곡되는 경우가 많음. 그 외 동지역사회보장협의체가 자치와 복지를 연계하는 무엇인가를 하기 위해서는 동 지역사회보장협의체 구성원의 역량강화와 더불어 지역사회보장협의체를 지원하는 지원체계를 튼튼하게 꾸리는 것이 중요함 (A-4)
- 주민자치와 복지는 함께 가야한다고 생각하지만, 민간의 입장에서 공공을 바라보는 관점에 대해서는 아직까지 부정적인 시각이 많아 전달체계 구축이 또 다른 형태라는 이름으로 현재와 유사하지 않을까 생각됨. 공공 부서 간의 이해관계, 정보교류, 협조 등도 아직까지는 민간 조직보다 부족하거나 소극적 네트워크가 이루어지는 현재 상황에서 주민자치, 주민참여라는 명분 아래 자칫 주민이 주체성을 발휘할 수 있는 전달체계가 될까라는 의구심이 듦. 주민참여와 자치를 위해서는 행정조직 단위에서의 조직문화 분위기 개선이 필요함(실적 중심, 형식적 운영, 담당자 간의 업무에 대한 이해, 열정 등의 격차 심화 등) (B-2)
- 당진시의 경우 읍면동 주민자치위원회가 잘 발달되어 선도적인 운영을 하고 있는 상황으로 법적 구성기구인 읍면동 지역사회보장협의체와 역할 중복 및 우선순위 등 마찰 등이 발생할 것으로 예상됨에 따라 두 단체 간 역할조정이 필요할 것으로 판단됨. 대안으로 마을계획을 수립할 읍면동 주민자치협의회의 복지분과는 지역사회보장협의체에서 맡아서 운영하는 방법이 있을 것임. 또한 실질적 운영을 위한 수당지급 등 다양한 행정적 지원이 필요할 것임. 또한 주민자치와 복지연계에서 필요한 커뮤니티 공간 마련도 필요하다고 생각됨. 단순히 모여서 회의만 하는 것이 아니라 복지서비스가 필요한 사람들도 직접 이용할 수 있는 공간마련도 필요한 과제로 생각됨 (C-4)

⑧ 주민자치와 복지를 연계하는 전달체계 사업이 전국적으로 확대될 만큼 중요하다고 생각하는가에 대해서, 참여자들은 대부분 자치 복지 연계가 필요하고

이것이 전달체계에 중요한 내용으로 포함되어야 한다고 생각했다. 설문 대상자가 대부분 자치 복지 연계를 추진했던 이해관계자들이기 때문에 이러한 입장이 나타나는 것은 당연하다고 볼 수 있다. 그러나 구체적인 내용을 보면 참여자들마다 강조하는 지점이 조금씩 다르다. 복지관 등 민간 쪽에서는 기존 전달체계 구축과정에서 경험한 피해의식이 있어 왜곡된 방식으로 진행될 수 있다는 우려가 있고(B-2), 실질적으로 주민참여를 강화할 내용에 대해 정부가 주저하는 태도를 보이고 있다고 평가를 내리기도 했다. 주민자치나 주민참여가 없는 복지는 생각할 수 없으므로 이러한 방향은 바람직할 뿐만 아니라 불가피한 것으로 보는 입장도 있다. 향후 커뮤니티 케어 등이 확산된다면 사업수행에 있어 자치 복지 연계는 필수 불가결한 요소로 보았다.

- 지방분권시대 주민자치 실현을 위해서는 자치와 복지가 반드시 연계되어야 한다고 생각함 (A-2)
- 아주 중요하다 생각함. 자치력이 없는 마을복지는 불가능 (A-3)
- 복지를 자치적 방식으로 진행하는 것이 중요하다고 생각함. 동주민센터는 다양한 주민조직 및 주민들의 참여, 주민들에 의한 복지 수행 등을 고민해야 하고 실천해야 복지를 통해서 사람과 마을을 살릴 수 있다고 봄 (A-4)
- 주민참여형 복지 특히, 고독사 예방이나 전달체계에 있어 공공의 한계를 극복할 수 있는 부분은 분명 주민에게 있다고 봄. 그러한 주민력은 주민자치를 경험을 했을 때 더 발휘하거나 역량 또한 강화된다고 생각함. 그러므로 자치단체의 특수사업으로 여길 것이 아닌 전국적으로 확대되어야 할 것임 (B-3)
- 주민자치를 확대하기 위해서는 복지가 반드시 연계되어 진행되어야 함. 획일적인 연계 모형이 아니라 지역특성과 자원을 반영한 연계모형이 되어야 함 (C-1)

CHAPTER 04

공공조직 내 복지직 관리자는 어떻게 확보될 수 있는가? - 복지직 5급 직렬통합 논의를 중심으로

이 논문은 서울사회복지행정연구회에서 발주한 '지방사회복지직 상위직급 구조개선 방안 연구'(책임연구자 김이배)의 일부이며, 2019년 한국사회복지행정학회 추계학술대회(2019.10.21)에서 발표한 내용을 수정 보완한 것입니다.

CHAPTER 04

공공조직 내 복지직 관리자는 어떻게 확보될 수 있는가? – 복지직 5급 직렬통합 논의를 중심으로

요약

본 연구는 공공조직 내 사회복지전담공무원의 상위직급인 5급 사무관의 직렬통합과 관련된 쟁점사항을 검토하여 인사구조 개선에 기여하는 것이 목적이다. 핵심내용은 현재 5급인 지방사회복지사무관을 지방행정사무관으로 통합하자는 안이다. 이에 대한 찬성, 반대 입장의 쟁점 검토를 통해 직렬통합의 타당성을 검토해 보고자 하였다. 연구방법으로는 문헌연구와 질적연구 방법의 하나인 관계자 심층면접(in-depth interview)을 실시하였다. 연구결과, 통합인사가 단점보다 장점이 많은 것으로 분석되었다. 통합인사는 사회복지의 가치, 전문성과 배치되지 않으며, 공공조직뿐만 아니라 대상자 혹은 주민의 입장에서도 긍정적인 효과가 있는 것으로 분석되었다. 연구결과는 직렬통합 논쟁에 대한 생산적인 토론에 기여하고, 상위직급 구조개선에 기여할 것으로 판단된다.

핵심 용어: 직렬통합, 사회복지전담공무원, 사무관, 전문성

1. 서론

복지정책의 확대, 보편적 복지로의 전환 등 복지환경이 급변하고, 공공조직 내 복지인력증원 등 다양한 변화가 있음에도 불구하고 지방공무원 중 전문직렬인 사회복지직렬(이하 복지직)의 인사운영은 크게 개선되지 않고 있는 실정이다.

특히 복지직의 인력구조상 다른 행정직렬과 비교해 5~6급인 상위직은 적고, 7~9급인 하위직은 많아 조직기능에 상당한 문제가 있으며, 상위직급의 인사적체 문제가 지속적으로 지적되고 있다. 일반적으로 조직은 피라미드 구조를 가지며 상위직에 가까울수록 소수의 인원이 점유하고 있는 것은 자연스러운 일이지만 복지직의 경우 그것이 과도하다는 것이다.

이러한 상황에 상위직급이라고 할 수 있는 복지직 5급의 행정직 5급으로의 통합논의가 지속적으로 제기되고 있다. 핵심내용은 현재 5급인 지방사회복지사무관을 지방행정사무관으로 통합하자는 안이다. 이러한 제안은 여러 가지 쟁점이 있어 과거에도 몇 차례 공식적인 논의가 있었으나 체계적인 논의가 진행되지는 못하였다.

특히 이 주제는 단순히 직급의 통합 혹은 인사적체의 해소 방안에 한정되는 것이 아니라, 전문 직렬의 정체성 논의 특히 전문성 논의, 직급별 역할에 대한 설정과 합의 문제, 사회변화에 따른 관리직 역할 변화의 방향성, 효율적인 인사행정 운영방안 등 다양한 영역에 걸쳐 있는 복합적인(complicated) 주제였기 때문이다. 서로 상이한 관점 때문에 통합 논의에서 찬성과 반대의 서로 대립하는 입장이 존재하고 있다. 과거에는 복지직이 소수였기 때문에 이러한 논의가 심각하게 거론되지 않았으나 최근 복지직의 인력증원이 급격히 진행되었고 향후 복지직의 인력증원이 더 요구되는 시점에 이와 관련된 논의는 상당한 실익이 존재한다. 그렇기에 이와 관련된 다양한 쟁점들을 살펴보고 타당성을 검토할 필요가 있다.

그러므로 본 연구는 복지직 상위직급의 직렬통합과 관련된 쟁점사항을 검토하여 인사구조 개선에 기여하는 것이 목적이다. 이를 통해 공공조직 내 복지직 관리자는 어떻게 확보될 수 있는지, 그리고 그 기능과 역할은 어떠한 방향성을 가져야 되는지 살펴보고자 하였다.

연구방법은 선행연구 검토, 이해관계자 면담, 설문조사 등 다양한 수단을 활용하였고, 전체적인 연구방법은 사례연구(Case Study)의 성격을 가진다. 사례연구를 통해 주제와 관련된 여러 가지 쟁점들을 총체적으로 살펴보고자 하였다.

연구결과는 다음과 같은 효과를 기대한다. 첫째, 공공조직 내 복지직 상급자의 복지전문성은 무엇을 의미하고 어떤 위치에 있는지 성격 분석을 통해 그 특성을 이해하도록 돕는다. 둘째, 복지직 5급 직렬통합의 찬반 분석을 통해 어떤 입장이 타당한지 분석한다. 이를 통해 생산적인 논의에 기여한다. 셋째, 복지직 상위직급의 확대방안 논의를 통해 상위직급의 구조개선에 기여한다. 이러한 논의는 궁극적으로는 건강한 복지전달체계 구축에 기여하는 것을 목적으로 둔다.

2. 이론적 배경

1) 복지직 직렬 운영의 배경과 현황

복지직 운영 논의에 앞서 직렬 운영의 배경을 간략히 살펴볼 필요가 있다. 공공복지행정 분야에 사회복지 전문가가 본격적으로 개입하기 시작한 것은 전문인력인 사회복지전문요원(현, 사회복지전담공무원)을 배치하면서부터이다. 1987년에 5개 광역시 동에 49명을 배치하였고, 초기 직급은 별정직 7급 지방공무원으로 임용하였으며, 사회복지사 자격증 소지자 중에서 선발하였다. 이러한 직렬 운영 배경에는 과거 빈곤 취약계층인 생활보호대상자(현, 기초생활수급자)를 선정하는데 있어 일반 공무원들이 업무를 수행하는 것이 어려웠기 때문이다. 대상자의 특수성으로 물질적 구호 이외에도 대상자에 대한 자활상담 및 체계적인 개입과 사후관리 등 전문적 서비스가 요구되었기 때문이다. 대상자 선정에 있어서도 과학적이고 공정한 업무처리는 필수적이었다. 이후 별정직이었던 사회복지전문요원은 여러 가지 노력으로 2000년 전후로 일반직인 사회복지직으로 전직이 되었다. 이러한 사회복지직 운영에 대한 결과는 공공사회복지행정에 사회복지전문직이 도입되어 질적 변화의 계기가 가능하였다는 것, 다양한 사회복지사업에 효율성을 기할 수 있다는 것, 그 외 공공영역뿐만 아니라 지역사회 내 민간과 연계하여 활동하는 등 여러 가지 측면에서 국민의 복지증진에 기여하였다는 긍정적인 평가(이정호, 1997; 김이배, 2019)가 존재한다. 전담공무원의 규모는 2017년 기준 22,711명이고, 이후 12,000명이 2022년까지 증원될 계획이다(일자리위원회 · 관계부처 합동, 2017).

▮표 4-1▮ 사회복지담당공무원(복지직+행정직) 배치현황(2017년 말, 명, 정원)

구분	계 (a+b)	시도 (a)	시군구					
			합계 (b=c+d)	본청 (c)	읍면동			
					소계(d)	읍	면	동
계	37,205.5	1,999	35,206.5	15,476	19,730.5	1,656	4,757	13,317.5
사회복지직	22,711.5	529	22,182.5	8,882	13,300.5	1,178.5	2,854	9,268
행정직 등	14,494	1,470	13,024	6,594	6,430	477.5	1,903	4,049.5

주: 시간선택제공무원(주 20시간)은 0.5명으로 산출.
출처: 보건복지부(2018.9). 2018 주요업무 참고자료.

그런데 문제는 이러한 직렬 운영의도와 실질적인 직렬 운영실태는 매우 다르게 작동하였다는 점이다. '사회복지' 전담공무원 제도가 시행된 초기 배경을 살펴보면, 사회복지 전공자를 선발한 이유는 지원하려는 대상자와 서비스의 독특성 때문이었다(김이배, 2010). 전담공무원 제도 운영의 핵심은 전문직 정체성 또는 전문성과 관련되는데, 일반적으로 '정체성이란 타자로부터의 분리와 자신의 내적 일관성 내지 일치성'을 말한다(이혜경, 1995). 그렇게 본다면 전담공무원은 사회복지사(social worker)이자 공무원(public servant)이 된다. 전문성 측면에서는 논란이 많다. 일반적으로 전문성이란 '어떤 분야에 대한 직무를 수행하기 위해서 필요한 그 분야 특유의 지식과 기술'이라 말할 수 있으며, 전문직이란 이러한 지식과 기능을 가진 자만이 할 수 있는 직무를 말한다고 할 수 있다. 전문성과 관련해 본래 의도는 사회복지사 자격을 가진 자가 그 본래의 전문성을 활용하여 대상자에게 서비스를 제공하는 것임에도 현실적으로 그렇게 운영되지 못하였다. 그 이유는 첫째, 전담공무원의 업무가 주로 소득조사나 행정업무 등으로 전문성이 낮은 수준이었다는 점, 둘째, 현재의 사례관리와 같은 대인서비스 기능은 거의 없었다는 점이다. 그러므로 과중한 업무와 부족한 인력 상황에서 서비스 수준은 일반 행정적 수준으로 제공되는 경향이 강했다. 그러므로 그에 대한 평가는 낮은 전문성을 가진 것으로 평가되었다. 또 다른 측면은 복지직의 업무가 너무 방대해져서 업무에 따라 요구되는 전문성이 다르다는 것이다. 선행연구에 따르면, 읍면동 근무시 담당자는 146개의 과업을 수행해야 한다(권승, 2013). 이런 상태에서 전문성은 초점이 맞지 않는 내용이 된다. 사회복지라는 영역이 광범위해지고 다양해지면서 그 모든 업무를 전담공무원이 수행하는 것은 사실상 현실적이지 않게 되었다. 그렇기에 전담공무원의 역할 방향성에 대한 논의가 확대되고 있다(이태수 외, 2007; 강혜규, 2014; 최지선, 2014; 김이배, 2016 등). 현행 업무 수행은 그것이 사회복지업무라고 하더라도 그 범위가 너무 넓고 다양해서 전문직으로서의 정체성을 확보하기 곤란하며, 향후 주업무 설정이 반드시 필요하다고 볼 수 있고, 그러한 주업무 설정은 직렬 정체성에 부합하고, 시대적 정책 흐름에 걸맞도록 업무 설정이 필요하다고 제언한다(김이배, 2016).

이렇듯 사회복지직렬 혹은 전담공무원 운영제도가 원만하게 운영되지 못한 것에는 정부 정책에 기인하는 이유도 있지만 조직운영상 실무자가 아닌 의사결정자로서의 관리자가 충분히 배출되지 못한 이유도 있다. 사회복지 업무의 특수성과 전문성을 고려한 사업추진이 되어야 함에도 일반행정적, 관료제적 운영원리가 지배적이었고, 별도의 전달체계가 아닌 종합행정의 한 부분으로 운영되었기 때문이다. 또한 조직과 사무운영의 방향을 결정할 관리자의 부재는 전문직렬의 운영원리가 적용될 수 없게 만들었기 때문이다.

2) 복지직과 전문성 논의

(1) 전문성 논의 흐름

본 절에서는 5급 직렬통합과 관련하여 가장 쟁점이 되고 있는 전문성 논의와 관련하여 살펴본다. 통합을 반대하고 있는 입장에서는 직렬통합이 전문성을 훼손하게 될 것이라고 보거나 혹은 서비스의 질 저하를 가져오게 될 것이라고 본다. 그렇기에 전문성(전문직) 논의의 흐름을 우선적으로 살펴본다.

복지학계와 실천현장은 오랫동안 전문직과 전문성에 대해 논의를 해왔다. 미국에서도 20세기 초반부터 사회사업가(social worker)를 전문직화하려 했는데 전문직의 성격을 놓고 현재까지도 논의를 하고 있다(Austin, 1995). 우리나라에서는 이러한 흐름과 마찬가지로 '사회복지사'라는 전문적 명칭을 확보해왔고, 지속적으로 이를 강화하기 위한 제도적 방안들이 논의되어 왔다. 그러나 한편에서 전문직에 대한 갈망이 지나칠 정도로 무비판적으로 확산되었고, 전문직이 무엇인지에 대한 심도 있는 논의는 부족했다(김영종, 2014). 그런데 전문직과 전문성이라는 개념은 단순하지도 않고, 고정적이지도 않으며(Evetts, 2003; 2006), 그에 대한 정의는 시대와 장소에 따라 변화해 왔다(Kearny & Sinha, 1988). 김영종(2014)은 한국의 사회복지전문직이 추구해왔던 전문직화 혹은 전문성의 성취 동향을 제도적 측면에서 분석한 바 있는데, 이를 요약하면 다음과 같다.

첫째, 의외로 전문직에 대한 개념 규정은 매우 어렵다. 둘째, 20세기의 전통적 방식의 전문직 개념은 전문직의 속성, 권력, 통제를 중심으로 규정되어 왔으나, 21세기에 들어와서는 패러다임의 전환으로 인해 탈전문직화되는 현상이 발생했다. 현대사회에서는 전문가와 관리자의 역할 구분이 모호하거나 혼잡해졌다. 셋째, 복지영역에서는 20세기에 완전한 전문직으로 인정받지 못하여 이로 인해 전문직화 노력을 수행하였으나, 최근에는 이러한 태도조차도 문제가 있다는 비판적인 견해가 증가하고 있다. 즉 사회복지의 전문성이란 단순히 지식과 기술을 익히고 적용하는 것으로 규정하는 것이 어렵게 되었다. 넷째, 사회복지사는 현재 「사회복지사업법」하에 규정된 사회복지서비스 영역에서 활동하는 사회복지조직의 종사자 직종 중 가장 많은 수의 영역을 확보하면서도, 'only'의 위상은 갖지 못하는 단지 '범용적' 전문직의 성격으로 규정되고 있다. 다섯째, 한국의 사회복지 전문직은 위기를 맞고 있다. 배타적인 지식과 기술체계로 전문직화를 모색하기는 어렵다. 그런데 역설적으로 더욱더 전문성을 강화해야 할 필요성은 증가하고 있다. 문제는 사회복지직이 전문직화를 추구할지 말지가 아니라, 어떤 방향의 전문직화가 바람직할지를 찾는 것이다. 여섯째, 새로운 전문성의 방향에서 고려해야 할 것은 사회가 사회복지전문직에게 위임한 서비스 욕구와 문제의 변화에 대한 것이다. 과거 빈곤 중심의 욕구에서 이제는 사회보장 욕구에 대응하는 기제로 변화가 필요하다. 전문직화 논의는 사회구조의 변화에 조응하는 방향으로 추진되어야 한다.

이와 같은 흐름을 볼 때, 복지직의 전문성에 대한 논의는 과거의 틀이 아닌 새로운 방향성과 관련해서 심도 있는 논의가 필요함을 알 수 있다. 즉 복지의 전문성은 단순히 기존 지식과 기술을 익히고 적용하는 것으로 규정하는 것이 어렵기 때문에, 이에 근거한 전문성 논의는 취약할 수밖에 없다. 앞으로 복지직은 어떤 일을 해야 전문가로 인정받을 수 있는지가 중요하며 이는 앞에서 언급한 복지직 역할 방향성 논의와 연결된다.

김영종(2014)은 전문직의 제도적 구성에 대한 내용을 검토하고 기준을 제시한 바 있는데, 이를 전담공무원과 관련하여 적용해 보면 다음과 같이 정리할 수 있다.

▮표 4-2▮ 전문직의 제도적 구성에 대한 내용분석 기준

<table>
<tr><th>기준</th><th>구분</th><th>동인</th><th>요소</th></tr>
<tr><td rowspan="2">전통적 전문직</td><td>내용/속성</td><td>합리성/윤리성</td><td>① 지식 ② 기술 ③ 경험 ④ 윤리 ⑤ 외양</td></tr>
<tr><td>통제/파워</td><td>정치/사회적</td><td>⑥ 협회 ⑦ 관할권 ⑧ 지식 전이
⑨ 규약(codes) ⑩ 슈퍼비전</td></tr>
<tr><td>조직적 맥락</td><td colspan="3">전문성 활동에 대한 조직 단위의 권리와 의무 규정 / 법인 전문직</td></tr>
</table>

출처: 김영종(2014). 한국 사회복지전문직의 제도적 전문성 경로와 대안적 정향.

내용과 속성의 측면에서 보면, 지식과 기술 그리고 경험은 전공자로서의 기본적인 수준을 소유하고 있으며, 임용 당시 시험과목 중 사회복지 관련 과목을 통해 관련 지식을 가진다. 윤리와 외양의 경우 독점적이라기보다는 기본적인 수준을 가지고 있는 것으로 판단된다. 윤리의 경우 '복지마인드'라고 불리기도 하며 이는 매우 고유한 특성을 의미하지만 실체적으로 확인하기 어렵다는 한계가 있다. 이는 사회복지의 가치와도 밀접한 연관을 가지며 업무의 질적 차이를 가진다.

통제와 파워의 경우, 공무원으로서 포섭되는 기준들이 있고, 별도로 사회복지전담공무원의 조직체인 한국사회복지행정연구회 회원으로서 활동하기도 한다. 후자의 경우는 매우 느슨한 형태로 유지되고 있으므로 차별성이 있다고 보기는 어렵다. 지식 전이도 체계적이라고 보기는 힘들고 그것들이 반드시 사회복지직에만 존재하는 것으로 보기에도 힘들다. 업무 수준 자체가 행정적 혹은 관리적 측면의 업무가 상당수를 이루기 때문에 별도의 슈퍼비전 체계가 필요하지 않았으며, 최근의 사례관리 영역에서의 슈퍼비전은 일정 정도 요구되고 있다.

조직적 맥락에서 보면 공공조직 관료제에 속해 있으므로 사회복지사와 공무원의 이중적 성격을 가지고 있으나 대부분 공무원의 정체성이 보다 강하게 나타난다는 견해를 보이고 있기 때문에 관료제적 조직의 권리와 의무를 내재화하고 있다. 이로 인해 사회복지라는 영역에서 사회복지직이라는 이름으로 호명되면서 전문영역을 규정하게 되는 효과가 있다.

그런데 사회복지실천에서 언급하는 전문직 혹은 전문직화의 논의는 공공의 사회복지전담공무원의 맥락과는 다소 다른 측면이 있다. 전통적 방식의 전문직화 추구는 시대에 뒤떨어진 근대주의적 사유의 결과라는 비판이 확대되고 있지만, 오히려 한국의 공공영역은 기본적인 전문직화 수준에도 도달하지 못한 측면이 있기 때문이다. 사회복지전담공무원은 사회복지직렬이라는 고유의 전문직렬을 설립하여 운영하고 있지만, 그에 따라 업무, 업무수준, 업무범위, 인력구조, 영향력, 전문직 문화 등 다양한 측면에서 취약성을 가지고 있다. 특히 최근 전달체계 개편에서 강조되고 있는 사례관리의 경우 이러한 업무를 민간인력인 통합사례관리사가 수행하고 있고, 전담공무원의 경우는 이러한 기술을 습득하지 못하고 있는 것으로 평가되었다. 이 같은 결과는 기존에 전담공무원에게 이러한 업무를 부여하거나 혹은 훈련을 시킨 일이 없었기 때문이다. 그로 인해 일각에서는 임상적 실천은 별도의 인력에게 업무를 부여하고 행정적 관리 측면에 대해서만 전담공무원이 강점이 있는 것으로 인식하고 있으며, 결과적으로 기타 행정직과의 차별성이 적다는 이유를 제시하고 있다. 이러한 결과는 전문성 소유 여부와 관련 없이 전문인력을 어떻게 활용할 것인가에 대한 충분한 고민없이 인력을 운영해온 결과이다.

(2) 직급에 따른 전문성 논의

공직 내에서 5급 사무관은 관리직급으로 중앙부처에서는 담당자, 광역자치단체에서는 팀장(계장), 기초자치단체에서는 시군구청의 과장급, 읍면동장에 해당한다. 한마디로 조직 내 관리직급의 핵심이라고 부를 수 있다. 대부분의 5급 승진대상자들은 행정안전부 지방자치인재개발원에서 교육을 받으며, 교육과정의 내용은 기반가치, 직무가치, 일반가치, 기타 등으로 구성되어 있다.

전문성 논의는 직급 혹은 관리자의 위계에 따라 다르게 논의될 필요가 있다. 관리자의 역량과 관련해 리더십(leadership)이 곧잘 언급되는데, 리더십은 조직 리더가 갖는 성향이나 행동 등 제반 특성을 지칭하기도 하고, 지위와 능력 측면에서 리더 지위에 부과된 역할과 책임을 구사하는 능력(김영종, 2010)으로 설명하기도 한다. 리더십과 관련된 많은 논의 중에 관리자의 리더십 기술을 보면, 주로 인간관계 기술, 의사결정 기술, 전문적 기술로 구분할 수 있다. 인간관계 기술은 관리자가 개인이나 집단과 효과적으로 일을 할 수 있는 능력을, 의사결정 기술은 바람직한 결과를 성취하는 대안 수단을 확인하는 능력을, 전문적 기술은 개별 업무자가 소유한 특정 담당 분야에 대한 기술을 의미한다. 즉 리더 기술은 조직에서 차지하는 위치에 따라 기술에 대한 요구가 달라지는 것이다.

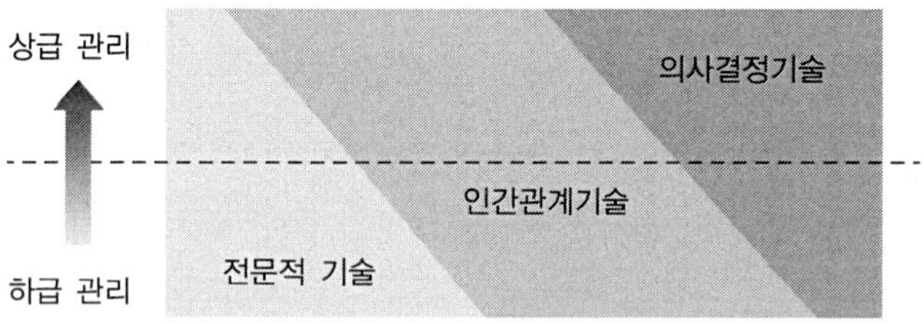

▌그림 4-1▐ 관리자의 위계에 따른 기술 영역

출처: 김영종(2010). 사회복지행정.

〈그림 4-1〉에 제시되어 있듯이 하급관리자에서 상급관리자로 이동할 경우, 각각의 기술영역이 차지하는 비중은 변화한다. 하급관리자에게 전문적 기술이 중요하나 승진을 통해 상급관리자로 이동하면 전문적 기술은 상대적으로 중요성이 감소하며, 반면에서 의사결정 기술은 더 중요시된다. 여기서 한 가지 딜레마가 나타난다. 하급자로서 능력을 인정받은 것은 전문적 기술 때문이고 이를 토대로 상급자로 이동한 것인데, 막상 상부에서 필요로 하는 것은 의사결정 기술이며 이는 하급자가 가졌던 전문적 기술이 상급자의 유능한 기술과는 무관할

수 있다는 점이다. 만약 상급자에게 하급자의 기술을 강조하게 되면 조직에 부정적인 영향을 미치게 됨은 명확하다. 그러므로 관리자의 위계 상황이 변화되면 그에 따라 새로운 리더십 기술이 필요하게 된다. '자리가 사람을 만든다'는 말의 의미는 이러한 경우와 유사한데, 직위변경은 해야 할 일이 달라진다는 의미이다. 요약하면, 직렬통합 논의에서 언급하는 전문성은 여러 측면을 의미하는데, 5급 관리자의 경우는 여기서 언급하는 상급관리자에 가까우며, 이는 하위직의 업무 전문성의 성격과는 상당한 차이가 있을 수 있고, 그러므로 전문성의 내용과 성격이 변화될 수 있음을 의미한다. 전문성 논의에서 이를 혼돈하면 안 된다. 다시 말해 하급자의 기술을 상급자에게 강요하면 안 되며 이는 비효율을 야기하게 된다. 하위직의 전문성을 관리직의 전문성 논의로 등치시켜서는 안 되는 것이다.

이와 관련해 다수의 문헌은 복지직의 경우 최고관리자급은 직무에 따른 과업단위가 명시되어 있지 않다. 예를 들어 국가직무능력표준(NCS: National Competency Standards) 기반의 경우가 대표적이다.

▮표 4-3▮ NCS 기반 사회복지사의 NQF[1] 및 과업

NQF	직위	직무에 따른 직위	과업(능력단위)
8	최고관리자(5급)		
7	상급관리자(6급 등)	공공복지선임관리자	공공사례관리, 복지특이민원관리
6	중간관리자(7급 등)	공공복지관리자	지역사회복지계획, 복지예산관리, 사회복지기관 지원관리, 지역자원 발굴연계
5	초급관리자(8급 등)	공공복지전문가	자활자립 지원
4	실무자(9급)	공공복지실무자	대상자 발굴조사, 복지대상자 지원, 자격변동관리
3	초급실무자(9급)	공공복지초급실무자	사회복지프로그램, 전산운용

1) 국가역량체계(NQF: National Qualification Framework)는 교육, 훈련, 자격 및 경력의 동등함을 학습량과 수준에서 나타내는 체계로, 사회복지현장에서 요구하는 직업능력의 다양한 역량 간 연계가 가능한 통합적인 수준체계로 정의된다(한국사회복지사협회 사회복지인적자원연구소, 2014: 7).

〈표 4-3〉을 보면, 직위와 경력에 따라 수행해야 할 과업(능력단위)들이 제시되어 있고, 이는 정부에서 설정한 대표적인 업무들로 이해할 수 있다. 또한 자료를 보면 상위 직급으로 올라갈수록 전문성을 요구하나 5급은 내용을 규정하지 않고 있다. '사회복지 분야 표준직무 중 공공복지 구성' 내용에도 관리직의 내용은 상대적으로 적다. 모든 일에 관여하지만 실질적인 업무는 실무 그 자체가 아닌 행정적 관리이다. 물론 행정적 관리도 당연히 전문성이 요구된다.

▮표 4-4▮ 사회복지 분야 표준직무 중 공공복지 구성

능력단위	능력단위 정의
지역사회복지계획	주민의 복지 증진을 위하여 지역사회 차원에서 4년 동안 시행할 사회복지 계획을 설계, 수급진단, 시행 평가하는 능력
복지예산관리	사회복지사업 관련 예산을 편성하고 집행하며 결산하는 능력
사회복지기관 지원관리	사회복지시설이 설치되도록 인·허가하고, 원활히 운영되도록 지도감독하는 능력
자원발굴 민관협력	지역사회 내 인적, 물적 자원을 발굴해서 필요한 곳에 연계, 활용하는 능력
대상자 발굴조사	주민복지욕구를 파악하여 복지대상자를 발굴하는 능력
복지대상자 지원	사회복지급여를 제공하기 위해 수급기준(요건)을 확인하고, 이에 따라 서비스 대상자를 선정하고 지원하는 능력
자활자립지원	주민들에게 사회복지제도, 정책, 서비스 관련 정보를 홍보하고 제공하여 자립할 수 있도록 지원하는 능력
자격변동관리	기존 복지대상자의 수급요건을 충족하고 있는지 확인하고, 변동사항을 관리하는 능력
공공사례관리	통합상담내역 기록관리에 근거한 평가사정, 유관기관 의뢰, 후원결연 사항 확인, 사후서비스를 관리하는 능력
복지특이민원관리	사회복지급여제공 결정에 따른 민원에 대해 공정하게 사무를 처리하는 것이며, 고질적으로 진정되는 민원에 대해 사후적으로 관리하는 능력
사회복지프로그램 전산운용	사회복지업무를 수행하기 위해 필요한 운영정보를 처리하고 사회복지 관련 소프트웨어와 하드웨어를 관리하고 운영하는 능력

출처: 한국사회복지사협회 사회복지인적자원연구소(2014) 요약.

이렇게 볼 때, 직렬통합은 규범적인 차원의 논의는 일정정도 해결되었다고 판단되며, 제도적인 차원에서 개선방안을 논의하는 것이 합리적인 과정이라고 판단된다. 즉 전문성 논의에서 5급은 상대적으로 자유롭다고 볼 수 있다.

3) 과거 통합 논의 분석

(1) 복지직 5급 통합 관련 : 2013년 사례분석

복지직 5급 통합건과 관련된 대표적인 논의 사례는 2013년 사례이다. 경과를 보면, 사회복지전담공무원의 연속적인 자살로 복지인력에 대한 개선방안 논의가 현장에서 제기되었다. 이에 서울시는 '사회복지인력 운영현황 및 개선방안'(2013.4)을 통해 각종 사기진작 방안을 제시하였고 그 중에 하나의 안건으로 사회복지직렬의 의견을 청취하여 사회복지 5급의 행정 5급으로 직렬 통합을 추진하기로 하였다. 서울시의 경우 권한이 없었기 때문에 권한을 가진 상급기관인 안전행정부에 이 건을 건의하기로 하였다. 서울시는 자치구 의견수렴 후 지방공무원 임용령(별표1) 개정안을 안전행정부에 건의하기로 하였다. 건의 내용은 지방공무원 임용령(별표1) 사항을 개정하는 안으로 개요는 〈표 4-5〉와 같다.

▌표 4-5▐ 지방공무원 임용령 개정안

〈현행〉				〈개정(안)〉			
직군	직렬	5급	6급	직군	직렬	5급	6급
1. 행정	행정	지방행정 사무관	지방행정주사	1. 행정	행정	지방행정 사무관	지방행정주사
	세무		지방세무주사		세무		지방세무주사
	전산		지방전산주사		전산		지방전산주사
	사회 복지	지방사회복지 사무관	지방사회복지 주사		사회 복지		지방사회복지 주사

참고: 직렬 통합시 행정 6급과 사회복지 6급은 각 직렬별로 별도 평정, 다만 승진후보자 명부는 통합 작성

자치구 의견수렴(찬성: 22개 자치구, 반대: 3개 자치구)이 있었으며, 찬성조건은 행정 6급과 복지직 6급 통합 평정 및 승진후보자명부 작성이었다. 사회복지직을 대상으로 설문조사를 실시(참여 1,006명: 찬성 706명(70.2%), 반대 300명(29.8%))하였으나, 유관단체인 한국사회복지행정연구회와 한국사회복지사협회는 통합반대 입장을 제시하였다. 서울시의 경우, 관련 간담회를 개최하고자 하

였으나 반대입장에서 간담회 개최 자체를 거부하였다. 결국 복지직 내 직렬통합에 대한 의견 합의 부재로 직렬통합 추진이 유보되었다.

당시 내용을 분석[2]하면 〈표 4-6〉과 같다. 반대측 입장에서는 설문조사 과정이 다소 합리적으로 진행되지 않았다고 주장한다. 실제 정책토론회나 공청회 등이 없어 절차 준수가 미흡했다. 자치구 의견수렴 결과를 보았을 때, 찬성이 매우 우세하며 설문조사에서도 동일한 결과를 보였다. 그런데 유관단체의 반대 과정은 합리성이 부족한 것으로 판단된다. 논의과정 자체도 거부하는 폐쇄적인 방식을 고수하였고, 공론화 자체를 거부하였다. 유관단체의 핵심적인 반대주장은 직렬통합 시 전문성 훼손이라고 하나 그에 대한 상세 근거자료와 내용은 부재하였다. 반대에 대한 근거와 그 내용에 대해 검토하였다.

▌표 4-6▐ 반대근거와 내용 검토

반대 근거	내용 검토
현대사회는 전문성을 중시하여 개방형 공무원 선발을 늘려가는 추세인데, 전문성을 담보로 하는 사회복지직을 5급 승진 시 일반행정직으로 직렬통합해 인사를 하는 것은 시대 흐름에 역행하는 것임	개방형공무원 제도의 본래 의미는 폐쇄형 임용제도의 한계를 극복하고자 하는 의도로 부가적으로 행정의 전문성을 강화하는 것임. 이후 언급할 다양한 인사혁신 제도의 일부분으로 이것이 5급 직렬통합과 배치되는 제도는 아님
소수직렬인 사회복지직을 위하고, 칸막이를 없앰으로써 소통을 원활하게 하기 위해서 5급 통합인사를 해야 한다는 논리라면, 사회복지사 자격을 제한해서 사회복지직을 별도로 선발할 게 아니라 무자격자와 혼합해서 일반행정직을 9급부터 선발해서 공정한 게임(근무평정) 환경을 만들어 주어야 함	논리 비약이 심함. 5급에 한정된 직렬통합건을 모든 직급에 적용해야 한다는 논리 제시. 기존 모든 직급 통합논의의 쟁점과 문제점에 대해서는 김이배(2014)의 논문을 참고바람
현 조직구조에서 직렬통합 근무평정을 해서 5급 승진인사를 하자는 것은, 기득권 세력인 일반행정직이 마치 소수직렬을 배려하고 합리적인 인사를 하는 것처럼 포장한 엄연한 불공정 게임임	직렬통합은 무조건 불공정 게임이라는 전제 아래 주장. 협상 여지 자체가 없는 주장임

2) 복수의 관계자와 직간접적인 관련 자료를 통해 당시 전개과정에 대한 상세사항을 이해할 수 있었다.

대안	내용 검토
일반직 정원책정 비율에서 보듯이 직급별 비율을 공평하게 적용 요청	가장 바람직한 대안이지만 강제 의무규정이 없어 지자체장의 의지에 의존하는 한계가 있음. 제시한 대안은 향후에도 현재 상태와 유사한 결과를 의미
직렬 통합인사를 제대로 정착시키려면, 사회복지직도 9급부터 다양한 분야에서 일할 수 있는 기회를 줄 수 있는 환경과 실제 조직체계가 작동해야 함	필요한 대안이라고 판단됨. 복지 관련 일반영역(기획, 인사, 예산, 감사 등)에 복지인력이 투입될 필요성 있음. 보편적 복지 활성화를 위해 필요함

결론적으로 반대측의 논리는 취약하다고 평가할 수 있다. 찬성여부에 대해 심도 있게 논의를 했어야 하나, 결과적으로 상위직급 구조개선 타이밍을 놓친 것으로 해석될 수도 있다. 향후 논의에서는 보다 합리적이고 건설적인 방식으로 쟁점 해소가 필요하다.

과거 사례가 주는 함의로는 여러 지역에서 상위직급 통합에 대한 논의가 있었으나 그 과정이 비합리적으로 진행되었다는 점이다. 직급통합 시 나타날 장점과 단점에 대한 충분한 논의와 검토 없이 막연하게 주장하는 비효율적 논의가 반복되었다. 그러므로 각 입장은 균형적인 사고가 필요하다. 단기적인 이해관계를 떠나 현실적인 판단과 이상적인 지향점에 대해 균형적 고려가 필요한 것이다. 특히 복지직이 놓여 있는 맥락적 환경과 위치에 대한 재검토가 필요하다. 5급 통합건이 합의가 되어 진행된다고 하더라도 모든 사람을 만족시킬 수 있는 것은 아니다. 결과적으로 이러한 선택이 보다 많은 장점이 나타나도록 노력해야 한다. 지역에 따라 오히려 단점이 더 나타날 수도 있다. 그러나 전체적으로 그리고 중장기적으로 바람직한 결과를 창출할 수 있는 방향으로 선택할 필요가 있다.

(2) 복지직과 행정직 전체직급 통합 관련

복지직과 행정직 전체직급 간의 직렬통합과 관련된 선행 연구는 김이배(2014)에 의해 수행된 바 있다. 김이배는 2014년 직렬통합에 대한 논의가 확대되고 있을 즈음에 사회복지전담공무원 모임인 한국사회복지행정연구회 내 게시글과 댓

글 분석을 통해 직렬통합에 대한 찬반 쟁점을 분석한 바 있다. 직렬통합 논의에서 특기할 만한 사항은 역사적으로 공공 내 전문직렬인 사회복지직렬이 타 영역과 구분되는 정체성(identity)을 중요한 화두로 삼아왔고, 특히나 전문성(professionalism)이라는 고유의 전략을 통해 사회복지전문가로 성장해왔음에도 불구하고, 직렬통합에 찬성하는 비율이 매우 높다는 점이었다. 즉 사회복지사 혹은 사회복지직렬이란 정체성을 포기하고 행정직렬과의 통합을 지지한다는 것은 매우 모순적인 상황으로 해석될 수 있는 것이기 때문이다. 이는 단순히 조직 내 인사 문제에 한정된 주제가 아니라 복지전문직의 위기로 해석될 수 있다고 보았다. 또 다른 측면에서는 직렬통합의 실질적 의미는 무엇이고 궁극적으로 무엇을 지향하고 있는가를 살폈다. 복지실천의 궁극적인 목적이 대상자의 복지를 증진시킨다고 할 때, 이러한 직렬통합을 통해 야기될 수 있는 효과를 추정했는데, 결과적으로 공공조직 내 복지전문직렬의 부재는 복지영역에 부정적인 효과를 가져올 수 있을 것으로 예측했다. 이러한 선행연구는 직렬 내 모든 직급의 통합을 중심으로 논의한 것이어서 현재 논의하고 있는 상위직급 간의 통합과는 성격을 달리한다. 기존 직렬통합이 부정적인 효과를 암시하고 있다고 해서 현재 상위직급도 동일한 효과를 가질 것이라고 보는 것은 잘못된 것이다. 다시 말해 일부 직급 간 통합효과는 전체 직급 간 통합효과와는 다르게 접근할 필요가 있다.

4) 타 직렬 전환사례 검토

5급간 직렬통합의 효과를 추정하기 위해서 타 직렬 중 전환사례를 검토하였다. 5급의 타 직렬 전환사례는 전산직렬이 유일하였다. 전산직의 경우, 인력규모 등에서 비교하기는 곤란하나, 결론적으로 말해 5급 직렬통합은 전산직의 5급 승진에 있어 긍정적인 결과가 있었음을 제시한다. 또한 관련 직렬인 세무직은 초기부터 승진적체를 염두해 세무직 5급 자체를 만들지 않았다. 결과적으로 본다면 세무직은 초기부터 합리적인 선택을 내린 것으로 평가할 수 있겠다. 아래는 총 5명의 연구참여자(전산직, 세무직)들의 의견 중 대표의견을 요약 정리하였다.

■ 참여자: 00구 00동 전산5급 동장

- 인력을 묶어 놓았다가 풀어지니까 전산직은 엄청 승진이 늘었음. 기술직의 통신직과 비교하면 명확함. 기존에 통신직이 승진비율이 앞서 있다가 지금은 비교가 안 되는 수준으로 전산이 앞섬. 통신직은 지금도 여전히 묶여 있음
- 승진은 TO가 있어야 함. 전산은 TO가 행정에 묻혀서 가니까 넓음. 1년에 2번 정도 인사를 하니까 항상 그 정도 인원은 나옴
- 6급까지는 직끼리 근평을 하고, 5급도 직렬 내에서 일단 순서를 받아서 전체 직렬 간에 순서 배정 후 승진자 확정함
- 공무원은 승진이 안 되면 아무것도 아님. 그래도 내가 전산직 출신으로 5급이 되어서 행정 5급이 되어도 본래 출신은 전산직임. 그게 어디 안 간다. 복지직도 마찬가지임. 복지직이 행정 5급이 되어도 역시 복지직임
- 그런 차원에서 보면 자치구는 노력을 많이 해야 함. 자치구의 승진은 연공이나 연줄과 같은 순서가 매우 중요함. 정년이 몇 년 남지 않은 경우는 배려를 해줌. 조직 전체의 관점에서 순위를 정하기 때문에 결과적으로 얘기를 하면 통합인사가 가장 바람직함. 그렇지 않으면 기회 자체가 확대되지 않음
- 행정직 입장에서 보면 전산직은 경쟁이 없기 때문에 행정직의 불만이 있음. 상대적으로 기여도가 낮다는 인식을 가지고 있음. 그래도 어찌되었던 승진은 하게 됨
- 복지직으로 가려고 하면 과장 자리가 몇 개 있나? 구본청 몇 개 과와 동에 가는 것인데 동도 행정직과 경쟁하면 쉽지 않음. 그런데 통합인사를 하면 그게 일단 묶여 있던 게 풀리는 것이기 때문에 내부적으로는 몰라도 일단은 기회가 주어짐. 그 기회를 잘 활용하면 됨
- 전산직의 경우, 통합인사 전후에 효과성 같은 객관적인 자료를 찾기는 어려움. 그냥 그 결과는 피부로 느끼고 있음. 통합인사가 몇 가지 단점은 있지만 5급이 확대되었다는 것은 명확하기 때문임

■ 참여자: 시본청 인사과 근무경험. 행정4급

- 세무직의 경우, 잘못된 정보가 많은데 사실 처음부터 5급이 없었음. 복지직과 비교하기 힘듦. 처음부터 9~6급까지만 설계가 되어 있었고, 세무 5급은 존재하지 않았음. 왜냐? 5급은 실무자가 아닌 관리자이기 때문임. 만약 5급을 설정했더라면 소수직렬로서 승진이 쉽지 않았을 것임

타 직렬 전환사례는 부분적으로 참고할 만하다. 지역에 따라 달라질 수 있기 때문이다.

5) 사회복지직 인사정책

사회복지직의 인사행정에 대한 선행 연구는 김이배(2017)에 의해 수행된 바 있다. 연구는 사회복지전담공무원의 인사행정이 적절하게 운영되고 있는지 연구하고자 하였다. 연구범위는 지방공무원 인사행정의 핵심 영역인 정원, 임용 및 승진, 보직을 주요 영역으로 정했고, 연구방법은 문헌고찰, 부산광역시를 중심으로 현황 및 통계 분석, 실무자 인터뷰 등을 수행하였다. 연구결과, 일반 행정직과 비교해 업무비중은 높은데 비해 정원은 인력은 적고, 임용과 관련해서 상위직은 매우 적어 관리기능은 취약한 것으로 나타났다. 승진격차의 경우, 예상과는 달리 여러 요인으로 인해 승진차별을 확인하기 어려웠다. 보직운영은 복수직렬제도를 중심으로 살펴보았는데, 상위직은 복수직이 하위직은 단수직을 이루는 것으로 나타났다. 기관의 중요성을 고려해 부산광역시 본청을 분석하였는데, 인사행정 전반에 문제가 있는 것으로 나타났다. 문제에 대한 개선방안으로 적정 정원을 확보할 필요가 있으며, 신규임용 기준을 개선할 필요가 있고, 합리적인 승진이 이루어져야 하며, 보직운영에서 합리적인 인력배치가 필요함을 제시하였다. 또한 인력에 대한 인건비 부담을 해소할 필요가 있고, 경직된 조직기능과 문화를 개선할 필요가 있음을 제언하였다.

한국사회복지행정연구회 산하 한국공공복지연구소도 2차례에 걸쳐 관련 보고서를 제출하였다. 김제선 외(2018)는 '사회복지전담공무원의 충원효과와 인사제도의 실효화 방안' 연구를 통해 사회복지직의 인사제도 개선의 필요성을 제시하였다. 보고서 내용 중 「지방공무원 임용령」[별표1]의 계급과 직급에 대한 조항 중 4급 '서기관'을 행정직렬과 별도로 신설하는 제도적 개선이 필요하다고 제언하였다. 즉 4급인 지방사회복지서기관 제도를 신설하자는 안이다. 이 제안은 본 연구주제인 복지직 5급의 행정직과의 통합과는 전혀 다른 견해로 오히려 행정직과의 분화를 보다 강화하여 복지직 4급 신설을 통해 복지직 5급을 확대하자는 안이다. 문제는 보고서에 이러한 제안의 근거가 불명확하다는 것이다. 단순히 4급 신설이 필요하다는 주장만 제시되어 있을 뿐 세부적인 분석내용과 근거자료가 거의 없다. 황미경 외(2019)는 '사회복지직공무원 정원 및 직급구조 개선방안' 연구를 통해 사회복지직의 직급구조 개선의 필요성을 제시하였다. 이 보고서 또한 앞의 김제선 외(2018)의 연구와 동일하게 복지직 4급 신설을 제안하고 있으나, 단순히 4급 신설이 필요하다는 주장만 제시되어 있을 뿐 세부적인 분석내용이 없다.

3. 서울시 사회복지직 인사현황 분석

서울시 사회복지직의 실태를 살펴보기 위해서 다음과 같이 현황을 살펴보았다.

서울특별시 사회복지직공무원의 직급별 현황(2018.10.31., 현재)을 보면, 자치구의 경우, 5급이 46명, 6급이 346명, 7급이 800명, 8급이 1,289명, 9급이 1,896명이다. 전체적으로 상위직급은 매우 적고, 하위직급은 매우 많은 구조를 보이고 있다. 정원대비 현원의 경우의 경우, 현원이 다소 부족한 것으로 나타난다.

▌표 4-7▌ 서울특별시 사회복지직공무원 직급별 정원 현황(2018.10.31. 현재)

구분	사회복지직공무원 수						
	정원						
	총계	5급	6급이하 소계	6급	7급	8급	9급
합계	4,455	55	4,400	374	834	1,296	1,896
서울시	78	9	69	28	34	7	0
자치구	4,377	46	4,331	346	800	1,289	1,896

▮표 4-8▮ 서울특별시 사회복지직공무원 직급별 현원 현황(2018.10.31. 현재)

구분	사회복지직공무원수 현원						
	총계	5급	6급 이하 소계	6급	7급	8급	9급
합계	4,269	55	4,214	410	829	1,160	1,815
서울시	70	9	61	28	29	3	1
자치구	4,199	46	4,153	382	800	1,157	1,814

사회복지직의 직급별 현황이 적정한지 살펴보기 위해, 서울시 행정직군의 정원책정 비율을 정리하였다. 아래 〈표 4-9〉에 따르면, 자치구에 따라 편차는 있으나 평균적으로 5급은 6%, 6급은 21%, 7급은 32%, 8급은 32%, 9급은 8%의 비율을 나타내고 있다.

▮표 4-9▮ 서울시 행정직군 정원책정 비율(2018.10.31. 현재)

구분	일반직 정원책정 비율					
	5급	6급	7급	8급	9급	전문경력관
서울시	13% 이내	33% 이내	34% 이내	16% 이상		1% 이내
계	6%	21%	32%	32%	8%	
종로구	5% 이내	21% 이내	31% 이내	32% 이내	9% 이상	1% 이내
중구	7% 이내	22% 이내	31% 이내	32% 이내	6% 이상	1% 이내
용산구	5% 이내	20% 이내	31% 이내	35% 이내	8% 이상	1% 이내
성동구	6% 이내	21% 이내	32% 이내	33% 이내	6% 이상	1% 이내
광진구	7% 이내	22% 이내	31% 이내	32% 이내	6% 이상	1% 이내
동대문구	5% 이내	23% 이내	33% 이내	30% 이내	7% 이상	1% 이내
중랑구	7% 이내	22% 이내	31% 이내	32% 이내	6% 이상	1% 이내
성북구	7% 이내	22% 이내	34% 이내	30% 이내	5% 이상	1% 이내
강북구	6% 이내	21% 이내	33% 이내	31% 이내	7% 이상	1% 이내
도봉구	7% 이내	21% 이내	34% 이내	30% 이내	6% 이상	1% 이내
노원구	5% 이내	20% 이내	34% 이내	30% 이내	9% 이상	1% 이내
은평구	5% 이내	20% 이내	30% 이내	29% 이내	14% 이상	1% 이내
서대문구	6% 이내	22% 이내	32% 이내	33% 이내	5% 이상	1% 이내
마포구	5% 이내	22% 이내	32% 이내	32% 이내	7% 이상	1% 이내
양천구	5% 이내	20% 이내	31.5% 이내	31% 이내	11% 이상	0.5%이내

강서구	6% 이내	20% 이내	31% 이내	31% 이내	10% 이상	1%이내
구로구	5.5% 이내	20% 이내	30.5% 이내	33.5% 이내	9% 이상	0.5%이내
금천구	6% 이내	21% 이내	31% 이내	30% 이내	10% 이상	1% 이내
영등포구	6% 이내	21% 이내	33% 이내	31% 이내	7.5% 이상	0.5% 이내
동작구	5% 이내	20% 이내	31% 이내	33% 이내	9% 이상	1% 이내
관악구	7% 이내	22% 이내	30% 이내	33% 이내	7% 이상	
서초구	5% 이내	21% 이내	32% 이내	32% 이내	8% 이상	1% 이내
강남구	6% 이내	22% 이내	34% 이내	33% 이내	3% 이상	1% 이내
송파구	6% 이내	22% 이내	32% 이내	32% 이내	6.5% 이상	0.5% 이내
강동구	7% 이내	21% 이내	31% 이내	31% 이내	8% 이상	1% 이내

복지직의 직급별 정원 비율을 확인하기 위해 행정직군의 직급별 정원 책정 현황을 정리하였다. 자료를 보면, 사회복지 5급은 1.05%, 6급은 7.9%, 7급은 18.28%, 8급은 29.45%, 9급은 43.32%를 나타내고 있다. 행정직의 경우는 5급이 6.44%, 6급이 25.23%, 7급이 31.81%, 8급이 24.98%, 9급이 10.67%를 나타내었다.

▌표 4-10▐ 서울특별시 행정직군 직급별 정원 책정 현황(2018.10.31. 현재)(단위: %)

구분	행정직군 정원 책정 비율 현황*										
	행정직군	행정직					사회복지직				
	5급	5급	6급	7급	8급	9급	5급	6급	7급	8급	9급
합계	6.19	8.48	26.80	32.39	21.77	9.08	1.23	8.40	18.72	29.09	42.56
서울시	16.17	19.41	35.21	35.52	4.62	0.57	11.54	35.90	43.59	8.97	0.00
계	4.59	6.44	25.23	31.81	24.98	10.67	1.05	7.90	18.28	29.45	43.32
종로구	5.25	6.87	25.24	30.83	24.76	11.34	1.03	9.28	18.56	35.05	36.08
중구	4.69	6.11	24.27	32.52	28.70	7.63	1.12	8.99	17.98	25.84	46.07
용산구	4.68	6.49	25.00	35.88	26.95	4.71	0.69	8.28	18.62	43.45	28.97
성동구	5.28	7.12	25.54	32.20	23.53	10.68	1.54	8.46	16.92	37.69	35.38
광진구	4.82	6.71	23.32	29.55	24.44	14.70	0.63	7.50	16.88	23.13	51.88
동대문구	4.30	6.07	27.96	28.40	27.07	9.62	1.08	5.95	21.08	38.38	33.51
중랑구	4.67	6.99	25.37	31.06	23.09	13.50	0.99	7.39	12.81	36.95	41.87

성북구	4.43	6.17	25.10	36.35	22.22	8.64	1.03	8.76	22.68	40.72	26.80
강북구	4.13	5.99	25.87	31.55	23.03	12.62	0.49	7.39	15.27	27.59	49.26
도봉구	4.93	6.83	24.50	32.17	24.00	11.33	0.70	7.04	19.01	43.66	29.58
노원구	4.12	6.21	24.70	31.04	29.82	8.37	1.09	8.70	25.00	26.09	39.13
은평구	4.42	6.60	25.19	32.53	22.49	12.14	0.90	6.79	17.65	23.08	51.58
서대문구	4.70	6.32	24.36	31.43	28.72	8.12	1.44	9.35	15.83	25.90	47.48
마포구	4.21	5.92	25.87	32.08	26.01	9.25	1.69	7.30	23.03	23.60	44.38
양천구	4.38	5.84	23.65	34.47	26.64	8.97	1.40	7.69	17.48	18.18	55.24
강서구	4.41	6.71	25.64	30.74	23.76	12.35	0.70	9.12	17.54	30.88	41.75
구로구	4.85	6.79	25.00	32.10	25.93	9.26	0.60	5.99	16.77	29.94	46.71
금천구	4.60	6.59	24.91	29.67	25.09	13.00	1.27	6.33	15.19	53.16	24.05
영등포구	4.23	5.96	28.51	34.47	22.70	7.38	2.26	6.78	16.95	20.34	53.67
동작구	4.50	6.16	25.66	33.58	22.29	11.44	1.22	6.71	19.51	34.76	37.80
관악구	4.60	6.63	25.28	34.39	25.14	7.46	1.34	6.70	15.18	21.88	54.91
서초구	4.28	5.84	24.80	33.02	28.12	7.43	0.66	7.28	13.25	17.22	61.59
강남구	4.53	6.13	23.80	29.45	25.15	14.60	0.61	13.41	26.83	24.39	34.76
송파구	5.12	7.09	25.89	27.07	23.17	15.84	1.02	9.69	16.33	19.39	53.57
강동구	4.91	7.03	25.11	29.30	21.52	15.84	1.08	7.53	17.74	24.19	49.46

* 지면관계상 세무직 자료는 생략하였다.

서울시 행정직군 직급별 정원책정기준과 비교한 사회복지직의 직급별 분포 격차를 정리하면 다음과 같다. 5급의 경우 −4.95%, 6급은 −13.10%, 7급은 −12.72%, 8급은 −2.55%, 9급은 35.32%로, 서울시의 경우 최근 찾아가는 동 주민센터 사업으로 인해 신규자들이 대거 임용된 상황을 고려한다고 하더라도 상위직급은 현저한 격차를 보이고 있다.

행정직의 경우는 대부분 5급, 6급은 정원책정기준을 초과하여 배치된 상태이며, 7급은 0.81% 가량 차이를, 8급은 정원책정기준보다 훨씬 낮은 비율을 보이며, 9급은 2.67%를 초과하여 배치된 상태이다.

▌표 4-11▐ 직급별 정원책정기준과 비교한 사회복지직의 직급별 분포 격차

구분	5급	6급	7급	8급	9급
복지직 분포(A)	1.05%	7.90%	18.28%	29.45%	43.32%
직급별 정원책정기준(B)	6%	21%	31%	32%	8%
격차(A-B)	-4.95%	-13.10%	-12.72%	-2.55%	35.32%

여러 가지 요인을 제외한 복지직과 행정직의 정원 책정 비율 단순 비교를 보면, 상당한 격차를 보이고 있다. 5급의 경우 -5.39%, 6급은 -17.33%, 7급은 -13.53%, 8급은 4.47%, 9급은 32.65%로 직급별 정원책정기준보다 더 큰 격차를 나타내었다.

▌표 4-12▐ 복지직과 행정직 정원 책정 비율 비교

구분	5급	6급	7급	8급	9급
복지직 분포(A)	1.05%	7.90%	18.28%	29.45%	43.32%
행정직 분포(B)	6.44%	25.23%	31.81%	24.98%	10.67%
격차(A-B)	-5.39%	-17.33%	-13.53%	4.47%	32.65%

서울시의 복지직 5급의 단·복수 정원 및 현원 현황(2018.10.31., 현재)을 정리하면 〈표 4-13〉과 같다. 사회복지직 단복수 현황을 보면, 대부분 5급은 복수직렬로 되어 있다. 이는 5급의 성격이 관리직이기 때문이며 유기적인 인력관리를 위해 복수직렬제도를 활용하고 있음을 알 수 있다.

지금까지 서울시의 사회복지직 현황을 요약하면, 전체적으로 상위직급은 매우 적고 하위직급은 매우 많은 구조를 보이고 있다. 또한 서울시 행정직군 직급별 정원책정기준과 비교한 사회복지직의 직급별 분포 격차를 정리하면, 상위직급은 현저한 격차를 보이고 있다. 정원대비 현원의 경우의 경우 현원이 다소 부족한 것으로 나타나며, 5급 사회복지직 단복수 현황을 보면 대부분 복수직렬로 운영되고 있다.

▮표 4-13▮ 사회복지직 5급 단·복수 정원 및 현원 현황(2018.10.31. 현재)

구별 ( )은 정원규칙 최종개정일	총계	정원(정원규칙상)						인사관리상 정원	현원
		행정·사회복지 5급(복수)			사회복지 5급(단수)			사회복지 5급	
		계	구(본청)	동	계	구	동(사업소)		
합계	201	200	86	114	1	0	1	55	55
서울시(2018.5.17)	10	9	9	0	1	0	1	9	9
계	191	191	77	114	0	0	0	46	46
종로구(2018.4.27)	1	1	1	0	0	0	0	1	1
중구(2018.3.7)	2	2	1	1	0	0	0	1	1
용산구(2018.6.29)	20	20	4	16	0	0	0	1	1
성동구(2018.9.20)	3	3	1	2	0	0	0	2	2
광진구(2018.10.4)	18	18	3	15	0	0	0	1	1
동대문구(2018.6.21)	18	18	4	14	0	0	0	2	2
중랑구(2018.10.1)	40	40	24	16	0	0	0	2	2
성북구(2018.9.13)	25	25	5	20	0	0	0	2	2
강북구(2018.6.29)	16	16	3	13	0	0	0	1	1
도봉구(2018.6.21)	1	1	1	0	0	0	0	1	1
노원구(2018.8.31)	4	4	3	1	0	0	0	3	3
은평구(2018.7.11)	2	2	1	1	0	0	0	2	2
서대문구(2018.7.4)	2	2	1	1	0	0	0	2	2
마포구(2018.7.12)	3	3	2	1	0	0	0	3	3
양천구(2018.10.1)	2	2	1	1	0	0	0	2	2
강서구(2018.6.27)	3	3	2	1	0	0	0	2	2
구로구(2018.7.26)	1	1	1	0	0	0	0	1	1
금천구(2018.6.22)	5	5	3	2	0	0	0	2	2
영등포구(2017.12.7)	4	4	4	0	0	0	0	4	4
동작구(2018.6.14)	2	2	1	1	0	0	0	2	2
관악구(2018.10.29)	4	4	2	2	0	0	0	3	3
서초구(2018.8.30)	4	4	4	0	0	0	0	1	1
강남구(2018.8.1)	6	6	2	4	0	0	0	1	1
송파구(2018.10.1)	3	3	2	1	0	0	0	2	2
강동구(2018.6.7)	2	2	1	1	0	0	0	2	2

이러한 결과는 여러 요인이 복합적으로 작용한 결과로 해석된다. 행정직 중심의 인사문화, 지자체장의 복지인식 부족, 자치구 조례 미준수 경향 등 다수 요인이 영향을 미친다. 일부는 복지직이 공공관료제 내 입직이 늦은 이유를 언급하는 사례가 있지만, 1987년 신규임용자의 경우 이미 30년이 넘은 근무년수를 나타내고 있기에 이러한 지적은 부적절한 의견이다. 결론적으로 상위직급의 구조를 개선시킬 필요성이 상당하다.

4. 직급통합 쟁점사항 분석

1) 연구방법

연구방법으로는 앞에서 제시한 바와 같이 간략하게 통합논의와 관련된 이론적 배경과 현황을 고찰하고 정리하였다. 다음으로 구체적인 연구방법으로 질적 연구의 한 방법인 관계자 심층면접 방법을 활용하였다. 심층면접은 대표적인 질적연구 방법의 하나로 연구주제를 가장 효과적으로 다룰 수 있는 방안으로 선택하였다.

인사행정은 단순히 양적인 측면에서 파악하기 곤란한 특성을 가지며, 통합논의의 경우 사안이 복잡하기 때문에 입체적인 접근을 필요로 한다. 특히 쟁점과 대립되는 입장이 있기에 이를 효과적으로 다루기 위해서는 관계자들과의 면접이 필수적이다.

면접대상자 선정은 본 연구를 의뢰한 서울시사회복지행정연구회의 협조를 받아 진행하였다. 우선 통합을 반대하는 입장을 가진 통합반대론자 4명, 통합을 찬성하는 입장을 가진 통합찬성론자 4명, 직급상 5급인 복지직 3명, 행정직 3명, 전산직 3명, 세무직 2명, 직급상 6급인 복지직 3명, 인사조직 담당자 3명 등 총 25명이다. 기타 의견자문자는 복지직 10명으로, 본 보고서 원문을 검토하고 이에 따른 개선방안 등 다양한 의견을 세안하였다.[3] 덧붙여 서울시 사회복지직 5급 모임에 참여하여 연구진행에 대한 의견을 청취하였으며, 서울시 이외 지역의 상황 이해를 위해 타 시도 근무자들의 의견을 참고하였다. 심층면접은 2019년 4~6월까지 진행되었으며, 연구과정은 질적연구가 준수해야 하는 연구절차의 엄격성을 준수하려고 노력하였다.

자료수집은 연구질문을 중심으로 반구조화된 심층면접 방식을 사용하였으며, 주요 질문으로는 '귀하는 사회복지 5급의 행정 5급과의 통합논의에 어떤 의견을 가지고 계십니까?', '귀하는 사회복지직의 상위직급을 확대하는 방안에 대해 어떤 의견을 가지고 계십니까?' 등이며, 참여자 특성에 따라 다양한 질문을 활용하였다. 주요 질문 이외에도 중요 쟁점에 대한 추가적인 이해나 설명을 듣기 위해 개방적인 질문을 시도하였다. 면접일정은 사전에 참여자에게 통지하여 일정을 확정하였고, 면접장소는 참여자가 참석하기 용이한 장소에서 진행되었으며, 면접실시 전에 연구주제에 대한 사전 설명 그리고 녹취에 대한 허락, 자료활용시 익명성 보장 등의 절차를 실시하였다. 면접시간은 대략 1시간 내외였으며, 참여자의 사정에 따라 짧게는 30분, 길게는 2시간이 소요되었다.

자료분석은 녹음내용을 듣고 녹취록을 작성하였고, 수차례 검독 후 내용분석을 실시하였다. 내용분석은 연구질문 및 반구조화된 질문에 대한 답변을 정리하는 방식으로 진행하였다. 자료제시 방법은 관련 주장들을 인용하거나 내용을 설명 · 요약하는 방식을 취하였다. 또한 그 주장이 타당성이 있는 내용인지를 검토하여 제시하였다. 본 연구는 직급통합의 논리적 근거를 탐색하는 것으로 참여자 다수가 동일한 내용을 언급하였을 경우라도 대표적인 주장을 중심으로 내용을 제시하였다. 연구자는 찬성 반대 의견을 가능한 한 객관적으로 다루기 위해 노력하였으며, 편견에 치우지지 않도록 노력하였다.

---

3) 결국 직급통합 관련 당사자는 복지직으로 찬반 8명, 직급대표 6명, 의견자문자 10명으로 총 24명이다. 의견자문자들은 복지직 인사와 관련해서 객관적인 의견을 제시할 수 있는 5~6급 재직자로 구성하였고, 전국을 지역별로 구분하여 배정하였다.

2) 찬반 주장과 타당성 검토

(1) 찬반 주장 개요

직렬통합과 관련하여 찬반 주장을 살펴보고자 한다. 우선 반대측 주장을 살펴본다.

표 4-14 반대측 주장 개요

번호	개요
주장①	5급 통합은 사회복지전문성을 훼손시킴. 통합이 되면 사회복지전문성을 발휘하기 곤란함
주장②	통합 이후 실질적인 복지직 승진이 어려울 것임. 처음에는 일부 승진이 이루어질 수 있으나 나중엔 행정직 위주로 진행될 것임
주장③	다른 직렬과의 경쟁에서 승산이 없음
주장④	통합시 근평 산정에서 불이익이 예상됨
주장⑤	통합해도 복지부서나 일부 동에만 근무하게 될 것임
주장⑥	자치구 정원책정 비율에 따라 승진시키면 됨. 이조차 준수하지 않는 상황에서 다른 대안이 지켜질 것으로 생각하지 않음
주장⑦	자치구 상황이 매우 다르므로 일관된 적용보다는 현재 그대로 놔두는 것이 좋음
주장⑧	현 6급의 경우, 갑작스럽게 제도가 바뀌게 되면 순서가 뒤바뀌는 상황이 발생하므로 당장 통합은 불가하지만 중장기적으로는 지지함
주장⑨	5급을 통합하게 되면 지금까지 복지직에게 배려하던 기회조차 주지 않을 것임
주장⑩	5급을 통합하기보다 오히려 복지직 4급 신설을 해야 함. 전문직렬이 되기 위해서는 지방사회복지서기관 제도를 신설해야 함

통합 반대측 주장을 정리하면 다음과 같다. 반대측 주장①의 경우, 5급 통합은 사회복지전문성을 훼손시키는 것이며, 통합이 되면 사회복지전문성을 발휘하기 곤란하다고 주장한다. 5급은 직렬 내 상징성이 크며, 관리자급이 사라지게 되는 효과를 가지므로 복지직 내 하위직들의 사기가 저하될 것으로 인식하고 있다.

주장②의 경우, 통합 이후에도 현재와 같이 실질적인 복지직 승진이 어려울 것으로 예상하였다. 통합 이후 처음에는 일부 승진이 이루어질 수 있으나 나중에는 행정직 위주로 진행될 것으로 예측하였다. 이는 지난 기간 동안 진행되어 온 인사관행에 비추어 볼 때 이러한 비관적인 시나리오가 현실적이라고 인식하는 입장이다.

주장③의 경우와 주장④의 경우는 통합 시 결국 현재와 같은 직렬 내 근평체계가 아닌 타 직렬 인력과 통합된 근평체계를 도입하게 될 것인데, 이를 보면 보직경로상 복지직은 제한된 보직경로를 거치는 데 비해 타 직렬은 여러 부서 경험이 있고, 그렇기 때문에 경험이 많아 관리자로서의 자질이 더 높게 평가받을 것으로 예상하였다. 결과적으로 통합 이후 근평 산정과 경쟁 과정에서 불리한 여건에 놓일 것으로 보았다.

주장⑤의 경우, 관행적으로 복지직이 장점을 갖는 경우는 구본청 복지관련 부서나 일부 취약계층이 많은 동에 배치되는 경우가 대부분일 것으로 이해하고 있다. 복지직이 기획부서나 여타 부서에 배치되는 경우는 현실적으로 적을 것으로 예상하고 있다.

주장⑥의 경우, 통합과 같은 별도의 절차 말고도 현재도 유효한 방법인 자치구 조례에 제시되어 있는 정원책정기준을 지자체장이 준수하기만 하면 문제가 해소될 것으로 파악하였다. 기존 조례조차도 준수하지 않는데 새로운 제도가 도입된다고 해서 그것이 지켜질 리는 없다고 판단한다.

주장⑦의 경우, 5급 승진에 대한 분위기는 자치구별로 다른 상황으로 판단하고 있다. 어떤 자치구의 경우, 복지직 5급 승진에 대한 분위기가 양호한 지역이 있어 일정 기간 내 이 문제가 해소될 것으로 예상하는 지역이 있다. 이러한 지역의 경우, 통합을 하게 되면 더 많은 혼란이 야기될 수 있다고 보았다. 이러한 주장은 주장⑧과도 연결되는 주장이다. 가장 밀접한 이해관계가 있는 6급의 경우, 본인의 이해관계에 따라 통합건에 대한 지지 여부가 다른 입장이다. 일부는 제한적 반대로 중장기적으로는 통합으로 가야 한다는 의견을 피력하였지만 당장의 통합은 시기상조라는 의견을 제시한다.

주장⑨의 경우는 현재는 복지직 5급이라는 대외적인 직급이 존재하므로 일정 부분 복지부서나 일부 동에 5급 승진자가 있었으나, 복지직 5급이 사라지게 되면 굳이 5급 발령자를 낼 필요성이 없으므로 승진 기회조차 주지 않는 최악의 상황이 나타날 수 있을 것으로 예상하였다. 자치구마다 상황은 다르겠지만 복지직에 대한 낮은 처우는 논리의 문제가 아니라 조직정치의 문제로 파악하였다.

주장⑩의 경우는 통합 반대에서 더 나아가 복지직 4급 신설을 주장한다. 앞에 언급된 선행연구인 김제선 외(2018)의 연구, 황미경 외(2019)의 연구에서 제안된 내용이다. 주장⑩의 근거는 사실상 주장①에 근거하고 있는데 전문적인 복지행정을 위해서는 보다 전문적인 상위직급이 필요함을 제시한다. 이러한 입장은 다수의 입장이 반영된 결과라기보다는 한국사회복지행정연구회 내 일부 회원의 입장이 반영된 것으로 파악된다.

그 외에도 다양한 반대 사유가 있다. 세부 내용은 이후 타당성 검토와 함께 검토한다. 다음으로 찬성측 주장을 살펴본다.

표 4-15 찬성측 주장 개요

번 호	개 요
주장①	현재와 같은 상황에서는 5급 통합인사 이외에 상급자를 확대할 방안이 없음. 현재 구조에서 승진하려면 퇴직자가 있거나 새로운 조직의 신설뿐임
주장②	5급 통합인사는 5급 승진에 대한 기회가 주어질 수 있음. 지금은 기회조차 주어지지 않음
주장③	5급 통합을 통해 복지직이 관리직으로 다양한 분야에 진출할 수 있음. 우선적으로 복지 분야에 배치되겠지만 복지 이외 분야로 진출할 수 있음
주장④	5급 통합은 보편적 복지에 보다 부응할 수 있음. 행정 전반에 복지가 접목될 수 있음
주장⑤	5급 통합은 전문성을 훼손하는 것이 아님. 반대측이 주장하는 핵심 주장은 전문성을 잘못 이해한 것임
주장⑥	전산직이나 세무직을 보면, 통합인사를 통해 상급자 확대가 분명하게 나타남. 통합인사는 단점보다 장점이 훨씬 많음
주장⑦	별도의 복지전달체계가 구성되지 않는 한, 일반행정과의 완전한 분리는 불가능하며 그 때문에 관리직 수준에서는 통합하는 것이 바람직함
주장⑧	통합 이후 근평 산정이나 타 직렬과의 경쟁에서 어려운 점이 있을 수 있으나 그것은 개인의 역량에 의존해야지 직렬에 의존해서는 안 되는 사항임
주장⑨	우리 자치구는 대부분이 통합 찬성을 표시하고 있음. 일부 반대론자의 주장은 비관적인 시나리오에 근거해서 언급하고 있으나 반대 논거가 불확실함
주장⑩	복지직 4급 신설 주장은 너무 앞선 주장이며 직렬에 대한 이해가 부족한 주장임. 오히려 행정직군 내 복지직의 고립을 자초할 수 있음

통합 찬성측 주장을 정리하면 다음과 같다. 주장①의 경우, 현재의 복지직 5급 승진자가 적은 이유를 구조적인 문제로 바라보고 있으며, 승진자를 확대하기 위해서는 복지직 내 퇴직자가 있거나 새로운 조직을 신설하는 등의 방식 이외에는 한계가 있다고 보고 있다. 그러므로 이러한 한계를 극복하기 위해서는 통합인사 방안이 가장 효과적인 방안이다.

주장②의 경우, 주장①의 경우와 마찬가지로 현재의 구조에서는 승진기회조차 주어지지 않은 상황이므로 통합인사를 통해 기회를 확대할 수 있다고 보았다.

주장③의 경우, 5급이 된다는 의미는 관리직이 된다는 의미이며, 이는 단순히 복지 분야에 한정되지 않는다는 것을 뜻한다고 보았다. 기존의 복지직 출신 관리자는 복지부서에 한정되거나 일부 동에 한정되는데 이러한 경계를 넘어서 진출할 수 있다고 보고 있다. 이러한 주장은 주장④와 연결된다. 지자체에서 복지가 차지하는 비율이 증가하고 있고, 특히 복지예산의 경우 상당한 수준에 이르고 있으며, 기획, 인사, 감사, 예산, 회계, 조직, 의회, 교육, 보건 등 다양한 영역에 복지직 출신 관리자가 진출하게 된다면 행정 전반에 복지가 접목될 수 있다고 보고 있다.

주장⑤의 경우, 통합 반대측이 주장하는 전문성 훼손 문제는 전문성을 잘못 이해하고 있다고 보고 있으며, 5급 관리직의 경우는 전문성 논의에서 다소 자유롭다고 보고 있다. 이러한 입장은 이론적 배경에서 검토한 전문성 논의의 관점에서 본다면 타당한 견해이다.

주장⑥의 경우, 전산직이나 세무직 등 타 직렬의 사례를 보면 통합인사를 통해 상급자 확대가 분명하게 나타나고 있어 통합인사에 따른 장점이 단점을 상쇄할 수 있다고 보고 있다.

주장⑦의 경우, 현재 복지직은 사회복지사무소와 같이 행정과 일정 정도 분리된 복지전달체계를 구축하고 있지 못하기 때문에 결국 일반적인 행정체계 내에서 운영될 수밖에 없는 한계가 있다고 본다. 그렇기에 관리직 수준에서는 일반행정과 밀접한 관계를 가지는 것이 현실적인 모습이라고 보고 있다. 결국 상위직급은 타 직렬과 섞이는 것이 합리적이라고 보고 있다.

주장⑧의 경우, 통합반대측에서 주장하는 바와 유사하게 통합 이후 근평 산정이나 타 직렬과의 경쟁에서 분명 불합리한 부분이 발생할 수 있으나, 통합인사를 하게 되면 결과적으로 승진후보자간 경쟁이 되므로 직렬 내 경쟁없이 승진자가 되는 불합리를 제거할 수 있다고 본다. 이러한 주장은 결국 5급이 된다는 의미는 상대적으로 직렬대표성을 가진 관리자가 아니라고 본다.

주장⑨의 경우, 과거에도 그러하였지만 자치구 내 통합 반대측은 소수이고 통합 찬성측은 다수를 이루고 있다고 주장하며, 반대측 입장은 피해의식에 의한 비관적인 예상에 입각해 통합인사에 따른 장점을 축소하여 해석하고 있다고 보고 있다. 특히 반대측 논거가 불확실하며 실제 미래에 대한 대안 자체가 없다고 평가한다.

주장⑩은 반대측 일부 논자들이 주장하는 복지직 4급 신설 주장은 상식적으로나 현실적으로나 이해하기 힘든 주장으로 문제가 많은 내용이라고 보고 있다. 직렬별 4급은 일부 기술직이 활용하고 있고, 복지직이 타 직렬과 차별성을 가진 전문성 혹은 기술이 존재하는지 의문스럽다고 보고 있다. 그렇기에 이러한 주장은 종합행정을 하는 조직 내에서 균형성을 깨뜨려 오히려 복지직의 고립을 가져올 것이라고 보고 있다.

(2) 반대측 주장 검토

면접을 통해 나타난 반대측의 다양한 주장을 정리하고 이에 따른 타당성을 검토하였다. 〈표 4-16〉에서 이에 대한 논의들을 요약하였다.

▌표 4-16▐ 반대측 주장에 대한 타당성 검토

반대측 주장	타당성 검토
승진만을 위해서 통합하는 것은 반대함	승진이 주된 것이기는 하지만 승진만을 위한 통합은 아님. 이런 표현은 마치 통합찬성자들을 승진에만 몰두한 세력으로 표현하기에 다소 부적절한 표현 방식임. 승진은 적정 관리자 확보 등 여러 문제들이 압축된 주제임
5급 통합이 전문성을 훼손함	앞부분에서 정리하였듯이 전문성과 관련해 직급 간 관계에서는 실무자급과 관련성이 높고, 관리자급과는 관련성이 상대적으로 낮음

<table>
<tr><td>사회복지직렬을 만든 취지에 맞게 전문성 유지가 필요함</td><td>사회복지직렬의 존립은 동의함. 합리적 운영을 위해 상위 직급에 한해 조정하는 것임. 5급 직렬통합이 복지직렬을 만든 취지와 배타적인 것은 아님</td></tr>
<tr><td>통합될 경우, 사회복지전문성이 제대로 발휘될 수 없음</td><td>상대적으로 약화될 수 있으나, 관리자급과는 관련성이 적고, 현장(복지직 5급)의 의견도 그렇지 않음</td></tr>
<tr><td>일반행정업무를 수행하지 않다가 행정업무를 보게 되면 업무수행력이 떨어질 것임</td><td>초기에 일부 그런 현상이 발생할 수 있으나 현 복지 5급 동장의 일관된 의견으로는 틀린 주장임. 업무수행에 큰 문제가 없음</td></tr>
<tr><td>보편적 복지에는 전문성이 더 요구됨</td><td>일부 타당한 주장임. 그러나 관리자의 전문성은 어떤 전문성인지 논의가 필요함. 행정적 전문성이 요구될 수 있음</td></tr>
<tr><td>5급이 통합되면 그 아래도 통합될 확률이 높음</td><td>전산직이나 세무직 등 타 직렬을 보면 그렇지는 않음. 확대해석임. 직렬 내 직급 전체의 통합은 별도의 주제임</td></tr>
<tr><td>날로 증가하는 복지수요에 대응하기 위해 5급 존속이 필요함</td><td rowspan="2">복지수요에 대응하는 방안으로 복지 5급 존속이 반드시 필요한지 검토가 필요함. 현장의견은 그렇지 않음. 행정 5급으로 통합되지만 사실상 복지 5급임</td></tr>
<tr><td>증가하는 복지욕구는 통합직렬로 대응하기 힘듦</td></tr>
<tr><td>통합 이후 실질적인 복지직 승진이 어려울 수 있음</td><td rowspan="2">전산직과 세무직의 사례를 보면 확인하기 어려움. 일정 정도의 추정임. 그럴 수도 있고, 그렇지 않을 수도 있음. 세부 논의가 필요함</td></tr>
<tr><td>통합 이후 다른 직렬과의 경쟁으로 사무관 승진이 어려울 것임</td></tr>
<tr><td>통합시 근평 산정시 불이익 예상됨</td><td>그럴 수도 있고, 그렇지 않을 수도 있음. 불이익이 발생하지 않도록 세부방안 논의가 필요함</td></tr>
<tr><td>처음엔 시범적으로 한 두 자리 내주는 듯하다가 나중엔 일반행정직의 독주가 뻔히 예상됨</td><td>그럴 수도 있고, 그렇지 않을 수도 있음. 전산직과 세무직의 사례를 보면 확인하기 어려움</td></tr>
<tr><td>근무성적 평정과 서열의 공평성 유지가 핵심인데 그게 지켜질 수 있을지 의문</td><td>지켜지도록 세부방안 논의가 필요함</td></tr>
<tr><td>세무직은 행정직에 밀려 승진이 많이 느리다는 소문을 들음</td><td>사실이 아님. 세무직렬 관계자를 만나 틀린 주장임을 확인함</td></tr>
<tr><td>건축직이나 토목직처럼 형태를 유지하는 것이 바람직</td><td>행정직군이 아닌 기술직군임. 기술직군의 사례를 참고할 수 있으나 직군의 개념이 다소 다름</td></tr>
<tr><td>통합해도 복지부서나 일부 동에만 근무하게 될 것임</td><td>현재는 그러하나, 향후 타 부서(기획, 예산, 감사 등)로 근무 확대가 필요함</td></tr>
<tr><td>자치구 정원책정 비율 준수도 안 지키는 판에 다른 개선안이 적용될지는 미지수임</td><td>다른 개선안이 바르게 적용될지는 미지수이지만 전산직 사례를 보면 반드시 그렇지는 않음</td></tr>
</table>

(3) 찬성측 주장 검토

면접을 통해 나타난 반대측의 다양한 주장을 정리하고 이에 따른 타당성을 검토하였다. <표 4-17>에서 이에 대한 논의들을 요약하였다.

▮표 4-17▮ 찬성측 의견 정리 및 타당성 검토

찬성 주장	타당성 검토
현실적으로 현 구조하에서 5급 통합인사 이외에 관리자를 확대할 방안이 없음	일부 타당성이 있음. 현실적으로 다른 대안이 부족함
통합이 없으면 자치구의 경우 사무관 승진이 요원하여 인사적체가 심각해짐	타당성이 있음. 통합 없이 점진적으로 사무관 승진이 가능하지만 장기간이 소요됨
5급은 개별사업의 수행자가 아닌 업무 전체의 관리자 입장에서 업무를 수행하므로 전문성과 더불어 행정관리적 기능이 더 중요함	타당한 견해임. 전문성 논의에서 서술하였다시피 직급 간 전문성 적용은 유연하게 접근해야 함
5급 통합은 전문성을 훼손한다고 볼 수 없음	어떤 전문성인지 서술이 필요함. 만약 직렬 전문성이라면 일부 타당함
만일, 행정 5급으로 통합 후 복지부서에 근무하는 복지직 사람은 전문성이 없는 것인가? 그건 아님	타당한 주장임
5급 통합은 다양한 분야로 복지직이 나아갈 수 있는 유효한 수단임	타당한 주장임
5급 단수직이 거의 없음. 이는 직렬 전문성을 중요하게 여기는 것이 아님	타당한 주장임. 만약 단수직을 적용하려면 반드시 그에 대한 전문성이 명시되어야 함
전달체계가 완전히 일반행정과 완전히 분리되지 않는 한, 행정과의 협력은 필수적임	행정과의 협력이 반드시 직렬통합으로 성취되는 것은 아님. 다만 복지와 행정은 공유되는 지점이 확대되어야 함
넓은 의미의 복지에서 복지와 행정은 따로 갈 수 없음. 전문성을 추구하되 행정가적, 준전문가적 관점이 필요함	타당성이 있음
자치구에서 예산지출 분야 중 복지 분야가 가장 크므로 보편적 복지로 나아가야 함. 행정전반으로 복지직이 나아가야 함	필요한 주장임. 이는 단순히 직급통합을 넘어서 업무영역 확대 주장을 언급하는 것임
통합되면 행정 전반에 복지가 접목되어 서비스 질에 긍정적인 영향을 미치게 될 것으로 예상됨	잘 접목된다면 긍정적인 효과가 있을 수도 있음. 복지직 5급 현장의견으로는 충분히 가능함
현 사회의 전반적인 추세가 융합 및 칸막이 허물기임으로 상위직의 경우 통합되는 것이 바람직	통합 융합의 방향과 함께 전문성 강화의 방향도 존재함. 통합 융합이 즉시 상위직 통합으로 연결되는 것은 아님. 물리적 통합보다 기능적 통합이 더 중요함

행정직도 복지직 업무를 다 할 수 있음	조심해야 할 표현임. 행정직이 복지업무 중 많은 일을 할 수 있으나 모든 일을 할 수 있지는 않음. 전문성이 요구되는 분야가 있음. 특히 복지업무에 장기간 근무하면서 습득되는 업무능력은 행정직이 수행하기 어려움. 업무수행의 질(quality)이 다름
사회복지직렬은 전문성이 많이 요구되지도 않는데 많이 뽑고 있고, 굳이 행정직이 할 수 있는 일을 사회복지라는 직렬을 만들어 운영하고 있기에 비효율이 높음. 중장기적으로 직렬통합이 필요함	쟁점 많은 주장임. 복지직의 전문성 논란은 앞에 언급한 전문성 관련 내용을 참고하기 바람

(4) 소결

지금까지 5급 통합인사와 관련된 의견들을 정리해 보았다. 통합인사에 대한 찬반 주장과 특성을 간략하게 비교하면 다음 〈표 4-18〉과 같다. 비교 기준은 전문성 훼손 여부, 근평 산정에 대한 평가, 통합 이후 실질적 효과 기대, 자치구 상황 고려, 인사 개선 기대, 지지 세력 등으로 구분하였다.

▌표 4-18▐ 쟁점별 찬반 주장 비교

항목	통합 반대	통합 찬성
① 전문성 훼손 여부	전문성 훼손함	전문성의 내용이 다름
② 근평 산정 평가	근평 산정 과정에서 불리함	일부 불리할 수 있으나 기회가 주어짐
③ 통합 이후 실질적 효과	부정적 효과가 더 많음	긍정적 효과가 더 많음
④ 자치구 상황 고려	자치구마다 상황 다름	일관된 적용 필요
⑤ 인사 개선 기대	현 상태 유지, 중장기적 개선	빠른 시기 내 개선 희망
⑥ 지지 세력	상대적으로 소수	상대적으로 다수

통합반대측 입장을 보면, 통합으로 인한 부정적 효과를 예상하고 있고, 현 상태를 유지하면서 중장기적 개선을 기대하고 있는 것으로 파악되었다. 그러나 그러한 부정적 효과의 경우, 그 내용을 엄밀하게 분석해 보면 타당성 검토에서 살펴보았듯이 다소 논리적 측면이 부족하다. 찬성측의 경우, 새로운 제도 도입에 따른 불합리한 부분을 해소할 수 있는 방안이 제시된다면 반대측을 설득할

수 있는 유인이 존재한다.

통합찬성측 입장을 보면, 통합으로 인한 긍정적 효과를 예상하고 있고, 가능하다면 빠른 시간 내 개선을 희망하고 있다. 현 인사구조 내에서 복지직 5급의 승진자 확대가 현실적으로 어렵다는 측면에서 구체적인 대안을 제시하고 있는 것으로 판단된다. 다만 통합 이후 실질적인 효과를 확인하기 어렵다는 측면에서 제한적인 타당성을 가지는 것으로 평가된다. 그러나 타 직렬 사례를 참고하면 통합인사 시 일정 정도 효과를 기대할 수 있는 것으로 판단된다.

다수의 이해관계자 면담 및 의견 청취를 통해 본 결과, 연구자의 경우, 통합인사는 단점보다 장점이 크다고 판단된다. 이론적 배경에서 살펴보았듯이 통합인사는 사회복지의 가치와 배치되지 않으며, 대상자 혹은 주민의 입장에서도 긍정적인 측면이 있는 것으로 판단된다.

3) 통합인사 시 효과 검토

통합인사는 단순히 사회복지직만의 문제는 아니다. 즉 복지직의 관리자가 적다고 해서 혹은 승진적체가 심화되었다고 해서 통합인사를 시행하는 것은 그 문제를 매우 좁게 접근하는 것이다. 전달체계 관점에서 공공과 민간으로 구분해 본다면 공공의 핵심인력이 바로 사회복지직이고 이러한 인력의 인사에 큰 변화를 가지게 되면 결과적으로 다양한 측면에서 효과를 가진다. 본 절에서는 통합인사 시 나타날 수 있는 효과들을 다각적인 측면에서 검토하였다.

표 4-19 통합인사 시 효과성 검토

주제	효과성 검토
가치의 측면	• 복지직렬 인력구조의 개선을 통해 인사행정의 정상화가 기대되고, 직렬로 인해 통제되어 왔던 문제점이 해소될 수 있음
서비스의 질	• 통합인사를 통해 복지직렬 내 우수 인력이 관리자로 선발되므로 양질의 정책 결정이 가능해짐. 이로 인해 서비스 질 향상 가능 • 주민의 입장에서는 복지 마인드를 가진 관리자 확대로 서비스 질 향상 • 중장기적으로 복지 영역 이외 기획, 인사, 감사, 예산, 회계, 조직, 의회, 교육, 보건 영역에서 복지적 전문성 활용이 가능함

6급 인력 관리	• 장기적으로 사회복지 인재들이 타 부서에서 근무하게 되어 사회복지 인력 환경이 나빠질 수 있음
직렬 내 응집력	• 5급 직렬 존손 시에는 직렬 내 1인이라도 5급 승진자를 내어야 한다는 관점에서 집단 내 응집력 강함. 직렬 대표성 성격이 강함 • 그러나 직렬통합 시 5급 승진을 위해 6급간에 경쟁을 해야 한다는 관점이 있으므로 직렬 대표성은 축소되고 개인대표성 성격이 강함. 개인 이해관계에 집중할 수 있으므로 집단 내 응집력은 다소 약해질 수 있음
타 직렬과의 관계	• 대표적으로 행정직군내 타 직렬과 경쟁이 심화될 수 있음 • 통합인사 시도 시 타 직렬에서 반대하는 사례[4]도 있을 것으로 예상
인사권자의 입장	• 제도적으로 개선된다면 일부 반대가 있더라도 제도를 시행할 수 있으며, 개인 역량에 의거해 승진자를 결정할 수 있으므로 긍정적임
사회복지계와의 관계	• 명칭상 복지직 5급이 사라졌다고 해도 큰 변화는 없을 것으로 예상됨 • 승진자는 사회복지계에서 복지직 출신으로 개별적으로 활동
한사연과의 관계	• 한사연 회원은 사회복지직 공무원으로 재직 중인 자에 한해 정회원으로 인정하고 있으므로 회원유지를 위해서는 회칙 개정이 요구됨 • 전문직렬의 범주에서 다소 빗겨 있기 때문에 활동의 범위도 달라질 수 있음 • 별도의 단체 즉 복지직 5급들만의 조직이 구성되어 소단체로 운영이 될 수도 있음. 현실적으로 보면 행정 5급이 되어도 사실상 복지직 출신이라는 태생적 특성을 벗어던지기는 어려울 것임
당사자 행태	• 기본적으로 통합인사 시 현재와 같은 직렬 내 별도 평정이 아닌 행정직군 내 통합 평정이 실시되므로 성과관리에 보다 많은 신경을 쓸 것임 • 근무실적에 대한 평정요소로 업무난이도, 완성도, 적시성 등이 고려되며, 보직경로도 고려될 수 있으므로 이에 대한 관리를 하게 될 것임

4) 복지직의 확대와 관련하여 일반 행정직과의 관계에 대해 복지직은 명확한 입장을 견지할 필요성이 있다는 주장이 있다. 참가자 1인의 의견을 정리하면 다음과 같다. "익히 알려진 것처럼 현 구조에서는 행정직이 복지직의 상급자로 오랫동안 근무해왔다. 과거 행정직의 입장은 "복지직이 관리자가 될 만큼 경력이 되지 않았다, 경력이 충분치 않다"는 주장을 해왔다. 그러므로 행정직은 자연스럽게 행정직의 범위 이상의 수준으로 상급자를 배출해왔다. 행정직의 타 직렬 상급자 독점이 유지되어 온 이유이다. 복지직이 성장하여 복지직의 상급자를 배출할 시기가 도래한 지금, 행정직은 기존에 유지해왔던 상급자의 자리와 관련해 다소 기득권적인 입장을 보이고 있다. 타 직렬의 상급자 진출 의도를 행정직 자리를 침해하는 행위로 받아드리고 있는 것이다. 이는 분명 잘못된 태도이다. 과거 행정직의 주장대로 이해한다면 이제는 복지직이 일정 정도 상급자를 배출할 시기가 도래한 것이다. 그러므로 그에 따라 순리를 따르는 것이 바람직하다. 과거에 타 직렬이 성숙하지 못하여 잠시 동안 그 자리를 대신하여 일을 한 것을, 영구히 그 위치의 독점을 유지하려고 하는 자세는 사회적 혁신과 개선을 막는 잘못된 사고인 것이다. 그러므로 복지직은 복지직이 누려야 할 권리를 당당하게 요구하고 그에 따라 합리적인 수준에서 권한을 행사할 필요가 있다. 그래야만 시민들에게 양질의 서비스를 제공할 수 있게 된다. 행정직의 보수적 입장은 합리성이 없으며 직렬이기주의가 되어서는 안 된다."

통합인사는 다양한 효과를 가지는 것으로 분석되었다. 즉 긍정적인 효과만 있는 것이 아니라 부정적인 효과도 가지고 있다. 이는 다르게 표현하자면 만일 통합인사 시 부정적인 효과를 최대한 축소시킬 수 있는 방안 마련이 필요함을 의미한다.

5. 결론 및 제언

1) 결론

지금까지 지방사회복지직 상위직급 구조개선 방안과 관련하여 복지직 5급의 행정직 5급 통합논의를 살펴보았다. 이를 위해 다양한 이론적 배경을 정리하였고, 통합인사와 관련된 쟁점을 정리해 보았다.

2절 이론적 배경을 정리하면 다음과 같다. 첫째, 사회복지직렬 운영 배경과 의미를 살펴보았다. 복지직은 초기 자산조사의 합리화, 대상자 지원의 합리화 등의 이유로 직렬이 성립되었으나, 현재 복지업무의 급격한 확장으로 광범위한 업무를 수행하면서 정체성의 혼란을 경험하고 있는 것으로 분석되었다. 현재 스페셜리스트(specialist)보다는 제너럴리스트(generalist)에 가까운 업무형태를 보이며, 향후 역할 강화가 필요한 부분을 검토하였다. 그러므로 향후 복지직의 역할 방향성과 관련해서 심도 있는 논의가 필요하며, 역할 강화와 수행해야 할 직무에 근거한 인력배치와 인사관리가 필요한 것으로 확인되었다. 둘째, 복지직의 전문성 논의를 정리하였다. 관련 이론들을 검토한 결과, 전문직에 대한 개념 규정은 매우 어려우며, 향후 복지직은 어떤 일을 해야 전문가로 인정받을 수 있는지 논의가 필요하다. 직급에 따른 전문성을 검토한 결과, 관리자는 상대적으로 전문성의 내용이 변화하므로 현재 다루는 주제인 복지직 5급의 행정 5급으로의 통합 논의에서 자유로운 것을 확인하였다. 셋째, 과거의 통합 논의들을 분석하였다. 2013년 사례의 경우 복지 5급의 통합 건에 대한 찬성률이 높았으나 절차적 하자가 있었으며, 반대측의 논거는 상대적으로 부족한 것을 확인하였다. 넷째, 타 직렬 전환 사례를 분석하였다. 대표적으로 전산직이 있는데, 결론적으로 직렬통합은 긍정적인 결과가 있었음을 확인하였다. 복수의 참여자가 통합 이후 승진율이 증가하였음을 확인해 주었다. 다섯째, 사회복지직의 인사정책 흐름을 정리하였다. 선행연구를 참고로 하여 분석하였는데, 적정 인력 확보, 합리적인 승진과 보직운영이 필요함을 제시하였고, 한사연의 2개 보고서를 검토한 바 복지직 4급 설치 제안이 있으나 근거제시는 불명확한 것으로 나타났다. 본 논문의 의견으로는 복지직 4급 설치는 단점이 많은 것으로 판단된다.

3절 지방사회복지직 통합인사 쟁점 분석을 정리하면 다음과 같다. 첫째, 서울시 사회복지직 현황을 분석한 결과 정원대비 현원이 다소 부족하고, 복지직과 행정직의 정원 책정 비율을 비교한 결과 복지직의 상위직은 매우 적고 하위직은 많은 것으로 나타났다.

4절 직급통합 쟁점사항 분석에서는 연구방법 소개에 이어, 통합논의와 관련된 찬성측과 반대측의 주장을 정리하여 이에 대한 타당성을 검토하였다. 통합논의와 관련하여 다양한 장단점이 존재하는 것으로 파악되었으며, 통합에 대한 타당성 논의에서는 단점보다 장점이 상대적으로 많은 것으로 나타났다. 또한 통합인사 전후의 효과성을 검토하였다. 다양한 효과들이 발생될 것으로 예측되며, 향후 근무성적평정시 합리적인 절차를 통해 개선이 필요함을 제시하였다.

2) 제언

통합논의와 관련하여 다음과 같은 개선이 필요한 것으로 판단된다.

첫째, 통합을 시도하기 위해서는 복지직 내 몇 몇의 관심자나 임원들에 의해서가 아니라 회원 각자의 관심과 노력이 있어야 한다. 인사구조 개선의 문제는 모든 회원의 문제이며, 결과적으로 시민에 대한 책임 있는 서비스를 제공하기 위한 가장 기초적인 과제임을 인식할 필요가 있다. 복지직 관리자가 부재하면서 발생하였던 다양한 문제를 개선시키고, 전달체계를 보다 건강하게 만들기 위해서 합리적인 인사 및 승진체계를 만드는 것이 매우 중요하다.

둘째, 병행전략이 필요하다. 병행전략은 통합반대측에서 주장하는 대안인 직렬별 승진비율 강화를 지속적으로 요구하여, 복지 6급과 7급에 대한 확보를 강화하면서, 동시에 복지 5급의 승진을 강화하는 방안이다.

셋째, 향후 복지업무 확대로 인해 세부 전문분야(주특기) 지정 검토가 필요하다. 한 예로 복지직렬 내 직류확대 검토가 필요하다. 지자체의 다양한 사회복지 업무를 반영하여 직류를 세분화할 필요가 있다. 예를 들어, 사회복지직렬 내 직류를 아동청소년, 여성가족, 사회복지일반 등으로 세분화(강영주 외, 2015)하거나, 그 외 통합조사, 사례관리 업무 등이 고려될 수 있다. 한편에서는 이러한 지정이 사회복지직의 업무 범위를 오히려 축소하게 되는 부정적 효과가 나타날 수 있고, 한 영역만 담당하는 것이 소진을 빨리 오게 할 수도 있는 만큼 신중한 검토가 필요하다는 의견이 있다. 그러나 분명한 것은 현재와 같은 업무범위로는 직렬유지의 근거가 훼손될 수 있다. 직렬은 유지하되 직류를 발전시킴으로써 보다 전문적인 위상을 유지할 필요가 있다.

넷째, 계급제 승진방식이 아닌 다른 방식의 권한 부여 확대 방안 강화가 필요하다. 예를 들어 직위분류제 등의 확대가 필요하다. 모든 사람이 복지직 5급에 승진할 수 있는 구조는 아니므로 승진을 하지 않더라도 그에 상응하는 권한과 인센티브가 작동할 수 있는 방안을 모색할 필요가 있다. 이 방안은 복지직에 한정되는 주제가 아닌 만큼 공무원 조직 전체의 과제와 연동하여 고민이 필요하다.

다섯째, 역량 있는 복지직 6급 관리자 양성 방안의 구성이 필요하다. 복지직 6급에 대한 여러 평가를 청취해 보면 역량 있는 공무원도 있으나 일부는 역량이 매우 취약하고 복지직으로서 정체성이 부족한 직원도 있는 것으로 제시된다. 또한 복지에만 매몰되어 행정을 보는 전체적인 시각이 좁다는 의견도 조사된다. 이러한 문제를 해소하기 위해서 바람직한 복지직 6급의 역량이 제시될 필요가 있고, 이를 반영한 여러 교육과 보직경로 설정이 필요하다.

여섯째, 한국사회복지행정연구회 조직 강화와 역할 강화가 필요하다(김이배, 2019). 한사연은 외형적으로 상당한 회원을 확보하여 운영되고 있지만 실제 운영내용을 보면 다양한 문제가 있는 것으로 분석된다. 복지직 5급 통합건이나 기타 인사문제와 관련된 주제들은 광역시도 집행부가 아닌 전국 집행부에서 다루어야 하는 주제이다. 향후 본 주제와 관련된 다양한 활동들이 필요하며, 전국적인 사안인 만큼 한사연이 주도적으로 대처할 필요성이 있다. 한사연 산하 공공복지연구소에서 본 주제와 관련된 기존 보고서가 제출되어 있으나 그 내용은 보면 쟁점을 심도 있게 다루었다고 평가하기는 힘들다. 보다 정치하고 심층적인 분석이 시도될 필요가 있다. 관련 연구는 복지직을 설득할 수 있어야 하고 타 분야도 설득할 수 있는 체계적인 연구가 필요하다.

일곱째, 사회복지계에 사회복지직 상위직급 문제점 및 통합인사건의 중요성과 관련된 지속적인 홍보 활동이 필요하다. 예를 들어, 통합의 장점과 합리적 이유에 대하여 논리를 개발할 필요성이 있다. 통합을 반대하는 복지직 혹은 행정직을 설득하는 논리, 조직 인사부서를 비롯한 간부 직원들을 이해시킬 수 있는 방안 또한 의회 의원 및 지역 언론 등 우호적인 세력 및 지지세력을 만들 수 있는 방안 등을 준비할 필요가 있다. 이는 단순히 공공만의 문제가 아니므로 민간 사회복지계와의 연계하여 지속적인 활동이 필요한 부분이다.

여덟째, 향후 복지직 인력이 지속적으로 증원될 것으로 예상(서원석 외, 2014; 강혜규 외, 2017; 김회성 외, 2018 등)되므로 이와 관련된 인사행정 관련 연구들이 수행될 필요가 있다. 특히 최근 신규임용자의 증가로 향후 하위직급의 인사적체 문제 및 승진자 배출 문제가 심각해질 것으로 예측되므로 이에 대한 고민이 필요하다. 특히 복지직은 당사자로서 이와 관련된 이해관계를 보다 잘 이해하고 있으므로 복지직의 시각에서 개선방안을 지속적으로 연구에 담아내는 과정이 필요하다. 또한 연구에서 끝나는 것이 아닌 구체적인 정책으로 제시되어 현장의 변화를 이끌어내는 실효성 있는 과정이 되어야 한다.

끝으로 연구의 한계 및 향후 보완 사항을 간략히 정리하면, 대외적으로 언급된 사항 이외에 비규범적인 내용(불문율)이나 인사관행에 대한 세부적인 내용 검토가 부족한 측면이 있다. 또한 타 직렬 사례를 참고하여 통합 이후 발생할 효과성을 추정하고자 하였으나 사례가 많지 않아 복지직에 그대로 적용하는 데 한계가 있다. 서울시 사례를 중심으로 논의하였기에 타 지자체의 경우 행정환경이 다르므로 적용과 해석이 달라질 수 있다. 향후 연구는 위와 같은 한계를 보완하여 연구를 수행할 필요가 있다.

참고문헌

강영주・금창호. 2015.『지방공무원 직렬체계 개선방안 연구』. 한국지방행정연구원

강혜규. 2014. "복지전달체계: 통섭적 인식, 실천의 모색". 2014 사회정책연합 공동학술대회 자료집.

강혜규・함영진・이정은・하태정・이주민・김보영・김이배・최지선. 2017.『지자체 복지 인력 현황 분석 및 수급방안 연구』. 한국보건사회연구원.

권승. 2013.『사회복지담당공무원의 직무분석을 통한 직무표준안 개발에 관한 연구』. 부산복지개발원

김영종. 2010.『사회복지행정』. 학지사.

김영종. 2014. "한국 사회복지전문직의 제도적 전문성 경로와 대안적 정향".『사회복지정책』 41(4), 377-404.

김이배. 2010. "립스키(M. Lipsky)의 일선관료제 모형에 근거한 국민기초생활보장제도의 집행에 관한 연구".『한국사회복지행정학』. 12(3). 149-181.

김이배. 2014. "사회복지전담공무원 직렬통합 논의의 쟁점과 과제".『한국사회복지행정학』 16(3), 147-179.

김이배. 2016. "사회복지전담공무원의 역할수행 방향 모색".『사회복지정책』. 43(4), 109-139.

김이배. 2017. "사회복지전담공무원 인사행정 현황과 개선방안- 부산광역시를 중심으로."『한국사회복지행정학』 19(1). 63-99.

김이배. 2019.『한국사회복지행정연구회 발전방안 연구』. 한국공공복지연구소.

김제선・전재현・황성조・박재현・김성복. 2018.『사회복지전담공무원의 충원 효과 및 인사제도의 실효화 방안』. 한국공공복지연구소.

김회성・강혜규・함영진・하태정・김정숙・황정윤. 2018.『지자체 사회복지공무원 직무분석 및 효율적 운영방안 연구』. 한국보건사회연구원.

보건복지부. 2018. 2018 주요업무 참고자료.

서울시. 2013.4. 사회복지인력 운영현황 및 개선방안.

서울특별시 인사과. 2013.5. 사회복지 5급의 행정 5급으로 통합관련 검토보고(비공개).

서원석・임성근・권경득・강혜규. 2014.『복지담당공무원의 중·장기 인력수급 방안에 관한 연구』. 한국행정연구원.

CHAPTER 05

한국사회복지행정연구회 조직연구: 운영실태와 개선방안

●●● 요약

한국사회복지행정연구회는 공공영역 사회복지사 23,000명이 가입하고 있는 국내 최대 조직으로, 1989년에 설립되어 올해 30주년이 되었다. 그런데 한사연은 그 역할의 중요성에도 불구하고 실질적인 조직운영에 대한 평가는 낮은 수준이다. 본 연구는 한사연의 운영실태를 살펴보고 개선방안을 검토하고자 하였다. 연구방법으로 선행연구 검토, 개별 심층인터뷰 및 초점집단인터뷰 등을 실시하였다. 연구결과는 공공영역의 사회복지사 혹은 사회복지사 조직이 어떠한 위기에 놓여 있는지 사례를 제공한다. 한사연이 처한 위기는 여러 가지이지만 극복 가능한 과제라는 점에서 본 연구는 의미를 가진다.

1. 서론

이 연구의 목적은 한국사회복지행정연구회(이하 한사연)의 운영실태를 살펴보고 개선방안을 검토하는 것이다. 한사연은 공무원 중 사회복지직렬인 사회복지전담공무원이 가입하고 있는 조직으로, 공공영역 사회복지사의 최대 조직이다. 역사적으로 한사연은 별정직 신분이었던 1989년 전국사회복지전문요원 동우회(약칭 사우회)로 시작하여, 일반직 신분으로 변경되었던 2000년 전국사회복지행정연구회(약칭 전행연)로 명칭을 변경하였고, 이후 2011년 한사연으로 명칭을 변경한 이래 오늘날 23,000명의 회원이 등록되어 있는 거대한 단체로 성장하였다.

한사연은 회원들이 모두 공무원으로서 사회복지사 자격증을 가지고 있으며, 사회복지라는 공통적인 업무, 유사한 업무방식을 가진다. 한사연의 조직체계는 중앙-광역시도 단위뿐만 아니라 일선 시군구 단위까지 조직화되어 전국적인 그물망을 가지고 있다. 회원인 사회복지전담공무원은 사회복지사(social work-er)이자 공무원(public worker)으로 공공조직 내에서 사회복지에 대한 전문성을 활용하여 업무를 수행하는 것이 직렬존립의 중요한 이유가 되어왔고, 그러므로 사회복지가 가진 정체성과 전문성에 기반하여 공공업무를 수행하므로 여타 행정방식과는 차별성을 지향해왔다(김이배, 2014c). 공공복지전달체계 내 전문적 인력은 양질의 적문적 서비스를 제공할 것이라는 전제 아래, 이는 바람직한 방향으로 이해되어 왔다.

그러나 공공복지전달체계는 다양한 문제점(채수훈, 2006; 강혜규, 2011; 박경숙 외, 2012; 김영종 외, 2016; 김이배, 2014b 등)이 있을 뿐만 아니라, 전담공무원 관련 선행연구에 따르면, 민간시설에 종사하는 사회복지사와 비교해 신분의 안정성은 높으나 직무만족도는 낮고, 업무과중으로 소진율은 높으며, 업무가 폭증함에도 불구하고 인력충원 수준은 낮아 전문적인 업무수행에 어려움을 경험하고 있는 것으로 제시된다(김경호 외, 2010; 전기우, 2012, 장윤영 외, 2012; 조성심 외, 2013; 임정현 외, 2014 등).

이러한 여러 문제들을 해결하기 위해서는 중앙 · 지방정부 단위의 개선도 있어야 하겠지만 이해당사자인 전담공무원 스스로도 이러한 문제에 적극적으로 대처할 필요성이 있다. 그렇기에 대부분의 전담공무원이 가입하고 있는 한사연의 역할은 매우 중요하다. 한사연은 외형적으로 노조가 아님에도 불구하고, 사실상 회원들의 회비를 통해 조직이 운영되고 있고, 회원들의 이익에 기여하는 것이 조직의 목적으로 설정되어 있다. 특히 최근의 전달체계 변화로 전담공무원의 역할과 기능이 변화되고 있는 시점에서 한사연 조직의 결속과 대응은 과거보다 중요하게 되었을 뿐만 아니라, 공공성의 실현, 수혜자인 국민에 대한 좋은 서비스 제공에 있어서도 중요한 과제로 제시된다. 여타 전문직종들이 조직을 통해 전문가로 인준(certificated)받고 그 역할을 확대해왔다는 점에서 한사연도 예외가 아니다.

그러나 한사연은 그 역할의 중요성이 강조되어 왔음에도 불구하고 실질적인 조직운영에 대한 평가는 낮은 수준이다. 급변하는 공공행정 영역의 변화에 적극적으로 대응하지 못하고 있으며, 회원들의 어려움을 해소하는데 한계를 보이고 있다고 평가된다(김이배, 2014c). 전담공무원 개인이 놓여 있는 조건은 현실적으로 공공조직 내 을(乙)로서 존재하며, 이를 개인이 해결하는 것에는 한계가 있다. 이러한 문제를 해결하기 위해서는 유명무실화된 조직이 아닌 구성원의 이해관계에 보다 집중하는 조직화된 단체가 간절하다. 최근에 와서 한사연은 중앙정부의 급격한 인력증원으로 인한 회원증가 및 구성원의 다양화로 인해 조직운영의 어려움이 심화되고 있다고 진단된다. 내 · 외부환경의 변화에 적극적으로 대응하는 전담공무원 조직체계가 되어야 하는데 그렇지 못하다는 것이다. 이는 한국사회에서 복지영역을 공공영역과 민간영역을 구분하여 공공영역이 가진 현실적인 위상을 보았을 때도, 공공의 역량이 취약해지고 있다는 것은 단순히 공공만의 문제가 아니라 민간영역에 부정적인 효과를 가져올 수 있음을 의미한다. 민간영역의 중요한 파트너로 정상적인 공공영역이 존재해야만 그것이 온전히 작동할 수 있기 때문이다.

이러한 한사연의 위상과 중요성에도 불구하고 기존에 한사연을 체계적으로 다룬 논문이나 보고서는 매우 부족한 실정이다. 민간 사회복지사의 조직이나 단체에 대한 연구는 수행되고 있으나 공공의 사회복지사 조직, 즉 한사연에 대한 연구는 거의 이루어지고 있지 않은 실정이다. 본 연구는 이러한 문제에 주목하여 한사연이라는 조직 그 자체에 관심을 가진다. 한사연의 중요성에도 불구하고 왜 이러한 문제가 해소되고 있지 못하며, 그러한 문제를 해소할 수 있는 방안들은 어떤 것들이 있는지 살펴보고자 하였다. 이를 위해 연구방법으로는 문헌고찰, 개별면접 및 초점집단 면접, 서면의견 접수, 관련 홈페이지 분석 등 다양한 방법을 활용하였다.

연구결과는 공공영역의 사회복지사 혹은 사회복지사 조직이 어떠한 위상과 역량을 보여주는지 사례를 제공한다. 한사연을 체계적으로 다룬 자료가 부족하므로 이에 대한 기본적인 자료 축적 및 정보제공이 가능할 것이며, 한사연 조직에 대한 이해에 기여하고, 조직운영 개선방안 제언을 통해 향후 한사연의 효율적인 조직운영에 기여할 것으로 예상한다. 이는 궁극적으로 공공전달체계가 가진 문제점을 해소하는데 기여할 것이다.

2. 한사연의 현황과 특징

1) 공공복지전달체계의 특징과 한사연

한사연의 발전과정은 공공복지전달체계의 발전과 변화에 연동되는 모습을 보이는데, 공공복지전달체계의 특성 그 자체가 한사연이란 조직에 영향을 미쳤다고 볼 수 있다. 한국의 공공복지 전달체계를 살펴보면 몇 가지 특징을 보이는데 이를 정리하면 다음과 같다. 첫째, 별도의 전달체계를 갖추지 않고 일반행정체계에 포함되어 운영되고 있다. 이것이 의미하는 바는 일반행정의 논리가 사회복지행정에 영향을 미친다는 뜻이다. 이로 인해 복지행정에 일반행정이 가진 관료제적 운영원리가 반영되고 있으며, 조직 및 인사 등 다양한 측면에서 부정적인 영향을 미치고 있다. 둘째, 사회복지인력은 전문성을 지향하고 있다. 사회복지직렬을 별도로 운영하고 있으며 전담공무원은 사회복지사 자격증을 필수로 하고 있고 실제 운영과정에서 사회복지적 가치와 윤리를 강조한다. 인력의 역량을 강화하기 위해 별도의 교육기관인 한국보건복지인력개발원을 설치 운영하고 있다. 셋째, 전달체계가 가진 문제점을 해소하기 위해서 다양한 개편과 시범사업을 실시하였다. 보건복지사무소 시범사업, 사회복지사무소 시범사업, 주민생활지원서비스, 사회복지통합관리망, 희망복지지원단, 읍면동 복지허브화, 찾아가는 보건복지서비스 등 시기별로 다양한 개편을 시도하였다. 넷째, 이러한 개편에도 불구하고 현장에서는 여전히 다양한 문제들이 있다. 이에 대해 여러 문헌은 공공복지전달체계의 문제점을 일관성 있게 제시한다(채수훈, 2006; 강혜규, 2011; 박경숙 외, 2012; 김영종 외, 2016; 김이배, 2014b 등).

전달체계의 문제는 전담공무원 제도 운영과 직결되는 것으로 대부분의 선행연구들은 시민들에 대한 질 높은 서비스를 제공하기 위해 전담공무원 제도가 필요하지만, 실제 운영에서는 심각한 문제점을 가지고 있는 것으로 평가하였다(김경호 외, 2010; 장윤영 외, 2012; 조성심 외, 2013; 김이배, 2014a; 김소정, 2015; 김창희 외, 2015 등). 매우 다양한 요인이 전문성 확보를 방해하는 요인으로 언급되었고, 이러한 직무상황과 역할수행은 공공 관료제 내의 전문직으로서 포지셔닝(positioning)을 곤란하게 만들었다고 평가했다.

한사연은 이러한 문제에 주목하여 당사자로서 지속적인 문제제기와 개선을 시도했다. 이러한 것은 사실 당사자의 문제이기도 했지만 궁극적으로는 서비스대상자에 대한 온전한 서비스를 제공해야 한다는 사회복지적 가치 실현의 문제이기도 했다. 한사연은 앞에서 언급한 전달체계의 특성과 관련하여 다음과 같은 활동을 전개해왔다. 첫째, 효율적인 전달체계를 위해 인력증원, 안정적인 조직체계, 별도의 전달체계를 강조해왔다(박경숙 외, 2012). 이는 사회복지업무가 가진 특수성을 고려한 판단이었다. 둘째, 사회복지전문가로서 전문성을 강조해왔다. 양질의 서비스를 제공하기 위해서는 전문적인 지식과 판단에 의거해 업무를 수행해야 하고, 이러한 실천이 곧 사회복지가 지향하는 궁극적인 것으로 판단했다(이태수 외, 2007). 셋째, 중앙정부와 지방정부가 실시하는 다양한 전달체계 사업에 적극적으로 참여하였다. 특히 최근의 전달체계 흐름은 중앙정부의 사업 뿐만 아니라 지방정부의 자체사업이 적극적으로 시도되고 있는데, 이를테면, 서울시의 찾아가는 동주민센터, 경기도의 무한돌봄센터, 대전시의 희망티움센터, 부산시의 다복동 사업 등이다(김이배, 2018). 광역시도 한사연과 시군구 한사연은 이러한 지역별 전달체계 개편에 적극적으로 참여해왔다. 넷째 이러한 다양한 개선시도에도 불구하고 한사연은 여전히 전담공무원의 역할수행 방향(김이배, 2016)이나 향후 전달체계 안에 대한 명확한 내용은 제시하지 못하고 있다.

2) 한사연의 체계와 연혁

(1) 조직체계 분석

한사연 조직체계를 살펴보면, 회칙 조직표(한사연, 2017)상 사업을 실시하는 집행부가 있고, 각 시도별 회장단으로 구성된 운영위원회가 있으며, 감사위원회(5인 이내 감사위원)가 구성되어 있다. 조직의 최상위 의사결정은 대의원총회에서 결정하도록 되어 있다. 그 외 조직표에는 제시되어 있지 않으나 선거관리위원회(10인 이내), 정책자문위원회와 공공복지연구소를 운영하고 있다. 정책자문위원회는 전 집행부나 운영위원을 중심으로 한 자문기능을 수행하고 있고, 2018년 개소한 공공복지연구소는 정책연구를 주된 목적으로 한다. 한사연 지부는 특별시, 광역시, 특별자치·자치시 및 각 도에 두도록 되어 있고, 지회는 시군구 단위에 구성되어 있다. 조직체계상 집행부의 회장은 3년마다 선거로 선출되며, 사업계획서와 예산편성 계획서를 작성하여 사업을 실시하고, 운영위원회는 집행부가 추진하는 사업의 타당성 검토 및 심의를 수행한다. 그러므로

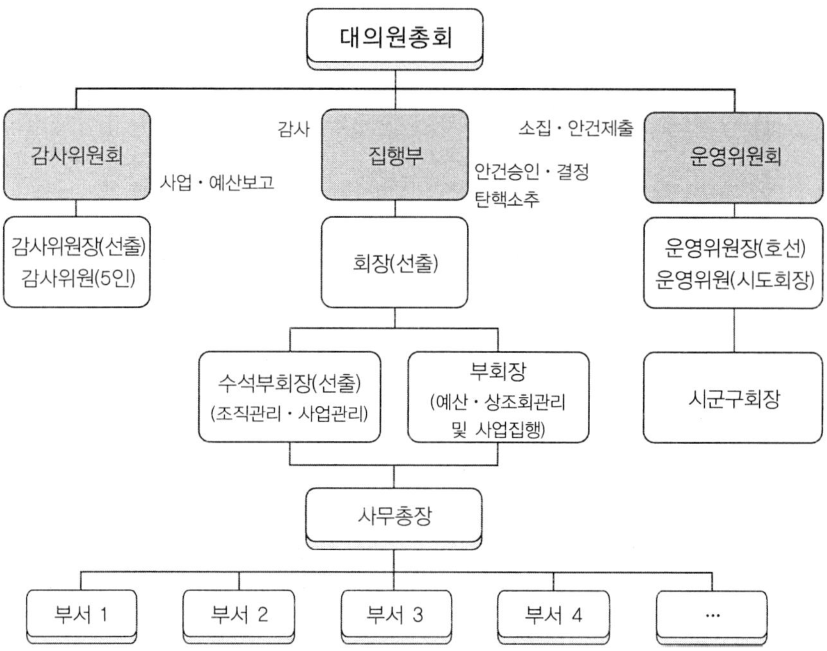

▌그림 5-1▌ 한사연 조직체계

집행부는 운영위원회(시도회장), 감사위원회, 대위원총회 등의 견제를 받게 되어 있다. 각 시도회장은 지역별 선거를 통해 선출되며, 이는 시군구 단위에서도 동일하게 적용되고 있다.

한사연 조직의 목적은 한사연 회칙 전문에 기재되어 있는데, "대한민국 공공행정 사회복지를 담당하는 우리 한국사회복지행정연구회는 자랑스러운 사회복지사로 대한민국 복지 발전을 추구하며, 국민 개개인의 삶의 질을 높이는 복지환경 구축과 사회통합에 노력하며, 사회복지공무원 권익향상과 전문가로서의 역량을 최대한 발휘할 수 있는 공직환경 구축에 노력하여 국민에게는 사랑받는 공무원이 되고자 하며, 조국의 사회복지 개혁의 선봉에서 복지역사를 개척한 당당한 사회복지사로서 그 소임을 다하고자…"라고 제시되어 있다. 한사연의 사업은 회칙 제3조 사업에 제시되어 있는데 조직운영을 위한 다양한 사업을 열거하고 있다.

■ 본회의 목적을 달성하기 위하여 다음과 같은 사업을 실시한다.

1. 사회복지공무원으로서 전문지식 강화와 자질향상을 위한 사업
2. 사회복지 정책에 관한 조사・연구・실천사업
3. 사회복지 발전과 전문가로서의 역량을 발휘할 공직환경 구축을 위한 사업
4. 사회복지공무원으로서의 윤리의식을 고취하기 위한 사업
5. 회원 상호간의 친목도모 및 복지증진을 위한 사업
6. 기타 본회의 목적달성에 필요한 사업
7. 사회복지 전달체계 개선 사업(2010.06.19 신설)
8. 간행물 발간 및 출판 홍보 사업(2010.06.19 신설)
9. 공공복지 증진을 위한 국제 교류 사업(2010.06.19 신설)
10. 회원 권익 증진 사업(2010.06.19 신설)

사업내용을 정리하면, 한사연은 사회복지공무원으로서의 전문성 강화, 정책에 대한 대응, 업무환경 개선, 회원 친목도모, 각종 홍보사업 등으로 분류된다. 한사연 운영의 재정은 회비와 특별회비, 발전기금, 찬조금, 잡수입으로 구성되어 있는데, 기존 연간회비는 1인당 30,000원으로 하고, 회비납부인원 기준은

전년도 6월말 현원으로 정하고 있다. 2019년 2월 대의원 총회에서는 기존 연간회비를 1인당 20,000원으로 변경하였다. 이러한 사업내용은 2019년 회계별 지출예산액을 통해 사업규모를 확인할 수 있다.

▌표 5-1▐ 2019년 회계별 지출예산액(단위: 원)

구분	2019년 예산액	목	지출예산(안)	예산대비	총예산대비
일반회계	520,300,000	사업비	313,900,000	60.3%	53%
		운영비	109,603,146	21.1%	
		법정위원회	34,320,000	6.5%	
		발전기금	31,482,310	6.1%	
		예비비	30,994,544	6.0%	
특별회계(상조회비)	164,900,000	상조금	76,100,000	46%	17%
		운영비	30,000	0	
		예비비	88,770,000	54%	
발전기금	290,000,000	사무실이전비	100,000,000	35%	30%
		공공복지연구소	3,500,000	1%	
		예비비	186,500,000	64%	
총계	975,202,019		975,200,000		100%

2019년을 기준으로 한 예산액을 보면, 일반회계가 5억2천만원, 특별회계(상조회비)가 1억6천5백만원, 발전기금이 2억9천만원으로 총 9억7천5만원가량이며, 전년도에 비해 다소 감소된 상태이다. 부서별 사업내용을 분석하기 위해 일반회계중 사업비 상세내용을 살펴보았는데 전반적으로 1회성 사업이 많은 부분을 차지하고 있는 것으로 파악되었다. 이런 사업은 특히 예산지출 비율도 높아 사업성과가 잘 드러날 수 있을지 의문시되었다.

현재 한사연 회원 수는 모든 전담공무원이 가입하고 있다고 가정할 경우, 2017년 말 기준으로 약 22,711명으로 이후 임용자까지 고려하면 2만3천명이 넘을 것으로 추정된다.

▌표 5-2▐ 사회복지담당공무원(복지직+행정직) 배치현황(2017년 말, 명, 정원)

구분	계 (a+b)	시도 (a)	시군구					
			합계 (b=c+d)	본청 (c)	읍면동			
					소계(d)	읍	면	동
계	37,205.5	1,999	35,206.5	15,476	19,730.5	1,656	4,757	13,317.5
사회복지직	22,711.5	529	22,182.5	8,882	13,300.5	1,178.5	2,854	9,268
행정직 등	14,494	1,470	13,024	6,594	6,430	477.5	1,903	4,049.5

주: 시간선택제공무원(주 20시간)은 0.5명으로 산출.
출처: 2018 주요 업무 참고자료(보건복지부, 2018.9).

한사연 집행부의 활동 특징은 대부분 무임(無賃)으로 자발성에 기초하여 운영되는 조직적 특성을 보인다. 긍정적인 측면에서 본다면 활동비를 받지 않고 자발적으로 참여한다는 순수성이 있으나, 다른 한편에서 본다면 책임성을 담보하기 힘들고, 전문적인 참여와 활동이 어렵다는 한계를 가진다. 특히 회장의 리더십과 역량은 조직 전체의 운명을 좌우할 정도로 중요하게 고려된다. 회장은 다수 회원의 대표이자 활동가로 책임이 막중하지만, 신분상 지자체 소속의 공무원에 불과하여 겸직의 성격을 가진다. 특히 중요한 의사결정이나 행사가 수도권을 중심으로 진행되기 때문에 일부를 제외하고는 회장이 수도권에 거주하는 회원으로 선발되는 현실적인 이유가 있었다. 또한 지자체에서 직급상 7급은 실무자로 간주되고, 6급과 5급은 부서장 혹은 팀장의 역할을 수행해야 하기에 한사연의 활동범위를 고려할 때, 업무에 전념하기 어려운 구조로 되어 있다. 그러므로 현 구조는 다수의 복지정책에 대응 혹은 관여하는데 있어 소수의 회장단(회장과 수석부회장 등)의 역량에 의존하는 결과를 가지고 있는 구조라고 평가할 수 있다. 그러므로 현재 조직관리 전임자가 없는 상황에서 막대한 회원을 가진 거대조직이 운영되고 있기 때문에 이에 대한 대안적인 체계를 마련할 필요성이 제기된다. 즉 집행부 기능이 가능한 사무실 확대와 인력충원이 요구된다. 한사연은 현재 사무실 직원인 간사 2명(2019년 정규직 1명, 계약직 1명)으로 운영되고 있고 그 외의 전임인력은 없는 상태이다.

(2) 연혁의 개요와 분석

2019년을 기준으로 30주년이 되는 한사연의 연혁을 간략히 정리하면 〈표 5-3〉과 같다.

▮표 5-3▮ 한국사회복지행정연구회 연혁 개요

년도	한사연 연혁	복지정책 주요이슈
2018	• 한사연 산하 한국공공복지연구소 개소	아동수당 개시
2017	• 사회복지전담공무원 임용 30주년 기념 공공복지 정책 토론회 개최	
2016	• 읍면동 복지 허브화 사업 효과성 검증 및 발전방안 연구 최종보고회 개최(경성대 김영종 교수 연구팀)	읍면동 복지허브화 실시
2015	• 사회복지전담공무원 Self-Care 역량강화 교육 개최 • 2015년 지역복지리더 워크숍 개최	기초보장 맞춤형개편
2014	• 신규사회복지공무원 채용 시 직렬폐지에 대한 대책회의 참석	송파구 세 모녀 사건
2013	• 맞춤형 복지전달체계 개편 방안 관련 토론회 개최 • 故이민재, 강민경, 안광남 추모제 개최	사회복지전담공무원 4명 연속 자살
2012	• 사회복지전담공무원 임용 25주년 기념 '제7회 공공복지 정책비전 심포지엄' • 공공복지전달체계 개편방안 용역 결과 발표(경기대 박경숙 연구팀)	희망복지지원단 설치
2011	• 단체명칭 변경. 전국사회복지행정연구회→한국사회복지행정연구회	화장실 삼남매 사건
2010	• 사회복지통합관리망 관련 간담회	사통망 개통
2007	• 사회복지전담공무원 임용 20주년 기념행사 개최	주민생활지원서비스 실시, 사회서비스 실시
2006	• 전담공무원 교육센터 '서래당' 개소 • 전국공공복지학술대회 개최 • 이후 행사명이 정책비전대회-정책공모전 등으로 변경됨	긴급복지지원제도 도입
2004	• 청와대 빈부격차차별시정위원회에 사회복지사무소추진 문제, 인력충원문제, 강등자문제, 업무상 애로사항 등 건의 • 사회복지사무소 시범사업 추진(04~06)	복지재정 지방이양, 대구영아 아사사건
2003	• 전국릴레이 걷기대회 실시. • 목적 : 사회복지사무소 추진 분위기 조성과 강등자 원직급 복귀염원 • 2003년 노무현대통령 공약 사회복지사무소 설치공약 및 사회복지직 4급 설치 반영	기초수급자 중 중증장애인 장애수당 지급

2002	• 사회복지전담공무원 임용 15주년 기념행사(연세대 개최) • 보건복지부 사회복지전담공무원 정식교류 배치 시작 • 행자부 정원 확보를 통해 시도 정원에 포함되어 배치	
2001	• 사회복지전담공무원 대민수당(사회복지수당) 신설	
2000	• 전국사회복지전문요원 동우회 명칭 개편. 전국사회복지행정연구회로 개편 • 별정직 사회복지전문요원 사회복지직으로 전직. 사회복지직 전직시 861명이 7급에서 8급으로, 24명이 8급에서 9급으로 강등	기초생활보장제도 실시
1999	• 전국 시/군/구 사회복지직 정원 조례제정 • 사회복지사업법 개정을 통해 사회복지전담공무원 배치지역 확대(시도, 시군구 및 읍면동)	
1997	• 사회복지전문요원 임용 10주년 전국대회 개최	IMF 경제위기
1995	• 사회복지전문요원 직무 범위 확대(보건복지부훈령 제4호) • 행정쇄신위원회 사회복지직전직 및 별정6급제도 개선결의(95.6)	보건복지사무소 시범사업 실시(95~99)
1992	• 사회복지사업법 개정 • 사회복지전담공무원 배치 및 사회복지사무전담기구 설치 근거마련 → 사회복지사업법 개정을 통한 사회복지전문 요원을 사회복지전담공무원으로 명칭 변경 • 지방공무원 임용령 개정 • 사회복지직렬 신설(사회복지 5~9급)	
1991	• 사회복지전문요원 법적 근거 마련 보사부훈령 제622호(사회복지전문요원 직무 및 관리운영에 관한 규정) • 제1회 전국사회복지전문요원 연찬회 개최 • 사회복지전문요원 활동사례집 제1집 발간	
1989	• 3월 23일 전국사회복지전문요원 동우회(약칭 사우회) 조직 창립회장 김진학, 초대회장 장용철	
1987	• 사회복지전문요원 별정 7급 임용	

출처: 한국사회복지행정연구회 홈페이지(http://ksswa.or.kr/)
고증: 한국사회복지행정연구회 한국공공복지연구소 김진학 소장(2018년 12월 4일)

한사연은 1989년 3월 23일 전국사회복지전문요원 동우회를 기반으로 한다.[1)] 한사연 연혁의 시기별 특징을 정리하면 다음과 같다. 첫 번째 시기는 사

1) 당시 조직성립 과정을 보면, 정부는 1987년 5개 광역시 동에 49명을 별정직 7급 지방공무원으로 배치하였다. 전문요원으로 배치된 지 약 1년 8개월만에 보건사회부(현 보건복지부)의 계획에 따라 1989년 3월 국립사회복지연수원에서 처음으로 전국 1기 96명(81명 교육참여)이 참여하여 연

회복지전문요원 제도 도입 이후 1989년에서 1999년까지이다. 이 기간 동안 한사연의 초기 조직화가 진행되었고, 별정직 신분을 벗어나기 위해 투쟁하던 시기로 정리할 수 있다. 그러므로 이 기간 동안 불안정한 근로여건 해소를 위해 회원들은 단결할 수 있었고, 공공조직 내 새롭게 설립된 직렬로서 직렬 정체성을 위해 투쟁하던 시기로 정리할 수 있다. 두 번째 시기는 일반직으로 전환된 2000년부터 2010년도까지이다. 별정직에서 일반직으로 신분이 변경(전직)[2]되고, 이 과정에서 일반직으로 전환 시 강등[3]된 회원들에 대한 지원, 전달체계 시범사업 참여, 각종 확대되는 복지사업에 대한 대응 등 다양한 활동이 이루어졌다. 특히 한사연 내부적으로 2003년 전후로 하여 회원 간 기존 선후배 체계가 와해되는 현상이 나타났는데 이는 사회복지사 자격제도의 변화로 나타난 것이었다. 이것은 이후 2009년 전후로 하여 시험제도상 연령제가 폐지되면서 더욱 확대되었고, 이후 2013년 전후로 전공 시험과목이 선택제로 변경되면서 더욱 심화되었다. 이러한 한사연 내부구성원의 다양화는 긍정적인 측면도 있으나 이해관계가 다양화되면서 균열현상을 나타내는 것으로 해석될 수도 있다. 무엇보다 2009년 전후의 전담공무원 복지회계(會計) 부정 사건은 기존 전담공무원에게 가졌던 고정관념의 변화를 가져왔다. 세 번째 시기는 2011년에서 현재까지로 기존 전국사회복지행정연구회에서 한국사회복지행정연구회로 단체명칭을 변경하고 환경변화에 맞게 다양한 사업을 시도했던 시기로 정리할 수 있다. 이 기간 동안 대폭적인 인력증원이 있었기에 회원의 증가폭이 매우 높았고, 이로 인해 기존 회원 간 시군구 단위 면대면 접촉이 가능했던 것이 거의 불가능하게 되었다. 이것은 한사연의 조직구성원이 균질적이지 않다는 것을 의미하며, 결

수교육이 실시되었다. 교육기간 동안 지역별 모임이 아닌 전국 단일 모임의 필요성에 제기되었고 이에 동우회를 창립하게 되었다. 이는 공무원 조직사회에서 전국 최초의 단일 직종모임의 의미를 가진다(김진학, 2016).

2) 전직의 경우, 복지부, 내무부, 재경원 등의 견해가 조정되지 않아 전직이 곤란하였는데, 주로 인건비부담을 둘러싼 내무부와 재경원의 입장 차이, 타 별정직과의 형평성 문제를 명분으로 한 내부무의 기피 등이 주요 장애물이었다(김종해, 1997).

3) 당시 사회복지직 2,885명 중 40.4%인 1,168명이 한 직급 이상의 강등임용(7급에서 8급 또는 9급으로 강등)을 하게 되어 한사연은 강등자 원직급 복귀 운동을 실시하였다. 신세민(2005)은 사회복지직 강등임용자의 직급회복 과정을 상세하게 서술한 바 있다.

과적으로 이해관계의 다양화가 야기될 수 있음을 의미한다(김이배, 2014c). 어찌되었건 이 시기에서는 외형적 성장이 이루어졌고, 또 다른 한편에서는 초기 임용자였던 별정직 세대가 서서히 관료조직 내 실무자에서 관리자로 승진하는 시기와 맞물려 영향력이 증가되고 있다. 이러한 시기별 구분은 김이배(2017)가 구분한 전담공무원 인사행정 특징과 연결될 수 있는데 이러한 중앙정부의 인사행정 변화가 한사연의 변화와 직간접적으로 연결되어 있음을 알 수 있다.

▌표 5-4▌ 사회복지전담공무원 시기별 인사행정 특징

시기별	년도	내용
한사연 성장기 (별정직 시기)	1987–1999	• 읍면동에 사회복지전문요원 배치. 별정직 7급(3,000명)
한사연 변화기 (일반직 안정화 시기)	2000–2010	• 1999년 10월 사회복지직렬 9급 최초 신규임용(1,200명) • 별정직 7급 일반직(사회복지직렬) 전환 • 2005년 전담공무원 인건비 지방이양
한사연 정체기 (적정인원 증원 시기)	2011–2017	• 2011–2014년(4년간) 사회복지인력 7,000명 증원 • 2015–2017년(3년간) 사회복지인력 6,000명 증원

그러나 2000년 이후의 시기별 구분은 명확함이 다소 떨어진다는 지적이 있는데 이는 한사연의 체계상 큰 변화가 없었고, 미시적인 사건들이 주된 내용을 가지고 있기 때문이다.

별정직 1기로 창립회장과 다년간 회장직을 수행했던 김진학(2006)은 지금까지 한사연의 다양한 활동 등을 통한 성과를 대략 10가지 정도로 정리한 바 있다. ① 사회복지사무소 설치근거 마련, ② 지방공무원 임용령 개정 사회복지직 법적근거 확보, ③ 별정직 사회복지전문요원에서 일반직 사회복지직으로 전직, ④ 정부 법정기념일 사회복지의 날(9월 7일) 제정, ⑤ 보건복지부, 광역 및 기초자치단체 사회복지전담공무원 배치, ⑥ 공공복지 전문인력 배치 확대, ⑦ 사회복지행정 업무의 재설계, ⑧ 사회복지행정 정보 연계시스템 구축 지원, ⑨ 사회복지전담공무원의 사회복지직 수당 신설, ⑩ 사회복지전담공무원 확충과 사회복지 전문인력의 통합추진 등을 열거한다.[4)]

(3) 연혁의 평가

한사연 활동에 대한 평가는 관점에 따라 다양한 평가가 가능하다. 일부는 악조건 속에서도 이만큼 성장한 것이 대견스럽다는 평가가 있는가 하면, 다른 한편에서는 회원들이 기대하는 수준에 도달하지 못했다는 평가도 있다. 기존에 한사연 활동에 대한 체계적인 분석이 존재하지 않기 때문에 총괄적으로 한사연의 여러 자료(연혁집, 자료집, 시도 자료집 등)를 포함한 상세한 연혁에 나타난 조직의 특징을 평가하면 다음과 같다. 이러한 평가에는 〈표 5-5〉에 제시된 참여자 중 별정직 시기부터 근무를 하였던 5인 이상의 의견을 반영하였다.

첫째, 한사연은 공공전달체계 관련 다양한 행사, 활동, 간담회 등을 꾸준히 시행 및 참여해 왔다. 지난 30년간 전달체계에 대한 다양한 실험을 시도해왔고, 짧은 시기동안 복지제도가 급격히 확충해온 탓에 이에 대해 다양한 대응을 시도한 것이다. 한사연의 입장에서 본다면 이러한 참여는 개개인들의 자발성에 토대한 것이었기에 쉽지 않은 행동으로 이해된다. 소소한 모임에서부터 잘못된 정책에 대한 적극적인 개선 요청까지 상당한 활동을 해왔다. 한사연의 연혁 자료집을 살펴보면 연월일자별로 그 활동들이 상세하게 정리되어 있다. 특히 한사연 이전의 사회복지전문요원 모임인 사우회는 김진학(2006)이 언급했듯이 활동상이 명확했다. 이후 일반직으로 전환된 이후 전행연과 한사연도 다수의 활동을 실시해왔다. 집행부가 수차례 변경되면서 공약이행 등에서 다소간에 성과가 나타나기도 하였다. 그러나 이러한 행사들이 대부분 행사 개최에 의미를 두었지 실제 현장과 현실을 변화시키기 위한 구조적인 노력의 수준까지는 미처 도달하지 못했던 것으로 평가할 수 있다. 아쉽게도 최근의 시기에 가까울수록 단체가 가진 역동성이 조직적으로 드러나지는 않는다.

둘째, 한사연은 이익단체로서 복지부 등 중앙정부의 다양한 기관과 협력관계를 유지해왔다. 이를 위해 지속적인 협의, 만남을 실시해왔다. 그런데 이러한 기관간 상호관계가 수직적 협조관계를 벗어나지 못하고 독자적인 단체로서의

---

4) 물론 이러한 것이 전적으로 한사연의 노력만으로 이루어진 것은 아니었고, 다양한 조직과의 협력과 연대에 의해 성취된 것이다.

성격이 두드러지게 나타나지 않는다. 이는 공공조직이 관료제를 기반으로 한 계급제의 성격을 가지고 있고, 이 때문에 상위기관에 통제될 수밖에 없다는 현실적 이유에 기인하기도 하지만, 회원의 이해관계를 관철시키기 위해서는 필수적으로 독자성과 독립성을 가져야 한다는 단체성에 대한 확고한 인식을 가지지 못했기 때문으로 해석된다. 단적인 예로, 조직의 정체성과 조직의 성격에 대한 논의가 제시되어 있는 자료가 거의 부재하다. 뿐만 아니라 그와 관련된 활동상도 나타나지 않는다. 그렇기에 한사연은 노조(union)가 아니라 동아리(group)라는 지적이 있다. 조직의 목적은 노조적 성격을 가지지만 실제 운영은 동아리 수준이라는 것이다.

셋째, 한사연은 전문성을 활용하고 전문가로서의 정책 개선을 시도할 수 있는 다양한 행사를 추진하였다. 매년 공공복지정책공모전을 실시하여 우수작을 선발하여 당선자에게는 해외연수를 실시하는 등 현장 전문가의 역량을 강화시키기 위해 노력하였다. 그렇지만 선정된 수상작이나 정책 개선안이 실제 중앙정부에 전달되거나 혹은 실제 개선사례로 연결된 사례는 극히 적은 것으로 분석된다. 또한 중요한 복지정책이 시행되기 전에 이와 관련된 정책자료가 자체 분석되고 제도시행에 따른 현장의 어려움을 해소할 수 있는 대응방안들이 검토되어야 하지만, 이를 체계적으로 대응한 자료는 소수에 그친다. 다시 말해, 정책대응이 비체계적이라는 의미이다. 예를 들어, 지속적으로 발생하는 사회복지전담공무원과 관련된 폭력 등 사건사고에 대응하는 수준은 일반적인 수준에 그쳐 체계적인 대응이 부족했다고 평가할 수 있다. 관련 사건 사고에 대한 체계적인 대응자료나 자체 자료 정리가 거의 없고, 그렇기 때문에 회원 수는 많지만 조직의 체계 수준에서는 낮은 평가를 받게 되는 한계를 보인다. 또한 한사연이 공무원들의 조직이라고 할 수 있지만 이러한 범주를 확장시키는데 다소 소극적이었다고 평가할 수 있다. 홈페이지는 일반 시민이 접근할 수 없는 폐쇄형을 유지하였고, 전달체계 개편이나 인력충원과 같은 사안은 정치권의 정책결정자와의 의견조율에서만 진행되었고, 그것이 일반 대중과는 연결성이 떨어진다고 판단하여 대중홍보도 부족했다고 평가할 수 있다. 이러한 행동은 결과적으로 조직 운신의 폭을 좁혔고, 다른 한편으로 전담공무원 복지회계 부정사건과 같은 위기상황 시 조직의 고립을 가져오는 효과를 가져왔다. 그렇기에 이현주 외(2015)는 전달체계 전반의 역사를 정리하면서 한사연의 활동을 정리한 바 있는데, 결과적으로 "복지직 공무원이 전달체계의 변화를 추동할 만큼 체계적인 시도나 의지를 보여주었다고 평가하기에는 어렵다. 일부 제안은 한사연의 일치된 의견으로 제시된 것이라 간주하기 어려운 점도 있었고, 조직 성격도 분명하지 않아서 대외적 영향력 행사에 제약이 될 수 있었다(이현주 외, 2015: 210)"고 평가했다.

넷째, 한사연 집행부의 활동은 주로 희생적이고 헌신적인 회장의 주도하에 진행되는 모습을 보이고 있다. 그런데 이러한 활동들이 주로 개인의 활동수준에 머물러 이것이 여러 회원들과 정보를 공유하거나 혹은 조직화로 연결되지 못한 특징을 보인다. 회장의 활동은 조직운영에서 결정적 요소인데 각종 회의나 학회의 발표문을 보면 현실에 대한 정보제공, 현황에 대한 고발 수준에 머물러 보다 체계적인 개선으로 연결시키는데 미흡했다고 평가할 수 있다. 또한 행사 운영 내용을 보면, 자체 주최한 행사가 정책비전대회나 대내적인 행사밖에 없고, 대외적인 행사는 거의 참석 위주로 되어 있다. 그렇기에 어떤 정책을 주도한다는 인상보다는 단순 참여자로 보여지게 된다. 이는 신분상의 한계에 기반하는 것이기도 하지만 그것이 과도하다. 특히 소수의 사례를 제외하고는 이러한 행사 개최에 따른 쟁점사항이 일목요연하게 정리되어 회원들에게 제공되지 않고 집행부 등 일부 회원만 공유하고 있다는 점이다. 이러한 정보소실의 문제는 회원들이 조직에 적극적으로 참여하는데 상당한 장애로 이해된다. 이러한 사례는 한사연 조직체계의 영세성을 보여주는데, 소수 회장단 중심의 운영, 활동범위의 소극성, 정책대응의 파편성 등이 나타났다. 또한 어떤 문제에 대해 조직 내 자체 역량이 되지 않을 경우, 외부 인력을 적극적으로 활용해야 함에도 그러한 동원과 연계체계가 명확하게 보이지 않았다.

끝으로 이러한 여러 가지 한계에도 불구하고 한사연이 한국의 공공복지 발전에 기여한 측면이 높다는 것을 부인하기 어렵다. 한사연은 전국사회복지전문요원 동우회(사우회)에서 전국사회복지행정연구회(전행연)로 그리고 현재의 한국사회복지행정연구회(한사연)로 명칭을 변경하면서, 매년마다 집행부 고유행사(대의원 행사 등), 중앙정부 정책의 변화시기에 대응모임(복지부 연찬회 등), 인력증원 및 처우개선 제안 등의 사업을 실시하였다. 외형적으로 보면 크게 부각되지 않지만 전달체계 개편이나 새로운 복지정책 시행과 같은 중요한 정책변화 시기에는 관련 행사들이 수시로 개최되고 집행부의 자체 대응 모임이 활발하게 진행되었다. 척박한 환경 속에서 주어진 업무를 묵묵히 수행했을 뿐만 아니라 주어진 여건 내에서 지속적인 활동을 전개하였고 미시적인 행사라 할지라도 그것이 지역사회를 변화시키는데 버팀목이 되어 왔음은 명확하다.[5] 거창한 사업을 실시하여 큰 변화를 시도했다기보다 묵묵히 그 자리를 지켜왔다는 것에 높은 평가를 줄 필요가 있다. 동시에 한사연은 조직의 중요성과 그 위상으로 볼 때, 앞에서 열거한 지적과 비판을 받을 필요가 있다. 한사연은 회원 개인이 의존할 수 있는 가장 중요한 피난처이기 때문이다.[6] 한사연의 연혁은 공공영역 내 사회복지사 혹은 사회복지사 조직이 역사적으로 어떠한 위상과 역량을 가지고 있는지 사례를 제시하고 있다. 이는 우선적으로 공공 내의 문제이기는 하지만 일반 사회복지계는 어떠한 방식으로 지원하고 협력해왔는지 중요하게 논의될 필요도 있다. 관료조직이라는 척박한 토양에서 자생력을 가지고 현재까지 성장해 온 한사연의 문제는 단순히 한사연만의 문제는 아니었기 때문이다.

3) 사회복지전담공무원 연대조직 및 조직 운영

어느 나라든지 복지정책을 집행하기 위해서 공무원이 존재하고, 그러한 공무원이 사회복지업무를 수행함에 있어 사회복지의 가치에 기반하여 업무를 수행하는 집단으로 운영되고 있는가가 관건이다. 국가에 따라서 일반 공무원이 사

5) 대표적인 사례가 부산사회복지행정연구회가 진행하고 있는 '사랑의 징검다리' 사업(2003.7~현재)이다. 정부지원을 받을 수 없는 상황의 힘든 처지에 놓인 사연의 주인공을 전담공무원이 각종 신문 방송에 소개하여 후원 또는 기부를 요청하고, 대상자에게 지원하는 사업이다. 이를 통해 부사연의 적극적인 대외활동이 알려져 다수의 포상과 수상을 받은 바 있다.

6) 필자가 수차례 참여한 시군구 단위의 전담공무원 행사에서, 단순히 본인의 업무소개와 향후 바람직한 업무방안에 대해 발표를 시켜보면, 많은 모임에서 업무여건의 불합리성, 폭력적인 업무환경에 대한 개선이 필요함을 주장하며 해결방안이 없음을 하소연하고 눈물을 보이는 회원들이 많다. 이는 광역시도 단위보다 조직의 위상이 취약한 시군구(읍면동) 단위나 광역도 단위 군지역으로 내려갈수록 심한 경향을 보인다.

회복지업무를 수행하기도 하고, 사회복지업무 중 상담과 같은 특수한 영역에 한정하여 전문사회복지사를 공무원으로 활용하기도 하며, 사회서비스 전반에 사회복지사를 공무원으로 활용하기도 한다.

전담공무원 조직 연구와 관련해서 선행적으로 검토할 부분은 한사연과 유사한 기존 단체의 존재 유무이다. 선행연구에 따르면 국제적인 비교에서 본다면 각국의 제도운영 특히 공공부조 운영에서 사회복지 관련 공무원들이 자산조사 등의 영역에서 주된 역할을 수행해왔다. 그러나 각 나라 제도운영의 차이, 전달체계에서 공무원 인력의 차이, 업무 영역의 차이 등 다양한 요인으로 한국과 같은 전담공무원 제도를 운영하는 유사한 나라는 매우 드물었다. 이를테면, 호주의 사회복지는 단연 정부주도형이 그 특색이기 때문에 사회복지에 관련된 인력의 70% 이상이 국가공무원으로 구성되어 있다(이현주 외, 2005).

가까운 일본의 경우, 사회복지주사(사찰지도원, 현업원) 제도가 있다. 사회복지법 제19조에는 사회복지주사가 되기 위한 몇 가지 요건을 제시하고 있는데, 대학 혹은 단기대학에서 후생노동대신이 지정하는 관련 과목 34과목 중 3과목을 이수한 자[7], 후생노동대신이 지정하는 양성기관 혹은 강습회 과정을 수료한 자 등을 지정하여(노대명 외, 2014) 한국에 비해 진입문턱이 매우 낮다. 사회복지주사는 앞에 언급한 임용자격을 얻어 지자체 공무원이 되어 사회복지주사로 임용된다. 그러나 일부 지자체의 경우는 무자격에도 불구하고 사회복지주사로 임용이 된 사례도 많다. 또한 한사연처럼 사회복지주사가 주축이 된 전국적인 연구모임이 1965년 '공공부조연구 전국연락회'로 출범하여 현재 전국공적부조연구회(www.kofuken.com)가 운영되고 있으며, 매년 '공적부조연구'라는 계간지를 발간하고 있다. 그러나 이 단체는 연구모임의 성격이 강하고, 생활보호업무에 종사하는 복지사가 회원으로 가입하여 순수한 공무원 조직으로 보기는 힘들며 자발적인 회원체제를 유지하여 강제성이 없다. 특히 홈페이지에는 지역별 산하 단체에 대한 정보가 전무하여 실제 운영현황을 파악하기도 힘들다.

이를 보면, 매우 당연하게 보이면서도 전 세계적으로 한국의 사회복지전담공

7) 그렇기에 일명 '3과목 주사'로 언급된다.

무원 제도는 매우 특수한 제도로 정리할 수 있으며, 이러한 집단에서 한사연과 같은 별도의 자발적인 모임이나 조직이 운영되고 있다는 점은 특기할 만한 일이다.

조직운영과 관련하여 사회복지사 관련 일반 조직단체들과 비교하면 대표적으로 한국사회복지사협회와 한국사회복지협의회가 있으며, 전자는 법정단체로 사회복지사의 복지증진을 목적으로 하고 있고, 후자는 보건복지부 산하 공공단체로 관련 공공기관들 및 관련 주요 비영리법인들을 회원으로 하고 있다. 이들 모두 사무국을 운영하고 지방에 협회와 협의회를 운영하고 있다. 한사연 회원은 사협회의 회원으로 다수가 활동하고 있으며, 의사결정에도 적극 참여하고 있다.

한편, 공무원의 조직참여는 여러 가지 측면에서 규제를 받는다. 공무원은 공공의 이익을 위해 노동력을 제공하는 자로서 노동의 성격이 특수하다. 국민 전체에 대한 봉사자로 직업공무원제도가 운영되고 있으며, 공무원 집단행위금지(국가공무원법 제66조, 지방공무원법 제58조)를 규정하고 있고, 노동조합 설립 및 운영에 관해 별도의 법률이 마련되어 있다. 한국의 경우, 공무원이 노동자로서 가지는 위치는 노조 활동을 통해서 가능하다. 현재 전국민주노동조합총연맹(민주노총) 산하에 전국공무원노동조합(전공노: 본부 19, 지부 219)이 있으며, 대한민국공무원노동조합총연맹(공노총)과 전국통합공무원노동조합(통합노조) 등 공무원 3대 노조가 있고, 전담공무원이라면 자발적으로 노조에 가입이 가능하다. 그 외에 사적조직 혹은 비법정조직과 관련해서 일반적인 공무원의 경우, 공무원이라는 신분적 특성 때문에 사조직 혹은 사적 이해조직을 결성하는 것은 부정적인 것으로 받아들여지기에 퇴직 이후 기관에 따라 다양한 명칭(행정연구회 등)으로 회원들의 조직체를 운영하고 있다.

연구자가 일반행정 공무원을 포함한 공무원조직을 검토한 결과, 현직에서 사회복지직만큼의 규모나 활동을 보이는 직렬조직은 존재하지 않는 것으로 파악되었다. 일부 조직이 직렬에 따라 운영되기도 하지만 전국적으로 단일체계로 운영되는 사례는 거의 없고, 지역별 혹은 직장별 운영체계로 활동하는 것으로 파악되었다. 그 이유는 일반행정직의 경우는 대부분 공무원노조 활동을 통해 이해관계를 조정하고 있었기 때문이고, 그 이외의 직렬은 소수인력의 소수직렬로서 조직규합에 한계가 있었기 때문이다. 그러한 차원에서 본다면 한사연의 존재는 매우 희귀한 사례라고 평가할 수 있다.

한사연(전행연 포함)과 관련된 선행자료를 검토하면 여러 검색도구를 활용하여도 관련 자료가 거의 나타나지 않는다. 극히 일부 자료가 있으나 대부분 현황제시 정도에 불과하고 그에 따른 쟁점사항을 다룬 자료는 보이지 않는다. 사회복지행정학 분야에서도 사회복지전담공무원에 대한 논의만 있을 뿐이지 한사연의 활동에 대한 언급이 거의 없다. 다른 민간영역 직능단체 조직분석 자료 연구와 비교하면 이는 다소 독특한 상황으로 해석된다. 한사연을 사회복지영역에서 독자적인 주체로 고려하지 않았다고 해석할 수 있다. 이는 한사연이 자초한 것이기도 하겠지만, 공공영역의 배타성이 높아 연구자들이 진입하지 못한 것도 한 이유일 것이다.[8)]

한사연 활동의 중요성을 강조한 선행연구로 2014년 사회복지직과 행정직렬 간의 직렬통합 문제가 이슈화되었을 당시 김이배(2014)의 논문이 있다. 관련 논문은 한사연이 일정 정도 위기에 놓여 있으며 이를 해소하기 위해서는 조직강화와 역할강화가 필요하다고 주장한 바 있다. 한사연은 전담공무원 내부에서 직급별 분화가 진행되고 있으며, 이해관계가 달라짐에 따라서 다양한 견해들이 생기게 되었고, 의사소통과 의사결정 과정에서 공통된 합의와 공통된 목표를 설정하는 것이 어렵게 되었다고 진단했다. 그러므로 한사연은 새로운 조직운영 방식이 필요하며 상설 사무처 운영, 정책연구 기능 강화, 연대 · 홍보 강화 등의 활동이 필요하다고 강조했다. 또한 한사연의 위상은 스스로의 정체성을 명확히 하고, 다자와 협상 · 조정할 수 있는 능력의 정도에 따라 평가될 수 있다고 지적했다. 한마디로 한사연의 혁신이 요구된다고 주장했다.

사회복지공무원 조직은 기본적으로 사회복지사로서의 가치를 지향하는 조직인지가 가장 핵심을 이룬다. 그렇기 때문에 한사연의 경우, 공무원의 윤리 이외

8) 연구자가 만난 대부분의 사회복지영역의 관계자들은 한사연의 존재를 알고 있었다. 그럼에도 불구하고 큰 관심을 보이지 않았던 것은 복지에서의 다른 영역(?) 혹은 활동에 대한 기대수준의 낮음에 기인하는 것이 아닐지 추정해 본다. 즉 한사연은 단순히 사회복지전담공무원의 총합에 불과하다는 인식으로 중요한 파트너로서 명확하게 인식하지 않았다고 생각된다.

에 사회복지사 윤리강령을 중요한 가치로 삼고 있고, 별도로 사회복지전담공무원의 윤리강령을 설정해 놓고 있다.[9] 이러한 고전적인 공무원상 혹은 전담공무원상 이외에도 사회복지가 가진 특수한 위치를 고려할 때, 혹은 한국과 같은 보수적인 환경에서의 공무원상은 변화가 필요하다는 지적이 지속적으로 제시되어왔다. 남구현 외(2009)는 진보적(좌파적) 관점에서 사회복지공무원의 역할과 기능을 검토하였는데, 사회복지공무원은 역사적으로 권위주의적 관료주체로 역할을 수행함과 동시에 국가의 공공서비스 노동자로서의 역할을 수행해왔다고 평가했다. 향후 사회복지공무원은 노동자로서의 정체성, 사회변화의 공공적 주체로서의 역할과 기능이 필요하다고 주장했다. 이러한 의견에 따르면, 한사연은 노동자로서 그리고 공공적 주체로서의 결사체를 지향해야 함을 의미한다. 공무원으로서 수동적이고 보수적인 역할 이외에도 적극적이고 진보적인 역할 수행이 필요함을 의미한다. 그러므로 좀 더 확대해석을 한다면 단순한 이해관계자 모임을 벗어나 사회적인 역할까지도 고려할 필요가 있다는 것이다. 특히 한국과 같이 사회불평등도가 심하고 다른 국가와 비교해 복지지출이 낮은 상황에서는 단순히 공무원으로서 주어진 업무만을 수행하는 것이 최상의 업무태도라고 보기는 힘들다. 시대와 사회가 요구하는 역할을 전문직 조직에서 수행하는 것이야말로 바람직한 태도이며, 사회복지사 윤리강령에서 제시된 내용을 준수하는 것이기 때문이다.

9) 사회복지전담공무원의 윤리강령은 전문직으로서의 윤리, 복지대상자에 대한 윤리, 조직 내에서의 윤리, 지역사회 및 유관기관에 대한 윤리로 구성되어 있다.(http://www.ksswa.or.kr/ 한사연 홈페이지)

3. 연구방법

1) 자료수집방법과 연구참여자

연구방법선정은 연구문제를 가장 효율적으로 다룰 수 있는 방법을 선정하는 것으로 본 연구에서는 질적연구 방법을 선택하였다. 질적연구는 잘 알려지지 않은 주제에 대한 탐색적 접근을 해야 할 때, 유용한 것으로 제시된다(김윤옥 외, 2009). 세부적인 연구방법은 인터뷰(interview) 방식을 주된 방법으로 활용하였다. 연구주제의 복잡성과 상황성 그리고 대안구성을 고려할 때, 이해관계자들의 이야기가 가장 중요한 자료라고 판단했기 때문이다.

자료수집방법은 개별심층인터뷰 방식과 초점집단인터뷰(FGI: Focus Group Interview) 방식 그리고 추가적으로 서면 면접을 사용하였다. 개별심층인터뷰는 전현직 중앙 회장, 집행부 부원, 운영위원회 위원, 감사위원장, 전현직 광역시도 회장, 광역시도 집행부 부원 등 주요 관계자를 중심으로 총 22명이 참여하였다. 다양한 의견을 청취하기 위하여 할당 선택전략(quota selection strategy)을 사용하여 직급별, 지역별, 성별로 나누어 선발하였으며, 회당 약 1~2시간에 걸쳐 실시하였다. FGI의 경우, 기초자치단체 중 구사행연과 군사행연 2곳에서 각 1회씩 총 8명이 참여하여 인터뷰를 실시하였다. 서면 면접은 여러 상황으로 면접이 어려운 관계자를 중심으로 관련 주제에 대한 의견을 접수받았으며, 보다 폭넓은 의견 청취를 위해 전체 회원들을 대상으로 한사연 홈페이지에 의견 접수 공지를 실시하였고, 이후 연구자 e메일로 접수된 자료를 참고하여 분석에 일부 반영하였다.

인터뷰의 주요 내용은 현 한사연 운영실태에 대한 평가와 개선방안에 대한 것이다. 연구자는 면접원으로 참여하여 인터뷰 실시에 앞서 연구의 배경과 목적 그리고 수행방법, 참여에 대한 자발적인 선택과 비밀보장 그리고 인터뷰 녹음에 대한 자발적 동의를 구한 후 인터뷰를 실시하였다. 인터뷰는 사전에 참여자에게 반구조화된 질문지를 전달하였고, 당초에 제시하지 않은 질문 내용은 인터뷰 과정에서 의미 있는 주제로 전개될 때 그리고 상세한 내용 이해가 필요할 때 사용하였다. 참여자별로 진행된 인터뷰 진행 내용은 〈표 5-5〉와 같다.

▌표 5-5▐ 참여자별 인터뷰 진행 내용

한사연 직책	참여자 규모	넘버링	질문내용	
			공통질문	개별질문
전(현)직 중앙 회장	3명	A1–A3	• 한사연 운영실태 • 한사연 문제점 • 한사연 개선방안	중앙회장의 어려움
전(현)직 운영위원	5명	B1–B5		운영위원의 어려움
전(현)직 중앙 집행부원	4명	C1–C4		중앙 집행부원의 어려움
전(현)직 시도 집행부원	4명	D1–D4		시도 집행부원의 어려움
전(현)직 시군구 집행부	4명	E1–E4		시군구 집행부원의 어려움
현 시군구 회원	10명	F1–F10		회원으로의 어려움
총	30명			

연구자는 제시한 질문과 관련하여 참여자들이 모두 참여할 수 있도록 충분히 배려하였고, 다른 참여자가 자연스럽게 발언할 수 있도록 개방적인 분위기를 유도하였다. 인터뷰 이후에는 참여자들과 함께 참여 소회를 나누어 추가적인 의견 전달, 내용 누락 부분 등을 보완하였다. 참고로 연구자는 수차례 질적연구 수행 경험이 있어 질적연구 수행에 필요한 기본적인 절차들을 준수하고자 노력하였다. 그 외 연구자는 개인적으로 사회복지전담공무원 경력이 있고, 한사연의 집행부로 활동한 경력이 있어 한사연에 대해 일정 정도 지식이 있으나, 이러한 선경험들이 고정관념으로 작동되지 않도록 개방적인 태도를 갖도록 노력하였다.

2) 분석방법

분석자료는 연구참여자들에게 녹취에 대한 동의를 얻은 후, 스마트폰의 녹음 기능과 컴퓨터를 활용하여 기록하였다. 음성으로 녹음된 모든 자료에 대해 녹취록을 작성하고 기록된 내용은 질적 자료분석방법인 지속적 비교방법(Strauss,

& Corbin, 1998)에 근거하여 분석하였다.

이와 함께, 한사연의 운영실태와 문제점, 개선방안과 관련된 중요하다고 생각되는 단어와 문장을 표시하고 의미단위로 추출하였다. 추출한 의미단위를 분석, 범주화하고 이를 하위주제와 대주제의 개념으로 분류하였다. 이러한 과정을 통해 한사연 이해관계자들이 인식하고 있는 내용은 무엇인지를 탐색하고 귀납적으로 주제를 도출하였다. 녹취록의 내용 중 신분노출, 내용중복, 내용불명확 등의 내용에 대해서만 최소한의 수정 등의 편집을 실시하였고, 가능한 참여자의 발언 그 자체만을 인용문 제시에 활용하였다.

연구결과의 타당도를 확보하기 위해서 연구완료 이전에 본 연구에 참여한 회원과는 별도로 회원 10명을 대상으로 연구결과물에 대한 평가를 실시하여 의견을 청취하였고, 제시된 의견들을 최종 논문에 반영하였다.

4. 연구결과

1) 연구결과 개요

한사연의 운영실태와 개선방안에 대한 면접내용을 분류하면 다음과 같다.

▌표 5-6▐ 한사연 운영실태 내용 분류

대분류	소분류	세부 내용
한사연의 전반적 문제	한사연 조직의 정체성이 불분명함	전문가 집단이라기보다는 친목단체 수준임
	한사연의 영향력이 미미함	한사연의 주장과 달리 성과는 회의적임
	한사연 존립기반이 약화되고 있음	예전과 달리 공통의 목적 설정이 곤란해짐
	회원들이 한사연에 관심이 없음	한사연에 대한 필요성을 못 느낌
	조직구성원이 다양해지고 있음	회원 중 비전공자가 확대되면서 문제가 발생하고 있음
	회원이딜이 진행되ㅛ 있음	사행연 조직운영에 불만족한 회원들이 탈퇴를 하고 있음

	한사연 진로에 대한 논의구조가 없음	진로설정과 관련된 회의나 공식적인 기회가 없었음
	회원 간 의사소통체계가 부족함	집행부와 회원 그리고 회원 간 의사소통이 되지 않음
중앙 집행부의 운영실태	집행부 운영이 영세함	집행부원의 역량이 취약하고 이를 지지하는 체계가 부족함
	집행부 사무국이 취약함	인력미비 등 사무국 체계가 미흡함.
	회장의 리더십이 부족함	회장 개인의 역량에 의존하는 구조임
	집행부 사업추진 과정에서 문제가 있음	사업내용이 빈약하고 실제 사업수준이 낮음
	집행부 정책마련과 정책대응 기능이 취약함	정책개발에 대한 인식이 부족하고 실제 개발한 내용이 없음
	회원의 회비 납부는 건전함	물적 토대는 양호하지만 활용은 적절한지 검토가 필요함
광역시도 조직 운영실태	광역시도 조직의 역할이 크지 않음	지방분권화에 적극 대응하는 조직이 되지 못하고 있음
	새로운 것을 시도하기보다 조직관리 수준에 그침	지역에 따라 조직관리가 부실한 지역이 있음
	지역 회장을 하려는 사람이 없음	조직관성화의 결과로 조직 수장을 선발하는데 애로가 있음
시군구 조직 운영실태	친목도모와 경조사 모임의 성격이 강함	친목도모와 경조사 모임 수준에서 운영됨
	한사연에 대한 의존성이 약화됨	한사연의 미시적인 존립기반이 약화되고 있음
	중앙단위에서 무슨 사업을 하는지 잘 모름	중앙-광역-시군구 연계가 부실함
	구 자체 사업을 실시함	조직 유지를 위한 사업을 실시함
	회비 납부는 성실하게 수행함	회비 납부는 건전하게 유지되고 있음
	회원 중 비전공자는 업무수행의 어려움이 있음	비전공자가 확대됨에 따라 조직의 지원 필요성이 증가됨
	인력의 질적 수준이 저하되고 있다는 평가가 있음	여러 요인으로 전문직에 대한 부정적 평가가 증가하고 있음
기타	운영위원회 운영실태	중요 안건들이 충분히 논의되고 있지 못한 실정임
	대의원총회 운영실태	다소 형식적인 운영이 되고 있음

▌표 5-7▐ 한사연 개선방안 내용 분류

대분류	소분류	세부 내용
한사연 개선 방향	한사연 조직의 필요성이 있음	한사연은 영향력이 있는 조직이므로 조직의 필요성이 있음
	한사연에 대한 긍정적인 기대가 있음	한사연은 잠재력이 있는 조직임. 잘 운영된다면 긍정적인 기여를 할 수 있음
	한사연 발전방향에 대한 심도 있는 논의가 필요함	한사연은 어떤 가치와 미션, 비전을 추구해야 하는지 심도 있는 논의의 장이 구축되어야 함
	조직형태의 변화가 필요함	사단법인화, 산별노조화 등 구체적인 조직변화가 필요함
	회원 간 의사소통체계를 구축해야 함	홈페이지와 소셜미디어 활용 등의 개선이 필요함
	구성원의 다양성을 포괄해야 함	회원들의 다양한 욕구와 기대에 부합해야 함
	회원들의 전문성 강화와 역량강화가 필요함	전문성을 강화할 수 있는 프로그램을 기획하고 운영해야 함
	사회적 기능 강화	복지관련 사회적 주요 이슈에 적극적으로 참여해야 함
중앙 집행부 개선방안	사무처 기능을 강화해야 함	기능강화를 위해 상근인력을 충원해야 함
	상근 사무국장 설치가 필요함	역량 있는 사무국장 영입이 필요함
	집행부의 영세성을 극복해야 함	집행부원의 역량을 키울 수 있는 환경을 마련해야 함
	역량 있는 회장을 발굴하여 육성해야 함	역량 있는 회장, 위기의식을 가진 회장이 필요함
	정책 대응기능이 강화될 필요가 있음	전문가 적극 활용, 자문 네트워크 활성화, 지지 세력 구성 등이 필요함
	복지부와 바람직한 관계설정 필요함	당당하게 주장하고 대등한 관계 속에서 협력하는 태도가 필요함
	공공복지연구소의 체계적 운영이 필요함	정책개발뿐만 아니라 한사연에서 합리적인 전달체계 개선안을 제시해야 함
	효율적인 재정운영이 필요함	재정 운영 전반에 대한 분석과 검토가 필요함
광역시도 조직 개선방안	광역시도 집행부의 역량강화가 필요함	집행부원의 역량강화를 위한 교육, 프로그램 활용 등이 필요함
	좋은 사업 아이템을 발굴해야 함	회원 욕구에 부합하는 사업 개발이 필요함
	자체적인 조직분석이 실시될 필요가 있음	합리적인 운영을 위한 자체적인 조직분석이 실시될 필요가 있음

시군구 조직 개선방안	중앙-광역-시군구 간 협력 강화가 필요함	중앙-광역-시군구 간 의사소통이 원활해져야 함
	회원 간 접촉기회를 확대해야 함	회원 간 유대관계가 원만해지도록 기회를 확대해야 함
	소모임을 활성화해야 함	회원증가에 대응해 소모임 등의 모임이 활성화될 필요가 있음
기타	운영위원회 개선방안	내실 있는 운영을 위한 운영지침의 설정이 필요함
	대의원총회 개선방안	유연한 운영을 위한 회의진행 방식의 개선이 필요함

2) 한사연의 운영실태[10]

(1) 한사연의 전반적인 문제

① 한사연 조직의 정체성이 불분명함

> 우리 조직이 노조도 아니고 동아리도 아니고 애매모호한 단체에서 뭘 해야 할지 고민이 된다. 한사연의 영세한 운영방식은 이익단체이면서 이익단체 방식을 도입하지 않는 방식으로 운영되어 왔다는 점이다. (B1)

한사연 조직이 가진 첫 번째 문제점으로 지적되는 사항은 조직의 정체성이 불분명하다는 것이다. 조직의 성격이 명확하게 규정되지 않다보니 단순 모임체의 불과하고 이 때문의 조직의 경계나 확장성에 한계를 가지는 문제가 발생하고 있다고 보았다. 조직의 정체성은 조직 운영의 내용에서의 정체성과 조직체계의 정체성 두 가지 영역에서 논의가 필요하고, 후자의 대안으로는 사단법인화, 산별노조화 등 다양한 방안이 제안되고 있다.

10) 논문의 한정된 지면으로 인해 이 책에서는 한사연의 전반적인 문제점과 중앙집행부의 운영실태를 중심으로 내용을 다룬다. 그 이외의 내용인 광역시도 조직과 시군구 조직 운영실태 그리고 기타 내용은 원본 보고서를 참고하기 바란다.

② 한사연의 영향력이 미미함

> 공공복지전달체계, 정책, 비전 등을 현장전문가 집단인 사회복지행정연구회가 주도해 나간다는 무수한 선언과 발언에도 불구하고 실제 그러해 왔는가? 초창기 한사연 때는 흩어진 사회복지전담공무원들의 힘을 모으고 조직화해서 별정신분에서 일반직으로 전환하고, 사회복지직의 규모를 전국적으로 확산하는 등 외향적인 성장에 큰 기여를 하였다. 그러나 2000년 이후 규모적 성장에 걸맞는 질적인 성장(정책결정의 영향력, 대내외적 권위 인정도 등)이 이뤄졌는지 생각해보면 무척 회의적이다. (B3)

> 한사연은 설립목적이나 원래 비전에 부합하는 사업을 수행해 왔는지 돌이켜보면 신뢰하기 힘든 상황이다. 여러 가지 원인이 있겠지만 기본적으로 '게으르다'고 본다. 한사연의 복지현장에 미치는 실질적인 영향력은 미미하다. 안타깝다. (D2)

한사연이 지향하는 목적이나 비전을 달성하기 위해 다양한 활동을 벌려왔으나 참여자들은 복지현장에 미치는 실질적인 영향력은 미미하다고 판단했다. 각자에 따라서 이러한 입장은 차이가 있겠으나 전반적으로 한사연의 역할이 크지 않다는 것에는 동의했다. 이러한 결과에 대한 원인 분석은 참여자마다 다르게 판단했다.

③ 한사연 조직의 존립기반이 와해되고 있음

> 한사연의 존립기반이나 환경이 예전보다 상당히 약화되었다고 평가하고 싶다. 그 조직이 가려고 하는 존재가치라든지, 모두가 동의하는 공통의 목표가 있어야 하는데 그런 게 없다. 예전처럼 일반직으로 전직이라든지, 강등자에 대한 개선이라든지 하는 공통적인 이슈가 있어야 하는데 그런 상황이 아닌 시점에 도달했다. 투쟁이나 노력을 하지 않아도 자연스럽게 그런 문제가 해결되는 시기가 되어버렸다. (B4)

초창기 한사연 조직의 필요성은 명확했다. 회원들의 이해관계가 거의 동일했고, 업무환경이 열악했기 때문이다. 그런데 지난 30년간 한사연을 둘러싼 환경이 변화했고, 문제들이 일정 부분 해소되면서 사실상 조직의 필요성이 축소되었다고 본다. 그렇기에 일부에서는 모든 회원을 포괄하는 문제가 어렵기 때문에 제한적인 목표에 동의하는 회원들로 구성되는 조직으로 현실적으로 변화될 수밖에 없다고 평가하기도 한다. 그러나 다른 한편에서는 이전과는 다르지만 여전히 한사연 조직의 필요성이 존재하고 있고 당위성이 있다고 주장하기도 한다. 환경이 변화되었음에도 한사연은 적극적으로 대처하지 않았다고 진단했다.

④ 회원들이 한사연에 관심이 없음

> 한사연 조직의 발전과 관련해서, 회원들이 그걸 원하는가, 그런 방향을 원하는가? 질문을 해보면 사실 별 관심이 없다는 게 진짜 문제다. 한사연 발전 혹은 사회복지 발전보다 개인의 안정적인 삶을 원하는데.. 과연 그런 것이 가능할지 걱정이다. 선배들이야 한사연 개혁에 당연히 동의할 것이지만 요즘 직원들은 그렇지 않은 직원들도 많다. 좀 더 나아가서 나는 이제 회원을 하지 않겠다는 회원들도 발생할 것이다. 의무가입이 아닌 자율가입으로 가는 것도 고민이 필요한 지점이 될 수 있다. (B1)

면접 참여자들은 대부분의 회원들이 한사연에 큰 관심을 보이지 않는다고 평가했다. 기존에는 당사자의 이해관계와 밀접한 관계가 있었지만 현재에 와서는 그러한 동기부여가 사라졌고, 회원들이 전반적으로 개인주의화되었다고 보았다. 물론 개인주의화된 것이 나쁜 것만을 의미하는 것은 아니다. 연구자는 이러한 결과에 대한 해석에는 여러 가지 배경 이해가 필요하다고 본다. 진정으로 한사연의 필요성이 사라진 것인지, 아니면 지금까지 한사연이 조직운영을 잘못해온 것에 대한 평가인지 보다 깊이 있는 이해가 필요하다고 본다. 표면적으로 회원들이 관심을 안 가지는 것은 한사연이 본인들의 욕구충족에 도움이 되지 않기 때문인데 이것이 진정한 이유인지는 검토가 필요하다. 그리고 그들의 욕구가 구체적으로 무엇인지 한사연이 검토한 바도 거의 없다. 환경적 요인인지, 개인적 요인인지 아니면 조직적 요인인지 분석이 필요하다.

⑤ 조직구성원의 다양화가 진행되고 있음

> 조직 내부의 구성원이 다양화되면서 고민이 많다. 사이버대, 복수전공 등 비전공자들이 증가하고 있다. 일부는 전담공무원을 단순직업으로 간주하고 있다. 하늘이 내린 천직으로서 내 길이라는 태도를 가져야 하는데 그냥 직업으로서의 공무원으로 생각하는 사람이 늘고 있다. 선배와의 대화나 신규직 교육을 강화해야 한다. 그런데 그걸로 가능할지도 의문이다. (B3)

기존 한사연의 구성원은 대학을 졸업한 사회복지전공생을 중심으로 일정정도의 선후배라는 위계질서를 가진 유사배경의 구성원이었다. 그런데 한사연 연혁에서 언급하였다시피 사회복지사 제도의 변화, 임용시험의 기준 변화 등으로 다양한 배경을 가진 인력들이 한사연의 구성원으로 자리잡게 되었다. 여러 문헌에서 언급하듯이 이러한 현상은 장점보다 단점이 많은 것으로 언급되며 현장에서는 여러 가지 어려움을 호소하고 있다. 구성원이 다양화 되면서 조직관리에 어려움이 야기되고 이러면서 구성원의 업무동기, 수행과정, 가치에 대한 상이한 판단 등이 나타나고 있다. 조직 구성원 간에 공유되는 지점이 줄어들고 차이가 확대되는 현상이 발생하고 있다는 것이다. 이를 위한 다양한 접점을 확대하는 노력이 필요한데 한사연은 이에 대해 적극적인 대응을 하지 않았다고 보았다.

⑥ 회원이탈이 진행되고 있음

> - 인천 00구는 인천에서 가장 큰 자치구로 사회복지전담공무원도 제일 많았지만 사행연 조직에 회의를 느끼고 조직을 이탈하는 회원들로 인해 사행연 회원 수가 2/3로 줄어드는 어려움을 겪고 있다. 향후 인천뿐만이 아닌 전국적으로 나타날 수 있는 현상들로 매우 우려된다. 지역에 따라 승진문제 등에 있어서도 회원들 간의 내부적인 갈등으로 인한 조직이탈 현상도 두드러지게 나타나고 있다. (B5)
> - 한사연은 초기 10년이 지난 이후로 연명 수준의 단체로 전락했다고 해도 과언이 아니다. 여러 형태의 사회복지직이 근무하고 있고, 인력 또한 거대하게 성장했고, 전국적 위기감 등 전체적 단결이 가능한 외적인 요인이 없는 평온한 상태가 지속되고 있다. 이 때문에 거대 단체(한사연)에 대한 운영이 불필요하다는 인식이 확대

> 되고 있으나 이를 표현하진 않고 있다. 아마도 선후배 눈치 등 여러 이유가 있을 것이다. 한사연이 비전을 제시하는데 미흡했고 이 때문에 회원들의 심리적 이탈이 심화되고 있다고 평가할 수 있다. 회원들의 참여와 관심을 호소하는 것으로 해결될 수 있는 상황이 아닌 수준에 이르렀다. (B4)
>
> • 수년 안에 한사연이 없어질 수도 있다고 본다. 한 군데 무너지면 연쇄적으로 무너질 수 있다고 본다. (C4)

회원들이 한사연에 큰 관심을 두지 않는 것에서 더 발전하여 구체적으로 회원이탈이 나타나는 사례가 등장하고 있다. 기존에도 한사연을 탈퇴하는 사례가 없지는 않았으나, 현재와 같은 체계가 유지된다면 이러한 현상이 더욱 심화될 수 있다고 보았다. 조직에 불만족하는 회원들이 무관심에서 구체적인 행동으로 나타날 수 있다고 보았다. 특히 승진문제와 같은 첨예한 이해관계가 심화될 경우 내부적인 갈등의 표출로 조직을 이탈할 수 있다고 보았다. 이는 단기간에 많은 인력이 임용된 사례가 많기 때문에 향후 주요 요인으로 등장할 가능성이 높다고 할 것이다. 이는 한사연에 대한 무관심이 장기적으로 축적된 결과이다. 그러므로 회원의 욕구와 이해관계에 부합하는 한사연 운영이 된다면 이러한 문제는 축소될 수 있다.

⑦ 한사연은 신로에 내한 논의구조가 자세가 없음

> 한사연은 진로에 대해 논의할 수 있는 논의구조를 가지고 있지 못한 것이 큰 문제다. 일부 의견이 나온 적은 있지만 개방적으로 논의한 바가 없다. 조직 정체성이 불분명한데도, 중앙정부와 대척점에 있을 때도, 조직의 정체성과 방향성 혹은 전체적인 운영의 틀에 대한 논의가 거의 없다. 개별적으로 문제가 있다는 의견은 있지만, 이를 논의할 기회가 없었다. 홈페이지에도 간간히 그런 의견이 올라온다. 그렇지만 답변은 달리지 않는다. (F5)

참여자는 한사연이 지난 20년간 조직 정체성이나 진로설정과 관련하여 체계적인 토론회는커녕 이와 관련된 회의나 간담회를 단 한 번도 개최하지 못하였다고 평가했다. 그저 "술자리에서 그냥 하는 말로" 이야기를 나눌 뿐이었다. 시간이 지나면서 의식 있는 회원은 침묵하게 되었고 결국 아무도 이야기하지 않게 되었다는 것이다. 어떤 참여자는 "지금까지 그런 걸 논할 여유가 없었다"고 언급했다. 구체적인 목적지를 설정하지 않고 무조건 달렸다는 것이다. 논의구조를 가지지 못한 것은 여러 요인이 있을 것이다. 논의의 필요성을 느끼지 못했거나, 추상적으로 이해하고 있거나, 논의 자체가 어려울 것으로 판단했을 수도 있다. 또한 이를 구체적으로 제도화하는 데 부담을 가졌을 수도 있다. 결과적으로 조직역량의 한계로 볼 수 있다.

⑧ 회원 간 의사소통 체계가 부족함

> 한사연은 개방적인 의사소통을 하는 것 같지만 사실 매우 권위적인 방식으로 소통해왔어요. 회장이 뭘 하는지 알 수가 없어요. 어떤 행사했다는 것만 공지될 뿐이죠. 대표적으로 홈페이지를 보세요. 하루 이용자수가 어떤지, 문제의식조차 없는 것 같아요. 회원 수가 얼만데. (D1)

면접참여자들이 바라본 한사연의 가장 심각한 문제는 '의사소통체계의 부재'였다. 집행부와 회원 그리고 회원 간에 의사소통이 되지 않는다고 보았다. 누군가는 홈페이지도 있고, 대의원총회도 있고, 전화도 있는데 무슨 말인가 의문을 나타내기도 하지만, 의사소통을 공식화하고, 체계적으로 수용하는 체계가 미비했다고 보았다. 특히 홈페이지는 전 회원을 연결하는 유일한 통로인데 사실상 권위적인 방식으로 의사소통이 진행되었고 이 때문에 많은 회원들이 실망하면서 소통의 단절을 가져왔다고 평가했다. 그 외 일반 회원의 의견에서는 집행부의 애정어린 의견을 듣는 경우도 쉽지 않았다는 견해도 있었다.

(2) 중앙 집행부의 운영실태

① 집행부 운영이 영세함

- 집행부는 집행부원이 약 30명 안팎인데 실제 참여하는 인원은 매우 적다. 역대 집행부 활동을 보면 회장의 역량에 따라 유동적이었다. 역량 있는 집행부원이 있으면 꾸준하게 성과가 나오지만 그렇지 않은 경우가 많았다. 좋은 집행부를 꾸려야 효과성 있는 사업수행이 가능하다. (B2)
- 현 집행부를 평가하자면, 움직이는 모습이 잘 안 보인다. 내가 알기로 임원진 회의를 1년에 한 번도 못하고 있다고 들었다. 회장단(회장과 부회장단)이 중심이 되어 의사를 결정하고 집행하는 구조로 운영되고 있다. 집행부원의 구성은 많으나 실질적인 움직임이 없다. 한사연 집행부 중 단장이나 부장은 이름만 올라가 있는 경우가 많다.
  기존에는 그래도 부장 중심의 운영이었다면, 현재는 전국행사 시에 도움 주는 수준에 머물고 있다. 회장이 사업을 벌릴 수 없는 실정이니, 광역시도에 사업을 줄 수밖에 없는, 진짜 어쩔 수 없는 방식으로 일부 진행되고 있다. (B1)
- 회장단 중 몇몇의 주도로 집행부가 운영되는 경향이 있다. (C4)

집행부원은 새로운 회장선출에 따라 지역의 역량 있는 회원을 중심으로 선발 혹은 추천받아 꾸려지고 있으나 실제 운영은 여러 가지 어려움을 가진 것으로 보고된다. 모두가 현장에서 업무를 수행하면서 집행부 활동을 하기 때문이다. 집행부 운영은 회장의 역량에 의존되는 경우가 많으나 구성원들 스스로가 자발적이고 능동적이며 책임성 있는 활동이 필요하다. 그런데 집행부원의 활동을 보면 이를 지지하고 지원하는 체계가 부족한 것을 알 수 있다. 집행부원이 되면 해야 하는 혹은 할 수 있는 업무에 대한 전반적인 교육프로그램이 부재하고, 활동과정에서 어려움이 있을 시 이를 전문적으로 지원할 수 있는 체계도 미흡하다. 오로지 본인의 역량에 따라 운영되는 것이다.

② 집행부 사무국이 취약함

> 한사연 회원 수는 2만명을 넘어가는데 이를 관리하는 사무국 직원은 1~2명에 불과하다. 전국에 이런 조직이 없다. 그래도 유지되는 거 보면 신기하다. (D3)

인용문에도 제시되어 있지만 집행부 사무국 운영방식은 매우 심각한 수준으로 진단된다. 현재는 최소한의 사무처리 수준에 머무르고 있다. 타 협회나 기관을 보면, 조직 내 여러 명의 상근직이 종사하면서 다양한 업무를 지원하고 있다. 빠른 시일 내 사무국의 정상화가 요구된다. 사무국의 비정상은 한사연이 체계적인 사업을 추진하지 못했던 여러 가지 이유 중의 하나이다.

③ 회장의 리더십이 부족함

> 지금까지 선출된 회장들을 보면, 일부 열성적인 분들도 있었지만 전반적으로 보수적인 리더십을 보여왔다고 평가하고 싶다. 관행적인 조직관리 수준에서 리더십을 행사했고, 뭔가 변화와 혁신을 시도하지 않았다. 물론 상근이 아니기 때문에 어려움이 있다고는 하지만 한사연 조직의 위상을 고려할 때, 다소 안이한 리더십을 활용했다고 평가하고 싶다. (D3)

회장의 리더십을 객관적으로 분석하기 쉽지 않다. 의욕만큼 성과가 나타나지 않을 수도 있고, 혼자서 성과를 창출하는 것도 아니기 때문이다. 그럼에도 불구하고 조직에서 리더의 중요성은 아무리 강조해도 지나치지 않는다. 참여자들은 회장의 역량이 무엇보다 중요함에도 그것이 효율적으로 작동되지 못했다고 평가했다.

④ 집행부 사업추진 과정에서의 문제가 있음

> • 정관을 보면 한사연의 목적사업이 제시되어 있는데 실제 사업이 운영되는 수준은 많이 미흡하다고 생각된다. 회원들의 눈높이는 매우 높은데 실제 사업 수준은 그렇지 못하다고 생각한다. 사업내용이 많이 빈약하다. (E3)

> • 저는 노조경험이 있어서 그런데 한사연을 보면 안에 갇혀서 우리끼리만 이야기하는 것은 아닌지 하는 생각이 있다. (C4)

집행부의 사업내용은 한사연의 구체적인 활동과 직결된다. 한사연의 정관에는 사회복지공무원으로서의 전문성 강화, 정책에 대한 대응, 업무환경 개선, 회원 친목도모, 각종 홍보사업 등으로 사업을 분류하고 있다. 매년 사업계획서를 보면 분명 관련 사업들이 포함되어 있다. 그런데 질적 수준에 대해서 참여자들은 다른 견해를 나타내고 있다. 사업의 내용, 추진 과정, 추진 수준에서 취약함이 있다고 보았다.

⑤ 집행부 정책마련과 정책대응 기능이 취약함

> 한사연은 정책대응 기능이 몹시 취약하다. 행정연구회가 이름처럼 정책기능, 연구기능이 중요한데, 현재하는 사업 중 정책대회도 그냥 발표 수준이다. 그 기능을 업그레이드시켜야 한다. 사업을 추진하기 위해서 아이템, 프로그램, 아이디어가 필요하다. 그런데 집행부는 그런 걸 시도하지 않는다. 정책기능을 강화하고, 네트워크 기능을 강화해야 한다. 다양한 구성원을 묶어내야 하는데 그런 활동이 미흡하다. 본질에 맞는 조직체계, 조직사업으로 나가야 한다. (D3)

한사연의 정책대응 능력의 취약함은 시속적으로 지적되어 온 사항이다. 중앙정부의 다양한 복지정책의 개발, 정책환경의 급변 등 위험요소는 수시로 나타나지만 이에 대응하고 대처하는 능력은 매우 부족하다는 평가이다. 특히 최근의 정책 경향은 매우 전문적인 지식을 요구하고 있고 다소 명확한 대안 제시가 곤란한 사안들이 제시되고 있어 문제해결을 더욱 어렵게 하고 있다. 집행부원은 대부분 현장 실무자들로 이에 대한 대처능력이 취약하다고 볼 수 있다. 실무자의 관점이 중요한 것은 사실이지만 보다 체계적인 대응과 포괄적인 대응을 위해서는 가능하면 전문가적 개입이 필요하다. 참여자는 "한사연이 정책개발에 대한 인식 자체가 부족한 것 같다"고 진단했다.

⑥ 회원의 회비 납부는 건전함

> 한사연은 현재 회원들이 회비를 100% 납부하고 있는 상태로 회계상 매우 건전한 상태이다. (A2)

한사연의 강점 중 하나는 조직의 취약성에도 불구하고 회비납부율은 매우 높다는 점이다. 이는 매우 긍정적인 신호로 이해된다. 물적 토대 없이는 사업수행도 어렵고, 회비 납부율이 높다는 것은 회원들이 집행부 사업에 일정 정도 동의를 하고 있다는 표시이기 때문이다. 그러나 한편에서는 회비 납부와 관련해 거부감을 나타내거나 사업확장에 따른 회비증가의 필요성을 나타내는 경우도 있었다.

3) 한사연 개선방안

(1) 한사연 발전 방향

① 한사연 조직의 필요성이 있음

> 현장에 있는 회원들이 엄청 고생하고 있다. 그걸 개인이 이야기할 수 없다. 한사연이 그런 걸 해야 한다. 불평부당한 업무 환경 때문에 결국 한사연의 역할이 필요하게 될 수밖에 없다. (B4)

한사연 조직의 필요성은 여러 발언에서 지속적으로 나타나고 있다. 업무가 가진 특수성 그리고 개인이 해결할 수 없는 문제를 해결하기 위한 조직의 필요성이 제시된다. 물론 시기가 지나면서 한사연이 요구했던 문제들이 해소되기도 하고 문제가 완화되기도 하였지만 이러한 문제해결 역시 한사연이란 조직의 존재했기 때문에 가능했다고 보았다.

② 한사연에 대한 긍정적인 기대가 있음

> 때때로 이런 생각을 해본다. 한사연이 지금은 참 처량한 신세지만, 회원들의 이익에 부합하는 활동을 하게 되면 자연스럽게 한사연이 성장할 것이라고 본다. 회원들이 한사연에 수당이나 이런 거 기대를 하는 것은 아니다. 한사연 활동이 활성화되면 회원들이 만족하게 되고, 그러면 한사연을 자연스럽게 따라가게 될 것이다. 선순환 구조를 만들어놓으면 한사연 발전은 큰 문제가 아니다. (D2)

앞에서 언급한 것처럼 일반회원들이 한사연에 대해 관심이 적고 개인주의화 되어 있으나 한사연이 회원들의 이익과 욕구에 부합하는 활동을 하게 된다면 자연스럽게 한사연에 관심을 가지게 될 것으로 보았다. 한사연 활성화를 통해 회원들이 보다 적극적으로 참여하는 구조를 만들게 되면 한사연 발전은 큰 문제가 아니라는 것이다. 핵심은 지금까지 한사연이 그렇게 해오지 않았다는 점이고 이제는 변화하지 않으면 안 되는 시기가 도래하고 있다는 것이다. 연구자가 보기에 한사연은 '강점'이 많은 조직이다. 회원들이 관심을 가지게 된다면 공공영역에서 분명 큰 역할을 하게 될 것이다.

③ 한사연 발전방향에 대한 심도 있는 논의가 필요함

> 한사연의 발전방향에 대한 논의가 전혀 이루어지지 않았습니다. 그동안 관성적으로 조직이 있으니까 운영해왔고, 어떻게 운영해야 조직적으로나 대외적으로 영향력을 가진 단체가 될 수 있는가 질문을 던져야 하는데 그렇지 못했습니다. 전문가조직으로서 정부나 시민을 대상으로 무엇을 할 것인가 질문해야 하는데 그런 과정이 생략된 채 지금까지 온 거지요. 2000년 이후 집행부는 조직관리에 치중한 체 한사연의 사회적인 역할에 대해 전혀 고민하지 않았습니다. (D1)

한사연 조직의 발전방향은 대외적으로 회칙 등에 이미 제시되어 있다. 그러나 지금까지 그것을 심도 있게 받아드리고 구체적인 고민거리로 설정하지 않았다. 지향하는 가치, 되고 싶어하는 구체적 모습인 비전 그리고 반드시 해야 할 미션이 회원들에게 각인되지 않았다. 그리고 상황과 시기가 변화해도 그 내용이 무엇인지 논의하지 않았다. 그러므로 향후 한사연은 앞에서 열거한 내용들을 재검토하고 심도 있게 논의하는 것이 반드시 필요하다. 나아가고자 하는 방향이 있어야 조직이 성장할 수 있다. 그 방향은 추상적인 것이어서는 안 되고 명확해야 한다. 이를 위해 향후 '한사연 대토론회' 개최를 제안한다. 본 연구에서 언급하고 있는 연구결과를 전 회원이 공유하고 이를 토대로 한사연의 정체성과 발전 방향에 대한 토론회 개최가 필요하다. 특히 시군구 토론회 → 시도 토론회 → 전국 토론회로 확대하여 회원들의 관심을 유도하고 이를 통해 회원들의 의견을 결집할 수 있다.

④ 조직형태의 변화가 필요함

한사연의 운영실태에서 나타난 문제점에 대해 참여자들은 여러 가지 대안을 제시하였다. 특히 가장 우선적으로 제시하는 것은 조직형태의 변화였다. 대표적으로 현재와 같은 단체 성격으로는 문제가 많으므로 가까운 시일 내 사단법인화나 노조(산별노조 포함) 등과 같은 단체로의 변화가 필요하다고 제시하였다.

- 어떤 조직을 만들어야 하는가? 어떤 조직이 우리에게 타당한 조직형태인지 논의를 해서 추인을 받아야 한다고 봅니다. 지금까지 그런 논의가 너무 없었지요. (D1)
- 한사연의 현실적인 방향은 아무래도 사단법인화가 현실적인 방안이다. 이를 통해 조직의 성격을 명확히 설정하고 사업을 추진해야 한다. (D1)
- 사단법인은 아닌 것 같고, 공무원 내에서 산별노조로 가는 것이 그나마 합리적이지 않겠나 생각한다. 차후 한사연이 산별노조화된다면 현재 회원들이 별도로 납부하는 노조회비를 낼 필요가 없이 바로 한사연 회비로 납부하게 되면, 회비가 절감되면서 동시에 회원들에게 직접적으로 사용되므로 더 좋아할 것이다. (B2)

회원들의 의견을 정리하면, 크게 사단법인화, 산별노조화 등이 언급된다. 즉 현재와 같은 성격이 불분명한 조직체에서 보다 안정화된 조직체로 발전하기 위해서 일정한 조직체의 형식을 갖출 필요가 있고 그러한 체계에서 조직 정체성이 명확해질 수 있다고 본다. 그런데 단순히 조직의 형태뿐만 아니라 실제 조직의 운영내용이 보다 체계적으로 구성될 필요가 있다. 조직의 형태는 변화될 수 있으나 실제 운영방식이 기존과 유사하다면 조직의 질적 변화는 나타나지 않을 수 있기 때문이다. 향후 구체적인 조직형태에 대한 논의와 조직의 장단점에 대한 상세한 분석이 제시될 필요가 있다.

⑤ 회원 간 의사소통체계를 구축해야 함

> 한사연 홈페이지 좀 확 바꿨으면 좋겠어요. 어디서부터 문제인지 모르겠는데 활용도가 너무 떨어져요. (D1)

한사연의 핵심적인 의사소통기구인 홈페이지는 이용자도 적을 뿐만 아니라 활용도도 떨어진다는 평가이다. 회원들이 보다 적극적으로 참여할 수 있도록 사용자 중심 인터페이스를 강화하고, 이용에 대한 홍보를 지속적으로 강조할 필요가 있다. 단순히 홈페이지를 만드는 게 중요한 것이 아니라 이용률을 확대하는 방안을 모색할 필요가 있다. 또한 소통도구의 개선뿐만 아니라 소통방식에 있어서도 보다 개방적이고 자율적인 소통이 필요하다. 각종 회의나 행사에 대해서는 관련 회의자료와 회의결과 그리고 그러한 과정에 대한 상세한 정보가 제공될 필요가 있다. 회원들이 소장한 좋은 정보나 자료를 공유할 경우 이에 대한 보상책을 마련하고, 그러한 활동을 장려할 필요도 있다.

⑥ 구성원의 다양성을 포괄해야 함

> 신규들 출신배경이 정말 다양해졌어요. 생각 차이가 의외로 큽니다. 어찌해야 할지 모를 때가 있을 정도거든요. 전공생이라고 해서 뭐 크게 다른 것도 아닙니다. 시대가 그렇게 되었거든요. 한사연이 이러한 회원들을 끌어안으려면 보다 다양한 프로그램을 고안해야 합니다. 예전의 방식으로 설득할 수가 없어요. 그래서 고민입니다. 제가 자꾸 물어봅니다. 뭐 하고 싶은 거 없냐고. (D2)

조직구성원의 다양화는 시기가 지나면 더욱 확대될 것으로 예측되는데 이는 사회전반의 변화와도 연결된다. 예전과 같이 단일한 배경을 가진 인력이 공급되는 것이 어려워졌고 그러므로 자연스럽게 조직체는 다양한 배경을 가진 인력을 흡수할 수 있는 보다 유연화된 운영방식이 필요해진 것이다. 즉 구성원의 문제라기보다는 조직의 문제로 접근을 해야 함에도 구성원 자체의 문제로 이해하는 것이다. 일부 참여자는 그런 시대는 이미 지났다고 평가했다.

보다 구체적으로 조직구성원의 다양화는 '교육'과 밀접한 관련성을 가진다. 임용기준의 개선과 더불어 이미 식구가 되어버린 구성원은 어찌되었던 같이 안고 가야 하는 운명공동체이다. 향후 구성원 다양성에 따라 조직의 선명성을 위해 무조건적인 의무가입이 아닌 자율가입으로 가는 경로도 고려해야 한다. 일부 회원이 이탈되는 상황도 있겠으나 한사연이 본래의 목적에 부합한 조직운영을 하게 된다면 전담공무원들은 다시 한사연을 찾게 될 것이다. 또한 기존 공무원이 공공의 이익에 복무하는 매우 바람직한 직업상을 제시하였다면 이제는 보다 현실적으로 개인이익을 위해 직업을 선택한 이기적인 직업인상을 받아드릴 필요도 있겠다. 다만 이기적인 개인이라 할지라도 본래 선발한 취지에 걸맞는 업무수행은 반드시 필요하다. 그것이 개인과 국가가 계약한 이유이기 때문이다.

⑦ 회원들의 전문성 강화와 역량강화가 필요함

> 현재 사회복지직은 숫자는 많은데 전문성을 축적하거나 발휘하는데 큰 어려움을 겪고 있다고 본다. 최근의 사례관리나 주민조직화 영역, 타기관의 연계 협력 등에서 소극적으로 할 수 밖에 없는 실정이다. 전문성이 낮은 직종이라는 평가를 보면 뭔가 대책이 필요하다. (D3)

한사연은 회칙에 제시되어 있는 것처럼 명실상부한 전문가 조직이 되기 위해서 회원들의 전문성을 강화할 수 있는 프로그램을 기획하고 운영할 필요가 있다. 또한 우수 회원들을 조직화시켜 내부 자원으로 활용하고 이를 통해 인적자원이 풍부한 조직으로 발전해야 한다. 덧붙여 우수인력을 채용하는 선발과정도 개선될 필요가 있다. 지금과 같은 상황에서는 전문인력의 선발과 유지는 달성하기 힘든 과제가 될 수 있다.

⑧ 사회적 기능 강화

> 처우개선이나 전달체계 개편과 관련해서 폭이 좁게만 사업을 해 온 인상을 받습니다. 시민들을 설득하거나 혹은 지향점에 대한 설명 등은 안 했던 것 같습니다. 요즘 기본소득제 논의도 활발하고, 사회서비스원이니 커뮤니티 케어니 난리도 아닌데 우리는 너무 조용합니다. 입장이 없으니 조직이 없는 거지요. (F7)

일부 참여자는 한사연의 사회적 기능 강화를 요구하였다. 한사연이 사회적 이슈에 민감하게 반응하지 않고, 충분한 역량이 있음에도 불구하고 그에 따른 사회적 책임을 수행하지 않았다고 평가했다. 특히 최근 주요한 사회적 이슈에 한사연도 적극 참여하는 것이 바람직하다는 의견을 나타내었다. 이를 통해 조직의 존재감을 부각시키고 한사연이 본래 지향하는 바를 성취할 수 있다고 주장하였다. 연구자는 매우 타당한 지적이라고 본다. 한사연은 사회적 맥락과 분리되어 존재할 수 없다. 이것은 새로운 역할이 아니라 사회복지사 윤리강령과 한사연 설립목적에 명확히 서술되어 있는 내용이다. 덧붙여 향후 사회복지전담공무원 윤리강령의 수정 · 보완이 필요하다고 본다. 새로운 시기가 도래하면 새로운 생각과 사고가 필요한데 여전히 예전의 관행과 인식에 의존할 필요는 없기 때문이다.

(2) 중앙 집행부 개선방안

① 사무처 기능을 강화해야 함

사무처 기능 강화의 이유는 우선 회원 수가 매우 많기 때문이다. 또한 집행부가 처리할 수 없는 업무가 증가하고 있다. 안정적인 조직관리를 위해서는 집행부 인력이 헌신하든지 아니면 상근 인력을 통한 사무처 기능강화가 필요하다. 연구자가 알아 본 바에 의하면 한사연과 관련된 통계, 자료, 기록물 관리 등이

체계적으로 관리가 되지 못하고 있고, 역사적인 자료도 파편적으로 관리되고 있는 것으로 파악되었다. 보다 안정적이고 체계적인 조직이 되기 위해서 사무처 기능 강화가 필요하고 이를 위해 관련 인력(상근인력, 보조인력 등)이 증원될 필요가 있다. 향후 더 발전된다면 부서별 지원인력증원도 고려해야 한다.

② 상근 사무국장 설치가 필요함

상설 사무국장(사무처장, 사무총장 등) 체계에 대한 다양한 생각들이 있다. 사무국장이 불필요하다는 의견, 반드시 필요하다는 의견 등 여러 가지 의견이 있다. 다른 조직과 유사하게 사무국장은 회장 및 이사(운영위원)의 의사결정에 따라 조직의 실무를 총책임지고 실행하는 자이다.

사무처장의 필요성은 현 회장 제도의 한계, 집행부원 활동의 한계 등으로 고려할 때, 현실적인 대안 중에 하나이다. 사무처장제도 운영시 비효율성에 대한 우려는 좋은 인력을 선발하여 활용하게 된다면 불식될 것으로 본다. 다른 유사 조직들이 사무처장제를 운영하는 것을 참고하여 운용할 필요가 있다.

③ 집행부의 영세성을 극복해야 함

집행부원들은 일정 정도 능력과 봉사정신을 가진 회원들로 구성되어 있다. 그러나 부서별 과제 등은 보다 전문적인 역량을 필요로 하는 경우가 많다. 현재 대외협력국, 정책기획국, 조직강화국, 홍보국, 전달체계혁신국 등이 구성되어 있는데, 하고자 하는 의욕과 별개로 국장과 부장 들이 그 분야에 전문적인 능력을 가지고 있는지 확인이 쉽지 않다. 전달체계 분야만 보더라도 최근 다양한 분야(커뮤니티 케어 등)에서 논의가 이루어지고 있어 전문가도 이에 대한 대책을 마련하기 쉽지 않은 점을 볼 때, 개인 수준에서 대처하기 쉽지 않다. 그러므로 집행부원의 역량을 강화하는 다양한 프로그램들이 실시될 필요가 있다. 각종 포럼 개최, 전문가 연계, 각종 학술대회 참가 등 개인역량을 고취시켜 질적으로 우수한 부원이 될 수 있도록 지원할 필요가 있다.

④ 역량 있는 회장을 발굴하여 육성해야 함

> 역대 회장님들은 전반적으로 엄청나게 희생하는 분들이라고 생각합니다만, 이제는 세대교체가 되어야 한다. 지금 1기라고 하는 그 이후 분들, 선배들과 현재 세대와는 현격한 세대차이가 있다. 서로 소통하고 협의하려면 중간 정도의 경력자가 서로 품을 수 있다고 본다. 원로급들이 한사연의 동력이 되면 한계가 있다. 이제는 물갈이가 되어야 한다. (C4)

조직 리더의 리더십은 매우 중요하다. 참여자들의 의견을 들어보면 회장을 통해 한사연의 수준과 역량을 이해할 수 있다. 회장에 따라 열성적으로 희생하고 봉사하는 마음으로 활동한 경우가 있는가 하면, 다소 무능하고 비효율적인 방식으로 한사연을 이끌어온 사례도 언급된다. 어느 조직과 마찬가지로 리더의 중요성이 한사연에서도 드러난다. 리더를 발굴하고 육성하는 것도 회원들의 역량이다. 회원들이 조직의 중요성과 정치적 민감성을 드러내야 수준 있는 회장을 선출할 수 있다. 그렇지 않을 경우, 회원들의 기대와 다른 의사결정자가 출현하여 조직을 후퇴시킬 수 있기 때문이다. 회장의 역할이 너무 막중하기 때문에 회장 스스로도 합리적인 판단과 사고가 요구된다. 회원들이 처한 어려움과 상황에 대해 회장 개인 수준뿐만 아니라 다른 사람의 활용도 고려해야 한다. 도처에 있는 유용한 전문가들을 참모로 활용하는 개방적인 사고가 필요하다. 폐쇄적이고 고답적인 태도는 미래의 의사결정자와 연결되지 않는다. 혼자서 하지 말고 여럿이 같이 할 수 있는 태도를 가져야 한다. 중앙 회장 및 지역 회장 세대교체론의 경우, 일정 정도 설득력이 있는 주장으로 판단된다. 별정직 세대에서는 별정직 세대가, 일반직 세대에서는 일반직의 사고가 반영될 필요가 있다. 다만 무조건적인 세대교체 방식은 오히려 문제를 야기할 가능성이 크다. 바람직한 방향은 지역 사행연에서 일정 정도 경험을 쌓고, 이를 토대로 광역단위와 중앙단위로 이전 확대하는 방식이 필요하다. 조직관리는 의지만으로는 부족하며 어느 정도 실전경험이 필요하기 때문이다. 이러한 조건이 충족된다면 보다 젊은 세대 혹은 낮은 직급이라도 지역 회장 혹은 중앙 회장에 진출하는 것이 바람직할 수 있다. 젊은 세대가 보다 많은 활동을 위해서는 경험자의 배려와 지원이 절대적이다.

⑤ 정책 대응기능이 강화될 필요가 있음

최근까지 한사연의 정책 대응 수준은 자체적인 역량에 의존해 왔다는 평가가 많다. 물론 자체적으로 대응하는 것은 필수적인 것이지만 이제는 문제에 대한 근본적인 이해와 해결을 위해 전문가를 적극 활용하는 방식을 고려해야 한다. 이를 위해 관련 분야 교수, 연구자, 현장 전문가 등 다양한 네트워크를 구성해야 한다. 정무적인 판단이 요구되는 사안이 발생하면 이를 지지할 수 있는 세력을 구성하는 것도 필요하다. 복지는 정치적이기 때문이다. 공무원이기 때문에 중립적인 태도를 취하는 것은 사회복지사 윤리강령에 부합하지 않으며 조직운영을 포기하겠다는 말과 다르지 않다. 공공성에 적극적으로 부합하기 위해서는 정치적일 필요가 있으며, 대중의 지지를 받기 위해 일반대중과도 의사소통을 활발히 해야 한다. 수시로 언론 등 신문에 기고를 하고, 매스컴에도 자주 등장해야 한다. 이를 통해 회원들의 이해를 관철시키고 시민이 요구하는 서비스를 제공할 수 있도록 노력해야 한다. 한사연은 공무원들만의 조직이 되어서는 안 된다. 공무원노조, 사회복지계(학계, 기관, 시설), 시민단체, 정치계와 연대가 필요하다.

⑥ 복지부와의 바람직한 관계설정이 필요함

전담공무원은 지방공무원 체계에 속해 있고, 지방공무원 체계는 중앙부처의 관리를 받는 상황으로 중앙부서와의 관계에서 취약한 것은 사실이다. 그러나 회원들의 조직체는 그런 것을 고려하기보다 회원 중심의 조직이라는 것을 명확하게 인식할 필요가 있다. 그러므로 당당하게 주장하고 대등한 관계 속에서 협력하는 태도가 필요하다. 정부가 요청하는 사항은 협력하되 한사연이 필요로 하는 내용은 주체적으로 요구하여야 한다. 복지부도 한사연의 대표성을 사실상 인정하고 있다고 볼 때, 보다 적극적으로 이를 활용할 필요가 있다. 한사연이 전담공무원의 질적 수준을 고양시키고 이를 통해 대국민서비스의 질을 향상시킬 수 있도록 다방면으로 지원을 해줄 필요가 있다.

⑦ 공공복지연구소의 체계적 운영이 필요함

한사연 산하 공공복지연구소가 개소하여 운영 중이다. 일반적으로 연구소라면 연구공간이 확보되고, 연구원과 자료실이 구비된다. 연구소는 아직 초기 상태로 상근 인력도 없이 운영 중이며, 관련 예산도 적게 배정된 것으로 확인되었다. 연구소가 정상화되기 위해서 일정 정도 투자가 필요하며, 효과적인 연구수행을 위해 여러 지원이 필요하다. 또한 연구소는 회원들이 공감할 수 있도록 투명하고 공개적으로 운영될 필요가 있다. 연구소는 운영과 관련하여 보다 명확한 방향 설정이 필요하다고 본다. 연구소의 주된 기능이 정책연구 기능이라면 이는 한사연의 가장 핵심적인 기능을 수행하는 것이기 때문이다.

⑧ 효율적인 재정운영이 필요함

한사연의 재정감사를 위해 감사위원회가 있으나 향후 재정에 대한 보다 포괄적인 분석이 실시될 필요가 있다. 영세한 사업 규모를 설정하고 이에 따른 수입 규모를 설정하다보니 실제 해야 하는 여러 가지 사업들이 수행되지 못하는 상황이 발생하고 있다. 전문가를 동원하고 회원들의 역량을 강화하는 다양한 프로그램을 실시하기 위해서는 소규모의 지출로는 좋은 효과를 발생시키기 어렵다. 상당한 투자가 요구되는 사업을 실시하기 위해서는 그에 따른 수입이 필수적이다. 회비와 예산을 알뜰하게 사용하는 것은 필요하지만 그렇기 때문에 해야 할 사업을 축소하거나 실시하지 않는다면 문제가 된다.

5. 결론 및 제언

본 연구는 공공복지 영역의 최대조직인 한사연의 운영실태와 문제점을 살펴보고 이에 대한 개선방안을 모색하는 연구이다. 이를 위해 한사연 주요 관계자와 일반 회원을 중심으로 개별 및 집단초점 인터뷰를 실시하였다. 분석결과를 요약하면 다음과 같다. 별정직 시기 한사연의 활동은 긍정적인 평가를 보이지만, 일반직 이후 한사연의 활동은 부정적인 평가를 보인다. 부정적인 평가를 보이는 이유는 매우 다양하다. 한사연 스스로 명확한 정체성을 가지고 있지 못한 상태에서 정책환경의 급변, 존립기반의 약화, 구성원의 다양화, 조직문화의 변화 등이 있었는데 이에 대해 회장과 집행부가 적극적으로 대응하지 못했던 것으로 요약할 수 있다. 집행부 운영의 문제점은 다양한 측면에서 노출되고 있다. 집행부가 앞에서 언급한 변화에 적극적으로 대응할 인력과 조직 체계를 갖추지 못하는 것으로 나타났다. 그럼에도 불구하고 질적인 수준과 무관하게 회원의 증가와 승진자들의 증가 그리고 안정적인 회비납부 체계를 구성하여 조직의 외형적 모습은 유지되고 있는 것으로 나타났다. 회원들이 인식하고 있는 한사연 발전 방향을 살펴보면, 여러 가지 문제와 한계가 있음에도 불구하고 한사연 조직이 가진 강점과 기대가 높은 것으로 보인다. 이에 한사연이 보다 발전적인 모습으로 도약하기 위해서는 발전방향에 대한 심도 있는 논의과정과 구체적인 개선에 대한 숙의과정이 필요한 것으로 판단된다. 그러므로 조직형태의 변화, 의사소통체계 구축, 다양화된 구성원을 끌어안기 위한 방안 모색, 보다 전문적인 기술을 가진 조직으로의 탈바꿈 등 향후 해야 할 과제들을 내실 있게 논의하는 과정이 필요한 것으로 나타났다. 과거의 한사연이 아닌 미래의 한사연은 조직의 정상화를 통해 성취될 수 있음을 보여준다. 이상의 분석결과는 운영실태에서 나타난 문제점과 이에 대한 개선방안으로 구분하여 정리를 하였으나 참여자들은 이미 문제점을 언급하는 과정에서 개선방안이 무엇인지 잘 이해하고 있는 것으로 파악되었다. 다행스러운 것은 극히 일부의 참여자를 제외하고는 현재의 한사연이 위기에 있다는 사실을 공통으로 인식하고 있고, 개선이 필요하다는 사실을 자각하고 있다는 점이다. 또한 사람도 중요하지만 어떤 시스템을 통해 제도적인 개선이 필요하다는 것에 공감하고 있다. 기존 방식의 문제점이 임계점에 이르러 과거와 같은 방식으로 조직을 유지하는 것이 곤란하다는 것이다. 강점중심적 관점에서 본다면 한사연은 희망이 있는 것이다. 이러한 연구결과를 종합해보면, 다음과 같은 사항을 제언할 수 있다.

첫째, 한사연은 기본적인 사항에 충실한 조직이 되어야 한다. 앞서 개선방안이라고 제시되어 있는 내용을 보면 사실 특별한 과제가 아니다. 조직이라면 당연히 해야 하고 또 할 수 있는 것들이다. 조직을 운영하기 위해서 기본적인 것에 충실하라고 주문하는 것이 다소 세련되어 보이지 않을 수 있으나, 그러한 기본이 없으면 새로운 것을 할 수 없을 뿐만 아니라 기존 조직 그 자체의 붕괴까지 가져오게 된다. 이를 위해 무엇보다 한사연 회원들의 각성이 요구된다. 한사연은 공공에 있는 사회복지사들의 위상과 역량 그리고 수준을 나타내고 있다는 점에서 중요성을 가진다. 그들은 인간에 대한 가치와 존엄성을 실천하는 최일선에 존재하며, 무엇보다 공신력을 가진 힘(power)을 기반으로 활동하는 사회복지사이다. 그런데 이러한 능력을 소유하고 있음에도 불구하고, 조직화되어 있지 않다는 것은 큰 문제이다. 한사연 회원은 책임성을 가지고 본연의 기능에 대해 깊이 고민해야 한다.

둘째, 한사연 조직은 조직화될 필요가 있다. 조직은 단순히 조직이라는 인적, 물적 토대 위에 존재하는 것이지만 그것이 작동되는 원리는 합리적이고 논리적인 과정이 지속되어야 한다. 구성원이 조직화되어야 하고, 조직도 조직화되어야 한다. 그렇지 않은 경우, 상당한 노력이 있음에도 불구하고 상황은 변화될 수 없으며, 그들이 지향하는 가치와 목적을 달성하는 데에도 소모적이게 된다. 상황을 변화시키고 지속적인 변화과정을 가지기 위해서는 조직 스스로 혁신과 지향점을 고민해야 한다. 조직이 지향하는 가치, 성취하고자 하는 가치에 보다 집중해야 한다. 이를 위해서는 개인적인 차원에서는 구성원의 내적 성장을 위한 학습과 훈련 과정이 동반되어야 하고, 조직적인 차원에서는 조직 운영원리가 보다 가치중심적인 원리에 의해 작동되어야 한다. 그런 부단한 노력이 조직적으로 작동될 때 비로소 조직이라고 부를 수 있을 것이다. 이를 위해 조직 내 의사소통의 문제를 혁신할 필요가 있다. 집행부의 노력이 필요하며, 홈페이지를 적극 활용하고 다양한 미디어를 통해 회원들의 소통을 지원할 필요가 있다. 소통없는 조직은 죽은 조직이다. 경직적인 소통문화는 일소하고, 자율적이고 자유로운 소통이 가능한 문화를 정착시켜야 한다.

셋째, '(가칭)한사연 발전방향 논의를 위한 대토론회'의 개최 필요성이 있다. 토론회는 한사연의 정체성에서부터 구체적인 사업방향까지 쟁점사항이 여러 가지 이므로 다양한 방식으로 개최될 필요가 있다. 특정 과제에 대해서는 전문위원회를 구성하여 논의할 수도 있다. 토론회나 위원회가 개최되면 이에 따른 결과물을 정리하여 회원들과 공유될 필요가 있다. 모든 회원이 그 결과를 가지고 토론할 필요가 있다. 향후 실행계획인 '한사연 발전을 위한 중장기 발전계획 수립'이 필요하며, 이를 토대로 한사연의 혁신이 시도될 필요가 있다.

넷째, 향후 조직형태의 변화와 관련해서는 현재와 같은 임의단체를 벗어나 등록단체가 되거나 혹은 한국사회복지사협회의 산하단체[11]로 조직위상을 설정하는 것도 고민해 볼 필요가 있다. 우선적으로 사단법인화가 유력할 것으로 판단된다. 노조의 경우, 지자체 노조와의 중복성 등을 고려할 때, 다소 어려운 부분이 있을 것으로 본다. 또한 사회복지전문직으로의 정체성 유지와 그를 위한 환경조성이 목적이라면 한국사회복지행정연구회는 연구회가 아닌 다른 이름을 가져야 할 것으로 본다. '한국사회복지전담공무원연대' 혹은 '한국사회복지전담공무원협의회', '한국공공사회복지사협회' 등 여러 가지 명칭이 검토될 필요가 있다. 향후 이와 관련된 현실적인 쟁점을 논의하여 결정할 필요가 있다. 또한 한사연은 직렬이기주의에 빠져 자기 이해에만 주목하여서는 안 되며, 한사연은 공공성을 확장시키는 조직이 되어야 한다.

다섯째, 한사연은 회원들이 전문가로서 성장할 수 있도록 지원하는 구조를 가져야 한다. 시기가 지날수록 사회복지전담공무원의 역할이 보다 중요해지고 있다. 그러나 아이러니하게도 그에 따른 역량은 기대에 못 미치고 있다. 전담공무원의 역량이 적극적으로 활용되고 있지 못하는 것은 여러 이유가 있다. 개인적인 요인도 있겠으나 선발과정의 한계, 인력운용과정의 한계 그리고 전달체계의 비효율적 운영 등 여러 요인이 결합되어 있다. 한국의 전달체계는 사회복지업무라는 특수성에 비추어 '가치 중심의 업무'가 우선시되어야 함에도 그러한 공직 문화를 발전시키지 못하였다. 이는 개인을 둘러싼 외부적인 환경요인이 주된 요인이기도 하겠지만 무엇보다 개인 스스로의 주체적인 노력 그리고 그러한 전문직의 조직문화와 연대도 중요한 요인이 된다. 그런 측면에서 중앙-광역

---

11) 현재, 한국사회복지사협회의 산하단체로 대한의료사회복지사협회, 한국학교사회복지사협회, 한국정신건강사회복지사협회 등이 있다.

시도-시군구로 연결되는 한사연의 중요성은 몹시도 크다. 시군구 단위의 전담공무원은 과거보다 훨씬 중요한 위치로 부상하게 되었다. 최근의 전달체계 흐름은 지방정부의 역할이 확대되면서 공무원은 단순히 집행인력에 그치는 것이 아니라 기획과 조정, 전문적 개입이 보다 중요하게 고려된다. 일부 지자체는 지방정부의 적극성을 보여 충분한 인력충원과 합리적인 조직운영 그리고 인력의 전문성 확보를 강조하고 있다. 이러한 큰 흐름은 시민이나 주민의 삶의 질에 복지가 광범위하게 영향을 끼치고 있고, 이러한 경향이 한국사회의 미래 변화와 맞물려 있다는 것을 보여준다. 그러므로 한사연은 전담공무원 간에 서로 결합하고 소통하도록 여러 층위들을 결합시키는 기능을 수행할 필요가 있으며, 전문가로서 성장할 있도록 지원하는 조직이 되어야 한다.

여섯째, 한사연의 향후 역할 수행과 관련하여 기존 제시되어 있던 고전적이고 명시적인 역할을 더 강화하는 것도 필요하겠지만, 지금 현실의 환경을 인정하고 이에 따른 역할의 수정이나 기능의 변화에 대한 고민도 필요하다고 본다. 한사연의 핵심적인 역할을 수행해왔던 별정직 세대의 선배들이 은퇴하는 시점이 도래하고 있으며, 그렇기에 7급 이하 회원들의 욕구와 인식이 보다 더 중요해지는 시기이기 때문이다. 새 술은 새 부대에 담아야 맛이 있듯이, 새로운 패러다임이 적용될 필요가 있다. 또한 일반직 세대도 별정직 세대의 경험과 고민을 숙고할 필요가 있다. 외연은 변했으나 본질은 여전하며, 새로운 방식이 반드시 좋은 것만은 아니다. 새로운 것은 변화된 현실에 대한 적합성이 있을 때, 과거보다 더 나을 수 있다.

본 연구는 한사연을 체계적으로 다룬 연구가 거의 없다는 측면에서 조직연구를 실시하였으나 몇 가지 측면에서 한계를 가진다. 우선 방법론적으로 질적연구가 가진 한계가 있다. 연구결과의 일반화를 확보하기 위해서는 관련 변수를 중심으로 다수의 회원이 참여한 양적연구가 추후 실행될 필요가 있다. 또한 한사연의 여러 쟁점들을 탐색적인 차원에서 총론적으로 다루었기에 세부 쟁점을 충분히 다루지 못했다. 이후의 연구들은 이런 측면을 고려하여 수행될 필요가 있다.

참고문헌

강혜규. 2011. 『공공 사회복지 전달체계 개편을 위한 대안과 전략의 모색 -공공사회복지전달체계 개선을 위한 토론회. 사회복지전담기구(가칭:사회복지청) 신설 방안 모색』. 이춘식 의원실.

김경호 · 소순창. 2010. “지방자치단체에서 사회복지전담공무원의 업무수행에 관한 질적 연구 : 업무특성과 업무갈등을 중심으로”. 『한국지방자치학회보』, 22(2), 125-147.

김소정. 2015. “동사무소 사회복지전담공무원의 역할딜레마”. 『사회복지연구』, 46(1), 315-342.

김영종 · 손지현 · 배은석 · 김영우. 2016. 『읍면동 복지허브화 사업 효과성 검증 및 발전방안 연구』. 한국사회복지행정연구회.

김윤옥 · 박성미 · 박소영 · 손미 · 신경숙 · 이은화 · 정명화 · 허승희 · 황희숙. 2009. 『질적연구 실천방법』. 교육과학사.

김이배. 2014a. “공공사회복지전달체계 개편의 특징과 한계”. 『비판사회정책』, 42, 44-91.

김이배. 2014b. “공공사회복지전달체계의 문제는 무엇인가”. 2014 한국사회복지학회 춘계학술대회 자료집. 한국사회복지학회.

김이배. 2014c. “사회복지전담공무원 직렬통합 논의의 쟁점과 향후 과제”. 『한국사회복지행정학』, 16(3), 147-179.

김이배. 2016. “사회복지전담공무원의 역할수행 방향 모색”. 『사회복지정책』, 43(4), 109-139.

김이배. 2017. “사회복지전담공무원 인사정책 현황과 개선방안”. 『한국사회복지행정학』, 54, 63-99.

김이배. 2018. “복지전달체계의 진화와 분화 : 광역단위 개편사례를 중심으로”. 2018년 사회정책연합 공동학술대회 자료집.

김진학. 2006. “한국공공복지행정조직의 전문인력-사회복지전담공무원을 중심으로”. 2006 한국사회복지학회 춘계학술대회 자료집, 207-221.

김진학. 2016. 『소명: 사회복지사 30년 회고록』. 한빛애드프린원.

김창희 · 이정희. 2015. “사회복지전담공무원들의 사회복지직 수행 경험에 대한 연구: 근거이론 방법 접근”. 『사회복지정책』, 42(1), 1-29.

남구현 · 김영수 · 제갈현숙. 2009. 『사회적 복지 패러다임과 노동자의 역할-국가와 시장을 넘어서』. 전국공무원노동조합.

노대명 · 이현주 · 임완섭 · 전지현 · 김근혜 · 박광준 · 고이시노리미치 · DanFinn, NeilLunt · John Hudson. 2014. 『각국 공공부조제도 비교연구: 일본편』. 한국보건사회연구원.

박경숙, 김영종, 강혜규, 민소영, 최민정. 2012. 『공공복지전달체계 개편방안』. 한국사회복지행정연구회·한국사회복지행정학회.

신세민. 2005. “사회복지직 강등임용자 직급회복 과정연구”. 석사학위논문. 경성대학교.

이정호. 1997. “사회복지전담공무원제도의 의의와 활성화 과제”. 『사회복지전문요원 10년사 1987-1997』. 전국사회복지전문요원 동우회.

이태수 · 강혜규. 2007. “사회복지공무원 20년의 평가와 향후 역할에 대한 도전적 모색”. 『전국사회복지행정연구회 20주년 자료집 스무살 청년의 꿈과 사랑나누기』, 85-110.

이현주 · 박신영 · 유은주 · 유진영. 2005. 『외국 공공부조 전달체계 비교분석』. 한국보건사회연구원.

이현주ㅍ유진영. 2015. 『공공 사회복지 전달체계의 변화와 정책적 함의』. 한국보건사회연구원.

임정현 · 김수진 · 이세희. 2014. “사회복지전담공무원의 정체성 혼란 경험”. 2014 한국사회복지학회 춘계학술대회 자료집. 한국사회복지학회, 1-17

장윤영 · 권지성 · 김명성 · 김유라. 2012. “사회복지전담공무원의 직업 경험에 관한 근거이론 연구”. 『한국사회복지행정학』, 14(4), 297-331.

전국사회복지전문요원 동우회. 1997. 『사회복지전문요원 10년사 1987-1997』.

전국사회복지행정연구회. 2007. 『20주년 자료집 스무살 청년의 꿈과 사랑나누기』.

전기우. 2012. “사회복지전담공무원의 역할 인지부조화(role cognitive dissonance) 해소방안 연구 : 원인과 그 처방”. 『대한정치학회보』, 20(1), 289-322.

조성심 · 권지성 · 윤호순 · 조휴정. 2013. “사회복지전담공무원의 직업경험에 관한 질적 연구”. 『사회과학연구』, 29(1), 169-197.

채수훈. 2007. “사회복지 전달체계의 개선에 관한 연구”. 원광대학교 대학원 사회복지학과.

한국사회복지행정연구회. 2012. 『사회복지전담공무원 25년사. 사회복지전담공무원 임용 25주년 기념 자료집』.

한국사회복지행정연구회. 2017. 『사회복지전담공무원 30년사. 공공복지 30년! 오늘 그리고 내일』.

한국사회복지행정연구회. 2017. 한국사회복지행정연구회 회칙.

한국사회복지행정연구회 홈페이지. http://www.ksswa.or.kr/

Strauss A. and Corbin, J. 1998. Basics of Qualitative Research; Grounded Theory Procedures and Techniques. Newbury Park : Sage Publication

CHAPTER 06

민간위탁 복지시설의 공영 전환에 따른 운영성과의 탐색: 광주광역시 광산구 사례를 중심으로

이 논문은 광주광역시 광산구청에서 발주한 '광주광역시 광산구 공영 복지시설 운영성과 연구'(책임연구자 김이배)의 일부이며, 2018 한국사회복지행정학회 추계학술대회(2018. 10. 12)에서 발표한 내용을 수정 보완한 것입니다.

CHAPTER 06

민간위탁 복지시설의 공영 전환에 따른 운영성과의 탐색 : 광주광역시 광산구 사례를 중심으로

요약

본 연구의 목적은 광주광역시 광산구의 사례를 통해 민간위탁 복지시설의 공영 전환에 따른 운영성과를 탐색하는 것이다. 이러한 목적을 위해 연구방법으로 양적조사와 질적조사를 혼합한 혼합연구방법(mixed method)을 활용하였다. 구체적으로 양적조사의 경우, 선행연구 검토를 통해 20개의 변수를 선정하여 설문조사를 실시하였고, 질적조사의 경우, 시설종사자 FGI 및 의견조사, 공무원 FGI 및 개별인터뷰를 실시하였다. 그 외 예산분석과 시설평가 결과분석도 병행하였다. 분석결과, 양적조사의 경우, 전체 평균값은 5점 만점에 3.63으로 제시되었고 최빈수는 20개 항목 중 15개 항목에서 '공영이 좋음'이 나타나 공영체계에 대한 긍정적인 성과를 나타내었다. 질적조사의 경우, 공영체계의 운영상 단점에 대해 여러 가지 의견이 제시되었으나, 상대적으로 장점이 훨씬 많이 제시되어 공영체계 운영에서 성과가 있었음을 나타내었다. 본 연구는 공영체계와 관련된 연구들이 부족한 상황에서 이에 대한 실증적 자료를 제시했다는데 의의가 있으며, 향후 사회서비스공단(진흥원) 설립 등 공공인프라 확충의 기초자료로 활용될 수 있을 것으로 기대된다.

1. 서론

시민들에게 양질의 복지서비스를 제공하기 위해서는 좋은 공급자가 필수적이다. 서비스 대상자들에게 서비스를 공급하기 위한 방식으로 공공(국가 또는 지자체)은 시설을 설립하고, 민간기관에게 시설을 위탁하여 운영하는 방식인 이른바 '민간위탁' 방식이 보편적으로 활용되어 왔다. 그렇기에 우리나라의 경우, 주요 사회복지 이용시설(사회복지관, 노인복지관, 장애인복지관)의 운영주체 현황을 보면, 70% 이상이 민간위탁이며, 법인직영 포함 시 민간영역이 90% 이상을 차지하고 있다(신용규, 2016). 그러나 운영과정에서 민간위탁 제도는 여러 가지 단점이 있는 것으로 지적되면서 이에 대한 대안으로 공공이 직접 운영하는 공영 또는 직영 방식[1]이 제안되었다. 공영 방식은 복지서비스 제공의 원래 책임자인 국가나 지자체가 직접 기관을 운영함으로써 재정적 책임성과 공공성을 강조하는 방식이다. 공공이라는 공신력이 있는 주체가 운영하게 되면 공공의 이익에 보다 부합할 수 있기 때문이다. 그렇지만 우리나라는 이러한 방식보다 민간위탁이 가진 장점에 훨씬 주목하였고, 국가 측면에서도 재정부담과 관리부담의 경감 때문에 민간위탁제도를 선호해왔다. 문제는 과도하게 민간에 의존하면서 서비스 제공에서 공공과의 균형을 고려하지 않았고, 공영 방식이 가진 장점에 주목하지 않으면서 공영은 여러 가지 대안 중 하나로만 언급되고 실제 활용할 수 있는 방안으로는 고려하지 않았다. 이러한 것은 복지부 시설평가에서 민간위탁 혹은 민간직영 시설보다 공영 혹은 직영 방식의 시설들이 낮은 점수를 받는 결과(연합뉴스, 2016.1.17)[2]를 통해 더욱 확증시켜왔다. 즉 이론적으로도 민간위탁이 적절하고 실제로도 민간위탁이 효과성이 높다는 것이었고, 공영방식은 본질적으로 문제가 많은 방식으로 이해되어 왔다. 다시 말해, 현실에서는 민간위탁이 대세가 되었고, 대세가 원칙이 되어, 다른 대안에 대한 구체적인 성찰이나 개선이 시도되기 어렵게 되었다.

이러한 상황에서 지자체 내 복지시설 중 이용시설의 50%(8개소 중 4개소)를 직영하는 광주광역시 광산구의 사례는 다소 특이한 사례라 할 것이다. 지역에서는 공영시설과 위탁시설의 균형적인 운영이 시도되고 있으며, 특히 복지부

---

1) 공립 공영이 올바른 표현이나 관용적으로 공영, 직영, 관영 등이 사용되고 있다. 본문에서는 문맥에 따라 달리 사용하나 그 뜻은 동일하다.

2) '지자체 운영 복지시설 낙제수준, 민간시설과 극과 극' 기사에 따르면, 지자체 직영 시설은 평균 57.8점으로 'F등급'이었다.

시설평가 결과에서도 민간위탁시설과 비교해서 점수 차이가 나지 않는다. 공공의 입장에서 본다면, 민간위탁에서 공영 전환은 상당한 불편을 감수하는 것이다. 위탁방식일 경우, 공공에서는 예산을 지원하고 나머지는 모두 위탁기관에서 책임지기 때문이다. 공공은 단지 예산이 적절하게 사용되었는지 관리하고 감독기관의 역할만 수행하기 되기 때문이다. 이에 비해 공영이 된다는 것은 공공이 모든 일에 관여한다는 것을 의미하기 때문에 매우 복잡하고 번거로운 체계로의 전환을 의미한다. 그렇기에 복지시설을 과감하게 공영시설로 운영하고 있다는 측면에서 그리고 운영성과의 측면에서 긍정적인 결과를 나타내고 있는 광산구의 사례는 주목할 만한 가치가 있다고 본다. 우리나라의 경우, 공영체계에 대한 구체적인 실험이나 혹은 '공공성'과 '책임성'에 대한 경험이 거의 없는 상황에서, 수년에 걸친 시설운영의 경험은 하나의 실증적인 사례가 되기 때문이다.

특히 최근 문재인정부인 문재인 정부에서는 '사회서비스 공공인프라 확충'을 17번째 국정과제로 선정하여 공공성 확대를 주요 과제로 설정하였다(국정기획자문위원회, 2017). 과제에서는 사회서비스공단 설립을 통해 공공이 직접 복지시설을 확충하고, 관련 인력을 고용하여 사회서비스의 안정적인 제공을 주요 내용으로 하고 있는데, 광산구의 사례는 지역단위의 실제 사례로 분석의 가치가 있다고 할 것이다. 광산구는 공공이 직접 복지시설을 운영하고자 할 때 발생할 수 있는 여러 가지 복합적인 결과를 나타내주기 때문이다.

본 연구는 광주광역시 광산구 사례를 통해, 민간위탁 복지시설의 공영 전환에 따른 운영성과를 탐색해 보고자 하며, 특히 공영체계가 지향하는 가치인 '공공성'에 보다 주목하여 성과를 살펴보고자 하였다. 이를 위한 연구방법으로 양적조사(survey)와 질적조사(F.G.I) 방식을 통합한 혼합연구방법(mixed method)을 사용하였다.

연구결과는 복지영역에서 공영방식 시설운영의 사례가 거의 없는 상황에서, 공영 복지시설의 운영 성과에 대한 객관적인 분석과 평가를 제공한다는 측면에서, 또한 향후 사회서비스공단 운영과정에서 공영방식 시설운영에 대한 정보를 제공한다는 측면에서 유의미한 정책적, 실천적 함의를 제공할 것으로 기대된다.

2. 이론적 배경

1) 공영방식과 위탁방식의 비교

시민에 대한 서비스 공급에 있어 보다 효율적인 방안에 대한 고민 가운데 공영 방식과 민간위탁 방식으로 구분하여 논의가 되어 왔고,[3] 이러한 논의와 관련하여 상당한 문헌들이 존재한다(박순애, 2009). 운영주체에 따른 시설 구분은 여러 가지 유형이 있으나 대표적으로 공립 직영, 공립 공영, 공립 민영, 사립 공영, 사립 민영 등이 있으며, 공립 민영(민간위탁) 방식이 대표적인 운영방식으로 진행되어 왔다.[4]

▮표 6-1▮ 운영주체에 따른 복지시설의 유형

구분	공립 직영	공립 공영	공립 민영	사립 공영	사립 민영
설립	국가, 지자체	국가, 지자체	국가, 지자체	민간	민간
운영주체	국가, 지자체→ 공무원이 직접 운영	국가, 지자체→ 사회복지전문가를 채용하여 운영	민간→ 사회복지법인, 비영리법인	국가, 지자체	민간→ 사회복지법인, 비영리법인

공영 또는 직영[5]은 국가나 지자체가 직접 시설을 운영하는 것을 의미한다. 시설 운영주체가 공공기관이 되는 것이다. 민간위탁은 시설 운영주체가 민간기관이 되며, 민영이라고 부르나 정확한 개념으로는 민간법인위탁이다. 운영주체에 따른 구분은 현실적으로 복지시설 운영방식으로 확장되었고, 크게 공영체계와 위탁체계로 비교된다. 두 체계를 비교한 여러 문헌들이 존재하므로 이 책에서는 장단점만 간략하게 정리한다.

3) 복지서비스 제공방식에는 공영과 민간위탁 방식 이외에도 바우처, 서비스 구매계약 등의 방식이 있으나 여기서는 논외로 한다.

4) 문헌에 따라 시설 운영형태에 대한 개념정의가 다양하다.

5) 직영이라고 부르더라도 민간법인이 직영하는 경우도 있기 때문에 직영이라는 용어는 혼란을 야기할 수 있다.

▌표 6-2▐ 민간(위탁)운영방식과 공공운영방식의 장단점 비교

구분	민간(위탁)운영방식	공공운영방식
장점	• 전문성 담보된 서비스 -전문성, 서비스 만족도 담보 -고객중심서비스 제공 -경쟁을 통한 서비스 품질 향상 및 전문화 • 민간 고유의 강점 -민간의 독립성 및 자율성 고취 -창의적 기획과 경영 -규모의 경제 실현: 행정서비스공급단위의 축소를 통해 공급비용의 최소화 -고용, 보상, 해고 등 인력운용의 유연성 확보 -혁신적 관리비법 도입 가능성 • 네트워크의 장점 -민간과 정책 조율 용이 -사회복지기관들과 협조 용이 -사회복지인프라를 통한 지역네트워크 활성화	• 국가/민간의 양쪽 장점 수용 -행정 효율성과 네트워크 -재정안정성 -운영의 상대적 자율성 -공공성 및 책임성 확보 -전문성 제고 -집행·사업관리의 일관성 -업무추진의 신속성 • 모델/통제기전으로서의 역할 -연구조사 및 프로그램 개발 주도 -정책 및 사업조정이 가능 -사회서비스 분야의 전반적인 서비스 품질 모니터링 가능 • 재정적 우위 -규모의 경제 실현 • 긍정적 네트워크 가능 -민간파트너십의 적정성 유지
단점	• 민간 고유의 단점 -위탁주체에 따른 편차: 기관·사업 운영의 일관성 우려 -수익성에 반하는 공공성과 책임성미흡 -정책결정과 사업기획의 괴리 -정책 및 사업조정이 곤란 -민간위탁체계로서 직원 역량과 사기 저하 우려 • 공공성 및 책임성 확보 미흡 -서비스 운영/제공 전반적 지도 및 감독이 비체계적 -부패현상: 민관유착, 위· 수탁 계약 절차상 부패 -가격상승의 가능성: 서비스 총 거래비용 등 -일부 민관단체 독점운영 가능성 및 무사안일, 형식주의 가능성	• 운영상의 위험(고유의 역할 기능 부재시) -운영독립성의 제한 -자원확보 어려움 -관료제화 및 신속한 의사결정 미흡(경직적 기관 운영의 가능성) -사업관리, 시설운영 등 정형화된 업무에 편중 우려 -정책조정·기획·사업개발 -업무의 위축 우려 -지역사회와의 교류 및 소통의 어려움
비고	• 자율성과 책임성의 조화가 관건 • 위탁 주체에 따른 전문성의 편차	• 직영과 위탁의 절충적 대안 • 서비스공공성 확보에 현실적으로 용이

출처: 김연명 외(2016). 193.

〈표 6-2〉에서 제시한 바와 같이 위탁체계와 공영체계 간에는 서로 간에 대비되는 장단점이 존재하고 있다. 앞에서 언급했다시피, 우리나라는 민간위탁의 장점을 주요하게 고려하여 시설을 운영해왔고, 공영의 경우는 단점을 중심으로 인식하여 사실상 공영방식을 배제시켜 왔다. 공영체계의 낮은 평가에 대한 이유는 여러 가지가 제시된다. 우선 시설운영에 있어 지자체의 전문성이 낮다는 평가다. 시설장이 공무원인 경우가 대부분이고, 시설 운영에 대한 통제권이 행정기관에 있기 때문에 업무효율성이 낮다는 것이다. 공영이라는 특성 때문에 경쟁이나 품질향상에 대한 동기유발이 적고, 관료제적 문화가 있어 민간이 가진 유연성이 부족하다는 것이 주된 이유로 제시된다. 지자체 직영의 본래 동기가 지방정부의 책임성보다는 다른 동기(예를 들면, 정치적 이유)에 기인하기 때문이라는 지적도 있다. 그렇기 때문에 상대적으로 상향평준화되어 있는 민간위탁 시설과 비교해 낮은 수준의 성과를 보인다고 평가하고 실제 복지부 시설평가 결과는 그러한 사실을 확인시켜 주고 있다(신용규, 2016). 그러나 광산구 공영시설의 경우, 복지부 시설평가에서 민간위탁 시설과 유사한 수준을 보여주고 있으며, 특정 영역의 경우, 민간위탁 시설보다 우수한 결과를 나타내고 있다. 이는 단순히 공영이냐 위탁이냐의 문제로 파악하기보다는 어떻게 운영하는 것이 보다 바람직한가의 주제로 변화될 수 있음을 보여준다.

2) 복지시설 운영체계 관련 선행연구 검토

복지시설 운영주체와 관련된 선행연구들은 주로 이론적 측면에서 민간위탁체계의 장점과 문제점을 분석한 상당한 연구들이 있으나 공영체계와 위탁체계를 비교한 연구는 상대적으로 적다. 민간위탁체계와 관련해서 박순애(2009)는 국·내외 민간위탁 연구에 대한 내용분석을 통해 민간위탁 단계별로 영향을 미치는 영향요인을 정리하고 있는데, 국내 민간위탁 연구는 주로 민간위탁 도입의 정당성에 대한 논의가 활발한 반면, 도입 후 관리나 성과측면에서의 접근은 상대적으로 저조하다고 보았다. 추병주 외(2009)의 연구는 위탁체계가 본래의 성과를 거두려면 체계적인 관리체계가 중요하다고 제시하고 있으며, 박윤희 외

(2011)의 연구는 경기도 K시 종합사회복지관의 민간위탁 사례를 가지고 위탁체계가 가진 문제점을 입체적으로 다루고 있다. 김정해 외(2015)는 민관위탁이 가진 장단점을 상세히 정리하면서 효과적인 운영방안을 정리하고 있다. 그 외 다양한 문헌에서 민간위탁제도가 가진 문제점을 다루고 있다(이봉주, 2011; 신용규 2016 등).

공영과 위탁체계를 비교한 연구와 관련해서는 김인(2010)이 부산지역 노인복지관을 대상으로 정부직영, 민간위탁, 법인 보조금지원 방식 사이의 서비스 수준을 비교 분석하였다. 분석결과 정부직영이 전반적으로 가장 비효율적인 방식으로 나타났고, 유일하게 서비스만족도에서 약간의 우위를 차지하는 것으로 나타났으나 직영체계가 어떠한 이유로 비효율적인지를 분석하지는 않았다. 김효주(2011)는 지방공공서비스는 서비스 유형에 따라 효율적인 공급방식이 다르며 동시에 절대적으로 효율적인 공급방식이 존재하지 않음을 밝혔다. 연구는 민간위탁이 항상 효율적인 공급방식이 아니기에 정부와 시장이라는 이분법적인 시각에서 벗어날 필요가 있고, 직영이 가지는 가치를 새롭게 조명할 필요가 있다고 제언했다. 위탁의 경우 효율성을 제외한 다른 가치들이 배제될 수밖에 없는 한계를 가지고 있으며, 직영은 효율성 외에 다양한 가치를 수용할 수 있는 장점을 가지고 있다고 보았다. 직영체계도 효율적인 공급방식이 될 수 있다는 것이다. 조윤경(2010) 또한 민간위탁 이후 여러 가지 문제점을 극복하기 위해 민간위탁했던 사업을 다시 정부가 직접 시행하는 Back-in 현상(Hefetz and Wamer, 2004)에 주목하여, 민간위탁이 가장 우월한 행정수단이 아니라 사무의 특징과 상황에 따라서는 직영체계도 대등한 정책수단이 될 수 있다고 제안하였다. 이를 위해 생각의 전환이 필요하며, 담당 공무원의 적극적인 인식 변화, 정책적인 가이드라인을 제공하는 정부 차원의 노력, 서비스의 직접 수혜자인 시민이 참여하는 운영위원회의 도입 등을 제안하였는데 연구는 민간위탁 이외에도 직영체계가 중요한 정책수단이 될 수 있음을 제시한 것이다. 정한채(2012)는 노인복지시설의 위탁과 직영이라는 운영형태에 따른 조직성과의 차이를 살펴보았는데, t-검증을 실시한 결과 모든 요인에서 직영과 위탁 집단 간 통계적으로 유의한 차이가 없었고, 업무성과와 수혜자지향성의 경우 직영이 위탁보다 다소 점수가 높았고 통계적으로 유의한 차이가 있었음을 제시했다. 그 외 민간위탁과 직영체계를 비교한 다양한 연구들이 있는데 연구의 상당수는 사회복지 이외의 교통, 환경, 위생 분야 등 공공서비스 분야에서 진행되었다(박순애, 2009).

선행연구를 정리하면, 첫째는 사회복지 분야에서 민간위탁 운영체계에 대한 상당한 연구들이 있지만 이에 비해 공영체계에 대한 연구들은 상당히 부족한 것을 확인할 수 있다. 둘째는 첫째와 연결되어 민간위탁과 직영체계를 비교한 연구가 매우 적음을 알 수 있다. 이러한 이유는 현실적으로 공영체계로 운영되는 시설이 매우 적고, 그러한 시설도 성과 측면에서 낮은 수준을 보일 것이라는 고정관념과 실제 평가결과에 의해서도 예상했던 그대로 나타났기 때문이다. 셋째는 그럼에도 불구하고 두 운영체계를 비교한 연구들은 직영체계가 가진 장점을 확인하고 그에 따른 개방적인 태도를 요구하고 있다. 우리나라에서 공영체계는 공영체계가 가진 본질적 기능에 충실하면서 기관을 운영해 온 시도나 혹은 그만큼의 책임성을 가진 경험이 부재하다고 본 것이다. 그런 상황에서 공영체계는 미리 판단된 운영체계로, 혹은 이미 결과가 나온 운영체계로 인식되고 있으며, 이러한 태도가 민간위탁 체계를 유지시키는 대표적인 이유로 보기도 한다.

3) 공영 복지시설의 공공성

일반적으로 공영체계는 민간위탁체계와 비교해 국가의 책임성을 강화하고 공공성을 보다 지향하는 체계로 평가된다. 공영체계의 근거에는 '공공성'이 주요한 가치로 제시되며, 이러한 가치 지향이 다른 기준들(예를 들면, 운영 효과성, 운영 효율성)보다 중요한 기준으로 작용하고 있다. 그렇다면 민간위탁체계는 책임성을 도외시하고 공공성을 지향하지 않는가라고 질문할 수 있으나 상대적인 의미에서 그렇다는 뜻이다.[6] 즉 공공이 시설을 직영하게 된다는 것은 단지 행위주체의 변

---

6) 홍현미라 외(2017)는 공익과 사익으로 공공성을 구분하게 되면 국가(정부)와 민간을 구분하는 개념으로 확정하기 곤란하다고 본다. 또한 공익을 위해 행동한다면 주체의 구분도 무의미하다고 본다. 주은선(2016)도 공공성은 국가의 전유물이 아니라 국가와 민간이 함께 실현하는 것으로 본다.

경만을 의미하는 것이 아니고 공공성을 강화한다는 것으로 해석된다. 그러나 공공성은 다소 추상적인 개념이다. 공공성이란 개념은 다양한 학계와 일상 속에서 사용되는 용어이지만 아직 명확한 개념정의가 이루어지지 않고 있다(고재권, 2014; 백완기, 2007). 공공성은 가치 및 지향, 행위목적, 행위주체, 재정책임 등 다양한 범위에서 분석될 수 있다(김진석 외, 2015). 그렇기에 연구자별로 공공성의 개념과 내용은 다양하다(양성욱 · 노연희, 2012; 양성욱, 2013; 이병량, 2011; 조대엽 · 홍성태, 2013; 조한상, 2009; 임의영, 2010; 윤홍식, 2012; 백선희, 2011 등).

공공성은 사적 이익을 추구하는 것이 아닌 공익 즉 사회 전체의 이익을 위하는 원리이다. 하지만 사회복지 영역에서는 좀 더 구체적인 접근이 필요한데 이는 공공성이 가진 추상성과 모호성을 넘어 공공성을 실현하기 위한 실질적인 원리와 수단이 포함되어야 하기 때문이다. 일반적으로 구체적인 정책의 영역과 관련해서 공공성은 '형식적 공공성'과 '내용적 공공성'으로 구분된다(김진석 외, 2015; 이병량, 2011). 형식적 공공성은 공공재적 성격의 서비스를 생산하는 행위주체와 관련되며, 개인이나 시장이 해결할 수 없는 일을 정부나 공적 기관이 수행하는 것을 의미한다. 이에 비해 내용적 공공성은 공공성이 실현된 '바람직한 상태'나 '좋은 상태'를 의미하는 것으로 여기에는 다양한 차원의 개념이 포함된다. 그 내용으로는 대표적으로 공익성, 책임성/효율성/효과성, 투명성/공정성, 민주성/공개성 등이 제시된다(김진석 외, 2015).[7)]

'공익성'은 다른 여타의 개념들보다 공공성에 가까운 개념으로 공공의 이익을 의미하며, 구체적으로는 보편적 서비스를 제공하여 시민들이 동등하게 이용하는 것과 관련된다. 공익성이 부재하면, 서비스 제공자들은 강한 사적 소유 의식을 가지게 되고, 형평성 있는 서비스 제공이 곤란하게 된다. '책임성'은 운영주체가 효과적이고 효율적으로 집행하고자 하는 의지 및 능력과 관련된다. 한마디로 책임의식이며, 양질의 서비스를 지속적이고 안정적으로 제공하는 것과 관련된다. 이는 서비스 제공자의 전문성과도 연결된다. 책임성이 부재하면, 효과적이고 효율적인 서비스 제공을 위한 필요능력을 발전시키려는 노력이 부족하

---

7) 이하 내용적 공공성과 관련해서 공익성, 책임성, 민주성, 투명성과 관련해서는 선행연구인 김진석 외(2015: 50-65)의 개념틀을 상당부분 참고하였다.

게 되고, 서비스 품질을 향상시키려는 동기도 부족하게 된다. 이를 테면, 제공인력의 고용안정성은 양질의 서비스를 제공하는 책임성과 밀접하게 관련되며(김미현 외, 2012), 성과 중심의 운영도 책임 있는 서비스 제공과 관련된다(노연희, 2007). 또한 운영효율성과 서비스효과성도 주요하게 고려된다(이준영, 2010). '투명성'은 시설 운영에 있어 객관적이고 공정하게 처리하는 절차적 공정성과 관련된다. 투명성이 부족하면, 예산, 인사 등 여러 가지 영역에서 부조리가 발생하게 된다. 시설 비리의 상당수는 투명하지 못한 방식으로 진행되기 때문에 투명성을 확보하게 되면 이와 관련된 문제를 일정 부분 해결할 수 있다. '민주성'은 관련된 주체들인 시민 및 이해관계자들 간 민주적 관계와 참여에 대한 원칙이다(고재권, 2014). 서비스 제공과정이 민주적인 절차와 협치로 결정이 이루어지는 구조가 민주성이다. 민주성이 부족하면, 주체 간 협력이 이루어지지 않고, 관료적 태도나 획일성의 문화가 나타나게 된다. 또한 제공자와 이용자 간 불평등한 관계가 나타나고 상호간 신뢰가 축적되지 못한다. 그러나 이러한 다양한 원칙들은 원래 의도한 바와 다르게 현실에서 작동될 때 위험성도 동시에 가진다. 과도하게 책임성을 강조하다 보면 서비스 제공자의 노동 강도를 심화시키기도 하고, 민주성을 강조하다 보면 참여자간 책임 회피 수단으로 왜곡될 수도 있다. 공공성의 실현에는 유연한 해석과 적용이 필요함을 알 수 있다.

3. 공영 복지시설 운영현황

1) 공영 복지시설 개요

광산구에는 총 8개의 사회복지 이용시설이 있다. 종합사회복지관 2개, 노인복지관 2개, 장애인복지관 1개, 지역자활센터 2개이다. 그 중에서 공영 복지시설은 총 4개소이다.

▮표 6-3▮ 광산구 복지시설 현황

시설명		설치일	공영 전환시기	종사자수	연간지원액(천원)
공영	첨단종합사회복지관	01.4.10	11.3.10	9명	590,799 시 401,867 구 188,932
	더불어락노인복지관	05.4.12	11.1.1	15명	664,323 시 170,207 구 494,116
	광산구장애인복지관	03.1.10	14.1.1	25명	1,359,709 시 1,179,105 구 180,604
	어등지역자활센터	10.12.27	10.12.27	7명	269,027 국 184,172 시 78,931 구 5,924
민간 위탁	하남종합사회복지관	91.1.29	-	8명	440,567 시 390,567 구 50,000
	송광종합사회복지관	93.3.15	-	9명	454,667 시 454,667 구 0
	행복나루노인복지관	11.5.20	-	9명	468,855 시 169,607 구 299,248
	광산지역자활센터	01.07.01	-	9명	316,603 국 221,622 시 94,981

참고: 어등지역자활센터에는 7명의 종사자 외 12개 사업단과 5개 자활기업에 48명이 근무함
출처: 광산구청 공동체복지과(2017). 내부자료

광산구가 복지시설을 구 직영체계로 전환한 배경에는 개별 기관별로 상이한 이유가 있다. 노인복지관의 경우 최초 민간위탁 운영이었으나 위탁기간 종료 후 수탁 포기로, 첨단종합사회복지관은 법인의 장기 수탁에 따른 사유화, 투명하지 못한 운영에 대한 감사 지적사항 발생 등의 이유로 법인이 자진하여 수탁을 포기하였다. 장애인복지관의 경우, 최초 민간위탁 운영이었으나 위탁기간 종료 후 재수탁 포기로, 지역자활센터는 최초 설치 시 행정의 역량을 투입하여 책임행정 실현을 위한 복지부 공모신청 결과에 의해 운영하게 되었다. 결과적으로 공영전환 과정에서 위탁기관에 대한 공공의 무리한 개입 없이 공영으로 전환된 경우라고 할 것이다.

2) 공영 복지시설 관리체계

광산구청에는 공영 복지시설을 관리하는 부서로 공동체복지과가 설치되어 있다. 그러나 이 과는 2014년 8월에 구성되었고 그 이전에는 과 내 4개팀(복지기획팀, 노인복지팀, 장애인복지팀, 자활지원팀)에서 각각 개별적으로 시설을 관리하였다. 직영 초기에는 위탁에서 직영으로 변경이 되었지만 사실상 위탁과 유사한 방식으로 일을 처리했다. 공공도 준비가 안 되어 있었고, 기관장이 새로 변경되었다는 것 이외에는 큰 변화를 가지지 못했다. 새로운 운영체계의 도입은 적지 않은 혼란기를 경험하게 했다. 시설은 구를 통한 회계 집행방법 변경으로 힘들어 했고, 공공도 기존의 보조금만 집행하고 관리감독만 하던 방식에서 시설 운영에 직접적으로 개입하게 되면서 업무 과중이 발생하였다.

이후 관리부서인 공동체복지과가 신설되었고, 신설 배경에는 효율적인 관리체계 마련 이외에도, 복지패러다임 전환에 따른 마을지향 공동체복지를 강화하고, 소유에서 공유로 복지시설의 공공성 확장과 열린 복지관을 확대 운영하며, 현장에 있는 복지시설이 마을의 거점이 되어 공동체복지를 확장하는 데 있다(광산구청, 2014). 현재 구조는 2017년 7월 3일부터 공동체복지과 내 공동체복지팀, 공동체자활팀, 주거복지팀으로 구성되어 3개팀, 총 13명이 근무하고 있다.

▌표 6-4▐ 조직구성

구성 일자	조직 책임	팀 구성
2014. 8. 31	복지시설지원단장	마을복지팀, 공동체자활팀
2015. 11. 01	복시시설지원단장	마을복지팀, 공동체자활팀, 주거복지팀
2017. 07. 03	공동체복지과	공동체복지팀, 공동체자활팀, 주거복지팀

출처: 광산구청 공동체복지과(2017). 내부자료

공동체복지과는 단순히 공영시설에 대한 관리감독의 역할만 수행한 것이 아니라는 점이 특징적이다. 과는 공영을 통한 마을지향 공동체복지를 확산시키기 위해 3가지 미션을 추진하였는데, 첫째, 마을의 거점이 되는 복지시설 지원, 둘째, 마을의 숭심 복지시설 현장알기, 셋째, 학습하고 사유하는 공무활동가 등의 사업을 운영하고 있다.

▌표 6-5▐ 미션 추진 전략

영역	주제	사업 내용
마을거점	마을의 거점이 되는 복지시설 운영지원	• 마을지향 열린복지관 운영 • 찾아가는 마을복지관 운영
현장	마을의 중심 복지시설 현장알기	• 현장으로 찾아가는 '마을로' 시행 • 현장과 소통하는 광산마을복지네트워크 • 낮은 곳으로, 아프고 고단한 현장으로
학습	학습하고 사유하는 공무활동가	• 길잡이 학당 운영 • 별★궁리(동아리) 운영 • 철학을 공유하는 공동체 • 내부 학습체계 구축

출처: 광산구청 복지시설지원단(2015).

또한 공영 복지시설의 효율적인 운영관리를 위하여 공통 운영 매뉴얼을 발간하였고, 합리적인 복지시설 운영을 위해 중앙부처에 4개의 제도개선안[8])을 제시하기도 하였다. 이러한 관리조직은 여러 부서에 흩어져 있던 시설관리기능을 통합하여 운영함으로써 효율적인 시설운영이 가능하도록 하였다.

---

8) 개선안은 현 공영시설 운영시 종사자가 기준인건비제도에 포함되는 문제가 있기에 공영 복지시설의 독립된 인력체계 도입을 위한 기준인건비제도 개선을, 공영시설은 기부금품 모집이 불가능하기에 이를 개선하기 위한 '기부금품의 모집 및 사용에 관한 법률' 제5조 개정, 지역자활센터 종사자의 경우 사회복지시설(사회·노인·장애인복지관) 직원과 비교해 사회복지시설 인건비 가이드라인이 적용되지 않아 낮은 임금체계를 적용받고 있기에 이를 개선한 종사자 간 동일 직급, 동일 호봉 적용을 요구, 민간에서 추진중인 각종 공모사업과 배분사업에 공영시설은 사업신청 대상기관에서 제외되는 문제에 대한 개선, 공영 시설이 민간에서 추진하는 공모사업 참여에 어려움이 있는 문제를 개선하기 위한 공모사업과 배분사업 신청대상 확대 요청 등이다(광산구청, 2015).

4. 연구방법

조직의 성과평가는 다차원적인 수준에서 측정될 수 있다. 본 연구에서는 공영체계의 총체적 성과를 파악하기 위해 양적조사와 질적조사 그리고 예산 분석 및 복지시설평가 결과 분석 등을 사용하였다.

1) 양적조사

(1) 조사대상자 선정 및 자료수집방법

조사기간은 2017년 12월이며, 진행방법은 광산구 4개 공영복지시설에 종사하는 모든 종사자들을 대상으로 설문지를 통해 전수조사하였다. 조사대상자는 54명으로 대부분 시설 직원들이며, 설문지 배포와 수거는 전자메일(e-mail)로 진행하였다. 설문지 척도는 5점으로 구성하였고, 위탁체계와 비교할 때 직영체계의 수준이 어떠한가를 평가하는 방식으로 구성하였다. 척도는 ① 위탁이 훨씬 좋음, ② 위탁이 좋음, ③ 위탁과 비슷함, ④ 공영이 좋음, ⑤ 공영이 훨씬 좋음으로 구성되어 있다. 점수가 높을수록 공영체계가 좋은 것을 의미하고 이는 곧 공영체계의 성과로 이해된다. 설문지는 선행연구 검토에 따라 구성된 분석틀을 기반으로 구성하였다. 구성내용은 선행연구에서 제시된 공공성의 하위차원인 공익성, 책임성/효율성/효과성, 투명성/공정성, 민주성/공개성 등 17개 항목, 이용자 만족도, 개인 만족도, 공영체계 전체 평가 각 1개 항목씩 구성하였다. 세부 변수명은 인프라, 형평성, 책임의식, 질관리, 운영체계, 비용성과, 인력의 질, 교육훈련, 급여수준, 복지수준, 고용조건, 노동 강도, 인사운영, 예산운영, 노사관계, 이해관계, 정보공개, 이용만족, 성장여부, 수준평가 등 20개 변수를 사용하였다. 변수구성에는 박사급 연구원 1인과 현장 실무자 2인이 참여하여 타당성을 검토받았다.

▌표 6-6▌ 설문지 구성 내역

<table>
<tr><th>대주제</th><th>소주제</th><th>내역</th><th>변수명</th></tr>
<tr><td rowspan="17">내용적
공공성</td><td rowspan="2">공익성</td><td>서비스제공의 보편성</td><td>① 인프라 확보성</td></tr>
<tr><td>동등한 서비스 이용 가능성</td><td>② 이용요금 형평성</td></tr>
<tr><td rowspan="10">책임성/효율성/
효과성</td><td rowspan="2">책임성</td><td>③ 책임의식</td></tr>
<tr><td>④ 서비스 질 관리체계</td></tr>
<tr><td>효과성</td><td>⑤ 기관 운영체계 효과성</td></tr>
<tr><td>효율성</td><td>⑥ 기관 운영체계 효율성</td></tr>
<tr><td rowspan="2">전문성</td><td>⑦ 인력의 질(기관장, 직원)</td></tr>
<tr><td>⑧ 교육, 훈련 변화도</td></tr>
<tr><td rowspan="4">고용 안정성</td><td>⑨ 급여수준 개선도</td></tr>
<tr><td>⑩ 복지수준 개선도</td></tr>
<tr><td>⑪ 고용조건 만족도</td></tr>
<tr><td>⑫ 노동 강도(强度) 변화도</td></tr>
<tr><td rowspan="2">투명성/공정성</td><td>인사 공정성</td><td>⑬ 인사 운영 적절성</td></tr>
<tr><td>예산 투명성</td><td>⑭ 예산 운영 적절성</td></tr>
<tr><td rowspan="3">민주성/공개성</td><td>노사관계</td><td>⑮ 운영 참여 제도화</td></tr>
<tr><td>이해관계자 참여</td><td>⑯ 운영 참여 제도화</td></tr>
<tr><td>운영정보 공개성</td><td>⑰ 기관 운영정보 공개수준</td></tr>
<tr><td>이용자</td><td>이용자 효용</td><td>이용자 만족도</td><td>⑱ 이용자 서비스만족도</td></tr>
<tr><td>개인</td><td>개인 만족</td><td>개인 만족도</td><td>⑲ 개인적 성장수준</td></tr>
<tr><td>평가</td><td>공영체계 평가</td><td>공영체계 평가</td><td>⑳ 공영체계 평가수준</td></tr>
</table>

(2) 자료분석방법과 제시방법

자료분석방법은 설문지 수거 후 미리 설정한 기준에 따라 입력한 자료를 분석하였고, 분석에는 spss ver.21을 사용하였으며, 주된 자료분석방법은 빈도분석과 기술분석을 사용하였다. 자료제시방법은 영역별 순서에 따라 설문결과를 도표와 함께 제시하고 간략한 해석을 덧붙였다.

2) 질적조사

질적분석은 크게 두 가지 방법이 진행되었는데, 첫째는 초점집단인터뷰(F.G.I)를 통한 방법으로 시설노동자와 구청 공무원으로 구분하여 실시하였고, 둘째는 시설노동자의 의견 설문지를 통한 방법을 실시하였다. 이러한 질적조사 방법은 일반화하기 곤란한 측면들이 있으나 실제를 보다 현실적으로 반영한다는 측면에서, 그리고 상황에 대한 자세한 정보를 제공한다는 측면에서 장점이 있다.

(1) F.G.I 조사 개요

참여자 선정 및 자료수집방법은 조사월은 2017년 12월이며, 표집방법은 의도적 표집(purposive sampling)으로 선정하였다. 참여인원은 종사자는 4명이며 4개 공영시설별 1인씩 참여하였고, 공무원도 4명으로 공동체복지과 소속 근무자로 하였다. 집단구성에는 실무전문가 추천방식으로 추천기준은 업무에 대한 이해가 높고 공영시설에 대한 이해도가 있는 사람을 기본적인 기준으로 설정하였다. 시설 참여자는 모두 팀장급 이상 직급을 가졌으며, 공무원은 공영시설에 대한 업무수행 경험이 있는 사람을 기본적인 기준으로 설정하였다. 진행방법은 연구자가 연구의 배경에 대해 먼저 설명하고 중요 질문을 중심으로 자유롭게 자신의 경험을 이야기할 수 있는 방식으로 진행하였다. 대화내용은 모두 녹음기로 녹음하였고 연구의 엄격성을 위해 질적연구 절차에 따른 가이드라인을 준수하였다. 자료분석방법은 녹음된 발언내용을 모두 녹취한 후 내용분석(content analysis)을 통해 주제별로 분류하였다. 자료분석 제시는 중요 질문에 따라 녹취록의 내용을 인용 제시하였고, 연구자의 해석을 덧붙이는 방식으로 제시하였다.

▌표 6-7▐ 연구참여자 내역(시설노동자, 공무원 순)

순서	소속	직급	성별	기타
참여자 1	장애인복지관	팀장	남	시설노동자
참여자 2	첨단복지관	팀장	여	시설노동자
참여자 3	어등지역자활센터	팀장	남	시설노동자
참여자 4	노인복지관	팀장	여	시설노동자
참여자 5	공동체복지과	과장	여	공무원
참여자 6	공동체복지과	팀장	여	공무원
참여자 7	공동체복지과	팀장	여	공무원
참여자 8	공동체복지과	팀장	여	공무원

(2) 의견 설문지 조사 개요

의견 설문지는 시설노동자가 양적조사인 설문지를 작성할 때 부가적으로 작성토록 하였는데, 내용은 업무수행 중 민간위탁 운영체계에서 공영 운영체계로 변화된 이후 긍정적인 점이 있다면 3가지 정도, 불편한 점이 있다면 3가지 정도를 작성토록 하였다. 자료분석 및 자료제시방법은 응답한 모든 내용을 영역별로 분류하였고 이를 본문에 FGI 자료와 결합하여 제시하였다.

3) 예산 분석 및 시설평가 결과 분석

비용분석 관점에서 민간위탁 시설과 공영시설의 예산비교를 시도하였다. 비용분석 비교에는 시설의 규모, 사업 또는 프로그램 내용, 직원수 등 다양한 요인이 영향을 미치므로 여러 가지 관점에서 접근해야 하는데, 이 책에서는 사업비 총액 비교방식을 통한 단순 비교 방식으로 수행하였다. 연구방법은 기관별 회계자료를 입수하여 일정 기준(인건비, 운영비, 총액(인건비+운영비), 기타(법인전입금, 수익금, 후원금, 공모사업)에 따라 예산금액 비교 방식으로 분석하였다.

복지시설평가 결과 분석은 사회복지사업법 시행규칙 제27조(시설의 평가)에 근거해 사회복지시설은 3년마다 1회 이상 시설에 대한 평가를 실시하여야 하므로 이와 관련된 결과자료를 입수하여 분석하였다.

5. 운영 성과 분석

1) 양적조사 결과

(1) 응답자 내역

응답자 내역을 요약하면, 성별은 여성이 72.2%로 많고, 연령은 30대가 41.5%로 많으며, 학력은 대학졸업자가 74.1%, 사회복지 총근무기간은 6~10년이 32.1%, 현 근무지 근무기간은 1~5년이 47.2%, 공영시설 근무시간은 3~4년이 39.6%로 가장 많다.

▌표 6-8▌ 응답자 내역

항목	내역
성별	남성 14명(25.9%), 여성 39명(72.2%)
연령	20대(15.1%), 30대(41.5%), 40대(32.1%), 50대(11.3%)
학력	전문대졸(29.6%), 대학졸업(74.1%), 대학원졸(16.7%)
사회복지 총근무기간	1~5년(30.2%), 6~10년(32.1%), 11~15년(24.5%), 16~20년(7.5%), 21년 이상(5.7%). 평균 9.26년
현 근무지 근무기간(a)	1~5년(47.2%), 6~10년(45.3%), 11~15년(7.5%). 평균 근무기간은 5.4년
공영시설 근무기간(b)	0~1년(18.9%), 1~2년(9.4%), 2~3년(9.4%), 3~4년(39.6%), 4~5년(3.8%), 5~6년(9.4%), 7년 이상(9.4%). 4년 이하(77.4%). 평균 근무기간은 3.6년
민간위탁 경험기간(c)	경험이 전혀 없는 경우(27.8%), 1년 미만(5.6%), 1~2년 이하(7.4%), 2~3년 이히(5.6%), 3~4년 이하(7.4%)

민간위탁 경험기간을 (a)-(b)=(c)로 산출하면 경험이 없거나 1년 미만이 33.3%에 달하며, 4년 이하의 경험자가 53.7%에 달한다. 그러므로 민간위탁과 비교해서 직영체계를 평가하는 항목의 경우, 응답신뢰도가 낮을 수 있으므로 이를 고려하여 결과해석에 유의할 필요가 있다.

2) 분석결과

분설결과를 보면, 설문지에 제시된 총 20개 항목에 대한 전체 평균값은 3.63으로 나타났다. 해석해 보면 3이 '위탁과 비슷함'이고, 4가 '공영이 좋음'으로, 수치상 '공영이 좋음'에 가까운 값으로 볼 수 있다. 평균값 해석에 위험[9]이 존재하므로 최빈수를 살펴보면, 20개 항목 중 15개 항목에서 '공영이 좋음'을 나타내었고, 나머지는 모두 '위탁과 비슷함'을 나타내어 공영체계에 대한 높은 평가를 나타내었다.

▮표 6-9▮ 분석결과: 기술통계량

기술통계량						
	N	최소값	최대값	평균	표준편차	최빈수
① 인프라	54	1.00	5.00	3.62	.99	4
② 형평성	53	1.00	5.00	3.43	.77	3
③ 책임의식	54	2.00	5.00	3.88	.79	4
④ 질관리	54	2.00	5.00	3.79	.89	4
⑤ 운영체계	54	1.00	5.00	3.59	.96	4
⑥ 비용성과	54	2.00	5.00	3.61	.83	4
⑦ 인력의질	54	1.00	5.00	3.53	.90	3
⑧ 교육훈련	54	1.00	5.00	3.59	.94	4
⑨ 급여수준	54	1.00	5.00	3.74	.89	4
⑩ 복지수준	53	2.00	5.00	4.01	.86	4
⑪ 고용조건	54	2.00	5.00	3.83	.84	4
⑫ 노동 강도	53	1.00	5.00	2.98	1.00	3
⑬ 인사운영	54	1.00	5.00	3.51	1.04	3, 4
⑭ 예산운영	54	1.00	5.00	3.31	1.27	4
⑮ 노사관계	54	2.00	5.00	3.48	.90	3

9) 일반적으로 5점 척도 해석시 결과에 대한 해석에 유의할 필요가 있다. 나타난 자료에는 수치상 평균이 3점대 수준으로 제시되며, 해석은 위탁체계와 공영체계가 비슷한 수준으로 해석된다. 그러나 수치 제시 시 실제 현상을 왜곡시키는 평균중심성 경향의 위험이 존재한다. 그렇기 때문에 점수에 대한 도표를 보고 판단해야 결과값의 현상을 정확하게 이해할 수 있다.

⑯ 이해관계	54	2.00	5.00	3.55	.79	3
⑰ 정보공개	53	3.00	5.00	3.96	.73	4
⑱ 이용만족	53	2.00	5.00	3.67	.77	4
⑲ 성장여부	53	1.00	5.00	3.75	.89	4
⑳ 수준평가	53	2.00	5.00	3.81	.80	4
평균값				3.63		

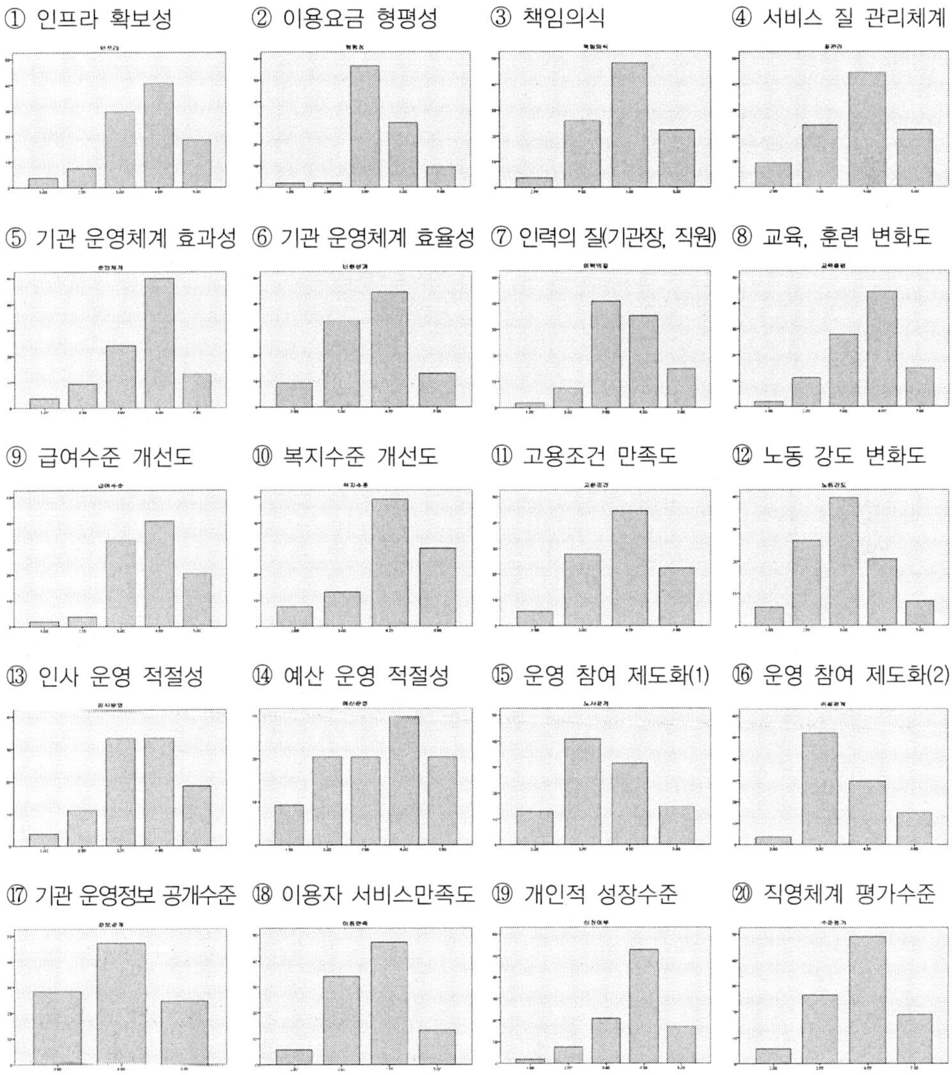

▌그림 6-1▐ 항목별 통계 결과

총 20개 항목 중 시설노동자의 '복지수준'에 대한 평가가 가장 높은 평균인 4.01이며, 가장 낮은 항목은 평균 2.98의 '노동 강도' 항목이다. 즉 복지수준은 공영이 좋고, 노동 강도(强度)는 공영이 좋지 않다는 뜻이다. 그림을 통해 항목별 통계 결과를 살펴보면, 전반적으로 3점 평균을 중심으로 4, 5점의 수치가 높은 것을 알 수 있다. 이는 공영체계가 위탁체계보다 긍정적이라는 것을 명확히 나타낸다.

2) 질적조사 결과

(1) 시설종사자 조사 결과

우선, 시설종사자 FGI와 종사자 의견조사 설문지(이하 의견)에 나타난 의견들을 정리하면 다음과 같다. 내용분류는 분석틀에 제시된 소주제 순으로 분류하였고, 여러 사람이 제시한 유사한 내용을 같은 단락에 제시하였다. 내용 중에는 유사한 의견들이 반복적으로 제시되거나 분류가 명확하게 되지 않는 여러 내용이 겹쳐 있는 경우도 하다. 우선 공영체계가 가져온 긍정적인 측면과 관련된 의견을 정리하였다.

① 공영체계의 성과

공익성 영역에서는 인프라 측면에서 공영시설에 대한 예산투입 등으로 시설보강이 원활하게 이루어져 시설환경이 좋아졌다고 말한다.

- 기능보강 공사 등이 협조를 통해 원활하게 진행되고 있다. 아무래도 공영시설이다 보니 수준을 유지하기 위해서 투자를 하는 것 같다. (의견)

책임성 영역에서는 지자체의 책임성이 강화되었다고 평가한다. 그 내용은 질적으로 수준이 높은 서비스를 제공하게 되었다는 것이며, 공공성에 기반한 서비스를 제공함으로써 책임성 있는 복지 제공이 가능하였다고 평가한다.

- 지자체의 책임성 강화 측면에서 탁월하다. 위탁법인은 위탁을 주고 나서 감사를 통해 감시와 평가를 한다 해도 다분히 간접적인 개입에 지나지 않을 수 있으나, 공영시설은 책임을 지고 공공시설을 운영함으로써 보다 적극적이고 효율적 기관운영이 가능하고 그 결과는 오롯이 시설을 이용하는 당사자에게 혜택으로 돌아간다는 이점이 있다. (의견)

- 공영시설에서의 운영은 행정기관과 함께하는 많은 일들에서 이슈화되고 있는 문제, 현실을 바탕으로 앞을 내다볼 수 있는 정보력이 경쟁력이 되어 다양하게 열린 학습 기회를 통해 내적 성숙을 기할 수 있는 기회 마련이 많다. 문제에 대한 즉각적인 해결 능력, 다양한 자원연계, 신뢰성을 바탕으로 한 책임성 있는 복지를 할 수 있는 밑바탕이 되고 있다. 서비스 진행에 있어서 책임감이 강화되었으며, 직원 한 사람 한 사람이 기관을 대표한다는 의식을 갖고 서비스에 임한다. 특정영역 복지에만 국한하지 않고 지역사회와의 소통에 초점을 맞추는 프로그램 개발 및 진행이 더 활발하다. (의견)

- 위탁시설에서 느끼지 못한 공공성이란 것을 생각하게 된다. 외부 공모사업이 되었든, 보조금 사업이 되었든 예산편성된 사업에 있어 막연히 해야만 하는 사업 정도로 생각했던 부분들이, 한 개인이나 단체가 아닌 전체에 두루 필요한 사업인지를 고민하게 되고 좀 더 신중하게 계획하게 된다. 공공성과 윤리적 책무에 대한 책임감이 강화되었다. 서비스 제공 시 공공성 확보가 용이하다. (의견)

효과성과 효율성 영역에서는 조직체계, 업무체계가 효율적으로 변했다고 평가했다. 특히 성과를 공유하거나 우수사례를 확산하기에 용이한 체계라고 보았다. 공공기관은 후원금을 모집할 수 없으므로 이에 대한 압박감이 없는 것도 장점이었다. 물론 이러한 측면은 자원 확보의 한계라는 관점에서 본다면 공영의 단점으로 볼 수도 있다.

- 공공기관이라 위탁보다는 업무나 조직체계가 잘 되어 있다. 구두상이 아닌 문서화라 좋다. 체계적인 구조와 질서를 가지고 있다. 정확성과 윗분까지 행사, 계획 등 보고를 올릴 수 있어 좋다. 행정 절차를 준수한 제반 서류를 축적할 수 있어서 좋다. (의견)

- 전자결재시스템을 통한 정보 공유로 모든 문서처리가 전산으로 되어 있어 다른 사람이 작성한 문서 등의 공유가 빠르다. 이로 인해 민관 거버넌스 체계구축이 가능하다. 또한 구청 및 동주민센터와의 협업에서 구청의 전문조직 통계분석팀, 전산팀 등의 업무 협조가 적극적으로 잘 진행되고 있다. 표준화된 서식 사용으로 업무 효과성이 증가되고 있다. (의견)

- 공영의 경우, 우리의 노력과 결실이 주민을 위하고 마을을, 사회를 변화시키는 일이라는 입장에서 체감도가 높은 편이다. 왜냐하면 우리의 노력과 결실을 주무부서 및 지자체가 직접 높이 평가해 주고 홍보방안, 모델링 방안을 함께 강구해 주는 지지체계가 있기 때문이다. 그리고 그러한 우수사례 등을 한 단체 내지는 작은 단체가 움직여 확산시키는 것이 아니라 지자체 등 더 넓은 단위들에게 확산시킴으로써 전체 사회복지계 변화의 바람을 더욱 앞당길 수 있는 역할을 하고 있는 게 아닌가 생각이 든다. (의견)
- 사회현상이나 사회문제에 대해서 얼마나 발 빠르게 움직이느냐에 따라서 그 소외계층한테 도움을 주는 그런 영역으로 접근을 했을 때는 분명하게 장점을 가지고 있다. (참여자-4)
- 지원 연계는 하고 있으나, 직원들이 후원에 대한 압박감이 없다. (의견)

전문성 영역에서 보면 책임성 영역에서도 일부 제시된 바 있지만 공공에서는 직무관련 교육이 강화되어 있고 "다양하게 열린 학습기회를 통해 내적 성숙을 기할 수 있는 기회(의견)"가 마련되어 있다. 기관장도 공무원이 아닌 민간에서 영입하므로 민간전문가 활용을 통해 민간의 장점을 최대한 활용할 수 있다고 보았다. 기존 공립직영체계는 대부분 공무원을 시설장으로 배치함으로써 시설운영의 비전문성이 나타났었는데 이러한 문제점을 공립공영체계에서는 해소한 것이다. 인력(기관장, 직원)의 질 측면에서 공영체계는 안정적인 체계를 가지고 있다는 것이다.

- 기관장이 민간에서 채용되어 공직의 경직성을 벗어날 수 있다고 생각한다. 전문성을 갖춘 시설장으로 운영의 내실화가 가능하다. (의견)
- 위탁시설의 경우 사회복지사 교육도 법정 시간 내, 꼭 받아야 하는 교육 아니면 일부러 개설해서 시키려고 하는 경우가 드물다. 하지만 현 공영 운영체계에서는 시대의 흐름을 파악하고, 사회복지사가 이에 대응할 수 있게 하는 높은 질의 교육이 상시적으로 이뤄져서 안정된 환경 속에서 질 높은 교육과 처우를 받으며 열심히 일할 수 있도록 북돋아준다고 생각한다. (의견)

고용 안정성 영역은 공영체계의 가장 큰 장점으로 제시되었다. 고용의 안정성은 서비스 제공자의 인간다운 생활을 보장하고, 서비스 질에 직접적인 영향을 주는 요소이다(김미현 외, 2012). 특히 고용의 안정성은 휴먼서비스를 제공하기 때문에 안정적인 서비스를 제공하는데 가장 필수불가결한 요소로 제시된다. 근로여건 향상은 우수 인재가 진입하게 되고, 이직률이 낮아지며, 급여의 상승 및 기타 인센티브의 수혜가 가능해지므로 업무에 대한 만족도도 높아지게 되는 효과가 있다고 제시한다.

아직 완전하지는 않아도 지위에 대한 법적효력이 공식화 되어 직위 안정성이 보장된다. 이를 테면 무기계약직 전환 등과 같은 방법으로 준공무원의 직위를 보장해 주는 것은 업무의 안정성과 연속성을 지켜준다는 의미에서 매우 긍정적이다. 전체 직원에 해당되는 사항은 아니나 대부분 근무여건(계약직)이 정규직으로 전환되어 안정감이 있다. 급여도 보건복지부에서 제공하는 기준표에 의한다. 공영체계로 근로여건이 향상되니 직원채용에 실력 있는 인재가 참여하는 것 같다. 타 민간위탁시설 센터에 비해 센터 종사자들의 복리후생의 차별화되어 있다. 별다른 처우개선 없이 공무원과 동등한 복지후생을 지원받고 있다(보육료 지원, 복지카드, 복지포인트, 자녀학자금 지원, 의료비 지원, 연가보상비, 유급 병가, 건강검진 시 특별휴가, 콘도예약 등). 직원의 이직률 낮아서 사업 진행에 원활한 진행이 이루어지고 있다. 출산용품, 상조물품 제공 등 민간위탁 운영체계에서는 없는 다양한 직원 혜택이 있어서 좋다. 육아휴직, 연가 사용을 장려하고 있다. 기존에는 대표자의 인사결정으로 근로지속 유무가 결정되었으나, 무기계약전환으로 인해 고용의 연속성 및 신분의 보장을 이룰 수 있었다. 소속감과 연대감이 높아졌다. 고용형태의 안정성 보장에 따른 직원개인의 자주성 향상 및 주인의식이 확대되었다. (여러 의견)

투명성과 공정성 영역에서는 공공기관에 속해 있으므로 예산집행이 투명하고, 공정성 있는 업무 추진이 가능한 체계라고 평가했다.

- 사업비 집행에 있어 투명성을 담보할 수 있다. 물론 위탁시설에서도 예산집행이 부적정하게 되지는 않지만 행사를 위한 예산집행이 되기도 하는 경향이 있으나, 공영 운영체계에서는 어떤 행사, 어떤 프로그램이든 명확한 근거하에 예산집행이 이루어지므로 누수가 없다고 할 수 있겠다. 이에 프로그램을 참여하는 당사자들이 느끼는 신뢰도가 상당한 편이다. 지출 철차가 복잡하나 구에서 직접 회계처리를 하기에 투명하다. (의견)
- 민간위탁시설일 경우 위탁법인의 의지에 따라 인사가 좌우되므로 소신 있게 업무를

추진해 나갈 수 없다. 따라서 직접업무의 질 향상을 위한 노력보다는 아부와 줄서기로 정력을 소진하는 경우가 많다. 하지만 공영운영체계는 많은 한계에도 불구하고, 공정성과 업무 중심의 방향성을 지향하기에 자긍심을 가지고 업무에 임할 수 있다. 인사가 적절하게 진행되어 안정감이 있다. (의견)

민주성과 공개성 영역에서는 직원 당사자와 조직 운영체계가 민주성이 강화되었다고 평가했다. 이는 앞에서 언급한 책임성 영역이나 투명성과도 연결된다. 결과적으로 공공에 속해있으므로 기관에 대한 신뢰성이 높다고 평가한다. 영역에 따라서는 민간보다 더 많은 자율성을 가지고 있다고도 보았다.

- 직원의 민주성이 향상되었다. 조직운영에 있어서도 민주성이 강화되었다. (의견)
- 복지관에 대한 이용인분들의 인식이 공공기관으로 인식을 하고 있으며 연계 사업 진행에 있어서도 효율적인 진행이 이루어지고 있다. 공공기관이라는 점에 있어 이용인과 가족, 지역주민으로부터의 신뢰감이 향상되고 있다. (의견)
- 최대한 자율성에 맡겨서 이제 관심 있으면 가고, 관심 없으면 안 가고 그런 부분들. 전에는 종교법인이어서 종교행사 때 항상 특히 남직원들 같은 경우 동원이 많이 되었거든요. 근무시간임에도 불구하고 근무 빼고 가서 그쪽 가서 일을 한다든가 그러한 부분들이 있었는데 뭐 지금은 그런 부분들이 없으니까. (참여자-1)

그 외 다양한 장점들이 제시되었는데 이를 나열하면 다음과 같다.

- 근로자들이 굉장히 많이 성장을 해요. 민간위탁에 있는 것보다 공용시설에 있다 보니까 아까처럼 회계도 공공에 대한 회계를 접하는 거잖아요. 아까 말씀하신 정보에 대한 이런 것도 빨리 접하기 때문에 성장률이 굉장히 더 높은 것 같아요 민간위탁보다는.(참여자4)
- 직원들과 민간에서는 구에 계시는 행정지원을 해주는 구 공무원과 관계를 형성하기가 어려워요. 직영체제에서는 수월하기 때문에 업무적인 연계나 업무발전에 긍정적인 영향을 줄 수 있다는 것. (참여자-3)
- 사업하다 보면 장점은 판로 확보가 쉬워요. 보호된 시장이죠. (참여자-3)

② 공영체계의 한계

공익성 영역에서는 별다른 의견 제시가 보이지 않았다. 또한 책임성 영역에서도 의견 제시가 없었다.

효과성과 효율성 영역에서는 업무수행 과정에서의 여러 가지 어려움을 제시하였다. 문서결재 시 민간위탁체계에 비해 결재가 복잡하고 번거롭다고 평가했고, 예산집행과 활용에서 어려움이 있다고 평가했다. 이러한 측면은 기존 민간위탁체계에는 개별 시설단위에서 업무가 수행되고 종료되는데 비해 구 관련부서까지 진행되어야 업무가 종료된다는 측면에서 불편하다는 것이다. 그 외 공공기관이기에 공모사업 수행에 어려움이 있다고 보았다.

- 문서 결재 시 보고체계가 많고, 운영비 정산 등 구청 부서에서 진행되다 보니 해석에 따른 차이로 인한 불편함과 시간이 오래 걸린다. 사업예산 투입 및 집행에 있어 구청 결재라인을 거쳐 예산 집행 및 사업을 진행해야 하므로 시간의 지연성 및 결재라인에 대한 복잡한 절차를 거쳐야 하는 실정이다. 예산 사용에 있어서 절차가 복잡해 예산의 투명성과 안전한 관리는 강화되었으나 긴급한 업무 진행에 있어서는 어려움이 있다. (의견)
- 예산사용이 재무회계기준에 맞추어 사용에 융통성이 없다. 예를 들어 사회복지 특성상 지역주민들과 함께하는 사업이 많아 다과를 필요로 하거나 문화체험 등을 진행함에 있어 이를 집행할 수 있는 목(행사운영비/행사실비보상금)의 예산이 없으면 진행할 수 없거나 소액으로 사업을 진행하는 경우가 있다. 지자체 매뉴얼에 맞춰 진행하다 보니 예산활용 범위에 대한 한계점이 있다. (의견)
- 지출 등 타 부서와 연계하여 일을 처리하고 도모하는 경우가 많아서 그런 경우 주관부서인 공동체복지과의 경우 직영시설에 대해 협조를 아끼지 않는 반면, 타 부서와의 경우 공영시설에 대한 인식도 부족하고 공무직 근로자에 대한 관심이 없어 어려움이 있다. (의견)
- 공영기관이라는 법인특성으로 프로포절 자격기준에 대해서는 배제되는 상황이 발생하고 있다. 공모사업 진행의 어려움이 있다. 공모사업 선정 이후 예산편입 과정이 복잡하다. (의견)

전문성 영역에서 기관장의 경우, 신분상의 어려움이 있다고 밝힌다. 또한 필요한 적정인력 수급에 어려움이 있다고 제시했다.

- 관장이 시간선택제 임기제 공무원으로 임용되어 직무를 수행하나 하루 7시간 1년 단위로 연봉 근로계약을 체결하여 8시간 근무하는 민간기관보다 연 1천만원 이상 연봉이 차이가 나고, 사회복지시설 경력인정을 제대로 받지 못하고 있다.
- 필요한 적정인력 수급에 어려움이 있다(컴퓨터 전문인력 및 바우처 전담인력 부재). (의견)

고용 안정성 영역에서는 승진기회의 어려움, 직급별 승진연한의 차이 등을 언급하였고, 특히 노동 강도가 심하다는 의견이 있었다. 이러한 의견은 양적평가에서도 가장 낮은 점수(2.98)를 나타낸 것과 일치한다. 그러나 민간시설보다 공영의 노동 강도가 심한 것인지는 불명확하다. 위의 점수는 민간위탁시설과 비슷하다는 뜻이기 때문이다.

- 직원들이 입사하여 신분보장과 무기계약직으로 근무는 하나, 팀원, 팀장, 과부장을 거쳐 기관장을 할 수 있는 그러한 비전과 승진기회를 갖기가 현실적으로 어려움이 있다. 또한 기관마다(종복, 단종, 자활) 직급별 승진연한이 다르기에 그러한 부분도 동일한 기준을 마련할 필요가 있다. (의견)
- 업무량이 많아져서 야근이 잦다. 치료업무 역할의 확장으로 노동량이 증가되고 있다(업무과중). 사회적인 윤리성이 더욱 강조되고 공영기관이다 보니 민간위탁보다 훨씬 높은 기대치를 요구하여 업무량이 가중된다. (의견)
- 역동적이고 일이 많아요. 일이 많아서 직원들이 소진이 빨리 와요. (참여자-4)

투명성과 공정성 영역에서는 인사 운영 중 인력충원 과정에서 경직성과 인사권의 제한이 있다고 보았다.

- 기관에서 근무할 직원을 구에서 직접 채용하다 보니 기관의 현실에 맞지 않은 경우가 있다. 공정성이 있으나 직원채용의 절차가 길다. 기관별 특성에 따른 인력구성이 필요함에도 불구하고 신규 채용 시 이에 대한 인사권 및 의견 반영이 부족함에 따라 기관별 특성에 맞는 인력구성원의 불균형이 있다. (의견)

- 민간은 각 기관장이 인사권이 있다고 하면 직영기관에서는 인사권이 없습니다. (참여자-3)

민주성과 공개성 영역에서는 일부 구청 행사 진행시 강제성은 없으나 행사에 동원되는 경우가 있다고 주장했다.

- 교육참여에 대한 인력동원의 묵인된 강제성이 있다. 강제사항은 아니나, 분위기 등으로 인해 어쩔 수 없이 참여하게 되는 부분이 있다. (의견)

그 외 다양한 단점들이 제시되었는데 이를 나열하면 다음과 같다.

- 광주에 9개의 자활센터가 있는데 저희만 직영이고 다 민간이거든요. (중략) 사업단별로 5시에 끝나는 경우가 있고, 5시 30분에 끝나는 경우가 있어요. 그러면 민간 같은 경우에는 관행적으로 춥고 그런 날은 고생하시니까 들어가시라, 6시까지 하신 걸로 해드리겠다며 유연하게 할 수가 있는데 저희 같은 경우는 그렇게 할 수가 없어요. 원칙대로(6시까지 근무하죠). (참여자-4)

③ 시설종사자 질적조사 결과 분석

이상으로 시설종사자의 입장에서 본 공영체계의 성과와 한계를 살펴보았다. 연구결과를 정리해 보면 다음과 같은 발언으로 운영현황을 정리할 수 있을 것이다.

- 직원들한테 "너희 여기서(공영시설) 일 할래, 민간에서 일 할래?" 하면 민간으로 가려고 하는 직원들은 거의 없을 거예요. 그만큼 메리트가 있는 것이죠. (참여자-4)
- 체감상 느끼는 것은 단점보다 장점이 좀 더 많은 것 같은 느낌은 있어요. 현실적으로 봤을 때 기본적인 처우라는지 이런 부분에서는 확실히 더 나은 부분도 있고요. (참여자-1)

요약하면 공영체계가 이런 저런 단점이 있음에도 불구하고 장점이 많다고 정리할 수 있다. 공영체계의 단점으로 지적한 몇 가지 사항은 시실 공영체계의 단점이라기보다는 민간위탁시설에서도 동일하게 나타나는 문제들이다. 이를 테면, 인력충원의 경직성, 행사에 동원되는 문제, 자율성의 문제 등은 조직운영상 현실적으로 부딪히는 문제들이다. 또한 공영체계의 단점으로 언급되는 영역들은 상당부분 운영체계의 비효과성에 집중되고 있고, 몇 가지 영역은 전혀 언급이 없거나 혹은 상대적으로 보아 다소 미시적인 문제들을 언급하고 있다. 이런 측면에서 본다면 공영체계는 전체적으로 장점은 많고 단점은 상대적으로 적다고 평가할 수 있다. 또한 단점은 효율적인 운영이 되지 못하는 부분에 의견 제시가 집중되어 있어 이는 개선과제로 제시되었다.

(2) 공무원 조사 결과

공무원을 대상으로 한 FGI 조사결과와 담당부서 과장과의 개별인터뷰에 나타난 의견들을 정리하면 다음과 같다. 질문내용은 시설종사자와 달리하여 공영체계의 운영의 이유와 원칙, 공영체계 운영의 어려움, 공영체계 운영의 성과 순으로 진행하였고, 이 순서대로 내용을 정리하였다.

① 공영체계 운영의 이유와 원칙

앞의 공영 복지시설 개요 부분에서도 언급된 것이지만 광산구가 복지시설을 구 직영체계로 전환한 배경에는 개별 기관별로 상이한 이유가 있었다. 이에 대해 광산구 내부에서는 민간위탁 시설을 어떻게 직영체계로 전환할지 고민이 많았다. 이러한 것은 시설들이 공영으로 전환된 시기가 3개 시설(어등, 더불어, 첨단)이 2011년 전후고, 1개 시설(광산구장애인)이 2014년이었는데 전담부서인 공동체복지과는 2014년 8월에 조직된 것을 보면 알 수 있다. 즉 전담부서가 생기기 전까지는 공공에서도 공영체계 운영에 대한 체계성이 다소 미흡했다고도 볼 수 있다.

공영체계 운영의 이유는 외부적으로는 공공에서 직영을 할 수밖에 없는 환경도 있었고, 공공 내부에서도 공공성을 지향하는 흐름[10]이 있었다.

10) 광산구의 복지공동체 실험에 대한 전체적인 이해는 김이배(2017)의 논문을 참고하기 바란다.

- 광산구는 시설 운영에 공공성 강화라는 중요한 가치를 두는 거죠. 광산이 그 때 당시에 지향하는 게 마을복지관이었거든요. 장애인복지관이 장애인복지관으로 끝나는 게 아니라 마을로 계속 향하는 그 거점이 마을복지관의 형태를 유지할 수 있어야 한다. 그러면 장애인팀에서 별도로 있는 게 아니라 이 복지관들이 마을거점이 될 수 있도록 하나로 묶어야겠다. 공용시설을 합리적으로 함께 운영할 수 있는 똑같은 매뉴얼로 가질 수 있어야 하는 부서가 있어야겠다 싶어서 처음에 사업소를 만들려고도 했었어요. (참여자-5)

- 조리사를 공무직으로 채용해야 하는 이유를 그렇게 본 거죠. 어르신들의 밥을, 장애인들의 밥을 담당하고 있는 사람들이 정규직이어야죠, 안정이 되어야 밥을 제대로 할 수 있단 말이에요. 그렇다보면 직영시설의 분들도 반드시 정규직으로 전환되어야 하는 게 맞다. (참여자-5)

- 공익이나 공공성은 공영시설에서 훨씬 빛납니다. 왜냐하면 법인체계들이 종교법인들이 많아요. 그러다 보면 아무래도 복지를 예전의 시스템 방식인 선교차원의, 불교 쪽을 보자면 불자들에게 후원물품을 가져다가 주면 그게 최고의 복지인양 생각하고 있고, 저는 그래서 그것을 공공성이라고 보지 않습니다. 저는 만족도 조사에서도 나오는데 더불어락 어르신들이 구에서 직영하게 되어서 무엇이 가장 좋으냐고 물었을 때 첫 마디가 이거였어요. "우리 복지관 같다". 그 전에 법인에서 할 때에는 마치 이게 법인인 것 같았는데, 구청직영이라고 하니까 시설도 우리 것 같고 직원도 구청직원이라고 하니까 공익이라는 느낌이라고 해요. 그래서 좋은 게 아니냐고 해요. 그리고 우리가 공영시설들이 대부분 주민들과 공간을 공유합니다. 주민들이 가장 좋아하는 게 이 공유공간이거든요. 그런데 아무래도 민간위탁에게 이 공유공간을 맡게 되면 그 공간조차도 이미 자기 건물들이에요. 구 건물임에도 불구하고 마치 법인의 건물인 것처럼 운영하게 되어 있고, 구의 정책적인 방향이 직접 전달되기에는 직영시설이 좋은 것이고요. 그 다음에 그러다 보니 저는, 그렇다고 해서 위탁시설을 모두 직영해야겠다는 생각을 하진 않습니다. (참여자-6)

공공에서도 종사자의 공무직 전환에 대한 고민이 있었다. 그러나 고민 끝에 가치에 기반하여 판단하였다. 좋은 처우에서 좋은 서비스가 나온다는 기본적인 생각에 기반한 것이다.

- 그러나 제 원칙은 무엇이냐면, 내 아이가 좋은 직장에 근무했으면 좋겠고, 내 아이를 가르치는 선생님이 정규직이었으면 좋겠고, 내 아이를 돌보는 어린이집 교사가 정규직이었으면 좋겠다고 생각하고, 그런 원칙을 가지고 있고 동일 노동 동일 임금을 줘

야 한다고 생각하고 있는 사람이에요. 정규직 전환, 이걸 해 줄 필요가 있을까 하는 순간이 있지만 항상 결론은 그렇게 냈어요. 현장의 복지활동가들에게 좋은 처우가 필요하다. 동일임금 줘야 한다, 가능하면 좋은 직급으로 해서 현장의 분들이 일을 할 수 있게 해야 한다, 독립적으로 일을 하게 해줘야 한다, 이런 원칙을 가지고 계속 일을 했었고 그래서 강조 사항이 우리 직원들한테 더 많았어요. (참여자-5)

② 공영체계 운영의 성과

종사자 조사에서도 나타난 것이지만 공영시설 종사자의 처우는 상당히 좋아졌다고 평가했다. 휴먼서비스 제공의 가장 기본적인 요소가 일단 충족되었다고 본다.

- 종사자 처우개선은 직영체제로 전환 후 상당히 좋아진 거죠. 복지부 권고 100%를 준수하고, 구 자체 복지혜택 등이 추가로 지원됩니다. 복지카드, 시간외 수당, 자녀학비지원, 건강검진지원 등 다양한 구 직원으로 받는 혜택들이 있습니다. 또한 본인의 인건비 상승분도 별도로 부담을 느끼지 않아도 되고요. 장애인복지관을 제외한 노인복지관, 종합복지관 등은 보조금 지원이 운영비와 인건비가 분리되지 않습니다. 통으로 일괄 지원되는 거죠. 그러다 보니 민간위탁 시설에 근무하는 사회복지사들은 호봉이 올라가면 법인도 본인도 부담을 느끼는 게 사실입니다. 총 지원금 중 인건비가 90% 이상을 차지하고 있으니까요. 아픈 현실입니다. (참여자-5)

이런 두자는 자연스럽게 인력의 질에 영향을 미쳤다. 주관적인 평가이기는 하지만 민간위탁시설보다 직영시설 종사자의 실력이 더 낫다고 평가했다.

- 근데 민간위탁 시설에 있는 사회복지사들과 비교해 보면 우리 공영시설에 근무하는 복지사들의 실력이 훨씬 나아요. (참여자-6)
- 나아졌어요, 본인들도 느낄걸요. 많이 나아졌어요. 성장하는 모습을 함께 봅니다. 기분 좋은 변화죠. (참여자-7)

일반적으로 복지기관 운영 성과에 대한 평가는 대표적으로 복지부의 시설평가가 있다. 이 평가에서 광산구의 직영시설은 모두 A등급으로 평가되었다. 이는 적어도 민간위탁 시설과 동등한 수준에서 운영되고 있고, 다른 직영시설과 비교하면 월등한 운영 성과를 보이고 있는 것으로 평가할 수 있다.

- 유일하게 대한민국 복지부 평가에서 A등급 이상 받은 직영시설은 광산밖에 없답니다. 우리 구는 다 A를 맞았습니다. 다른 지역은 대부분 다 D, F를 맞습니다. 왜냐하면 이 복지부 평가도 그렇지만 첫째는 평가지표가 문제이고요. 두 번째는 보통은 6급 팀장들이 관장으로 나가 있거든요. 사회복지직들이 대개 복지관 하나에서 두 개씩 맡고 있는 지역도 있습니다. 겨우 프로그램만 진행할 수밖에 없는 구조죠. 복지관의 가치를 담아야겠다, 비전을 수립해야겠다는 건 상상하지 못하는 구조입니다. 그러니 단순히 측정한다면 민간위탁이 훨씬 전문적이고 잘한다고 볼 수도 있습니다. 그래서 우리가 공영이라 부르고 직영이라고 하지 않는 이유는 저희 같은 공직자가 현장에 나가 있지 않아요. 공모를 통해 전문가를 채용합니다. 그 사람에게 공무원의 직위를 주고 권한을 부여하는 시스템입니다. 간섭보단 지원으로…. (참여자-5)

공무원들은 공영시설이 가진 책임감과 사명감이 있다고 밝혔다. 새로운 모델에 대한 시도, 제대로 된 가치를 실현하고 싶은 생각을 가지고 있다고 했다.

- 우리 직원들도 사실 일이 많아요. 기존의 방식대로 분기별로 지도점검만 하는 게 아니라서. 새로운 모델을 만들고 있다는 사명감, 그런 생각이 들고, 새로운 길이라고 생각하니까, 새로운 것을 무작정 만들기보다는 제대로 가치를 세우고 싶은 거예요. 우리가 지금 이렇게 해내고 있는 게 다 나름의 첫 번째 길이 될 거란 확신이니까요. (참여자-6)

③ 공영체계 운영의 어려움

공공에서 공영체계를 운영하는 것은 큰 도전이자 어려움의 연속이었다고 평가했다. 그것은 전례가 없는 상황에서 시작된 것이었고, 특히 예산과 조직을 수반하는 과제였기에 조직 내부에서 상당한 어려움이 있었다고 소회했다. 그러나 이제는 경험이 쌓여서 어느 정도 수준에 올라왔다고 자평했다.

- 이제까지 왔던 길이 결코 쉽지 않았습니다. 딱 부딪치다 보면 이 문제가 생기는 거예요. 이 문제 생기면 규정 만들고, 이 문제 생기면 매뉴얼 만들고, 이런 식으로 하나하

나 만들었던 과정이 아주 힘들게 왔던 과정이에요. 3년이. 매번 한 번도 쉽게 되는 일이 없었어요. 복지시설지원단. 그러나 결론은 항상 옳게 갔고, 잘되었죠. 이런 위로 하나로 일했던 거지 편안한 날은 하루도 없었고요. 저는 복지시설지원단에 일하면서 편안한 날은 하루도 없었어요. (참여자-5)

- 저희도 민간위탁해서 지도점검할 때가 훨씬 편하고 좋아요. 보조금 주고 지도점검하고 상반기 · 하반기 정산 네 번만 일하면 되거든요, 일 년에. (참여자-6)
- 저희도 가장 힘들었던 것은 저는 조직 관련이었거든요. 공무직으로 전환되면서, 그 공무직 전환하려면 거기에 대한 TO들이 있어야 되잖아요. 그러니까 그런 조직부서들하고 부딪치는 면들이 굉장히 많았거든요. 그 부분하고 예산 부분, 예산을 새로 편성해서, 새로 예산서에 넣어야 되고 하니까, 그런 부분들이 굉장히 힘들었는데, 그런 것들은 어느 정도 자리를 잡아서 지금은 크게 어려움은 없다고 생각을 했거든요. 근데 이런 마음들이 이제 시설에 다 전달이 안 되어 그런 부분들이 아쉽기는 하나 제가 봐서는 공공에서는 이제 궤도에 올라왔다라는 생각을 해요. (참여자-6)

내부적으로는 타 부서를 설득하고 이해를 조정해야 하는 과제가 있고, 또 다른 한편에서는 시설과 관련된 고민들이 존재한다. 공영시설에 대한 기대가 있으나 공공이 노력하는 만큼 시설이 부응하지 못하는 측면이 있다고 보았다. 담당부서는 관리체계에 불과하며 결국 서비스 제공은 시설이 수행하기 때문에 무엇보다 시설의 역할을 강조한다.

- 공동체복지과 같은 경우는 매일 아침 공부하고 공감토론 하듯이 복지시설에도 그런 현장교육이 필요하다는 생각을 합니다. 시설의 고민들을 우리가 모르는 바는 아니고 어떻게 하면 이를 슬기롭게 해결할 수 있을지 지속적으로 고민합니다. 그에 비해 저희들이 고민하는 만큼 시설에서 고민을 하고 있는지 의문이 들 때가 있습니다. 이건 저희들만 노력한다고 해서 해결될 문제는 아니거든요. 시설도 열심히 협력해줘야 해결이 될 수 있는 문제거든요. (참여자-8)
- 앞에서도 말씀하셨는데, 저는 가장 힘들었던게 공영시설 운영이 다른 부서와 연관되는 문제가 많다보니 공영시설 운영을 이해하지 못하는 일부 부서와 맞서서 투쟁하고, 의회에서도 반복해서 설명하면서 부딪치고, 버티던 순간이 많은데, 정작 시설에서는 너무 피동적이어서 가끔은 마음이 울적하기도 했어요. 물론, 우리의 책무이지…. (참여자-8)

- 공공과 시설의 온도차를 어떻게 극복할 것인가. (중략) 복지관 직원들도 좀 더 노력해야 한다고 봅니다. 개인역량은 물론 기관의 비전도 더욱. 개인적으로 쉬운 일인 것 같지는 않아요. 남다른 학습과 문화가 지속적으로 필요해요. (참여자-5)

④ 공무원 질적조사 결과 분석

인터뷰를 정리하면 공영체계 관리부서 내 공무원들은 관료제 내의 고정관념과 구조적 한계를 극복하기 위해서 상당한 노력을 기울이고 있는 것으로 나타났다. 부서장은 공영체계가 가치와 장점에 대한 확신을 보여주었고 부서원들은 그러한 노력에 대한 과정을 열정적으로 보여주었다. 그리고 가치에 기반한 사업을 수행하면 할수록 조직 내외에서 부딪힘이 있었다고 평가했다. 시설에 대한 입장에서는 양가감정을 보였다. 종사자에 대한 처우개선을 위해 상당한 노력을 수행하고 있음에도 불구하고 시설로부터 절대적인 지지를 받지 못하는 상황, 그리고 일정 정도 성과를 내고 있지만 공공이 기대하는 만큼 시설이 부응하지 못하는 상황이 있다는 것이다. 이것은 광산구가 아직은 공영체계를 실험중이기에 하나의 아쉬움으로 느껴졌다. 어쩌면 이것은 관리부서와 시설 간의 관계라기보다는 행정체계에 시설이 들어오면서 발생하는 업무절차에서의 어려움, 시설이 가진 고유한 이해관계의 입장, 공영체계에 대한 상이한 인식 등이 복합적으로 작용한 결과로 이해되었다. 그렇기에 현행 공영체계의 구조적인 문제점을 해결해나가는 데 사회서비스공단(진흥원)(보건복지부 사회서비스정책관, 2017) 설립은 매우 중요한 과제라고 보았다.

- 우리 구는 사회서비스 근로자에게 양질의 일자리를 제공하고 질 높은 사회서비스 제공을 위해 사회서비스진흥원 설립에 찬성해요. 이미 그 기초 실험을 공영시설 운영을 통해 해봤다고 생각하거든요. 두 번째는 구비부담이 훨씬 더 많아요. 그러나 그것도 저는 가치 문제라고 봐요. 국가가 복지를 책임져야 한다고 생각하면 당연한 책무죠. 그래서 그것은 맞다, 그러나 지자체에서 가장 어렵게 생각하는 이 두 가지 문제를 풀어가는 법과 제도적인 뒷받침이 필요해요. 그래서 진흥원이 반드시 설립되어야 해요. (참여자-5)

3) 예산 분석 결과 및 시설평가 결과 분석

비용분석을 위해 기관별 예산 상세내역을 살펴보면 다음 자료와 같다.

▌표 6-10▐ 종합사회복지관(기준일: 2017년, 단위: 천원)

구분	민간위탁						공영시설		
	송광종합사회복지관			하남종합사회복지관			첨단종합사회복지관		
	계	시비	구비	계	시비	구비	계	시비	구비
총액	454,667	454,667		440,567	390,567	50,000	590,799	401,867	188,932
인건비	397,249	397,249	–	363,077	363,077	–	376,251	361,999	4,252
운영비	57,418	57,418	–	77,490	27,490	50,000	214,548	39,868	174,680
법인전입금	27,194			20,000			–		
수익금	54,821			45,500			97,135		
후원금	117,103			85,000			–		
공모사업	350,197			259,209			43,355		
직원 수	9			8			9		
프로그램 운영	거동불편 도시락배달사업 등 80개 프로그램			사례관리 등 78개 프로그램			상담 마음더하기 등 86개 프로그램		
시설 보수	상세 내역 생략								

▌표 6-11▐ 노인복지관(기준일: 2017년, 단위: 천원)

구분	민간위탁			공영시설		
	행복나루 노인복지관			너뷸어락 노인복지관		
	계	시비	구비	계	시비	구비
총액	468,855	169,607	299,248	664,323	170,207	494,116
인건비	161,274	161,274	–	459,833	161,874	297,959
운영비	307,581	8,333	299,248	204,490	8,333	196,157
법인전입금	144,515			–		
수익금	125,252			94,897		
후원금	12,000			–		
공모사업	1,170			193,550		
직원 수	9 (계약직 7명 미포함)			15 (기간제 3명 미포함)		
프로그램운영	청춘아카데미 사업 등 75개 프로그램			마을학교 운영 등 73개 프로그램		
시설 보수	상세 내역 생략					

▌표 6-12▐ 지역자활센터(기준일: 2017년, 단위: 천원)

구분	민간위탁				공영시설			
	광산지역자활센터				어등지역자활센터			
	계	국비	시비	구비	계	국비	시비	구비
총액	316,603	221,622	94,981	–	269,027	184,172	78,931	5,924
인건비				–	238,646	163,956	70,266	4,424
운영비				–	30,381	20,216	8,665	1,500
자활사업참여자 인건비운영	2,277,677	2,049,909	159,438	68,330	2,594,125	2,334,712	181,590	77,823
법인전입금	–				–			
수익금	389,875				341,077			
후원금	5,750				–			
공모사업	–				2,994			
직원 수	9				7			
사업운영현황	14개 사업단 4개 자활기업(165명 참여)				12개 사업단 5개 자활기업(222명 참여)			

참고: 수익금은 3분기말 기준임.
자료: 광산구청 공동체복지과(2017). 내부자료.

▌표 6-13▐ 시설 간 예산 비교표

구분	민간위탁시설		공영시설	비교	
	송광(A)	하남(B)	첨단(C)	C/A	C/B
총액	454,667	440,567	590,799	1.29	1.34
인건비	397,249	363,077	376,251	0.94	1.03
운영비	57,418	77,490	214,548	3.73	2.76
기타	549,315	409,709	140,490	0.25	0.34
	행복나루(D)		더불어락(E)	E/D	
총액	468,855		664,323	1.41	
인건비	161,274		459,833	2.85	
운영비	307,581		204,490	0.66	
기타	282,937		128,447	0.45	
	광산지역(F)		어등지역(G)	F/G	
총액	316,603		269,027	0.84	
인건비	–		238,646	–	
운영비	–		30,381	–	
기타	2,673,302		2,938,196	1.1	

참고: 장애인복지관의 경우는 비교대상이 없어 분석에서 생략하였다.

비용분석과 관련하여 시설운영에 대한 단순비교 예산분석을 시도하면, 종합사회복지관의 경우, 총액 기준으로 송광종합사회복지관은 인건비와 운영비를 포함하여 454백만원이며, 하남종합사회복지관의 경우는 440백만원이다. 이에 비해 공영시설인 첨단종합사회복지관의 경우 590백만원으로 송광 대비, 1.29배, 하남 대비 1.34배이다.

종합사회복지관의 법인전입금, 수익금, 후원금, 공모사업 등의 예산의 경우(도표에서 기타 항목), 송광이 549백만원, 하남이 409백만원, 첨단이 140백만원으로 송광 대비 0.25배, 하남 대비 0.34배이다. 공영시설의 경우, 기타 예산 비율이 적음을 알 수 있다. 공영시설의 경우, 법인전입금은 없으며, 수익금은 송광 대비 1.77배, 하남 대비 2.13배이다. 후원금을 받을 수 없으므로 후원금은 없고, 공모사업에서는 송광 대비 0.12배, 하남 대비 0.16배이다. 전체(인건비, 운영비, 기타 예산) 예산으로 보면, 송광이 1,003백만원, 하남이 850백만원, 첨단이 731백만원으로 송광 대비 0.72, 하남 대비 0.86배이다. 이를 보면, 공영시설에는 운영비가 많이 투입되고 있으며, 기타 예산에서 수익금이 많고, 공모사업비는 매우 적은 상황임을 알 수 있다. 결과적으로 공영시설의 운영비 추가 지출은 공모사업비와 유사함을 알 수 있다. 즉 공모사업비를 충당하지 못하는 것에 대해 운영비가 추가 지출되고 있음을 알 수 있다.

노인복지관의 경우, 총액 기준으로 행복나루노인복지관의 경우, 인건비와 운영비를 포함하여 468백만원이며, 공영시설인 더불어락노인복지관의 경우 664백만원으로 행복나루 대비 1.41배이다. 노인복지관의 법인전입금, 수익금, 후원금, 공모사업 등의 예산의 경우, 행복나루가 282백만원, 더불어락이 128백만원으로 행복나루 대비 0.45배로, 공영시설의 경우, 기타 예산 비율이 적다. 전체(인건비, 운영비, 기타 예산) 예산으로 보면, 행복나루가 750백만원, 더불어락이 792백만원으로 행복나루 대비 1.05배이다. 예산상 큰 차이를 보이지 않는다.

지역자활센터의 경우, 총액 기준으로 광산지역자활센터의 경우, 316백만원이며, 공영시설인 어등지역자활센터의 경우 269백만원으로 광산 대비 0.84배이다. 지역자활센터의 법인전입금, 수익금, 후원금, 공모사업 등의 예산의 경우, 광산이 395백만원, 어등이 344백만원으로 광산 대비 0.89배로 큰 차이를 보이지 않는다.

자료상 장애인복지관을 포함하여 예산을 살펴보았을 때 분명 구비부담이 있는 것으로 판단되었다. 이러한 구비 부담의 성격과 관련해서 담당부서장과 인터뷰에서는 실제로는 예산상 큰 차이가 없다고 밝혔다. 인건비의 경우는 제대로 주기 때문이며, 그에 따른 복지혜택도 당연히 지급해야 할 비용으로 보았다.

> 예산관련 문제점은 구비부담이 더 많다는 거예요. 그러나 구비 부담이 굳이 따진다면 많게 보이는 이유 중 하나는 수입에 있어요. 복지관별로, 기관별로, 심지어는 프로그램 평생 운영비, 경로식당 운영비 그런 것을 저희가 세외수입으로 해서 예산에 편성을 해요. 그렇기 때문에 예를 들면, 더불어락이 예산이 6억이다, 그런데 행복나루는 똑같은 복지관인데 5억이에요. 그러면 의원들은 놀래서 왜 이렇게 많으냐고 하면, 물론 인건비가 훨씬 많긴 합니다. 직영시설이, 제대로 주기 때문에. 그러나 그럼에도 불구하고 더 많은 이유는 뭐냐. 우리는 5억만 행복나루나 다른 위탁 시설에 지원하지만, 그 위탁시설들은 자기들이 받은 세외수입을 별도로 예산으로 편성해요. 그러면 결국은 나중에 편성해서 보면 직영이나 위탁이나 거의 비슷비슷하다는 거죠. 그러니까 이제 행정에서는 만약 돈을 주면 쪼개서 주지만 결국 통으로 갔을 때 계산하면 비슷한 금액이 떨어진다는 거죠. 단, 공영이 추진하는 단위사업이 더 많기 때문에 직원들이 더 많은 거죠. 인건비도 그렇고, 거기에 가는 복지혜택도 원래 있어야 하는 거예요, 기본적으로.

앞에서도 언급했지만 이러한 비교 분석은 시설의 규모, 사업 범위, 직원수 등의 요인을 고려하지 않고 단순 비교한 것으로 향후 보다 정교한 분석기준을 가지고 예산비교를 수행할 필요가 있다. 운영비 지출에 대한 판단은 단순히 경제적인 효용으로만 볼 수 없다. 공공이 사회적 효용 창출을 목적으로 하는 가치에 기반한 투자일 경우, 경제적인 고려는 후순위가 될 수 있기 때문이다. 인건비만을 본다면 좋은 일자리 창출이란 관점 그리고 제대로 된 급여 지급이라는 관점에서 본다면 단순히 비용효과 관점으로 파악한 결과와는 분명 차이가 있을 것이다. 단순히 재정적 지출만이 아니라 사회적 서비스가 가지는 유·무형의 사회적 편익이 가져오는 여러 가지 효과를 고려한 접근이 필요하다. 예를 들어, 더불어락노인복지관이 열린복지관으로 노인뿐만 아니라 다양한 계층의 주민참여형 복지확대를 가능하게 하였다든지, 장애인복지관이 장애인의 자립과 활동보조인들의 근무환경 개선과 복지증진을 위한 장애인 부모로 결성된 사회적 협동조합 '다인' 설립을 지원하여 100여명의 장애인 활동보조인으로 취업을 시켰다든지, 첨단종합사회복지관이 지역적 특성을 고려하여 마을 청년이 중심이 되는 사회복지창작소 '터'를 운영한다든지 하는 것 등(광산구청, 2017) 시설이 창출하는 사회적 편익은 재정으로 환산할 수 없는 가치를 생산하고 있기 때문이다. 민간위탁 시설 대비 공영시설의 운영비 투입비율이 높은 부문은 공공성 확장을 위한 주민의 복지를 지향하는 관점으로 경제적인 고려를 벗어나 포괄적이고 보편적인 이해 아래 접근할 필요가 있다.

다음으로 시설평가 결과분석을 시도하면, 〈표 6-14〉와 같다.

▮표 6-14▮ 공영 사회복지시설 평가 결과

구분	총점 등급	평가영역					
		시설 및 환경	재정 및 조직운영	인적자원 관리	프로그램 및 서비스	이용자의 권리	지역사회 관계
첨단종합 사회복지관	A	A	A	A	A	A	B
더불어락 노인복지관	A	A	A	B	A	A	A
광산구 장애인복지관	A	A	A	B	A	A	B
어등지역 자활센터	2016년 지역자활센터 성과평가에 따라 '우수기관' 선정, 지역특화사업 장려기관으로 선정						

등급구분기준: A등급 90점 이상, B등급 80점 이상 90점 미만, C등급 70점 이상 80점 미만, D등급 60점 이상 70점 미만, F등급 60점 미만임.
자료: 공영시설별 보건복지부 시설평가자료 등급 내역

2015년도 복지관 평가 결과, 첨단은 평가영역별 배점 산정 시 전국 평균, 광주 평균 등급을 상회하고 있으며, 더불어락은 전국 평균 등급을 상회하고 있고, 2014년 평가에서 광산구장애인은 광주 평균 등급을 상회(4개 시설 중 2위)하고 있다. 전체적으로 공영시설 모두가 시설평가에서 상위권에 위치하고 있다. 특히 더불어락노인복지관은 전국적으로 유명한 견학지가 될 정도로 좋은 성과를 보이고 있으며, 첨단종합사회복지관은 공영 전후에 시설평가 등급이 큰 폭으로 변화되어 공영시설의 상향평준화를 보여준다. 이러한 결과를 보면, 공영 시설도 민간위탁 시설과 비교해 운영성과가 좋다는 것을 확인할 수 있다.

6. 결론 및 함의

본 연구는 광주광역시 광산구 사례를 통해 민간위탁 복지시설의 공영 전환에 따른 운영성과를 살펴보기 위해 공공성에 기반한 다양한 기준을 활용하여 탐색해 보았다. 연구결과를 요약하면 다음과 같다.

첫째, 양적조사의 경우, 선행연구 검토에 따라 구성된 20개의 항목에서 전체 평균값은 5점 만점에 3.63점으로 나타났다. 통계적으로 평균값 해석의 위험이 존재하므로 최빈수로 살펴보면 20개 항목 중 15개 항목에서 '공영이 좋음'을 나타내어 공영체계가 일정 정도 성과가 있는 것으로 파악되었다.

둘째, 질적조사의 경우, 시설종사자는 공영체계 운영상 몇 가지 한계가 있는 것으로 제시되었으나 이와 비교해 장점이 더 많은 것으로 제시되었다. 공영체계의 단점으로 언급된 내용들은 여러 영역 중 운영체계의 비효과성에 집중되고 있고, 기타 다른 영역은 별다른 언급이 없거나 상대적으로 미시적인 문제들이었다. 공무원의 경우, 새로운 시설관리체계를 안정화시키기 위해 상당한 노력을 기울이고 있으며, 공영체계는 단점보다 장점이 훨씬 많은 것으로 인식하고 있었다. 다만 이러한 공영체계를 관리하는데 있어 행정내부에서 그리고 시설과의 관계에서 어려움이 있는 것으로 파악되었다.

셋째, 예산 분석 및 시설평가 결과 분석의 경우, 단순비교 방식에 의한 예산 분석 결과, 민간위탁 시설에 비해 공영 시설이 구비 부담이 분명 존재하지만, 경제적인 관점을 벗어나 공영체계 운영에 따른 유·무형의 사회적 편익을 고려한다면 다른 해석이 가능함을 알 수 있었다. 복지부의 시설평가 결과를 살펴보면, 전체적으로 공영시설이 민간위탁 시설에 비해 운영성과가 비슷하거나 혹은 좋게 나타나고 있음을 확인하였다.

이러한 연구결과들을 종합해 보면, 공영시설의 운영성과는 몇 가지 한계에도 불구하고 긍정적인 결과를 나타내고 있으며, 효율적인 복지시설 운영주체와 관련하여 민간위탁 방식 이외의 공영체계 방식도 효과적인 대안이 될 수 있음을 확인할 수 있다.

연구과정에 나타난 몇 가지 쟁점사항을 정리하면 다음과 같다.

첫째, 공영시설이 공공성을 지향한다고 할 때, 이에 기반한 보다 체계적인 성과 평가 지표가 필요하다. 민간위탁시설이 공공성을 지향하지 않는 것은 아니지만 공영시설을 운영하고자 할 때 이러한 가치 지향을 반영한 성과 지표가 마련될 필요가 있다. 그래야만 공영시설 운영원리에 부합한 성과 측정이 가능할 것이다.

둘째, 시설종사자들은 공영체계 내 업무수행 과정에서 오는 불편함을 호소하는 경우가 많았다. 특히 예산이나 회계집행 과정은 비효율적인 측면이 많다고 지적했다. 이는 개별 시설단위의 업무가 행정단위 시스템과 연계되면서 발생하는 필연적인 과정인데, 제도적인 측면에서 개선이 필요하다. 단기적으로는 시설종사자들이 보다 많은 숙련이 필요하고, 중장기적으로 독립적인 회계권이 행사될 수 있도록 제도 개선이 필요하다. 이 문제는 향후 본격적으로 사회서비스진흥원이 운영되면 해소될 수 있는 과제로 판단된다.

셋째, 공영 복지시설 유형별로 인건비 가이드라인이 다원화되어 있어 종사자간 인건비 격차로 인해 종사자들이 사기가 저하되고 시설 간 인력순환이 어려운 실정이다. 그렇기에 인건비 지급 기준 및 시설 유형별 인건비 지급격차를 비교하여 동일 임금체계와 기준이 설정될 필요가 있다. 또한 공영 복지시설에 근무하는 공무직 근로자는 공공기관의 기준인건비제도에 포함되어 공무원 인력현황에 포함되므로 지자체 내에서는 상당한 부담요인을 작용하고 있다. 그러므로 복지시설 종사자에 대해서는 독립된 인력체계가 도입될 필요가 있다.

넷째, 민간위탁체계가 좋은지 혹은 직영체계가 좋은지 여러 가지 논의들이 있지만 사실 다소 허망한 논쟁이 될 수 있다. 이는 민간위탁체계도 시설이 본래 지향해야 할 가치와 원리에 충실한 운영을 하게 된다면 좋은 성과를 나타낼 수 있고, 공영체계 또한 공공성 지향 등 그에 걸맞는 내실 있는 운영을 하게 된다면 좋은 선택지가 될 수 있는 체계라고 본다. 다만, 현재와 같이 과도하게 민간위탁체계로 되어 있는 현실에서는 위탁과 공영이 보다 균형 있는 배분이 필요하고 공공의 책임성이 보다 강화될 필요가 있는 것이다. 그렇기에 단순히 직영이냐 위탁이냐의 문제로 파악하기보다는 어떻게 운영하는 것이 바람직한 것인가로 관점이 변화될 필요가 있다.

다섯째, 광산구의 공영체계가 성과가 있게 된 배경에는 공공에서 그에 대한 방향성이 명확했고, 그에 따라 부과된 책임성을 성실히 이행했기 때문이다. 만일 그러한 토대가 없는 지자체가 시설을 직영하게 된다면 매우 다른 결과가 나타날 수 있다. 즉 공공에서 사전 준비와 철저한 대비가 없다면 오히려 공영체계가 가지는 비효율성과 부작용(관료제화, 폐쇄성, 경직성 등)이 나타날 수 있다는 것이다. 그러므로 공영체계 운영에서 공공은 상당한 준비를 하면서 시설을 운영하는 것이 바람직하다. 또한 본문에서 제시된 것처럼 공영체계는 단지 구본청의 의지만으로 성과가 창출될 수 없기 때문에 구본청과 공영시설 종사자 간 시설운영에 대한 가치합의가 필요하고 시설의 적극적 지지가 굳건히 세워져야만 지속가능성이 높다는 것을 인식할 필요가 있다. 공영체계는 예산투입에 의해 유지되는 구조이며, 예산투입에 대한 경제적, 정치적, 사회적 정당성이 확보되지 않는다면 언제든지 지자체 의회 등에 의해 지원중단이 발생할 수 있는 체계이기 때문이다.

본 연구는 공영방식의 시설 운영사례에 많지 않고, 그로 인해 관련 연구가 부족한 상황에서 공영 복지시설의 운영 성과에 대한 객관적인 분석을 제공한다는 측면에서 의미가 있다. 특히 문재인정부에서 추진하고 있는 대표적인 사회복지분야 국정과제인 사회서비스진흥원 설립과 관련하여 공영방식 시설운영에 대한 나름의 근거를 제공하고 있으므로 정책적 측면에서도 함의를 제공하고 있다.

본 연구의 한계로는 우선 양적조사의 경우, 응답자의 민간위탁 경험기간이 작아 민간위탁체계와 공영체계를 비교하여 응답하는 데 한계가 있을 것으로 추정되었다. 그러므로 응답의 신뢰도가 다소 낮을 수 있다. 또한 운영성과를 공급자 관점이 아닌 실제 이용자의 관점에서 측정해야 함에도 공급자의 입장에서 만족도를 측정하여 결과치의 신뢰도가 낮을 수 있다. 시설 간 예산비교를 통한 분석에서도 단순 비교 방식을 사용하여 체계적인 분석이 부족한 부분이 있다. 또한 공영 전환에 따른 성과를 개별기관 평가가 아닌 총괄적 평가로 살폈기에 한계가 있다. 시설들은 사업의 목적이나 내용이 차이가 있음에도 불구하고 이를 전체적인 측면에서 다루어 개별 기관의 특성이 반영되지 못하였기 때문이다. 연구는 공영체계의 운영원리에 따른 성과를 살펴보는 것이 궁극적인 목적이었으나, 일정 정도 민간위탁체계와 공영체계의 비교라는 관점을 빌려 공영체계의 성과를 살펴본 측면이 있다. 향후 연구들은 이러한 문제점을 고려하여 연구가 수행될 필요가 있다.

참고문헌

고재권. 2014. “행정에서의 공공성에 대한 재고-공공서비스의 전달체계를 중심으로-”. 『한국거버넌스학회보』. 21(2). 287-302.

광산구청 복지시설지원단. 2015.12. 『복지談』.

광산구청 복지시설지원단. 2017. 2017년 업무보고. 내부자료.

광산구청 공동체복지과. 2017. 기관별 예산 내역. 내부자료.

광산구청 공동체복지과. 2017. 공영시설별 보건복지부 시설평가자료. 내부자료.

국정기획자문위원회. 2017. 『문재인정부 국정운영 5개년 계획(2017.7)』.

김미현 · 이수영 · 이은혜 · 강현 · 이태수 · 김도한 · 홍영준. 2012. 『사회서비스 종사자 고용안정성 강화 시범사업모델 개발 연구』. 서울시복지재단.

김연명 · 김진석 · 백선희 · 송인주 · 이태수 · 정창수 · 홍영준 · 이성희 · 윤승희 · 이선영 · 주수정 · 신성희. 2016. 『서울시 사회서비스재단 설립 타당성 검토 연구』. 중앙대학교 산학협력단.

김이배. 2017. “기초자치단체 복지공동체 발전요인의 탐색: 광주광역시 광산구 사례를 중심으로”. 『사회복지정책』. 44(4).

김인. 2010. “지방정부 노인복지관 서비스 공급방식에 따른 서비스 수준 비교 분석-정부직영 · 민간위탁 · 법인보조금지원 방식을 중심으로”. 『지방정부연구』 14(4). 5-39.

김정해 · 이혜영 · 임인선 · 권순도. 2015. 『민간위탁 제도의 운영효율화 방안』. 한국행정연구원.

김진석 · 민소영 · 유동철 · 홍영준 · 황경란. 2015. 『서울시 복지인프라 공공성 강화 방안』. 서울시복지재단.

김효주. 2011. “지방공공서비스 유형에 따른 공급방식의 효율성 분석-직영, 공단위탁, 민간위탁의 비교”. 박사학위논문. 연세대학교 대학원.

노연희. 2007. “비영리 사회복지조직에서의 책임성은 무엇을 의미하는가?-책임성의 주체, 대상 및 확보방안을 중심으로-”. 『사회복지연구』. (33). 35-64.

박순애. 2009. “민간위탁 단계별 영향요인에 관한 연구: 국내외 민간위탁 연구에 대한 내용을 중심으로”. 『행정논총』. 47(1). 101-131.

박윤희・박천오. 2011. “사회복지서비스 민간위탁 실태에 관한 진단: 경기도 K시 종합사회복지관을 중심으로”. 『지방행정연구』. 25(2). 79-102.

백선희. 2011. 『보육의 공공성 강화를 위한 정책방안』. 한국보건사회연구원.

백완기. 2007. “한국행정과 공공성”. 『한국사회와 행정연구』. 18(2). 1-22.

보건복지부 사회서비스정책관. 2017.11. (가칭)사회서비스진흥원 설립 관련 시도 설명회 자료집(광주광역시, 2017.12.15).

신용규. 2016. 사회복지시설 민간위탁제도의 문제점과 대안모색. 『인천광역시사회복지협의회 사회복지정책세미나』 자료집.

양성욱. 2013. “사회서비스 제공 조직의 공공성은 어떻게 평가할 수 있는가-조직 차원의 공공성에 대한 논의를 중심으로-”. 『한국사회복지행정학』. 15(3). 133-160.

양성욱・노연희. 2012. “사회서비스의 공공성은 무엇을 의미하는가?: 서비스 주체에 따른 공공성의 내용을 중심으로-”. 『사회복지연구』. 43(1). 31-57.

윤홍식. 2012. “사회서비스 정책과 공공성: 공공성을 둘러싼 논란과 적용”. 『보편적 복지 확대를 위한 공공성 강화 방안토론회(2012. 8. 23)』 자료집. 참여연대 사회복지위원회.

이병량. 2011. “문화정책과 공공성”. 『한국거버넌스학회보』. 18(3). 119-146.

이봉주. 2011. “사회복지시설 민간위탁제도의 문제점과 개선방안”. 『사회복지시설 민간위탁제도 개선을 위한 토론회』 자료집.

이준영. 2010. “사회복지전달체계 평가기준의 체계화 가능성-책임성에 대한 재해석을 중심으로-”. 『사회과학연구』. 26(1). 219-240.

임의영. 2010. “공공성의 유형화”. 『한국행정학보』. 44. 1-21.

정한채. 2012. “노인복지시설 운영형태에 따른 조직성과 결정요인에 관한 연구-위탁과 직영 종사자의 인식 비교를 중심으로”. 박사학위논문. 강남대학교 대학원

조대엽・홍성태. 2013. “공공성의 사회적 구성과 공공성 프레임의 역사적 유형”. 『아세아연구』. 56(2). 7-41.

조윤경. 2010. “민간위탁의 직영전환(Back-In) 현상에 대한 실증분석-사례를 중심으로”. 석사학위논문. 서울대학교 대학원.

조한상. 2009. 『공공성이란 무엇인가』. 책세상.

주은선. 2016. “복지공급 주체로서 국가, 시장, 시민사회에 관한 정책 패러다임 검토: 이념과 쟁점”. 『사회보장연구』. 32(3). 175-202.

추병주 · 정윤수. 2009. "민간위탁의 단계별 운영실태 분석: 지방자치단체 전수조사 결과를 중심으로." 『한국공공관리학보』. 23(2). 1-31.

홍현미라 · 진재문 · 민소영. 2017. "사회복지관의 자율성과 공공성 재구축". 『2017년도 한국사회복지연구회 추계학술대회』 자료집.

Hefetz and Wamer. 2004. "Privatization and Its Reverse: Explaining the Dynamics of the Government Contracting Process". Journal of Public Administration Research and Theory. 14(2). 171-190.

연합뉴스. 2016. "지자체 운영 복지시설 낙제수준. 민간시설과 극과 극". 2016.1.17.

CHAPTER 07

복지분권과 복지대타협 제안

●●● 요약

본 연구는 복지분권의 흐름 속에 하나의 대안으로 복지대타협을 제안하고 있다. 주요 내용으로는 지난 복지분권에 대한 평가와 현 문재인정부의 분권정책을 요약하고, 전국시장군수구청장협의회 산하 복지대타협 특별위원회에서 제안한 3개 영역 9개 과제를 설명하고 있다. 이를 통해 복지부문에 있어 중앙-광역-기초정부 간 합리적인 역할분담을 제시하고 있다.

1. 들어가기

우리나라는 급격한 인구변동(저출산, 고령화), 경제변동(청년실업, 경제적 불평등 확대), 사회변동(가족해체, 공동체해체) 지역변동(지역소멸) 등 다양한 변화로 인해 국민의 삶을 질을 위협하는 여러 가지 사회문제가 발생하고 있다. 이에 대한 정책적 대응으로 사회보장 또는 사회복지에 대한 지출과 투자가 빠르게 확대되었다. 그로 인해 중앙정부 예산 중 사회복지 부문이 가장 많은 비율(2019년 기준 34.3%, 161조)을 차지하고 있으며, 지방정부인 광역정부와 기초정부에서도 예산 내 가장 많은 지출(2019년 기준 30.2%, 70조)[1]을 실시하고 있다.

그러나 이 과정에서 중앙정부 중심의 복지정책 집행은 상당한 문제가 있다는 의견이 제시되었다. 중앙정부가 집행하는 방식이 효과적이지 않을 뿐만 아니라 지방정부가 동의하기 힘든 방식으로 진행하고 있기 때문이다. 특히 사회적 변화가 급속히 진행되고 있음에도 불구하고 고전적인 패러다임에 갇혀 효과적이고 효율적인 대응을 하고 있지 못하다는 것이다.

이러한 지적은 지방자치와 지방분권, 재정분권의 논의과정에서 보다 심각하게 논의되고 있다. 복지분권화는 지방분권의 한 영역으로 사회복지 분야에서의 분권을 의미하는 것이다. 사회복지 서비스나 정책의 상당부분이 지방정부를 통해 집행되고, 재정분권의 시도는 지방정부 운영방식의 변화를 야기하기 때문이다.

복지 영역의 경우, 분권은 2005년 사회복지 국고보조사업 67개가 지방으로 이양되면서 시작되었다. 지난 15년을 지나오면서 이에 대한 평가는 대부분 부정적이다. 중앙정부가 지방정부에 복지업무를 위임하는 방식은 국고보조사업과 교부금 사업 두 가지로 구분할 수 있고, 지방정부가 자체적으로 실시하는 자체사업이 있는데, 운영현황을 보면 문제가 심각하다는 것이다. 기초정부가 실시하는 사회복지사업의 경우, 예산으로 보면 중앙정부와 광역정부가 위임한 사업이 90% 정도이고, 나머지 10% 내외가 자체사업이다. 특히 보조사업의 대부분은 기초정부가 의무적으로 재정을 분담해야 하는 방식으로 지출되므로 기초정부는 심각한 재정위기에 처해 있다고 평가된다.

이로 인해 지역주민의 다양한 복지욕구가 분출하고 있음에도 불구하고 기초정부는 소극적으로 대응할 수밖에 없는 구조적인 상황이며, 한마디로 사회복지 영역에서 자치(自治)는 존재하지 않는다고 평가할 수 있다. 이로 인해 직접적인 피해를 보는 것은 지역주민이다. 지자체가 지역에 필요한 복지사업을 실시하지 못하게 되면서 지역의 복지수요에 대응하지 못하기 때문이다. 그런데 문제는 지역주민들이 보기에 이러한 상황을 이해할 수 없다는 점이다. 주민들의 입장에서 보면 중앙정부나 지방정부는 모두 정부이기 때문이다. 이러한 상황은 현재의 구조를 개선시키는 것이 쉽지 않다는 것을 의미한다. 왜냐하면 주민들은 이러한 문제를 직접적으로 체감하지 못하기 때문이다. 복지분권이 무엇인지,

1) 기획재정부(2020). 나라살림 예산개요

복지분권이 강화되면 어떻게 좋아지는 것인지 경험한 바가 적기 때문에 공감대를 구축하기 힘들고 이를 실행하는 데 지지를 얻기도 쉽지 않기 때문이다.

이런 시점에 전국 기초정부 단체장들의 모임인 '전국시장군수구청장협의회'는 특별위원회를 구성하여 '복지대타협'이란 화두를 던지고, 복지분권의 실행을 요구하고 있다. 복지대타협은 '지속가능한 복지체계 구축'을 목적으로 하고 있는데, 현재의 복지체계로는 복지국가로의 이행은커녕 지속 자체가 불가능하다고 진단한다.

복지대타협은 복지분권의 또 다른 이름으로 중앙-광역-기초정부 간의 합리적인 역할분담 구축을 제안하며, 이에 대한 정부 주체 간 대타협을 의미한다. 후술할 복지대타협의 3개 영역 9개 과제는 기존 논의된 복지분권 논의의 연장선상에 있으며 사실 새로운 주장은 아니다. 지속적으로 문제제기가 되어 왔으나 여전히 해소되지 않는 그런 문제를 다시 주장하는 것이다.

최근 코로나19 사태는 우리 사회의 복지안전망에 대해 새로운 역할을 부여하고 있다. 동시에 보편적 복지국가로의 도약과 지방분권을 통한 새로운 국가운영 패러다임을 요구하고 있는 시점이다. 복지분권은 그 가운데 가장 핵심적인 위치에 놓여 있다. 복지분권을 실현하기 위한 하나의 대안으로서 복지대타협의 내용과 방향성을 살펴보고자 한다.

2. 복지분권과 분권정책

본 장에서는 지금까지 진행된 복지분권의 흐름을 간략히 진단해 보고, 현재 진행 중인 분권정책의 맥락을 정리해 본다.

1) 복지분권의 흐름

복지분권화는 복지영역의 분권화를 위미하는 것으로, 분권화의 사전적인 의미는 '중앙에 집중된 권한을 하부조직으로 분산시키는 것'을 의미하지만 분산의 내용은 매우 다양하다. 구체적인 내용으로 사무나 재정 그리고 행정 등이 언급될 수 있고, 권한이나 의사결정, 인력, 책무성 다양한 영역을 포함한다. 중앙정부에서 지방정부로 권력이 분산되면 지방분권, 민간조직일 때에는 민영화, 주민인 경우에는 주민자치로 분류할 수 있다.

이 책에서는 기존에 주로 논의되어 왔던 복지사무, 복지재정 그리고 복지행정 영역을 중심으로 분권 흐름을 정리한다.

(1) 복지사무분권

복지사무 분권은 중앙정부의 복지사무가 지방정부로 이양됨을 의미한다. 국가사무의 지방이양 필요성은 지방자치제도가 본격적으로 시행되기 이전부터 논의되었으나 본격적으로 실시된 것은 2005년부터이다.

당시 보건복지부는 138개 소관 국고보조사업 중 67개 사업(5,959억원, 12.1%)을 이양하였다. 67개 중 장애인복지사업이 24개, 노인복지사업이 13개, 아동복지사업이 11개로 사업예산의 각각 62%, 33%, 93%가 이양되었다(곽채기 외, 2008). 이후 67개를 52개로 통폐합하였으며, 2015년 정신/장애인/노인시설 운영사업을 다시 국고보조사업으로 환원하였다. 주된 이유는 생활시설의 경우 전국적인 관리가 필요하며 특정 지자체가 부담하는 것이 불합리하였기 때문이다.

사무분권의 내용에 대한 타당성 검토에서는 상당부분 문제가 많은 것으로 평가된다(곽채기 외, 2008; 구인회 외, 2009; 이재원 외, 2018b; 정홍원 외, 2019 등). 사무분권 과정에서 가장 큰 문제는 중앙정부와 지방정부 간 기능별 역할규정에 대한 논의위에서 사무분담이 진행되지 않았다는 점이다. 중앙이 집행하는 국고보조사업과 지방에 이양한 사업이 어떠한 기준에 의해서 분류되었는지 확인하기 쉽지 않다. 한마디로 자치분권에 대한 이해가 부족한 상태에서 사업이 진행된 것이다.

특히 지방이양된 사업들 중 상당수는 여전히 중앙정부가 사업에 대한 기획과 관리를 가지고 있다. 중앙정부 주도 방식이 관철되고 있으며, 겉으로는 이양이 된 것처럼 보여도 지방정부가 자율적인 방식으로 집행하지 못하도록 하여 실질적인 분권의 의미가 나타나지 않고 있다. 결과적으로 지방정부가 책임성 있는 행정을 실시하기 어려운 구조로 되어 있어 지역주민의 욕구에 부응하기 어렵게 되어 있다.

현재 지방정부의 사회복지 사업은 크게 국고보조사업(시도 보조사업 포함), 지방교부세 중심의 사회복지 지방이양사업, 자체사업 등 3가지 정도로 구분된다.

▌표 7-1▐ 지방자치단체 사회복지사업 유형과 재원구조

구분	국고보조사업*	자체사업	
		사회복지 이양사업	순수자체사업
사업유형	87개 사업(2015년 기준) (자치단체보조금)	67개 사업 (2005년 기준)	자치단체별 자체사업
대상사업	국고보조사업 시도비보조사업	시설 운영 및 기능 보강 사업	단체지원 등
재원구조	보조금(국고/시도비)+지방대응비	분권교부세**+ 지방대응비	자체재원

출처: 이현우(2016: 4)의 자료를 일부 수정함.
주 : *는 2015년 기준 사회복지 분야(보건분야 제외)의 국고보조사업은 보건복지부 41개 사업, 여성가족부 24개 사업, 기획재정부 4개 사업, 행정안전부 4개 사업, 노동부 14개 사업(제주특별자치도 기능이양사업 제외)임.
** 분권교부세는 2016년 보통교부세로 전환되었음. 이 과정에서 지방 이양사업은 자체사업으로 전환됨.

(2) 복지재정분권

사무분권을 원만히 수행하기 위해서는 재정분권이 전제되어야 한다. 복지사무는 기본적으로 재정을 수반하기 때문에 이것이 사전에 고려되지 않으면 본래의 기능을 수행하기 어렵기 때문이다.

2005년 149개의 국고보조사업을 지방정부로 이양하면서 정부는 분권교부세 제도를 도입하여 이양사업 수행의 재원으로 설정하였다.[2] 분권교부세 제도 도

2) 분권교부세는 보통교부세, 특별교부세와 함께 지방교부세에 속한다. 제도의 성격이나 운영은 보통교부세와 유사하며, 예산의 편성과 운영은 자치단체의 자율성에 기초하여 운영한다. 즉 특정한 목적사업을 위한 재원이 아닌 일반재원인 것이다. 그러나 분권교부세가 보통교부세와 유사하

입 당시 재원규모는 내국세 수입의 0.83%로 책정되었고, 그 외 담배소비세 인상에 따른 지방세 수입 중 일부분을 활용토록 하였다. 문제는 분권교부세 산정 시 2004년도 국고보조금을 기준으로 액수를 결정하면서 향후 발생한 미래의 재정지출 수요를 충분히 고려하지 못했다는 점이다. 폭발적으로 늘어나는 복지 수요를 예측하지 못한 상태에서 분권교부세는 내국세 증세율에 고정되어 있는데 비해, 지방이양 사업의 세출은 훨씬 높게 지출되었다. 이러한 차이는 결국 지방정부가 추가적인 재정을 부담하게 만들었고 지방재정 위기를 초래하는 결과를 만들었다.

지방정부의 입장에서는 대부분의 이양사업이 법률에 근거한 강제적 사업으로 재정부담을 이유로 하여 사업실시를 중단하기가 곤란하였다. 그렇기에 재정압박을 해소하는 것이 구조적으로 어려웠다. 그러므로 2015년 분권교부세가 보통교부세로 통합되기 이전까지 재정분권에 대한 평가에서는 비판적인 견해가 압도적으로 높게 나타났다.

특히나 복지 분야 국고보조사업의 확대는 지방정부의 재정자율성에 심각한 문제를 가져왔다. 국고보조사업의 경우, 2005년 지방이양 때보다 사업 수가 현저하게 증가하였다. 국고보조사업 방식으로 다양한 복지사업이 확대되었기 때문이다. 2019년 사회복지 분야의 국고보조금 규모는 46.1조원으로 전체 국고보조금의 59.2%를 차지하고 있다. 연도별 추이를 살펴보면, 2012년 39.5%에서 2019년 59.2%로 증가하였으며, 지출규모는 2012년 대비 2019년 28.0조원이 증가하였다. 지출이 증가한 이유는 사회문제 대응을 위해 각종 바우처 사업 확대와 기초연금, 아동수당, 의료급여, 생계급여, 영유아보육료지원 등 복지사업의 확대 때문이었다.

국고보조사업의 확대는 지방정부의 의무지출비를 동반하였기에 자연스럽게 지방정부의 사회복지예산은 증가하였고, 이 과정에서 기초정부 사회복지예산의

면서도 보통교부세에 포함할 수 없는 이유는 보통교부세에 포함하여 배분할 경우 보통교부세 불교부단체는 재원이 배분되지 않아 이양사업 추진에 소홀히 할 우려가 있는 등의 문제가 있어, 지방재정제도 개편에 따른 부작용을 최소화하고 효과적으로 정책 목표를 달성하기 위해 보통교부세 산정방식과는 다소 다른 방법을 채택한 것이다.

90%가 국고보조사업 대응지출로 구성되게 되었다. 이로 인해 자체사업 비중은 10%에 불과하여 자율적인 사업집행이 곤란하게 되었다. 이를 분권의 관점에서 해석해 보면, 2005년 이후는 재정분권보다는 오히려 재정집권의 특성을 강하게 보이는 방식으로 구조화되었음을 보여준다. 실질적인 분권이 아닌 형식적인 분권, 권위적인 분권방식으로 진행된 것이다.

(3) 복지행정분권

행정분권은 '복지사무에서 중앙과 지방정부 간 그리고 지방정부 내 광역과 기초 간 분권적 사무실행을 가능하게 하는 조직과 인력차원에서의 분권시스템 구축 정도'를 말한다(남찬섭 외, 2019). 앞에서 언급한 사무분권, 재정분권의 한계는 행정체계의 분권도 어렵게 만들었다.

본래 지방이양 사업의 특성은 지방정부가 교부세를 재원으로 하여 지역의 여건과 수요를 고려하여 사업내용과 방식에 있어 자율적인 재량권을 가지고 기획과 실행을 하는 것이다. 그러나 지방이양 사업의 경우도 국고보조금 사업과 마찬가지로 중앙의 관리감독 방식으로 운영되고 있다고 평가된다(이재원 외, 2019a). 결과적으로 지방이양 이전과 별반 다르지 않는 방식으로 사업이 추진되면서, 사업실행의 책임성과 효과성이 나타나지 않게 된 것이다. 지방이양 사업 또한 겉으로는 지방이 자율적으로 운영하는 것처럼 보이지만 실제로는 중앙이 사실상 사업을 운영하는 것이나 다름없게 된 것이다.

이러한 과정에서 무엇보다 안타까운 것은 중앙과 지방정부 간의 거버넌스나 파트너십이 정착되지 못했다는 점이다. 협의기구의 제도화나 실질적인 협력관계 구성도 시도되지 못하였고, 특히 2015년을 전후하여 사회보장위원회의 사전심의제도 운영과 관련하여 중앙집권적 조치들이 시행되면서 분권에 대한 드라이브가 약화되었다. 지방정부와 복지계에서는 이런 방식의 분권이라면 하지 않는 것이 바람직하다는 분권에 대한 불신이 강화되었다.

끝으로 분권의 제도적 기반이 되는 관련 법제도가 마련되어야 하나 정비가 진행되지 못하였다. 지방자치법, 지방재정법, 보조금 관리에 관한 법률 등 관련 법률과 사회복지 관련 법률들이 기존의 중앙-지방의 수직적 관리감독 규정을 그대로 유지하여, 지방 스스로 자율성과 책임성을 가지고 행정을 집행하는데 한계를 가져왔다. 이는 행정부, 입법부, 지방정부, 사회복지계(특히 학계) 모두가 공동책임이 있다고 볼 수 있다.

(4) 소결

기존 복지분권화 과정을 요약 및 평가해 보면 다음과 같이 정리할 수 있다.

첫째, 한국에서의 복지분권화는 2005년 지방이양으로 시작되었으나 부정적인 효과가 큰 특징을 나타냈다. 한마디로 정리하면 잘못된 기획이었다고 평가할 수 있다(곽채기 외, 2008; 구인회 외, 2009; 박병현, 2006; 박병현 외, 2015 등). 이로 인해 복지분권이 필요함에도 불구하고 복지관계자들 중에는 분권화에 부정적인 입장을 가지는 경우가 나타났다.

둘째, 국고보조사업의 문제점이 심각하다. 국고보조사업 운영과정에서 기초정부의 의무지출 비율이 과도하여 지방재정에 심각한 부담을 야기시켰고, 이로 인해 복지영역뿐만 아니라 지방정부 운영 그 자체에 심각한 문제점을 양산시켰다.

셋째, 복지 분야 자체사업 비율이 너무 과소하여 실질적인 자치가 진행되지 않고 있다. 한마디로 복지에는 자치가 존재하지 않는다고 평가할 수 있다. 이로 인해 책임행정이 수행되지 않고 있으며, 이 상태가 지속된다면 향후 지역복지의 대응에도 한계가 있을 것으로 예측되고 있다.

넷째, 지방재정의 현실을 보면, 재정자립도는 낮고, 지자체 간에도 재정자립도의 격차가 심한 것으로 나타난다. 이처럼 지방재정이 취약한 근본적인 이유는 세수 신장성을 담보할 수 있는 세원이 중앙에 편중되어 있고, 자세재원의 과세 범위가 협소하기 때문이다. 결국 이러한 구조는 지자체의 취약한 재정여건으로 인하여 지역이 필요로 하는 사업의 시행이 곤란할 뿐만 아니라, 중앙정부에 의존하는 경향이 높아지므로 재정 책임성도 취약해져 전체적으로 비효율적인 집행으로 귀결된다. 지방재정의 구조적 모순[3]을 해소하지 않는다면 근본적

---

3) 우리나라의 국세와 지방세 비중은 80%대 20%인데 비해 세출은 국가 40%, 지방 60%이다. 이런 세입과 세출구조의 특성 때문에 지방자치단체의 재정상태는 만성적으로 열악하다. 지방 내에서도 광역과 기초의 세입은 64%대 36%이지만, 세출은 25%대 75%로 세입분권과 세출분권의 차이

인 해결이 어렵게 된다.

다섯째, 정부 간 역할분담이 되어 있지 않다. 중앙-광역-기초정부 간 역할 중복 및 역할모호가 나타나 사무조정의 필요성이 제기된다. 여타 나라들은 정부 간 합리적인 역할분담을 통해 책임행정을 강화하고 있으나 우리나라는 그렇지 못하다.

여섯째, 정부 간 사회복지 협의구조가 취약하다. 중앙단위 사회보장위원회가 있으나 기능과 역할에 한계가 있으며, 중앙-지방, 광역-기초 간의 복지사무 관련 거버넌스체계가 없고, 권위적인 방식에 의해 복지업무가 집행되는 구조를 가지고 있다.

일곱째, 분권의 최말단인 기초정부 역할의 중요성이 강조되고 있으나, 인사 및 조직체계가 관료적으로 구성되어 있어 복지영역의 전문성이 발휘되기 힘든 실정이다.

여덟째, 복지분권화의 효과를 가장 직접적으로 경험하고 있는 기초정부의 경우, 중앙정부나 광역정부에 대응하는 힘이 부족하다. 1개의 중앙정부, 17개의 광역정부에 비해, 226개의 지방정부는 그 단위가 큼에도 불구하고 조직적, 체계적 대응이 부족하다.

결론적으로 이러한 특성들은 신진욱 외(2019)에서 정리하였듯이 한국의 강한 중앙집중식 권력구조가 복지분권화를 매개로 하여 지역 혹은 지방까지 국가가 확장된 결과로 볼 수 있으며, 이 때문에 지방정부의 복지역량을 강화하는 것은 단순히 지역의 문제가 아니라 국가의 문제임을 보여준다. 이러한 구조적인 특징들이 보다 혁신적인 복지국가로 나아가는데 장애물이 되고 있음을 보여준다.

2) 분권정책의 흐름

여기서는 복지분권과 관련하여 현 문재인정부의 분권정책 내용을 정리한다.

때문에 기초가 광역에 의존하는 잘못된 구조로 되어 있다.

(1) 문재인정부의 분권정책 개요

문재인정부의 지방분권 전략은 '자치분권 종합계획(2018.9.12.)'에 핵심적인 내용이 제시되어 있다. 계획은 새로운 국가발전 전략으로서 자치분권체계를 확립하고자 하며, 6대 추진전략과 33개 과제가 제시되어 있다.

▌표 7-2▐ 문재인정부 자치분권 종합계획 개요

추진전략	주요 내용
1. 주민주권 구현	• 주민자치회에 실질적 권한을 부여하여 마을문제 직접 해결 • 주민직접민주주의(주민투표, 주민발안, 주민참여예산 등) 대폭 강화
2. 중앙권한의 획기적인 지방이양	• 국가사무를 지방으로 일괄 이양하는 지방이양일괄법 제정 • 법령 제·개정 시 자치권 침해 여부 사전 심사
3. 재정분권의 강력한 추진	• 지방소비·소득세 비중 확대로 지방세 확충 • 국고보조사업의 합리적 개편을 통해 국가적 사업은 중앙이, 지역적 사업은 지방이 수행하도록 체계 구축 • 국민최저수준 보장적 복지사업에 대한 국가책임 강화
4. 중앙-지방 및 자치단체 간의 협력 강화	• 대통령과 지방자치단체장 만남 정례화 • 관할구역을 초월한 특별지방자치단체 설치 가능
5. 자치단체의 자율성과 책임성 확대	• 자치단체의 조직·인사·재정 자율성 대폭 확대 • 주민이 자치단체 형태 선택 가능
6. 지방행정체제 개편과 지방선거제도 개선	• 지방행정체제 개편방안 모색 • 지방선거제도 개선방안 모색

출처: 자치분권위원회(2018.9.12) 발표 내용 편집.

복지분권과 관계된 부분만 살펴보면, 지방자치단체의 정책과정에 주민자치의 원리를 강조하고, 중앙과 지방간 사무 재배분을 통해 합리적인 업무수행이 가능하도록 하였다. 강력한 재정분권 실행을 위해 8:2 수준인 국세와 지방세 비율을 7:3을 거쳐 6:4로 개편하며, 국고보조사업을 개편하기로 하였다. 그 외 행정수요에 신속하게 대응할 수 있도록 지방조직의 자율성·탄력성을 확대함으로써 주민 생활서비스의 질 개선을 도모하고, 주민중심의 조직관리·진단 강화를 통해 조직·인력 운영상의 책임성 확보 및 전문성·효율성 강화를 추진하기로 하였다.

(2) 문재인정부의 주요 분권정책

① 사무 재배분과 기능중심 포괄이양

분권은 권한이양을 전제로 하는 바, 국가와 자치사무의 조정이 필수적이다. 중앙과 지방, 광역과 기초 간 사무배분이 이루어져야 하며, 배분원칙에 따라 적용한다. 특히 국가사무와 자치사무의 구분 기준에 따라 기관위임사무의 지방이양 또는 국가 환원을 추진하고, 국가사무와 자치사무로 재배분이 어려운 기관위임사무는 (가칭)법정수임사무 도입 등을 검토한다. 광역 · 기초단체 간 사무배분 합리화는 광역 기능 중 주민 생활과 밀접한 기능은 기초로, 기초가 수행하기 어려운 광역 · 종합적 기능은 광역으로 재배분한다.

기존 단위사무 중심이 아닌 기능 중심의 포괄 이양 방식을 통해 지방의 실질적 권한을 확대하며, 모든 제 · 개정 법령에 대한 사무배분 적정성 사전 심사로 자치권을 보장하고, 사전 검토 제도화를 통해 사무배분의 구속력을 확보한다.

② 재정분권의 강력한 추진

재정분권은 크게 1단계 재정분권과 2단계 재정분권으로 나누어 진행한다.

표 7-3 재정분권 추진방안 개요

구분	내용
재정분권 추진방안 기본원칙	① (지방의 자율성 · 책임성 제고) 중앙의 기능 · 재원을 지방으로 대폭 이양하여 국세 대 지방세 비율을 '22년까지 7:3으로 개선 ② (균형발전 촉진과 재정격차 완화) 지역 간 세원 불균형에 대한 보정장치를 마련하여 어느 지역도 현재보다 불리해지지 않도록 설계 ③ (단계적 추진) 재정분권 성과의 조속한 실현을 위해 19년부터 시행하는 1단계 추진방안과 근본적 제도개편을 추진하는 2단계 추진방안으로 구분
1단계 재정분권 추진 ('19~'20년)	• (지방세 확충) 지방소비세 도입('10년) 이후 최대폭(10%p)으로 지방세 확충 • (기능이양) 기능이양('20년 3.5조원 내외)으로 지방의 자율성 · 책임성과 권한 확대 • (소방직 국가직화 지원) 소방안전교부세율 인상으로 안정적 재원 확보 • (재정격차 완화) 재원을 전국에 고르게 배분, 상생과 통합의 지방자치 구현
2단계 재정분권 추진 ('21~'22년)	충분한 의견수렴을 거쳐 지방세 확충방안, 추가적 기능이양 방안 등을 포함해 지방재정제도를 근본적으로 개편

기대효과	① 국세 : 지방세 비율 7:3 달성 ② 지방의 권한 · 기능 · 재원 대폭 강화 → 강력한 재정분권을 통한 균형발전 지원

출처: 국무조정실 · 국무총리비서실(2018.10.20). 보도자료

1단계의 경우 첫째, 지방소비세율을 단계적으로 인상하고, 둘째, 3.5조원 내외의 중앙정부 기능을 지방정부로 이양하며, 셋째, 소방안전교부세율을 인상한다. 넷째, 지역 간 재정격차 완화를 위해 지방소비세율 인상분에 지역별 가중치에 따른 배분방식을 적용하며, 지역상생발전기금도 출연한다.

2단계의 경우 첫째, 지방분권세 등을 포함한 국세-지방세 구조 개편 또는 지방재정조정제도 개편과 함께, 지방소득세, 교육세 등 추가적인 지방세수 확충 방안을 검토하고, 둘째, 추가적인 중앙정부 기능의 지방정부 이양방안과 지방교육재정교부금 제도 개편, 지방 자율성 제고를 위한 재원배분, 지방제도 개선 등을 검토한다. 2022년에는 국세의 지방세 전환을 포함하여 20조원 이상의 지방세가 늘어나 국세 대 지방세 비중을 7:3으로 개선시킨다.

▌표 7-4▐ 재정분권 추진에 따른 지방재정의 모습

구분	1단계				2단계	합계
	'19년	'20년	소계('19~'20년) 순증	소계('19~'20년) 누적	'21~'22년	
지방세 확충	3.3조원 *지방소비세율 +4%p	5.1조원 *지방소비세율 +6%p	8.4조원	11.7조원	12조원+α *국세 지방세 전환 포함	20.4조원+α
소방직 지원	0.3조원 *소방안전교부세율 +15%p	0.2조원 *소방안전교부세율 +10%p	0.5조원	0.8조원		
기능이양	-	-3.5조원 내외	-3.5조원 내외		-	-
지방재정 순확충**	2.9조원	0.8조원	3.7조원	6.6조원	-	-
국세:지방세 (16년 76:24)	75:25	74:26	74:26		70:30	70:30

출처: 국무조정실 · 국무총리비서실(2018.10.20). 보도자료

그러나 2020년 3월 현재, 재정분권 경과에 대한 평가는 상이하게 나타나고 있다. 우선 1단계 재정분권의 경우, 광역정부의 세목에 해당하는 지방소비세 세율의 인상만을 담고 있어 기초정부의 지방세 확충이 배제되어 있다. 지방소비세는 국세인 부가가치세의 일부를 전환하는 세금으로 지방교부세는 내국세의 19.24%를 재원으로 하고 있다. 따라서 지방소비세의 확대는 지방교부세 재원을 감소시키고 이는 지방교부단체의 세입을 줄이는 영향(약 0.7조원 감소)을 가져온다. 그럼에도 지방교부세 감소에 대한 보전은 하지 않고 있다. 2단계의 경우도, 중앙부처 등 관련기관의 재정분권 의지가 미약한 것으로 평가된다. 특히 기획재정부의 경우, 재원중립적 태도를 가지고 있어 대통령 공약 사항인 7:3 조정이 형식적으로 추진되고 있다는 평가이다. 재정분권 확대를 위해 운영하였던 2단계 재정분권 태스크포스(TF)는 여러 차례 회의를 거쳐 안(案)을 마련하고 종료[4]하였는데, 이 안이 재정분권 수준에 걸맞게 마련되었는지에 대해서는 논란이 있다.

③ 국고보조사업의 전면적 개편과 지방교부세 기능 강화

국고보조사업 증가에 따른 대응 지방비 증가로 지방재정 부담이 가중되고, 지방재정 운영의 경직성을 초래하는 문제를 해소하기 위해, 국민최저수준(National Minimum) 보장적 복지사업에 대한 국가 책임 강화를 추진하고, 지역현장여건에 따라 수행될 필요가 있는 지역밀착형 · 지역특화사업 등은 지방으로 이양을 추진하기로 하였다. 또한 기준보조율 체계를 개선하고, 지방 부담을 합리화하여 지방이 책임있게 사업운영을 할 수 있도록 성과관리 체계를 수립하기로 하였다.

또한 지방재정의 핵심재원인 지방교부세 법정률은 '06년 이후 10년간 고정되어 있었기에 지방교부세 법정율 상향 등 균형발전 재원으로서 교부세 역할을 강화한다.

4) 자치분권위원회에서는 2018년 10월 30일 관계부처가 합동 발표한 '재정분권 추진방안 합의문'에 따라 관계부처, 전문가 등으로 구성된 범정부 2단계 재정분권 TF(태스크포스)를 2019년 9월 6일 출범, 2020년 7월 31일까지 총 18차례 TF 논의를 진행했다.

④ 지방정부 자율성과 책임성 확대

자치분권은 지방정부의 자율성과 책임성이 전제되어야 가능한 것으로 이를 위해 지방의회의 독립성 강화, 지방행정의 자치조직권과 인사권의 강화, 지방공무원의 전문성 강화와 지방재정 운영의 자율성 제고 그리고 자치분권형 평가체계를 구축하여 지방정부의 책임성을 확대한다. 이를 통해 지방분권 과정에서 지방정부가 주도성을 가지도록 한다.

3. 복지대타협 제안

1) 복지대타협 논의 배경과 의의

(1) 논의의 배경

복지대타협은 초기 기초자치단체간 복지관련 현금성 경쟁에 대한 우려에서 시작되었다. 재정여건이 양호한 기초자치단체에서 시행하는 현금성복지로 인해 인접지역의 기초자치단체는 그런 제도를 시행하기 힘들었기 때문이다.

이러한 문제의식 속에서 전국 시군구 기초자치단체장의 모임인 전국시장군수구청장협의회 산하 복지대타협 특별위원회가 구성(2019.7)되었다. 특위는 226개 지자체 중 217개(96%)(2020.9월 기준)가 참여하고 있는데, 기본적인 문제의식은 지방자치제가 강화되면서 지역주민의 욕구에 대한 여러 복지사업을 실시하고 있는데 이중 상당부분 현금성복지[5]가 중요 사업으로 고려되면서 지역 간 복지격차가 유발되고 있다고 보았다. 현금이 가진 특성상 경직성이 있어 한 번 제도가 실시되면 중지되기 어려운 성격이 있고, 때때로 지역주민의 정치적 지

---

5) 현금성복지의 개념은 일반적으로 쓰이는 용어가 아니며, 복지학계에서는 현금급여로 언급된다. 현금성복지 개념은 정치적인 뜻을 포함하고 있으며, 현실적으로 특정 프로그램이 현금성복지인지 아닌지 판단하는 것은 쉽지 않다. 즉 현금과 현물이라는 급여 형태에 대해 딱 잘라 판단 내리기는 쉽지 않은 면이 있다. 따라서 급여 형태를 가지고 '중앙-현금, 지방-현물 혹은 서비스'이라는 식으로 곧바로 연결하는 것은 문제가 있게 된다.

지를 받기 위한 포퓰리즘적 성격이 있기에 일정 정도 사업시행에 대한 조정이 필요하다는 인식이 있었기 때문이다.

그러나 이러한 특위의 초기입장은 대다수의 언론과 복지학계로부터 비판을 받았다. 주요 비판은 기초자치단체의 복지사업 중 자체사업 비율은 10% 안쪽이고 대부분이 중앙정부나 광역정부가 시행하는 사업에 의무적으로 지출되는 사업비인데, 이러한 적은 비율 중 일부 현금성복지가 시행된다고 하여 통제하는 것이 합리적인가 하는 것이고, 다음은 기본적으로 지방자치라는 것은 지역이 자율적으로 판단하여 행하는 것으로 자치정부가 현금성복지를 포함하여 지역특성에 부합하여 사업을 실시하는 것인데 이러한 사업을 규제 혹은 통제하려는 것이 타당한 방향성인가 하는 비판이었다.

논리적으로 본다면 이러한 지적은 합리적인 것으로 볼 수 있다. 문제는 지자체장이 인식하는 현실은 이러한 논리와 상이하다는 점이다. 지자체가 현금복지경쟁을 하게 된 배경에는 정부가 책임져야 할 기본생활보장이나 서비스가 주민의 욕구를 충족하기에 턱없이 부족하기 때문에 지자체가 없는 형편에서 현금복지를 할 수밖에 없는 상황이 있었다. 기초연금 등이 노인빈곤 문제를 해결하지 못해서, 지역이 어려운 노인을 대면해야 하는 지자체 입장에서 공로수당을 하게 된 측면도 있다. 한편으로 돌봄서비스의 공백을 메꾸기 위해, 지역 주민의 복잡한 복지욕구에 대응하기 위해 어린이집을 더 건립하고, 어린이 장난감 도서관을 만들고, 지역에 의사를 고용하여 어르신을 방문해서 진료서비스를 하는 지자체도 있다. 주민들의 요구에 상응하지 못하는 정부의 복지공백을 채우기 위해 지자체가 여러 방식으로 노력한 것이다. 현금복지를 할 수밖에 없는 지자체, 그것을 하지 못하는 지자체의 상황, 그래서 경쟁과 갈등이 될 수밖에 없는 지방정부의 상황과 지방재정의 구조가 이러한 결과를 나타낸 것이다.

복지대타협특별위원회가 만들어지게 된 배경은 주민의 요구에 상응하지 못하는 정부의 복지공백, 지자체가 주민들을 위한 복지사업을 하기에 턱없이 부족한 재정상태, 복지책임에 대한 역할분담 부재 등이 놓였다. 이러한 다양하고 복잡한 문제를 해소해야만 지방이 생존할 수 있다는 인식 때문이었다.

이후 초기 문제의식은 특위가 복지대타협이란 과제를 심도 있게 논의하면서 일정 정도 방향을 재설정하게 되었다. 초기 복지대타협의 문제 제기의 원인에는 잘못된 복지분권정책에 기인하는 것이며, 결국 핵심 문제는 합리적인 복지분권을 실행하는 것으로 결론이 모아졌다. 그러므로 복지대타협의 핵심 주제는 중앙–광역–기초정부 간의 합리적인 역할분담이며, 이에 집중하는 것이 보다 바람직하다는 합의에 이르게 되었다.

복지대타협은 지속가능한 복지체계 구축이 궁극적인 목적이며, 그 내용은 복지영역에 있어 정부 간 합리적인 역할분담에 대한 정부주체 간 대타협을 의미하는 것이다. 역사적으로 기존 복지대타협이 주로 노동자와 자본가(예, 스웨덴), 노동자–사용자–정부(예, 노사정위원회)간에 진행된 측면이 있다면 이번 복지대타협은 정부주체(중앙–광역–기초) 간 타협을 의미하는 것이다.

물론 이러한 대타협 제안은 몇 가지 한계가 있다. 대타협을 시도하기 위해서는 기초정부 이외에 중앙과 광역정부가 하나의 주체로 협상 테이블에 와야 하지만 현재 기초정부 중심의 의제 제안에 불과하므로 대외적인 타이틀과 실제 실행주체 간에는 상당한 차이가 존재하게 된다. 복지대타협이 되기 위해서는 타협 당사자가 존재해야 하는데 현재 구조는 테이블에 다른 당사자가 보이지 않는 구조이며, 사실상 시군구 기초정부만 당사자로서 설정되어 있다. 또한 복지대타협은 제목에도 제시있듯이 '복지'를 타협의 대상으로 설정하고 있으나, 특위에서 상정하고 있는 복지의 내용은 복지 전반이 아니라 '중앙정부와 지방정부 간 복지 사무 및 재정의 합리적 역할 재정립'을 주된 내용으로 하고 있다. 좀 더 구체적으로 보자면 타협의 대상은 사회복지에 대한 역할분담이다. 이렇듯 다양한 쟁점이 복지대타협 안에 놓여 있다. 다행스럽게도 2020년 8월 광역과 기초 간에는 일정 정도 대타협안에 대한 공감대가 형성되어 2단계 재정분권 추진과 연계한 복지대타협 공동안을 연말까지 마련하기로 하였고, 이를 기반으로 하여 2021년부터 중앙정부와 협상하기로 하였다.

(2) 논의의 경과

○ 복지대타협 특위체계 구축

전국협의회는 복지대타협 논의 실행을 위해 특위 체계를 구축하였다. 체계는 상임위원회(단체장 총 22인 위촉, 중요 안건 심의 의결), 자문위원회(복지 · 재정 · 갈등 · 시민사회 분야 총 18인 위촉), 실무단(특위 실무 논의 총 12인)을 구성하였다.

▮표 7-5▮ 복지대타협 주요사업 경과

일정	사업내용
2019. 7. 4	전국협의회 산하 「복지대타협 특위」 구성
8. 27	복지대타협 특위 자문위원 구성
9. 30	복지대타협 제1차 전문가 포럼 개최. 2020년 제5차 운영 중
10. 11	사회정책연합학술대회 복지대타협 세션 운영
10. 28	국회토론회 "왜 복지대타협인가?" 개최
12. 13	한국행정학회 복지대타협 세션 운영
12. 18	복지대타협 토크 콘서트 개최(수원 컨벤션센터)
12. 30	기초자치단체 복지사업 1차 실태조사 완료
2020. 1. 10	복지대타협 관련 단체장 인식조사 실시
3. 13	코로나19 대응 긴급재정지원 촉구 성명서 발표. 3~4월 지속
4. 10	기초자치단체 복지사업 2차 실태조사 완료
4. 20	긴급재난지원금 보편지급 요청 성명서 발표. 4월 지속 발표
4. 20	'사회서비스 분야 기초자치단체 분담방안 연구' 용역 실시
4. 28	복지대타협 3개 영역 9개 과제 제안문 발표
5 .29	사회서비스 분야 기초자치단체 분담방안 제안 확정
6. 1	기초자치단체 복지사업 3차 실태조사 진행
6. 25	보건복지부 장관 간담회 실시
7. 9	국회토론회 "포스트 코로나 시대의 사회복지분권화 방안" 개최
8. 20	시군구협의회-시도지사협의회 간 복지대타협 간담회 개최
9. 29	복지재정 개선 관련 법률 개정안 마련(관련 국회의원실 전달)

출처: 전국시장군수구청장협의회(2020). 복지대타협 특별위원회 활동자료집

(3) 논의의 의의

복지대타협은 다소 새로운 관점을 가지고 있는데 그 내용을 정리하면 다음과 같다.

첫째, 현재의 역할분담 구조로는 복지영역의 지속가능성이 없다고 판단한다. 지속가능성이 없다고 판단한 부분은 특히 재정문제와 직접적으로 관계되지만 단순히 재정문제를 의미하는 것은 아니고, 현재의 운영방식으로는 향후 증가하는 복지 수요에 합리적인 대응이 불가능하다는 것이다.

둘째, 기존 중앙과 지방이라는 이분법적 관계가 아닌 중앙–광역–기초라는 삼분법적 관계를 제안하고 있다. 기존에는 중앙–지방이란 이분법적인 생각으로 지방자치단체인 광역과 기초 간의 불합리한 관계에 대해서는 크게 논의되지 않았다. 그런데 재정분권 과정에서 광역과 기초 간의 갈등이 심화되고 있고 단순히 지방이란 이름으로 뭉뚱그려 이야기할 수 없는 상황이 된 것이다. 예를 들어, 현재의 지방세 구조에서는 자체재원 증가로 인한 혜택은 주로 광역자치단체에 귀속되는 반면에, 국고보조사업 등의 이양으로 인한 부담은 기초자치단체가 보다 크다는 것이다. 이러한 제안은 복지사업이 단순히 중앙과 지방의 문제가 아닌, 중앙–광역–기초 간의 문제라는 점을 명확하게 제시하고 있다.

셋째, 자치분권과 재정분권의 흐름 속에 기초자치단체의 전면적인 부상을 제언하고, 그동안 소극적으로 행동해왔던 복지 분야에서의 기초정부의 역할과 기능을 중요하게 고려하고 있다. 복지 분야 분권화는 2005년 사회복지사업 지방이양 이후 지속적으로 논의되어 온 사항이지만 이에 대한 주체화, 즉 누가 선도적으로 그 역할을 수행할 것인가 하는 것에는 소극적으로 대치해 온 것이 사실이다. 그런데 복지대타협은 그 역할과 관련해 기초정부의 복지역할에 대한 방향성을 이야기하고, 기초정부 스스로 정부 간 관계에 입각한 역할론을 제안하고 있다.

중앙정부가 해야 할 일과 지방정부가 해야 할 일 그리고 기초정부가 해야 할 일을 제안하면서 226개 기초정부가 고민해야 할 지점을 제안한 것이다. 또한 앞에서 살펴본 것처럼, 지방자치단체의 사회복지사업 중 90%가 국고보조사업이고, 지방자치단체 고유의 자체사업은 고작 10% 내외에 불과한 수준에서, 향후 중앙과 지방의 재정분담이 조정이 된다면 지방정부의 자체사업은 더욱 확대될 것이고 이는 자율적인 사업집행과 동시에 책임성 있는 사업추진의 계기가 될 수 있다. 즉 복지대타협은 전국 기초자치단체장이 향후 재정분권 이후 지자체가 주민들의 복지를 위해 무엇을 할 것인가에 대해 문제의식을 가지고 구체적인 전략을 논의하고자하는 의미 있는 시도로 해석할 수 있다.

그러므로 이러한 복지대타협 제안은 복지정책에 대한 기초정부의 입장이 정리된 것이며, 중앙정부와 광역정부가 이러한 제안의 타당성을 검토하여 수용할 때 비로소 그 효과가 발현될 수 있게 된다.

2) 복지대타협의 주요 제안

주요 과제 작성에는 특위 내 조직인 상임위원회(22명), 자문위원회(18명), 실무단(12명) 등 다수가 참여하였다. 내용은 3개 영역 총 9개 과제로 구성되어 있다. 제안내용은 전국 기초자치단체장을 대상으로 한 인식조사[6](2020.1.)를 통해 동의 여부를 물었고, 주요 과제에 대해 상당부분 동의를 받았다.

▮표 7-6▮ 복지대타협 주요과제

영역	주요 문제	주요 과제
중앙-지방 역할분담	중앙-지방 사무배분 불합리	『중앙-지방 복지사업 조정위원회』 설치 및 운영
	중앙-지방 재정분담 불합리	전국적·보편적 급여는 중앙 부담(책임) 원칙 준수
	국고보조사업 운영 불합리	국고보조사업 전면적 재검토
광역-기초 역할분담	광역-기초 사무배분 불합리	『광역-기초 복지사업 조정위원회』 설치 및 운영
	광역-기초 재정분담 불합리	『광역-기초 지방재정부담심의위원회』 설치 및 운영
	광역-기초의 역할 불분명	광역정부 복지행정 기능 강화
기초정부 역할분담	기초정부 복지자율성 한계	기초정부 복지자치권 강화
	기초정부 공적책임성 모호	기초정부 공적 책임성 강화
	현금성복지의 무분별한 증가	현금성 복지제도 등 신설·운영 시 가이드라인 준수

6) 복지대타협 관련 단체장 인식조사(전국시장군수구청장협의회, 2020a)에는 226개 지자체 중 115개 지자체장이 참여하였다. 관련 상세보고서는 전국시장군수구청장협의회 홈페이지(http://www.namk.or.kr)에 게재되어 있다.

(1) 중앙-지방 복지역할 분담 관련

① 복지사무 조정을 위한 중앙-지방 복지사업 조정위원회 설치 운영

사회문제 심화에 따른 대응으로 복지예산 증가에 따라 다양한 복지사업이 시행되고 있다. 2018년 현재 중앙정부 사회보장 국고보조사업의 경우, 총 202개 사업이 시행 중이며, 광역정부 및 기초정부의 경우, 전국 245개 시도 · 시군구 및 행정시의 복지사업은 총 13만 7,273개이며, 이중 개별 시도 또는 시군구가 책임지는 자체사업은 5만 7,042개, 중앙 또는 시도에 권한이 있는 보조사업은 8만 231개로 파악된다(정홍원, 2019). 향후 지방분권과 지방자치가 더욱 강화될 경우, 복지사업은 더욱 확대될 것으로 예측되기에 효율적인 복지사무 수행을 위해 이에 따른 중앙-지방정부 간 역할분담이 요구된다.

복지사무와 관련해 가장 심각한 문제는 정부 간 특성에 맞는 복지사업 수행이 되어야 함에도 지방정부가 해야 할 일을 중앙정부가 한다든지, 중앙정부가 해야 할 일을 지방정부가 한다든지 하는 것이다. 이러한 문제를 개선하기 위해서는 적정 업무배분이 있어야 한다. 즉 중앙사무와 지방사무 책임의 명확화가 필요하며, 단위사무 중심의 역할분담을 중앙-지방간 역할분담에 기반한 기능중심 역할분담 구조로 개편할 필요가 있다.

현재 다양한 중앙-지방 복지역할 분담(안)이 다양한 기관에서 제시되어 있다(고제이 외, 2013; 고제이 외, 2018; 한국지방재정학회 안, 2012; 김승연, 2019; 정홍원 외, 2019 등)[7]. 이를 위해 중앙-지방 간 복지사무 역할 조정을 위한 위원회를 설치하고 운영할 필요성이 있는데, (가칭)복지사업조정위원회[8]에서는 복지사업 전반에 대해 중앙-지방 간 사무배분을 검토하고, 이해당사자 간 협의를 유도한다. 복지사무 배분은 복지재정 배분과도 연계성이 높으므로 조정위원회와 추후

---

7) 여러 연구자의 제안내용을 보면, 국가사무와 지방사무를 구분하는 공통적인 기준에 대해서는 넓은 의미에서 합의가 된 상황이다. 일부 사무의 경우, 논란이 있으며 이러한 사무는 초기단계에서는 중앙-지방 공동사무로 간주하여 접근하면 어려움이 없을 것이다.

8) 새로운 기관을 설치 운영하는 방안과 기존 유사 기관에 기능을 부여하는 방안이 검토될 수 있다. 기존 유사기관의 경우, 사회보장위원회 등에서 권한을 확보한 이후에 조정기능을 수행할 수도 있다. 조정위원회는 중앙-광역-기초가 동등하게 참여할 수 있도록 구성할 필요가 있다.

제안하는 재정협의회와 긴밀한 협조가 필요할 것이다. 복지사무 배분은 필연적으로 전달체계 개편과 직결되므로 행정체계 등 재·행정 전반의 구조개편을 고려하여 운영할 필요가 있다.

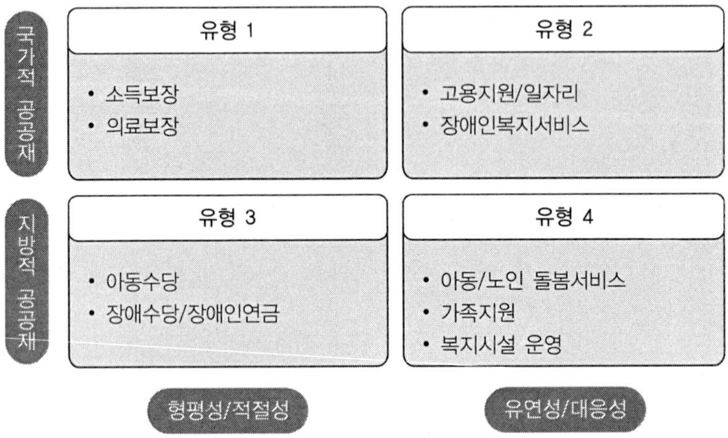

▌그림 7-1▐ 국가사무, 자치사무 구분을 위한 복지사업의 유형

출처: 정홍원 외(2019).
참고: 유형 1과 유형2는 국가사무, 유형 3은 중앙 지방 공동사무, 유형4는 자치사무 성격

② 전국적·보편적 복지급여는 중앙정부 부담 원칙 준수

현 복지사업은 국가사무, 위임사무, 자치사무 등이 있으나, 사업 간 사무성격이 혼재되어 책임성을 달성하기 어려운 실정이다. 현재와 같은 중앙–광역–기초 간 공동책임구조는 책임관계의 모호성, 전달체계의 복잡성, 재정분담의 모호성, 복지사무주체들간의 기능과 권한 문제 등 여러 가지 비효율을 야기하고 있다. 그렇기에 국가사무의 재정은 국가가, 자치사무는 지방정부가 재정을 담당하는 것이 합리적이다.

현재 기초연금의 경우, 국가사무임에도 지방정부가 재정부담을 수행하고 있어 이로 인해 다양한 문제점을 야기하고 있다. 대부분의 관련 연구들은 소득보장적 성격의 급여는 중앙정부가 전액부담하는 것이 합리적이라 판단하고 있으며, 중앙정부가 모든 급여를 부담하는 것은 곤란하기 때문에 지방정부가 부담할 수 있는 사업(서비스)과 급여의 합리적 조정이 요구된다.

그러므로 국가최저 수준(National Minimum)에 토대한 보편적 사회보장급여를 비롯한 각종 현금성복지는 원칙적으로 중앙정부에서 일괄 부담할 필요가 있다. 전국적 보편적 성격의 급여는 기초생활보장 관련 예산, 사회수당적 성격의 급여(기초연금, 장애인연금, 아동수당, 보육료 등)가 대표적이다.

또한 지역특성이 반영된 사회서비스 등은 지방정부에서 부담하는 것이 바람직하다. 기초정부가 담당하는 것이 바람직한 사업유형으로는 지역 밀착형, 근거리, 대면복지 등 주민 일상생활 관련 지원사업, 지역별 복지서비스 대상자 발굴 및 서비스 제공 업무, 지역별 서비스 제공과 대응에 유리한 업무, 지역특성을 반영한 창의적인 복지사업 업무 등이다. 이를 통해 중앙정부 책임과 지방정부 책임 구분을 명확하게 하여 책임행정이 실현되도록 한다.

외국의 중앙-지방 사회복지 역할분담의 경우, 영국은 중앙이 현금급여, 지방정부가 현물급여(사회서비스) 제공하는 방식을, 스웨덴은 중앙이 소득보장, 지방은 사회서비스 담당하며, 프랑스는 기초-중간-광역 자치단체별로 기능과 권한 배분하고 있다. 일본의 경우, 지방분권일괄법에 따라 사무배분 원칙을 수립하여 국가-지방 간 사회복지 사무의 역할분담 관계를 조정하고 있다.

▌표 7-7▐ 외국의 중앙-지방 사회복지 역할분담 현황

국가명	역할분담 내용
영국	중앙은 현금급여, 지방정부가 현물급여(사회서비스) 제공 • 중앙은 국민건강서비스, 국민연금, 사회보장급여 담당 • 지방은 지역의 사회복지서비스 계획 및 공급
스웨덴	중앙은 소득보장, 지방은 사회서비스 담당 • 중앙: 국민 일반을 대상으로 하는 보편적 소득보장 담당 • 지방: 공공부조와 서회서비스 담당
프랑스	기초-중간-광역 자치단체별로 기능과 권한 배분 • 기초(코뮌): 민원행정서비스와 초등교육, 보건 • 중간(데파르트망): 사회복지와 중등교육 • 광역(레종): 지역개발, 국토정비사업, 고등교육
일본	사회복지사업은 기초자치단체 최우선 • 중앙은 직접 서비스 제공하는 대신 지방정부 감독, 규제. • 전국적으로 공통된 기준에 따라 사회복지 법정수탁사무를 법률에 명시하여 임의로 신설금지

출처: 정원오(2019).

전국협의회는 중앙정부가 전국적 보편적 소득보장급여를 분담할 경우, 기초정부는 사회서비스 분야를 분담하는 구조를 제안하며, 분담 시 다음과 같은 기본원칙과 방향을 확정(전국시장군수구청장협의회, 2020.5.29)하였다.

▌표 7-8▌ 사회서비스 분야 기초정부 분담방안(전국협의회, 2020c)

구분	주요 내용
방향성	지역주민이 체감하는 사회서비스 공급은 기초정부의 고유사무(자치사무)로 정립함
역할	기초정부는 사회서비스를 전담하여 총괄 조정 기능을 강화함. 이용자 중심의 사회서비스 이용체계를 구축함
재정	기초정부의 책임성 강화와 사회서비스 권한이양을 위한 복지재원을 확보하고 재정독립이 가능하도록 재정분권을 추진함
조직과 인력	사회서비스 권한이양을 위한 조직과 적정 인력 확충 마련함
운영방식	책임성 기반 서비스제공, 질 관리 강화 및 성과기반 복지행정을 수행함

③ 국고보조사업의 전면적 재검토

현 보건복지부 사회복지예산의 대부분은 국고보조금 형식으로 지자체를 산하기관으로 설정하여 복지사업을 운용해 왔다. 광역정부 또한 이와 유사한 방식으로 사업을 실시해왔다. 이로 인해 지자체 사회복지비의 90.3%가 보조사업으로 구성되어 있고, 복지사업에서 '자치'가 실종된 상태로 정리할 수 있다. 자치구의 경우, 지방자치 체계의 정체성을 위협받고 있는 실정이다.

현 지방재정의 핵심문제는 사회복지 분야 국고보조사업의 확대로 인해 발생하는 것으로 정리된다. 좀 더 정확하게는 복지 '지출'이 문제가 아니라, 지출 '방식'이 문제인 것이다. 현 국고보조사업은 1980년대 중반의 낡은 체계를 유지하여 최근의 사회경제적 환경변화와 사회복지영역의 급격한 팽창을 고려하지 못하는 문제점이 발생하고 있다(이재원, 2019a).

국고보조사업의 지출규모 현황에 따른 문제점을 보면, 기초생활급여 등 14개 사업[9]에 국고 26조 4,256억원이 투입되어 국고보조 예산의 80.3%를 차지하

9) 14개 핵심 복지급여는 기초생활급여(4종), 의료급여, 영유아보육료, 가정양육수당, 아동수당, 기초연금, 노인일자리사회활동지원, 장애인연금, 장애수당(2종), 장애인활동지원 등이다.

고 있다. 14대 주요 복지급여에 대한 지방비 부담 추계 결과, '25년 지방비 부담은 '18년 대비 2배 이상 증가할 것으로 예상[10]된다. 이미 발표된 문재인정부의 재정분권 추진 전략이 차질 없이 원활하게 수행된다고 하더라도, 국고보조사업을 중심으로 한 현행 복지재정분담체계에 변화가 없는 한, 복지 확대에 따른 지방재정의 문제를 근본적으로 해결할 수 없음을 의미하는 것이다. 그 외 국고보조사업의 자의적 · 편의적인 보조율 설정과 원래 목적과 상이한 보조율 결정체계 등 많은 문제점을 가지고 있다(이재원 외, 2018a 등). 이는 나아가 복지사무 배분에 대한 논쟁까지 야기하고 있는 실정이다.

그러므로 국고보조사업은 '중앙정부 주도의 관리' 목적에서 '지역사회 문제해결 관점'으로의 관점 변화가 필요하다. 정부 간 재정관계에서 혁신이 필요하며, 패러다임의 변화 및 국고보조사업의 전면적인 재검토가 요구되는 것이다. 나아가, 사회정책적 전략이나 기획의 관점이 반영될 필요성도 대두된다.

세부적으로 기준보조율의 개선이 필요한데, 사업의 성격, 지자체 집행재량 기준을 반영한 보조율 정비가 필요하고, 기준보조율의 적정성, 일관성이 필요하다. 차등보조율의 경우, 대상사업 선정의 원칙 수립, 차등화 기준지표 합리적 설정, 지자체 유형별 재정특성 고려 등 다양한 개선이 요구된다.

그 외 필수적으로 복지보조금 관련 법률 정비가 필요한데, 복지보조금 관리에 관한 법률을 신설(분법)이 필요하다. 복지자치권을 지방자치법, 사회보장기본법, 국가재정법에서 보장할 수 있도록 하며, 복지재정관리 효율화를 위한 중앙정부 행정혁신을 위해 중앙-광역-기초의 3단계 수직 중첩 전달체계의 단층제 개편이 요구된다.

또한 포괄보조금제 도입 확대가 요구된다. 포괄보조금은 중앙정부가 정책목표를 지정하여 성과지표를 제시하고 구체적인 사업은 지자체가 자유롭게 기획 · 집행하고 사후적으로 성과를 보고하는 보조금으로 자율과 책임에 기반한 재정운영이 요구된다.

---

10) 통계청 장래인구추계와 국가재정운용계획(2018~2022) 등에 기초하여 산출한 결과이다.

▮표 7-9▮ 사회복지 국고보조율 개선안

구분	전액보조(100%)	높은 보조(70~80%)	동등 보조(40~60%)
사업 특성	• 국가사무의 성격이 강하고 중앙정부의 책임성과 전국적 형평성을 가져야 하는 사업 • 취약계층에 대한 소득보장 사업 • 중앙정부 시범사업이나 한시적 정책사업	• 취약계층에 대한 사회서비스 성격을 가지는 급여 • 제도가 성숙되지 않았고 전국적으로 안정화되지 않은 사업에 대한 보조 • 시설이 지역적으로 편중되어 있거나 수가 적어 전국적 형평성이 강하게 요구되는 사업	• 공동사무의 성격을 가지는 지역서비스 • 상대적으로 전국적인 수요가 균일하게 분포되어 있는 각종 비현금성 서비스 사업 • 비경상적 서비스, 제공기관들의 기능보강 사업
주요 사업	• 기초생활급여 • 의료급여 • 장애수당 • 장애아동 부양수당 • 기초연금	• 장애인 의료비지원 • 장애인자녀 학비지원 • 장애아동 입양양육보조금 • 입양아동 양육수당지원 • 지역복지서비스 혁신사업	• 장애인생활시설 기능보강 • 노인보호전문기관 설치 및 운영 • 아동복지시설 기능보강 • 노인생활시설 기능보강

출처: 구인회 외(2009).

(2) 광역-기초 복지역할 분담

① 복지사업 조정위원회 설치 및 운영

그간 복지사업 조정과 관련된 논의들은 주로 중앙-광역 정부 간 관계를 중심으로 진행되어 왔다. 결과적으로 광역-기초 정부 간의 사업조정의 필요성에도 불구하고 개편 논의는 미흡했다는 평가이다. 광역-기초정부 간 사무배분에 대한 논의는 중앙정부가 관여하지 않기에, 광역정부와 기초정부 간에 복지사업 조정과 관련된 협의기구가 필요하다.

현재 시도와 시군구간 사무배분이 획일적으로 이루어져 있으며, 「지방자치법 시행령」 별표 1에서 규정하고 있는 사무배분 기준은 전체 사무를 대상으로 하지 않고, 전체 사무 중 일부분에 불과해 규정되지 않는 사무들의 구분이 불명확한 실정이다. 사무배분이 불명확하므로 재정배분도 불합리하게 운영되고 있으며, 정책의 책임성이 확보되지 않고 지방정부 간 갈등으로 확대되고 있다.

경기도의 경우, 광역-기초정부 간 복지사무 배분 기준 및 보조율 체계 개편 방안 연구(민효상 외, 2018)를 수행한 사례가 있다. 내용을 보면, 사무의 특성에

따라 6가지 사업구분을 제안하고 있다.[11)]

▌표 7-10▐ 복지사무배분 기준과 기준보조율 개편(안)

구분	대안 1안		대안 2안	
	도비	시군비	도비	시군비
규정적용사무(부담규칙 또는 중앙정부 기준 적용사업)	규정 그대로 적용			
도 견인사무(처우개선비, 종사자 특수근무수당 등)	100%	0%	100%	0%
기초생활보장 사무	70%	30%	90%	10%
사회기반투자(인적·물적)사무	50%	50%	50%	50%
일상생활지원 사무	30%	70%	10%	90%
시범사업	50%	50%	50%	50%

출처: 민효상 외(2018).

국민전체의 후생을 증대시키기 위해서는 지자체 간 사회보장 책임배분 체계의 재구조화가 요구된다(고제이 외, 2013). 광역의 역할과 기초의 역할 분담을 명확히 하여 행정의 효율성이 필요하다. 이에 광역-기초 간 복지사무 배분을 위한 협의체가 운영되어 자치분권에 적극적으로 대응할 수 있는 바탕이 마련될 필요성이 있다.

이를 위해, 광역-기초정부 간 복지사무 배분 및 조정을 위한 협의·조정기구(가칭: 광역-기초 복지사업 조정위원회)를 설치하여 운영할 필요가 있다. 현행 광역자치단체의 기능 중에서 주민의 일상생활 영위 직접 지원영역은 기초지자체로, 기초지자체 단위로 수행이 용이하지 않은 광역차원에서의 통합·종합적 기능은 광역지자체의 역할로 기능적으로 재배분할 필요가 있다. 조정위원회는 지역별 서비스 격차 축소방안을 마련하고, 서비스별 최저/적정 기준을 마련하여 제공할 필요가 있고, 그 외 재정분담과 관련해서는 광역-기초 지방재정부담심의회

---

11) 기초생활보장 사무는 광역정부가 주도하고, 일상생활지원 업무는 기초정부가 주도하는 안을 제시하고 있다. 특히 도 단위에서 선도적으로 수행하는 '견인사무'의 경우 전액 도비 부담을 제안하고 있다. 그 외 사회기반투자(인적·물적)사무와 도-시군 간 합의에 의해 진행되는 사업은 공동부담을 제안하고 있다.

와 연계하여 위원회가 운영될 필요가 있다.

② 「광역-기초 지방재정부담심의회」 설치 및 운영

복지재정 집행과 관련하여 광역정부와 기초정부 간 갈등이 심화되고 있다. 주로 중앙정부 사업에서 광역정부와 기초정부의 재정분담 불합리와 광역정부 사업에 대한 기초정부 재정분담 불합리로 구분된다. 현실적으로 현 지방재정법 시행령 제33조가 규정하는 광역과 기초 간 분담비율체계상의 기준부담률이 준수되지 못하고 있다. 또한 기초정부는 광역보조사업에 대해 재정부담 의무만 지고 있고, 협의 근거가 없어 일방적인 매칭비용을 부담하고 있는 실정이다.

심지어 재정분권으로 광역 재정이 확대되고 → 신규 보조사업이 증가하며 → 이로 인해 기초의 도비매칭 부담 증가로 이어지는 악순환이 나타나고 있다. 이와 관련해 경기도의 경우 2019년 10월에 회기 중 시군 의견을 청취할 수 있도록 「경기도 보조금 관리 조례」를 개정한 바 있다.[12)]

그 외 광역 내 지역 간 복지재정 격차가 심화되고 있지만 완화방안이 미흡한 상황이다. 기초정부 간 복지재정 격차의 문제는 기초정부에서 해결하기 쉽지 않다. 이러한 문제를 개선하기 위해, 광역-기초 간 복지재정 분담협의를 위한 광역단위에 가칭 광역-기초 재정부담심의회를 설치하여 운영할 필요가 있다. 심의회의 주요 기능은 다음과 같다. 지방자치단체 간 부담을 수반하는 주요 경비에 관한 사항 심의, 지방세 수입에 영향을 미치는 관계법령 제·개정사항 심의, 국고보조사업의 재원분담 비율 조정에 관한 사항 심의, 사회보장제도 신설·변경 협의 등이다. 이러한 심의회 운영을 통하여 실질적인 광역-기초 간 파트너십 및 거버넌스 체계를 마련할 수 있다.

③ 광역정부 복지행정 기능 강화

현재 복지행정과 관련된 관련 법률에서 광역정부와 기초정부 간의 역할규정이나 사무규정 자체가 혼란스러워 중복적으로 사업이 수행되는 경우가 많다.

---

12) 단, "도지사는 의견을 들은 후 지방보조사업을 조정할 수 있다"고 하여 재량권을 인정하고 있다.

동일 유사 업무를 광역정부와 기초정부가 중복적으로 사업을 추진하는 것이다. 또한 광역이 자원분배기능만 수행하고 실질적인 사업 관리 수행이 미흡하다는 평가이다.

광역정부의 복지사무 조정기능 미흡으로 인해 현장의 혼란도 야기된다. 광역정부(광역시도)의 복지사무 집행과정에서 다원화된 집행과 전달체계로 인해 유사한 사무의 중복 집행과 기초정부의 복지사무 과중화와 같은 여러 문제를 유발시키고 있다.

기초정부와 민간부문 서비스 제공자 등에 대한 품질관리와 성과관리 수행도 미흡하다는 평가이다. 광역단위 일관된 서비스 관리체계가 미흡하기 때문이다. 광역내 지역 간 복지격차 축소방안도 약한 상황이며, 광역단위 지역사회보장계획 수립 및 운영도 매 4년마다 작성하고 매년 연차별 계획 수립하고 있으나 실질적인 운영은 다소 형식적으로 운영되고 있다.

이러한 문제를 개선하기 위해서는 광역정부의 복지행정 기능 강화가 필요하다. 광역정부의 복지 기능과 역할은 광역정부 산하 기초정부의 복지서비스 전달 기능을 지원하고 조정하고 보완하는 것이며, 이를 실행하기 위한 행·재정적 재량권과 자치권이 구축되어야 한다. 서비스 조정 기능의 강화가 필요하며, 지원 기능 강화를 위한 조직 정비(복지재단 운영, 사회서비스원 등)가 요구된다.

향후 광역정부의 사회서비스 직접 제공 기능은 축소시키고, 기초정부와 민간부문 서비스 제공자 등에 대한 품질관리와 성과관리 주체로의 역할 강화가 필요하다. 직접서비스 전달기능은 수요자와 가장 밀접한 기초정부와 민간을 활용하고, 광역정부는 지역여건에 맞는 사회서비스의 양적·질적 규제의 틀을 마련하고 성과지표를 통해 모니터링 역할을 수행할 필요가 있다. 광역 내 지역 간 복지격차 축소에 대한 책임성도 강화할 필요가 있다. 매년 복지격차 실태 조사 및 격차해소 방안 마련하여야 하며, 중앙정부와 더불어 공동책임이 요구된다.

광역정부 차원에서 기초정부를 이끌어갈 수 있는 선도적인 사업을 추진할 필요도 있다. 광역단위 선도사업 추진을 위한 담당 인력의 전문성 강화(학습체계 마련 등)가 요구되며, 부서 간 칸막이 행정 해소 및 주민의 삶의 질 강화를 위한 복지중심 행정 강화가 요구된다. 기초정부의 우수 사례를 광역단위에서 실험하는 시도도 필요하고, 지역사회보장계획 실행에서의 내실화가 요구된다. 4년 계획뿐만 아니라 연차별 계획의 운영 내실화가 필요하며, 복지통계체계 구축 및 행 · 재정계획 혁신, 광역단위 자원관리 실행 등 해야 할 일이 많다.

(3) 기초정부 복지역할 분담

① 기초정부의 복지자치권 강화

기초정부가 복지사업을 적극 실시할 수 있도록 자치분권과 재정분권에 토대한 복지자치권 강화가 필요하다. 앞에서 언급하였듯이 복지 분야에서 기초정부의 자치가 실종된 상태이다. 지금까지 지방정부는 중앙정부 사업을 단순 집행하는 수준에서 관행적으로 일 처리를 해왔다. 자치분권과 재정분권의 흐름에 맞도록 복지자치권 확대가 필요하다.

인력, 조직, 사무, 재정 등 다양한 영역에서 역할 재정립이 요구된다. 예를 들어, 커뮤니티케어 등은 기존의 파편화된 서비스 전달체계를 정비해야 가능한 사업이며, 공공인력의 현실적 증원, 여러 서비스를 통합적으로 조정하고 연계할 수 있는 권한 부여 등이 필요하다. 그러므로 반복적으로 자치분권과 재정분권의 흐름에 맞도록 인력, 조직, 사무, 재정영역에서 복지자치권이 확대될 필요가 있다.

이를 위해, 기초정부의 자율성을 획기적으로 확대할 필요가 있다. 중앙은 최소 가이드라인 설정하고 지방은 기준인건비 내에서 기구와 정원을 탄력적으로 운영하며, 복지인력 채용, 성과, 보수 등 합리적인 인사운영 실시하고 인사현황 공개를 확대할 필요가 있다. 기초정부가 지역특성에 맞는 복지서비스를 제공할 수 있도록 지방의 주도성도 존중될 필요가 있다. 무엇보다 서비스 제공의 가장 핵심적인 과제는 복지수요에 부합하는 적정인력을 확보할 필요가 있다.

② 기초정부 공적 책임성 강화

기초정부의 복지기능 수행에 대한 공적 책임성을 강화하기 위한 권한과 역할을 부여하여야 한다. 현재 한국의 복지전달체계는 시군구 기초정부가 핵심적인 역할을 수행하도록 구조화되어 있다. 그러나 서비스가 파편적으로 제공되는 특성이 있고, 전문적인 서비스 관리 체계가 마련되지 못하다. 노인, 장애인, 아동 등 대상자별 전달체계가 분화되어 발전하였고, 사회서비스의 경우 품질이 낮은 것으로 평가되며, 서비스의 평가체계가 미흡하다고 평가된다.

현 문재인정부에서는 포용적 복지국가를 지향하며, 사회서비스의 공공성을 확대하고, 주민참여와 지역단위의 전달체계를 강화하는 개편이 진행 중이다. 큰 틀에서는 이러한 방향성은 타당한 것으로 판단되지만, 세부 실행계획은 현실에 기반한 것인지는 판단하기 어렵다(김이배, 2019). 기초정부 복지전달체계의 가장 큰 문제점은 복지 기획 · 관리 역량의 부족, 복지 전문인력의 부족 등이 제시된다. 지역복지 강화 흐름(지역사회보장계획, 지역사회보장협의체, 지역사회통합돌봄, 사회서비스원 등)에 따라 인력의 전문성 강화가 매우 필요하다. 그러므로 복지수행 인력의 전문성 강화를 위한 교육 확대, 일부 분야 전문직위제 확대를 통한 업무 전문성 강화 등 역량강화가 요구된다.

기초자치단체가 게이트키퍼 역할을 하면서 동시에 컨트롤 타워 역할을 수행할 수 있도록 기능 강화가 필요하며 관련 권한과 책임이 부여될 수 있도록 해야 한다. 주민에게 양질의 서비스를 제공할 수 있도록 공적 책임성을 강화할 필요성이 있다. 복지서비스의 질(quality)을 강화하기 위한 방안이 마련되어야 한다. 이를 위해 자치분권형 평가체계가 구축될 필요가 있다.

앞서 제안한 중앙-지방 역할분담, 광역-기초 역할분담에 따라 기초정부가 수행하는 것이 합리적인 분야를 중심으로 공공성을 확대할 필요가 있다. 지역특성을 반영한 사업의 기획과 실시, 지역 밀착형, 근거리, 대면복지 등 주민 일상생활 관련 지원, 지역별 복지서비스 대상자 발굴 및 서비스 제공, 돌봄과 관련된 시설공급 및 관리(보육, 장기요양 등 분야) 감독 기능 강화, 복지연계 지역일자리 창출, 사회적경제 부문과의 연계, 민관협력을 통한 지역복지 강화, 창의적 복지사업 시범실시를 통한 우수사례 발굴 및 확산 등 다양한 활동이 요구된다.

기초정부가 원래 했어야 함에도 불구하고 하지 못했던 다양한 기능들을 수행할 수 있도록 장애물을 극복할 필요가 있다. 공공성 강화, 지역사회 중심 보호, 이용자의 권한 확보 등이 강화될 필요가 있고, 현재 광역단위 사회서비스원 설치를 향후 인구규모에 맞추어 기초단위 설치로 확대 추진할 필요성도 있다.

앞에서 언급했던 바와 같이 사회서비스 부분에 대한 기초정부의 역할분담 방안에 따라 기초정부가 사회서비스를 책임지고 효과적으로 제공할 수 있도록 재원, 인력과 조직, 혁신 패러다임의 적용 등이 요구된다.

③ 현금성 복지제도 등 신설·운영 시 가이드라인 준수

기초정부는 지역사회문제에 대응하기 위하여 현금성 복지제도 등 다양한 복지제도를 시행하고 있다. 현금성복지는 소득보장적, 소득재분배적 성격을 가지고 수혜자에게 직접적인 소득(현금)을 이전하는 급여를 의미한다. 우리나라 복지지출 규모상, 현금복지 비중은 OECD 대비 낮은 수준이다. 우리나라의 공공사회복지지출은 OECD 평균의 절반(55.2%)에 불과하여 최하위 수준이며(2015년 기준, 멕시코에 이어 최하위 2위), 현금지원 비중도 42%로 OECD 평균인 60%보다 낮고, 지출규모 자체가 적어, 소득 재분배 효과도 낮은 수준이다. 그러나 향후 자치분권이 더욱 확대될 경우, 관련 복지제도는 더욱 확대될 것으로 예상된다.

2018년 전국 지자체의 현금성 복지사업은 3,041억원(보건복지부 사회보장조정과, 2019.3.18.) 수준으로 매년 증가추세에 있다. 현금성복지 사업의 증가는 여러 가지 이유가 있으나, 지적되는 단점으로는 경직적인 재정운영, 인접지역 간 차이, 효과성 판단 부재, 인구소멸대책으로의 활용 등이 제시된다.

그러므로 복지자치권 확대로 자율적인 복지제도 활성화는 바람직한 일이지만, 제도 신설·운영시 합리적이고 체계적인 운영이 필요하다. 기초자치단체장의 협의체인 '전국시장군수구청장협의회' 주도로 기초정부 복지제도 신설·운영 시 필요한 자율적인 가이드라인을 설정하여 운영할 필요가 있다. 기초단위 복지제도 신설시 광역시도 단위 시장군수구청장협의회에 통보·협의로 지역 간 격차를 조정할 필요성도 제기된다.

4. 나오기

현재 복지영역의 분권화를 의미하는 복지분권화의 수준은 매우 취약한 수준으로 평가된다. 복지사무, 복지재정, 복지행정 모든 측면에서 문제가 있으며, 개선 필요성이 제시된다.

현 문재인 정부의 분권정책은 방향성 설정에 있어 일정 부분 타당성이 있다고 평가할 수 있다. 기능중심 포괄이양, 재정분권 실시, 국고보조사업의 전면적 개편, 지방정부의 자율성과 책임성 강화는 바람직한 방향이라고 판단된다.

복지대타협 특위는 지방의 복지체계가 현재의 운영체계로는 지속가능성이 없다고 판단되며, 향후 지속가능한 복지체계 구축을 목적으로 복지부문에 대한 정부 간 합리적인 역할분담의 대타협을 필요함을 강조한다. 이러한 대타협 제안은 중앙-지방-기초정부 간의 역할분담을 위해 합리적인 사무배분과 재정분담을 제안한다. 총 3개 영역 9개 과제를 중앙정부와 광역정부에 제안한다. 이번 제안문은 기초정부가 솔선수범하여 입장을 제시하고, 보편적 복지국가로 나아가기 위해서 먼저 제안했다는 데 그 의의가 있다.

제안문 작성과 관련하여 검토한 선행연구 그리고 전문가들은 이구동성으로 정부 간 현재의 복지 역할분담체계는 상당한 문제가 있다고 평가하고 있다. 놀라운 점은 국회 산하 연구기관뿐만 아니라 대부분의 중앙정부의 국책연구기관의 연구보고서가 복지대타협 특별위원회가 제안하는 내용을 중요한 개선과제로 열거하고 있다는 점이다.

이러한 비효율적인 체계가 유지되는 주된 이유는 논리적 근거가 부족해서라기보다는 정치권의 의지부족과 함께 분권과 자치에 대한 중앙정부의 저항과 지방정부의 소극성 때문으로 정리할 수 있다(강기홍, 2015; 금창호 외, 2012; 정홍원, 2019 외). 지방자치의 확대는 비효율적이고 부정적인 것으로 인식하도록 하여 적극적으로 반대하거나 소극적인 대응을 통해 지방자치가 발전하지 못하도록 하고 있다.

그렇기에 중앙부처(보건복지부, 행정안전부, 기획재정부 등)가 먼저 자치분권에 대한 인식제고가 요청된다. 또한 법률을 포함한 복잡하게 얽혀 있는 제도적 장벽이 진일보한 단계로 나아가지 못하도록 하고 있다. 그러므로 국회의 입법책임이 매우 중요한 과제이다.

지방정부의 소극적인 태도도 개선될 필요가 있다. 복지분권 과정에서 사무만 이양되고 그에 따른 재정과 인력이 제대로 지원되지 않았기에 이를 개선하기 위해 노력을 하기보다는 현상유지를 하는 관행을 보이고 있다는 지적이 있다(박종관 외, 2014). 향후 복지욕구가 더욱더 확대될 것으로 예상되기에 지방정부는 보다 많은 공적 책무성을 가지고 사업집행에 임할 것이 요청된다.

본 제안과 관련하여 중앙정부와 지방정부 간, 광역정부와 기초정부 간, 그리고 기초정부 간의 입장 차이가 분명히 존재한다는 점이다. 이러한 입장 차이는 필연적이거나 합리적인 이유가 있을 수 있겠으나, 다른 나라의 사례를 보면 대타협을 이루기 위해서는 기존의 기득권적인 관행과 개별 주체의 이해관계를 벗어날 필요가 있다.

현재 복지분권은 단순히 복지뿐만이 아니라 자치와 분권이라는 거대한 변화와 맥락이 연결된다. 자치분권의 제도적 기반으로 지방자치법 전부개정 등의 관련 법률의 조속한 입법이 완료되고, 이를 통해 실질적인 분권이 이행될 필요가 있다.

또한 복지분권을 추진하는데 있어 사회복지계의 적극적인 관심과 참여가 필요하다. 복지분권을 다루기 위해서는 우선 복지재정, 복지법제, 자치분권에 대한 전문가와 실무자가 필요하다. 현장에서 복지분권 과제를 추진하기 위하여 전문가를 찾아보면 관련 영역의 전문가가 부족한 것을 느낀다. 특히 복지분권과 같은 영역은 경계간 학문으로 복지재정일 경우, 복지와 재정 분야를 동시에 연구해야 하므로 연구자들이 희소하다. 연구자들이 희소하면 균형적인 의사반영이 곤란하다. 물론 사회복지 영역 이외의 재정전문가나 법제전문가가 사회복지 관련 연구를 수행하면 되지 않겠냐는 의견도 있을 수 있다. 물론 가능하다. 그런데 사회복지적 가치나 방향성을 고려하지 않고 이를 다루게 되면, 상당부분 기계적 적용이나 획일적 결론에 도달하는 경우가 많다. 그렇기에 대학 등 연구 및 교육기관에서 복지분권과 관련된 역할강화가 필요하다. 복지에 대한 책임행정을 위해 복지공무원들도 복지분권에 대한 이해가 필요하다. 공공기관에 근무한다고 하면 일반적으로 복지분권에 대한 이해가 있을 것으로 추정하지만 실제는 그렇지 않다. 복지시설과 기관에서도 자치분권과 복지분권에 대한 이해 확대가 필요하다. 복지 종사자들이 복지분권에 대해 충분히 이해할 때 비로소 내실 있는 분권추진이 가능하게 된다. 일반 주민들도 적극적인 자치활동 분권 활동이 가능하도록 다양한 제도적 장치가 마련될 필요가 있다. 현재 대표적인 기구로 시군구 단위에 지역사회보장협의체가 구성되어 있고, 읍면동 단위에서 인적 안전망 기능으로 협의체가 구성되어 있다. 단순히 봉사하는 차원의 기구가 아니라 주민이 참여하고 의견을 수렴하는 기구로 역할과 기능이 보다 강화될 필요가 있다. 주민이 지자체의 복지정책 결정과정과 집행과정에 직접 참여할 수 있도록 다양한 기회가 제공될 필요가 있다.

전국협의회는 복지대타협 활동을 전국협의회, 즉 기초정부의 핵심과제로 설정하였고 향후 다양한 사업을 지속적으로 그리고 적극적으로 추진할 계획을 가지고 있다. 이를 통해 궁극적으로 주민주권 그리고 복지기본권을 실현하는 것이 복지대타협의 최종 목적이 될 것으로 본다.

참고문헌

강기홍. 2015. 지방분권형 국가를 위한 지방자치법의 개정 방안. 공법학연구. 16(3). 243-266.

고제이 · 김재호 · 이근재 · 이상호 · 조성규 · 최병호. 2013. 중앙과 지방의 사회복지 재정 형평화 연구-재정분담체계 재구조화를 중심으로-. 한국보건사회연구원.

고제이 · 조성은 · 우해봉 · 박인화 · 유태현 · 김영종 · 남하균 · 고경표. 2018. 지방분권과 복지재정 운영체계 연구. 보건복지부 · 한국보건사회연구원.

곽채기 · 김보현 · 이형우 · 강혜규 · 정종화. 2008. 사회복지 지방이양사업의 개선 방안. 동국대학교 사회과학연구원.

구인회 · 권혁주 · 양난주 · 이원진. 2009. 사회복지 지방분권 개선방안 : 경기도 사례연구. 서울대학교 사회복지연구소.

국무조정실 · 국무총리비서실. 2018. 재정분권 추진방안(2018.10.20). 보도자료.

금창호 · 박기관. 2012. 우리나라 지방분권을 위한 기능배분 평가와 과제. 한국정책연구. 12(2). 61-77.

김승연. 2019. 지방분권시대 중앙 · 지방간 복지사업 역할분담 재정립 방안. 정책리포트 271. 서울연구원.

김이배. 2019. 자치와 복지 연계 시도를 통한 전달체계 개편의 쟁점 연구. 2019년 한국사회정책연합학술대회 자료집.

남찬섭 · 유동철 · 김은정 · 김영미 · 서두산. 2019. 사회복지 분권화를 위한 지방정부의 역할 재정립 방안. 부산복지개발원.

민효상 · 박예은. 2018. 광역-기초정부간 복지사무 배분 기준 및 보조율 체계개편방안 연구. 경기복지재단.

박병현. 2006. 사회복지의 지방분권화에 대한 비판적 고찰. 한국사회복지행정학. 8(2). 1-31.

박병현 · 박상미 · 최은미 · 고재수. 2015. 노무현정부의 사회복지 재정분권: 옳은 정책이었는가 아니면 잘못된 정책이었는가?. 사회복지정책. 42(3). 347~376.

박종관 · 이태종. 2014. 행정기능 이양의 방향과 과제. 한국지방자치연구. 16(1). 189-210.

보건복지부 사회보장조정과. 2019. 자율과 책임 원칙 하에서 협의제도 운영(2019.3.18) 보도자료.

신진욱・서준상. 2016. 복지국가, 지방분권, 지방정치 역사비교론적 관점에서 본 한국의 복지 분권화의 특성. 한국사회정책 23(4). 61-89.

이현우. 2016. 지자체 사회복지지출 증가, 이대로 둘 것인가? 이슈 & 진단. 경기연구원.

이재원, 2019a. 지방재정론. 윤성사.

이재원. 2019b. 문재인 정부에서 추진하는 연방제 수준의 분권을 위한 정부간 재정 관계 개편과제. 한국지방재정논집. 24(1). pp.33-64.

이재원・구균철・이종하・김미나. 2018a. 재정분권 관점에서 국고보조금 제도 개선을 위한 구체화 방안 연구. 대한민국시도지사협의회.

이재원・오영삼. 2018b. 복지보조사업의 지방이양에 대한 지방공무원의 인식분석과 복지재정 분권을 위한 정책과제. GRI 연구논총. 20(4). 197-226.

자치분권위원회. 2018. 문재인 정부 「자치분권 종합계획」 확정(2018.9.12). 보도자료.

전국시장군수구청장협의회. 2020a. 기초자치단체 복지사업 1차 실태조사 자료집.

전국시장군수구청장협의회. 2020b. 복지대타협 관련 정책 제안(2020.4.28).

전국시장군수구청장협의회. 2020c. 사회서비스 분야 기초자치단체 분담방안 제안 (2020.5.29).

전국시장군수구청장협의회. 2020d. 복지대타협 특별위원회 활동자료집.

정원오. 2019. 왜 복지대타협인가!. 복지대타협 국회토론회 자료집.

정홍원. 2019. 지방자치단체 복지사업 현황과 중앙-지방 연계 방안. 보건복지포럼 (2019.11).

정홍원・김보영・민효상・이정은. 2019. 사회복지사업 지방이양 추진의 쟁점과 제도적 보완. 한국보건사회연구원.

보론: 현금 급여, 자치와 다양성에 주목해야[13)]

현금성 복지에 대한 논의가 뜨겁다. 이에 대한 논의는 주로 일부 기초자치단체장과 보수적인 언론을 중심으로 부정적인 뉘앙스와 프레임으로 접근하고 있다. 이른바 '돈다발 복지'나 '현금살포식 복지' 등으로 거론된다. 하지만 현금성 복지 논의는 그렇게 단순하게 논의될 수 없다. 우선 현금성복지의 개념에 대한 것이다. 일반적으로 복지학계에서는 현금성복지라는 용어보다 '현금급여'라는 용어를 주로 사용한다. 그 외 급여로는 서비스를 포함한 현물급여 혹은 현금과 현물의 특성을 혼합한 바우처 등으로 구분된다. 수요자의 욕구에 가장 효과적으로 대응하는 수단으로 여러 급여 형태 중에서 선택되는 것이다.

문제는 왜 다른 급여보다 현금급여가 주목되는가 이다. 이는 급여의 특성과 관련된다. 현금급여의 목적은 상당부분 소득보장으로, 현금이기 때문에 융통성이 매우 높다. 그리고 현금이라는 점 때문에 대중적 지지에 부합하는 성격을 가진다. 이른바 포퓰리즘적 성격이다. 그런데 이는 단순하게 미시적으로 접근해서는 안되고 거시적인 측면도 고려되어야 한다. 일례로 우리나라는 OECD 국가내에서 복지지출 수준이 가장 낮고, 노인빈곤율은 가장 높게 나타나는 나라이다. 또한 현금성복지 수준도 다른 나라 평균인 60%보다 낮은 42% 수준이다. 윤성원 외(2019)의 연구에 따르면, 기초자치단체의 경우 현금과 현물의 비율이 1:16.72 수준으로 즉, 현물서비스의 비중이 94.4% 수준으로 현금성 복지수준이 상대적으로 적다. 현금성복지의 비율은 그렇게 높지 않고, 어떻게 보면 향후에 더 확대할 필요성까지 제기된다.

그런데 왜 이렇게 현금성복지가 주목을 받을까? 우선 일부 기초자치단체장의 입장에선 지자체의 재정적 여건은 좋지 않은데 재정적 여건이 좋은 지자체가

---

13) 본 글은 본문 3장의 '현금성 복지제도 등 신설·운영시 가이드라인 준수'의 내용과 관련하여 고려대학교 고대신문 요청에 의해 작성한 신문기사(2020. 1. 26)이다. 현금급여에 대한 연구자의 기본적인 입장이 담겨있다.

적극적인 현금성복지를 하게 되면서 지역 간 격차가 심화되기 때문이다. 그렇다면 기초자치단체의 현실을 살펴보자. 우리나라의 지방재정을 분석해보면, 중앙정부나 광역정부가 시행하는 사업에 의무적으로 지출되는 사업비를 제외한 순수 비율은 대략 7% 수준이다. 즉 지방재정이 100원이라면 그 중에 지역에서 자체적으로 사업을 추진할 수 있는 돈은 대략 7원 정도이다. 이를 지역으로 세분화해보면 광역시도의 자치구의 평균 지출 수준은 2% 수준으로 극단적으로 낮다. 자치단체이지만 복지에서는 자치가 존재하지 않는다고 정리할 수 있다. 이런 문제의 본질은 사실 중앙정부와 지방정부(광역과 기초)간의 복지재정에 대한 역할이 극단적으로 왜곡되어 있음을 보여주는 것이다. 게다가 현금성복지는 그 2%의 수준 중에 극히 일부 프로그램과 관련된 이야기일 뿐이다.

두 번째는 자치라는 제도와 관련된다. 기본적으로 자치는 자율적으로 판단하여 행하는 것으로 자치정부가 지역특성에 부합하도록 선택한 제도를 시행하는 것이다. 그렇기에 상위법에 위배되지 않는다면 현금성복지를 비롯한 다양한 사업을 실시할 수 있다. 혹 스스로 자문해보라. 지역특성에 따라 사업을 시행하는 것을 다양성으로 받아드리는가? 아니면 지역 간 차별이 발생하는 것으로 여기는가? 국민이라면 누구나 누려야할 최저기준(national minimum)은 중앙정부 책임이 맞다. 그런데 그 외의 서비스 마저도 전국이 일괄적이라면 자치는 필요 없게 된다. 현금성 복지는 포퓰리즘이기에 문제라고 보는 시각도 그렇다. 대부분의 정치제도는 국민의 이익에 기여하고자 하고, 정치인의 공약은 유권자의 이익을 지향하는 게 보통이다. 포퓰리즘여서 안된다는 시각은 복지 자제를 비난하는 프레임과 연결돼 종국에는 복지축소와 연결되게 된다.

물론 일부 효과성을 의심하게 되는 제도가 운영되는 것은 부정할 수는 없다. 그러나 어느 영역이던지 일부에 불과한 것으로 전체를 재단하는 행위는 비합리적이다. 우리나라의 경우, 최근에 와서야 비로소 기초자치단체를 중심으로 신규 현금급여 제도가 확대되는 시점이다. 한국의 낮은 복지수준은 사실 중앙정부의 의지가 약했기 때문이다. 중앙정부가 이리저리 재고 있을 때, 지자체에서 과감하게 복지실험을 시도하면서 전국적인 복지수준을 끌어올린 것이 지난 10여 년간이다. 그리고 이 기간이 한국 복지확장의 역시였음을 주시할 필요가 있다.

찾아보기